近現代 韓日 宗敎政策 比較硏究

저자 카미벳부 마사노부

佛敎敎團의 變遷을 中心으로

자성과교양

 **저자의 말**

 이 책은 2011년 2월에 서울대학교 종교학과에 제출한 박사학위청구논문 「近現代 韓日 宗敎政策과 佛敎敎團의 變遷에 관한 比較硏究」를 수정하고 가필한 것이다. 책으로 출간하기 위해 대폭적인 가필 등도 고려했지만 결국은 최소한의 수정만을 하기로 하였다. 이는 저자의 능력이 부족한 탓이기도 하지만, 학술서적 출판이 어려운 이 시대에 서적화를 추천해 주신 주위 분들과 「지식과교양」의 윤석원 대표님께 빨리 응하고 싶다는 생각이 더 컸기 때문이다.

 한국에 대한 인상은 반일국가, 전쟁 책임을 정치 문제로 삼는 나라, 항상 데모를 하고 있고 최루탄이 난무하는 나라, 서울올림픽과 같은 국제무대에서도 심판에게 욕을 하며 덤벼드는 야만스러운 나라였다. 아시아 NIEs의 톱·러너라는 생각도 들었지만 결코 좋은 이미지는 아니었다. 사실 '한국'이란 나라에 전혀 관심이 없었다고 말하는 편이 나을지도 모른다.

이런 저자가 한국연구에 뜻을 세운 계기는 1996년 미국의 University of Pennsylvania에서 만난 한국인 유학생들과의 교류를 가지면서 비롯되었다. 저자가 한국인 유학생에게 처음으로 한 질문은 한국에 비디오나, 전자레인지가 얼마나 보급되어 있냐는 것이었다. 이 질문을 들은 한국인 유학생은 '일본사람들은 한국에 대해 전혀 아는 것이 없구나' 생각하며 기막혀 했으리라. 그 후로 한국인 유학생들과 여러 가지 이야기를 하면서, 한국이란 나라, 한국에 사는 사람들, 그리고 한일 양국에 가로 놓여있는 문제들에 관해 관심을 가지게 되는 데에는 그다지 시간이 걸리지 않았다. 미국에서 겪은 경험이 없었다면 한국연구의 시작도 없었을 것이다.

1997년 미국에서 일본으로 돌아가자마자 모교인 쥬오대학(中央大學) 총합정책연구과(總合政策研究科)에서 한국문화연구를 시작하였다. 그 이듬해인 1998년부터는 한국정부초빙유학생으로서 한국에서도 연구를 시작하였다. 저자의 한국연구과제는 크게 두 가지 인데 그 첫 번째는 한국적인 정서라고 생각되고 있는 "恨"이다. 쥬오대학 총합정책연구과의 석사논문(2000년)를 필두로, 서울대학교 국제지역원(現 국제대학원)의 석사논문(2001년), 2008년 쥬오대학 박사논문 「한국의 아이덴티티론으로서의 恨 : 恨의 言說의 형성과정을 중심으로」(일본어) 등의 연구를 수행하였다.

또 다른 한국연구 과제는 '한일 양국의 종교비교'에 관한 연구이다. 이는 서울대 윤이흠 교수님의 지도에서부터 비롯되었다. 현대의 한국과 일본의 종교 특징을 한마디로 설명할 수 있는 연구를 해보라고 하셨다. 즉, 한 종교의 한 사례나 의례를 살피는 연구가 아니라, 대국적 견지에서 한국과 일본의 종교를 부감 해, 거기에서 양국의 특징을 찾아내라는 말씀이었다. 본서인 「近現代 韓日 宗教政策과 佛教教團의 變遷에 관한 比較研究」가 그 결과물의 하나이다.

그 동안 한국연구에 도움을 주시고 지도해 주신 故 金學鉉(中大)교수님, 李燚娘 교수님(中大), 宮本勝 교수님(中大), 梅村坦 교수님(中大), 布袋敏博 교수님(早大), 윤이흠 교수님(서울대), 오세영 교수님(서울대), 서대석 교수님(서울대), 윤원철 교수님(서울대), 김종서 교수님(서울대), Sem Vermeersch 교수님(서울대), 박규태 교수님(한양대), 김광식 교수님(독립기념관), 최종성 교수님(서울대)들께 감사의 말씀을 전한다. 그리고, 자유로운 분위기 안에서, 즐거운 연구생활을 보내게 해 준 서울대 종교학과 학우들에게도 고맙다는 말을 전하고 싶다. 박사논문 원고와 본고를 꼼꼼하게 체크해 주신 임부영 박사(서울대), 김영진 박사(광주대), 전영윤씨, 조재은씨, 김수정씨 그리고, 이 책을 편집해주신 윤예미씨(「지식과교양」)에게도 감사의 뜻을 보낸다.

한국어도 할 줄 모르고 한국생활에 대해 전혀 알지 못한 저자가, 10년이 넘는 한국생활을 무사하게 보낼 수 있던 것은 이기주군 덕분이었다고 단언할 수 있다. 1996년 한국에 비디오나, 전자레인지가 얼마나 보급되어 있는지 질문 받은 그는 지금도 최고의 친구이다.

일본에서의 안정된 생활이 보장된 은행원을 그만두고 대학원에 입학하겠다고 할 때에도, 그것도 모자라 한국으로 유학까지 가겠다고 할 때에도 허락해 주시고 격려해주신 부모님께 감사의 말씀 드린다.

지금은 하늘에 계신 故 金學鉉 교수님, 처음 한국연구를 시작하는 저자에게 교수님의 한국을 보는 객관적 시각과 애정은 언제나 마음 속의 나침반이 되어 한국연구의 재산이 되고 있다.

처음 한국연구를 시작하는 저자에게, 지금은 하늘에 계신 故 金學

鉉 교수님께서 남겨주신 한국을 보는 객관적 시각과 애정은 언제나 마음 속의 나침반이 되어 한국연구의 재산이 되고 있다. 지난 10여 년 동안 한일 양국은 서로에 대한 관심이 크게 변화하였다. 10년 전, 한국의 서브 컬쳐가 일본의 韓流로 받아들여지리라고 상상한 사람이 얼마나 있었을까? 또 앞으로 10년은 얼마나 변화할 것인가? 연구자로서 한국과 일본을 객관적이고 애정 어린시선으로 지켜봐 갈 생각이다.

2011년, 한국에서의 13번째 여름을 보내며
카미벳부 마사노부

 目次

저자의 말   3
들어가기 전에   13

Ⅰ. 序論   19

1. 問題意識과 先行研究   27
2. 研究課題와 研究方法   37
3. 論文의 構成   41

Ⅱ. 近代以前의 韓日 佛教史의 概略   45

1. 日本의 佛教   47
2. 韓國의 佛教   54

Ⅲ. 近代 韓日의 宗敎政策과 佛敎 65

1. 日本의 宗敎政策과 佛敎　67
1) 祭政一致와 神佛分離
　　― 神祇官에 의한 神佛分離令과「廢佛毁釋」　67
　　(1) 神佛分離令과「廢佛毁釋」　67
　　(2) 神祇官制度　74
2) 大敎宣布運動과 政敎分離
　　― 神佛合同宣布의 限界와 信敎自由의 希求　76
　　(1) 大敎宣布運動　76
　　(2) 政敎分離의 胎動　84
　　(3) 敎導職의 廢止와 敎派·宗派의 管長으로의 權限委任　89
3) 大日本帝國憲法의 制定과 信敎自由　91
　　(1) 大日本帝國憲法과 憲法 第28條　91
　　(2) 信敎自由와 그 範圍　95
　　(3) 神社의 非宗敎論　103
4) 宗敎團體法의 成立過程　109
　　(1) 第一次宗敎法案(明治 32年案)　110
　　(2) 第二次宗敎法案(昭和 2年案)　113
　　(3) 第一次宗敎團體法案(昭和 4年案)　115
　　(4) 宗敎團體法草案(昭和 10年案)　121
　　(5) 宗敎團體法　122
　　(6) 宗敎法人法 制定期까지 각 敎團의 變遷
　　　　― 佛敎敎團의 再編을 中心으로　128

2. 植民地 韓國의 宗敎政策과 佛敎　135

1) 朝鮮의 開國과 眞宗大谷派의 開敎　135
2) 佐野前勵와 「僧侶 都城出入禁止」 解禁　146
3) 元興寺 創建·圓宗宗務院 設立과 光武 6年의 寺刹令　152
4) 武田範之와 李晦光
　　― 曹洞宗의 朝鮮佛敎「倂合」計劃　156
5) 朝鮮總督府 制令 第7號 「寺刹令」(1911年)
　　― 朝鮮佛敎界 受容과 對應　164
6) 朝鮮佛敎의 日本化와 그 反應　183
　(1) 帶妻僧 增加에 관한 問題와 白龍城의 建白書　183
　(2) 韓龍雲의 『朝鮮佛敎維新論』　191

Ⅳ. 1945年 以後 韓日 宗敎政策과 佛敎　209

1. 日本의 宗敎政策과 佛敎　211

1) GHQ(General Headquarters,
　　聯合國軍最高司令官總司令部)의 宗敎政策　211
　(1) 人權指令과 神道指令　213
　(2) 宗敎法人令　223
2) 日本國憲法의 成立과 宗敎法人法까지의 宗敎政策　234
　(1) 日本國憲法　234
　(2) 社寺國有境內地處分　239
　(3) 宗敎法人法　245

3) 戰後 宗敎政策의 問題의 表出　252
　　(1) 宗敎團體의 紛爭의 顯在化
　　　　— 宗派離脫을 中心으로　252
　　(2) 本末寺體制의 變遷　259
　　(3) 宗派離脫의 事例 — 敎王護國寺(東寺)事件　265
　　(4) 平成7年(1995年)의 宗敎法人法 改正　274

2. 韓國의 宗敎政策과 佛敎　283
　1) 解放後 韓國의 宗敎政策　283
　　(1) 美軍政의 開始와 大韓民國의 成立　283
　　(2) 1945年以後의 宗敎政策　292
　　(3) 宗敎關聯財産의 處理에 관한 問題　298
　2) 佛敎淨化運動과 佛敎關聯法의 成立　302
　　(1) 敎團內의 權力移讓 — 帶妻僧에서 比丘僧으로　302
　　(2) 敎團內의 法廷鬪爭　319
　3) 佛敎關聯法의 變遷　329
　　(1) 佛敎財産管理法　332
　　(2) 傳統寺刹保存法　340
　　(3) 傳統寺刹의 保存 및 支援에 관한 法律　344
　　(4) 宗敎法人法의 制定에 관한 議論　350
　4) 宗敎와 法의 問題　354
　　(1) 宗敎自由와 佛敎關聯法에 대한 法解釋　354
　　(2) 佛敎의 宗派離脫에 관한 法解釋　360

V. 結論　373

引用文獻　391　/　參考文獻　411　/　索引　439

일러두기

- 인용문헌은 한국어 문헌, 일본어 문헌, 영어 문헌의 세 부류로 수록하였다.
- 각주에서 전거 제시는 저자나 편자 등의 명칭과 연도, 그리고 페이지만을 제시하는 약식 표기법에 따랐다. 한국어 문헌의 경우 저자나 편자 등을 한글로 표기하고 일본어 문헌의 경우에는 한자 또는 일본문자로, 영어 문헌은 알파벳으로 표기함으로써 인용문헌목록 중에 그 세 부류의 목록에서 각자 온전한 전거 정보를 찾아볼 수 있도록 하였다.
- 참고문헌은 인용문헌과 중복하지만 한국어 문헌, 일본어 문헌, 영어 문헌의 세 부류로 수록하고, 그것을 단행본, 논문, Web에 분류하고 수록하였다. 인용문헌의 검색은 인용문헌항목을 참고해 주시기 바랍니다.
- 고대 인물의 생몰연대는 둘 가운데 하나 이상이 알려진 경우에만 제시하였다.

들어가기 전에

1 본 연구는 근대에서부터 현대에 이르기까지 한국과 일본의 종교정책을 연구함으로써, 양국의 불교교단이 어떠한 변화에 직면했는지를 밝히고자 하는 연구이다. 지금까지 근현대 양국의 불교사에 대한 연구는 연구시기가 매우 한정적이거나, 연구범위가 한국이나 일본 어느 한쪽에 국한된 경우가 대부분이었다. 따라서 이러한 접근으로는 통치국 일본과 식민지 조선으로 엮여있었던 양국의 근대부터, 일본의 패전과 한국의 해방, 그리고 현대에 이르기까지 한일 양국의 종교정책과 불교교단의 상호관계를 총체적으로 파악하는데 한계가 있었다. 이러한 문제의식을 가지고 본 논문은 법률적인 논의를 포함한 종교정책으로 인하여 양국의 불교교단이 어떠한 변화를 겪었는지 비교연구적인 관점에서 고찰하고자 하였다. 특히 종교정책 연구에 법률적인 논의를 포함시켰다는 점에서 본 연구는 기존의 논문과 차별된다고 할 수 있다.

② 본 연구의 연구 대상인 "종교정책"은 종교교단에 영향을 주는 국가법(헌법, 종교법인법 등의 일반 법규나 각종 행정법규 등)의 제정과 시행, 그리고 그에 따른 행정기관의 행정 행위를 의미한다. 또 "교단"은 국가법에 의해 그 대상이 되는 종교집단·종교단체―특히 종파·종단이라고 불리는 포괄종교단체―를 의미한다. 구체적인 주제는「근대 이전의 한일 불교사의 개략」(근대 이전의 독자적인 종교정책),「근대의 한일 종교정책과 불교」(식민지 통치·식민지기의 종교정책과 불교교단),「1945년 이후의 한일 종교정책과 불교」(한일 양국의 독자적인 종교정책과 불교교단)의 세 가지의 역사적 구분으로 나누어 살펴보았다.

③「근대 이전의 한일 불교사의 개략」에서는 양국의 종교정책과 종교 교단의 움직임에 주목하여 근대 이전 시대의 한일 불교사를 개관하였다. 근세에 일본에서는 사청제도와 같이 불교에 종교적인 영역 뿐만 아니라 세속 권력의 통치 기구·행정 기구라고 하는 역할이 주어져 불교가 민중의 생활 속에 침투되어 갔다. 이에 비해 한국에서는 조선 왕조의 철저한 崇儒廢佛政策에 의하여 불교가 국교적인 입장에서 벗어나 민중과 사회로부터 배제되어 산간으로 쫓겨 들어가 명맥만을 유지하는 산림 불교로 전락하였다. 본 장에서는 이런 이유로 근대를 맞이하는 전 단계인 근세에는 한일의 불교 사이에 큰 차이가 나타나게 되었다는 사실을 밝히고 있다.

4 「근대의 한일 종교정책과 불교」는 근대화된 일본에 의해 조선이 합병되어 양쪽 모두 천황중심의 국가 체제에 불교교단이 영향을 받던 시기를 다루고 있다. 일본에서는 메이지 정부가 처음에는 祭政一致를 목적으로 神道를 국교화하기 위해서 廢佛的인 政策을 실시했지만, 강대한 불교세력의 저항에 의해서 좌절하였다. 하지만, 당시의 서구 제국의 압력으로 결국 「대일본제국헌법」에 제한적이지만 신교의 자유가 명기되면서, 메이지 정부는 불교교단의 힘을 배제하는 것이 아니라 반기독교 세력 또는 국가 신도를 보조하는 세력으로서 불교교단을 이용하는 정책으로 전환했다. 조선의 식민지 통치를 실시하는 주체인 조선총독부는, 불교의 근대화라고 하는 명분 아래 조선불교에 간섭하였으며, 「사찰령」 체제에 의해서 조선불교를 거의 완전하게 일본의 통제 하에 두었다. 그리고, 「사찰령」 체제하에서 실천된 정책들은 뒤에 「종교단체법」(1939년)에 볼 수 있듯이 도리어 "內地"=일본에도 영향을 끼친 것이었다. 이와 같은 역사적 사실로 볼 때, 근대의 한일 종교정책은 모두 일본의 국수주의적·군국주의적인 체제의 유지·강화라는 점에 수렴되었으며, 불교교단의 성격도 皇民化政策(敎育)의 일환으로 天皇崇拜에 협력하는 皇道佛敎的 佛敎가 되었다고 평가할 수 있다.

5 「1945년 이후의 한일 종교정책과 불교」에서는 일본에서는 終戰, 한국에서는 解放이라고 하는 큰 변혁이 일어난 1945년 이후 양국의 종교정책과 불교교단의 상호관계를 다루고 있다. 일본에서는 미국의 점령 통치로 信敎自由, 정교분리, 종교계로부터의 초국가주의와 군국주의적 사상의 배제라는 三大原則이 강력히 추진되었다. 이들은 「일본국헌법」에도 받아들여져 현행 「종교법인법」에도 이어지고 있다. 한편 똑같이 미국의 통치를 받은 한국에서는 일본 식민지 시기의 「사찰령」 체제의 유지가 인정되어, 미국 군정과 이를 계승한 이승만 정권에서도 친기독교적인 정책이 실시되었다. 따라서, 信敎自由와 정교분리는 헌법에서는 보장되고 있었지만 실제로 실현되었다고 말할 수 없는 상황이 계속되었다. 불교는 이러한 외부적 요인과 함께 불교정화운동으로 대표되듯이 내부적 요인에 의한 격심한 대립 상태에 놓이게 되었다. 근년에 일본에서는 1995년 「종교법인법」 개정이 공권력에 의한 규제의 강화는 아닌가 하는 논의가 일어나고, 한국에서는 법의 평등을 요구해 모든 종교단체가 일원적인 종교법에 의해 관리되어야 한다고 하면서 「종교법인법」과 같은 법률의 성립을 요구하는 움직임도 나타나고 있다. 이상과 같은 사실에서 보면, 1945년 이후의 한일 종교정책과 불교의 특징은, 1945년 이전의 관리 통제가 엄격한 종교정책으로부터의 이탈의 과정이었다고 말할 수 있다.

6 근현대 한일의 종교정책과 불교교단의 변천은 각 나라가 놓인 정치적 상황에 의해, 시대에 의해 크게 변화하면서 현재까지 계속되고 있다. 종교라고 하는 존재는 사회 속에서 어떠한 활동을 할 때, 그것은 세속의 여러 가지 법규에 의해 규제되기 때문에 국가와 종교의 문제는 언제나 서로 영향을 주면서 변모해 가는 법이다. 근현대의 한국과 일본이 시행한 여러 가지 종교정책, 그리고 불교교단의 변천도 국가와 종교의 복잡한 상호 관계가 빚어낸 결과라고 할 수 있다. 본 연구에서 보여주고 싶은 것은 국가와 종교, 종교정책과 불교교단과의 긴장과 화해의 역사였으며, 세속 권력이 종교에 대해 행한 정책은 종교 활동을 하는 주체가 되는 불교교단의 본연의 자세를 크게 바꿀 정도의 힘을 갖고 있다고 하는 인식이었다. 따라서 우리들은 큰 권력을 갖는 국가의 종교정책과 불교교단의 변천을 앞으로도 주의 깊게 살펴 볼 필요가 있다. 그것이 종교가 국가에 의해 유린되는, 근현대의 쓰라린 역사를 되풀이하지 않기 위한 유일한 방법이기 때문이다.

KEYWORD

종교정책, 불교교단, 한국불교, 일본불교, 종교법, 사찰령, 종교법인법, 신교의 자유, 정교분리, 불교정화운동

I

序論

近現代 韓日 宗教政策 比較研究
-佛敎敎團의 變遷을 中心으로-

현대 일본사회는 불교, 신도, 기독교 등 주요 종교가 혼재된 다종교 상황이다. 한국 역시 불교, 기독교, 유교를 비롯한 다양한 종교집단이 공존하는 다종교 상황에 놓여 있다. 이처럼 어느 한 종교도 독점적인 지위를 차지하지 못한 채 공존하는 국가는 세계적으로 드물다. 따라서 한국과 일본의 다종교 상황을 좀 더 상세하게 분석하는 일은 동아시아 종교문화의 역사와 특성을 밝혀준다는 점에서 유의미한 작업이라 할 수 있다.

우선, 일본의 독특한 종교 현황을 알려 주는 종교 관련 통계, 특히 신자수에 관한 통계로 일본의 문화청과 각종 여론 조사가 발표하는 데이터를 살펴보자. 일본인의 신자수를 알기 위해 가장 보편적으로 사용하는 것은 문화청이 발간하는 『종교연감』이다. 『종교연감 － 平成 20년』에 실린 「전국 사찰, 교회 등 종교 단체·교사·신자수」에 따르면, 일본의 총 신자수는 206,595,610명으로 집계되어 있다.[1] 또, 여론 조사에 의한 신자수 통계에서 일본인 중 「특정 종교 단체에 가입되어 있다」라고 회답한 사람은 10%이하로, 일본 전체의 인구비로 치면 1120만 명 정도가 된다.[2] 이와 같이 문화청과 여론조사가 제시하는 신자수는 각각 2억 659만 명과 1120만 명으로 큰 차이가 있다.

문화청의 『종교연감』에서 제시한 신자수 206,595,610명의 상세한 내역을 살펴보면, 신도계가 105,824,798명, 불교계가 89,540,834명, 기독교계가 2,143,710명, 제교(천리교)계가 9,086,268명이다. 그러나, 이러한 신자수가 일본인이 자각적·의식적으로 특정의 교단에 복수로 소속해 있다는 것을 의미하지는 않는다. 왜냐하면 관할청에 각

---

[1] 文部科学省 2008. 통계 데이터는 2007년 12월 31일 기준.
[2] 石井研士 2007, pp. 33-34 참조.

종교 단체가 자발적으로 신고한 데이터의 집계 결과로 신자수가 정해지기 때문이다. 『종교연감』에 보이는 신자수의 경우, 신자를 개인별로 세든, 세대를 기준으로 세든, 신자수 판단 기준을 개별 종교 단체에 맡기고 있으며 그러한 기준을 관할청에 보고할 의무도 없다. 예를 들면, 신사 본청의 신자수에는 신사 관할지구에 사는 모든 거주자를 포함할 가능성이 있고, 불교의 신자수에는 자각적인 불교 신앙을 가진 신자가 아니고 사원에 묘지가 있는 것만으로도 신자수에 포함될 수도 있는 것이다. 즉, 개인적인 신앙의 유무와 관계없이 신자로 포함되는 경우가 생길 수 있다. 따라서, 일본의 전체 인구수보다도 통계상의 종교 신자수가 더 많을 수도 있는 것이다.[3]

또한 종교 단체수도 『종교연감』의 수치와 실제 수 사이에는 상당한 차이가 존재한다. 『종교연감』의 수치는 관할청(문부 과학 대신[문화청], 도도부현 지사[도도부현청])이 종교 법인으로 인정한 종교 단체만을 고려한 수치이기 때문이다.[4] 종교 단체의 계통도, 「신도계」·「불교계」·「기독교계」·「제교」 등 4 계통으로 분류되는데 어느 계통에 소속되는지는 각 종교 단체의 자체 판단에 따라 결정된다.[5]

따라서, 실제 신자수를 현실과 가장 가깝게 파악한 것은 문화청 보다는 여론 조사 쪽의 수치라고 할 수 있다. 國學院大學 21세기 COE 프로그램이 2004년에 실시한 「일본인의 종교 단체 관여·인지·평가에 관한 여론 조사」에 의하면, "무언가 신앙 혹은 신앙심을 가지고

---

[3] 石井研士 2007, pp. 46-54 참조.
[4] 石井研士 2007, pp. 34-42 참조.
[5] 石井研士 2007, p. 42 참조. 예를 들어 天理敎는 1965년에 神道系에서 諸敎로 계통이 변경된다.

있습니까?"라는 물음에 "가지고 있다"가 27.7%[6], "가지고 있지 않다"가 72.3%로 나타났다.[7] 또, NHK 방송 문화 연구소가 1996년에 행한 「종교 교단의 신도수 조사」에 따르면, 천태종・진언계가 4.0%, 정토종・정토진종계가 12.9%, 선종(임제종・조동종)계가 4.1%, 일연(日蓮)종계가 2.6%, 창가학회가 3.0%, 입정교성회가 0.5%, 불교의 그 외 종파가 1.4%, 신도 또는 신도계가 1.2%, 기독교 또는 기독교계가 1.5%, 신앙 없음이 64.0%라는 결과가 나왔다.[8]

이러한 여론 조사의 결과도 "특정 종교 단체에 가입되어 있는가?"라는 앞서 언급한 물음에 대해 "가입되어 있다"는 8.8%[9], "가입되어 있지 않다"는 91.2%로 나온 답변과는 큰 차이가 있다.[10] 이것은 "葬式佛敎"[11]로서 일본인과 길고 밀접한 관계를 쌓아 온 "가족"의 종교와 개인의 의사에 따라 신앙심을 갖는 "개인"의 종교 사이에 존재하는 의식의 차이가 데이터로 표출된 것으로 보인다.

여론 조사에 나타난 신자수에 차이가 있다는 것은 사실이지만 불교 계통이 제일의 종교라고 파악되는 점은 공통된다. 또한, 인구비례로 볼 때 압도적이거나 주도적인 지위를 차지하고 있는 종교 단체가 존재하지 않는다는 사실도 간과해서는 안 된다.

그리고, 약 70% 정도가 적극적인 의미에서 종교를 가지고 있지

---

[6] 신도 5.6%, 불교 20.2%, 기독교 1.7%, 그 외의 종교 2.6%, 모름 0.5%.
[7] 國學院大學 21世紀COE プログラム 2004 참조.
[8] 石井研士 2007, p. 54 참조.
[9] 신도 0.4%, 전통적인 불교교단 1.6%, 기독교계 1.1%, 창가학회 3.7%, 입정교성회 0.3%, 천리교 0.4%, 신뇨엔(真如苑) 0.4%, 그 외의 종교 단체 0.9%, 모름 0.1%.
[10] 國學院大學 21世紀COEプログラム 2003.
[11] 장식(葬式)은 장례식을 의미한다. 葬式佛敎는 본래 불교의 가르침과는 매우 동떨어진 장례식의 예법으로서 형식화된 일본의 불교를 야유하는 표현.

다고 대답하는 현실은 일본 종교 현황의 큰 특징이라고 말할 수 있다. 에도시대에는 민중을 모두 사원 소속으로 간주한 사청제도가 있었으며, 明治(메이지)시대부터 2차 세계대전후까지 위세를 떨친 국가 신도는 모든 일본인을 종교 집단의 일원으로 간주하였다. 이러한 역사를 배경으로 갖고 있는 일본사회가 전후(戰後)에 종교의 자유가 확립되면서 왜 이처럼 많은 사람들이 종교에 흥미를 잃어버린 것일까?

한편, 한국 통계청의 「2008 인구주택총조사 전수인구부문 집계 결과」의 「종교유형별 인구」에 따르면, 총인구 47,041,434명(100.0%) 중, 종교가 있음은 24,970,766명(53.1%)으로 그 내역을 살펴 보면, 불교 10,726,463명(22.8%), 기독교[개신교] 8,616,438명(18.3%), 기독교[천주교] 5,146,147명(10.9%), 유교 104,575명(0.2%), 천도교 45,835명(0.1%), 원불교 129,907명(0.3%), 대종교 3,766명과 그 밖의 종교 197,635명(0.5%)인데 반해, 종교 없음은 21,865,160명(46.5%), 미상은 205,508(0.4%)명이다.[12]

또 문화체육관광부의 「2008 한국의 종교현황」에 따르면, 종교인구의 총수는 82,592,054명(100%)이며, 종교별 신도수는 불교 39,581,983명(47.9%), 개신교 11,944,174명(14.5%), 천주교 4,873,447명(5.9%), 유교 10,185,001명(12.3%), 천도교 100,000명(0.1%), 원불교 1,485,938명(1.8%), 그밖의 종교 14,421,511명(17.5%) 등이었다.[13]

불교의 통계는 168개 단체를 대상으로 하고 있는데, 실제로 소속 관청에서 활동을 파악한 단체는 조계종을 포함한 103개 단체이고 나머지 65개의 단체는 활동여부가 파악되고 있지 않다.[14] 불교의 통계

---

12) 통계청 2006; 문화체육관광부 2008, pp. 9, 11 참조.
13) 문화체육관광부 2009.

수치를 자세히 살펴보면, 한국의 전통불교라고 여겨지는 조계종이 신도수 20,000,000명[15]으로 최대단체이며, 80년대 조계종에서 분리한 태고종이 신도수 4,830,000명[16]으로 그 뒤를 이으며 상당한 존재감을 보여주고 있다. 지역별 분포를 구체적으로 검토해 보면, 불교가 전국적으로 퍼져있는 것에 비해, 기독교 계통은 서울·인천·경기지역 등 수도권을 중심으로 상당수의 신자를 확보하고 있다. 특히 개신교 경우 서울·인천·경기지역에서 불교를 능가하고 있다.[17]

하지만「한국의 종교현황」데이터는 일본의『종교연감』과 마찬가지로 각 종교단체에서 제출한 자료에 토대를 둔 것이기 때문에 일정한 경향은 보여주지만 정확한 통계수치로 보기는 어렵다.[18] 한국도 일본과 마찬가지로 정확한 종교 인구를 파악하기는 어렵다. 그리고 압도적으로 우세한 종교 단체가 존재하지 않고 유교적인 풍습이 불교와 기독교에 현저한 영향을 미치고 있다는 점이 한국의 독특한 종교 현황이라고 할 수 있을 것이다.

우리가 종교 관련 통계를 보면서 짐작할 수 있듯이, 한일 양국 모두 다종교 상태이지만 그 실태는 크게 차이가 난다. 일본에서는 불교, 신도라고 하는 전통적인 종교가 큰 종교 집단으로서 존재하고 있지만, 개인의 적극적인 신앙에 의해 교단이 유지되고 있다고 말하기는 어렵

---

14) 문화체육관광부 2008, p. 36 참조.
15) 조계종의 사찰수 2,444, 교직자수 13,576명이다. 문화체육관광부 2008, p. 29 참조.
16) 태고종의 사찰수 3,121, 교직자수 8,378명이다. 문화체육관광부 2008, p. 35 참조.
17) 문화체육관광부 2008, p. 13 참조.
18) 연합뉴스 2009 참조. 또한 이 기사에서 문화부 관계자는 "불교 신도는 이곳저곳 사찰에 두루 등록을 하는 종교적 특성이 반영돼 숫자가 크게 늘어난 것으로 보이고, 천주교는 세례를 받은 신도만을 집계하기 때문에 스스로 교인으로 생각하는 사람을 포함하는 통계청 조사보다 오히려 숫자가 줄어든 것으로 보인다"고 분석했다.

다. 소위 "葬式佛敎"라는 야유 섞인 용어로 표현되던, 장례식에서만 필요하던 형해화한 종교조차 최근에는 한층 더 무너져 버렸기 때문이다. 가령 이제는 장례식도 종교의 개입 없이 치루는 계층이 도시지역을 중심으로 50%를 넘어서자, 일본의 주요한 종교 단체가 운영하는 日本宗敎連盟마저도 "종교 단체에 대한 불신이 높아지는 가운데 신용·신뢰를 회복해야 한다는 사명감을 한층 더 느끼게 된다."[19]고 발표했다.

한국에서는 서양에서 유입된 기독교가 전통적인 불교와 비슷한 정도의 큰 영향력을 갖게 되었다. 서양이 식민지로 만든 아시아, 아프리카, 남아메리카의 여러 나라 가운데 기독교 국가가 된 경우는 많이 존재한다. 그러나, 한국은 일본의 식민지시대를 거치면서 기독교를 탄압하는 종교정책을 추진했으며, 해방 시점의 기독교 신자의 수는 불교 신자의 수에 결코 비교대상이 되지 못했다. 그런데 어떻게 기독교는 일본 식민지하의 종교정책으로 큰 힘을 기른 불교에 비견할 만한 힘을 가지게 된 것일까?

근대에 들어 급속한 서구화를 추진해 근대국가로서 재탄생한 일본은 이웃나라인 조선을 식민지로 만드는 정책을 원활히 실시하기 위해 양국 공통의 문화적 유산인 불교를 이용했다. 이러한 상황은 제2차 세계대전이 끝날 때까지 계속되었고, 전후에는 한국과 일본이 각각 독자적인 종교정책을 실시해 현재에 이르렀다. 그렇다면 양국의 종교정책에 어떠한 차이가 있어 현재와 같은 상황에 이른 것일까? 본 연구는 이러한 문제의식을 가지고 근대·현대에 한일 각 나라의 종교정책

---

19) 財團法人 日本宗敎連盟 2006 참조.

과 불교 교단이 어떠한 역사적 변천을 겪어왔는지 밝히고자 한다.

1. 問題意識과 先行硏究

근현대 한일 종교정책과 종교교단의 변천을 밝히기 위해서는 우선 본 연구에서 이해하는 종교정책과 교단의 범위에 대해 살펴볼 필요가 있다. 본 논문에서 말하는 "종교정책"은 교단에 영향을 주는 국가법[20]의 제정과 시행, 그리고 그에 따른 행정 기관의 행정 행위라고 정의된다.[21] 그리고 "교단"은 국가법에 의해 그 대상이 되는 종교 집단·종교 단체, 특히 종파·종단이라고 불리는 포괄종교단체를 의미한다.

현재 한국과 일본의 종교는, 한일 양국의 국가법 중 최고 법규인 헌법에 의해 "信敎의 自由"를 보장받고 있다. 信敎의 自由에는 종교를 믿는 자유 뿐만 아니라, 종교를 믿지 않을 자유도 포함된다. 또 개종(改宗) 또는 전종(転宗)의 자유, 종교상의 의식이나 행사에 참석하거나 이를 행하는 자유, 이러한 의식이나 행사를 행하지 않을 자유, 종교상의 집회를 주최하거나 참가하는 자유 또 여기에 참가하지 않을 자유, 종교상의 결사(단체)를 조직하거나 여기에 가입 또는 가입하지 않을 자유 등이 보장되어 있다.[22]

---

20) 헌법, 종교법인법 등의 일반 법규, 정령(政令)·성령(省令) 등의 행정 법규, 식민지점령기·점령통치기의 각종 법규 등.
21) 종교법이라 하면 국가법뿐만 아니라 종헌, 종제, 종문 규칙, 사법 등 종교단체의 법이나 계율, 이슬람법 등 여러 가지 범주가 있지만, 본 연구에서는 국가법을 대상으로 한다.
22) 平野武 1996, p. 40 참조.

종교를 믿을 자유나 종교를 믿지 않을 자유는 내심(內心)의 자유이며, 따라서 가시화되지 않는다면 타인들은 그것을 알 수 없다. 이런 경우에는 법률의 보장이 없어도 타인이 간섭할 수 없다. 따라서 법률적으로 信敎의 自由를 보장한다는 것은 내심 뿐만 아니라 그것을 외부 행동으로 나타내는 것 또는 나타내지 않는 것까지도 포함한다. 특히 외부에 행동으로 보이는 경우 결사의 자유, 즉 종교 단체를 조직할 자유, 나아가 믿는 사람이 모여 믿는 바에 따라 행동하는 자유 등이 중요하다. 종교정책, 즉 국가법에서 종교 관련법인 입법·행정 행위 등은 주로 이 지점에 대해 영향력을 행사하게 된다. 물론 한일 헌법은 信敎의 自由를 확립하기 위해 정치가 종교에 간섭하는 것을 금지하는 정교분리(政敎分離)의 원칙이 포함되어 있다. 그러나 종교 단체가 현실의 사회 안에서 존재하고 행동하는 한 세속의 여러 가지 법규에 의해 규제를 받기 마련이다. 이러한 규제는 반드시 종교 관련 법안에 국한되지 않는다. 예를 들면, 信敎의 自由에 토대를 둔 종교 활동으로 사람을 죽인다면, 종교 관련법이 아니라 형법이라는 국가법에 의해 재판을 받는다. 따라서 信敎의 自由가 확립되어 있는 현재에도 종교 단체는 국가나 사회의 규제로부터 완전히 자유로운 존재로 생존할 수 있는 것이 아니다.

종교 단체가 국가, 사회 안에서 완전히 자유로운 존재로 생존하는 것이 아니라는 사실은 근대 이전에도 마찬가지였다. 信敎의 自由라는 天賦人權 사상이 없던 시대에는 자유라는 개념이 존재하지 않았고, 역사적으로 종교는 국가 정책에 이용되거나 때로는 국가 권력에게 커다란 탄압을 받아왔다. 한일의 입장에서 볼 때 외래 종교인 기독교에 대한 탄압 뿐만 아니라 전통 종교인 불교에 대한 탄압도 피할 수 없었다. 한국에서는 조선시대의 무자비한 불교 탄압, 그리고 일본에서는 鎌倉시대의 親鸞·法然·日蓮 등에 대한 탄압이 근대 이전 국가에 의한 종교 탄압의 대표적인 사례가 될 것이다.

그리고 세속의 권력이 종교의 성스러운 부분을 쉽게 유린하는 경우도 자주 볼 수 있다. 한국에서 조선시대 불교 종파의 강제적인 통합, 일본에서 明治시대 국가 신도의 설립이나 불교 종파의 통폐합 등은 교단 성립의 취지, 교리의 성격 등 종교가 갖는 성스러운 부분을 완전히 무시하고 세속 권력이 폭력적으로 행한 것이었다. 이러한 사례는 세속 권력이 종교에 대해 실시한 정책이 종교 활동의 주체인 종교 단체 본연의 모습을 완전히 바꿀 정도의 힘을 갖고 있었다는 역사적 사실을 보여준다. 이런 의미에서도 종교정책과 교단의 관계를 검증하는 것은 아주 중요한 의미를 갖는다.

본 연구에서는 종교정책과 교단의 관계를 검증하는 데 있어 특히 불교교단에 주목할 것이다. 현대의 일본이나 한국 모두 다양한 종교가 공존하는 다종교 사회인데, 양국의 종교정책과 교단의 관계를 비교의 시선에서 파악하기 위해서는 불교가 가장 적합한 종교라고 할 수 있다. 불교는 한일 양국에서 오랜 기간 믿고 때로는 국가와 문화를 선도하던 전통 종교였으며, 근대와 현대에 각각 최대의 종교 집단이 되었기 때문이다. 그리고 근대에 일본은 한국을 효율적으로 통치하기 위해 불교를 이용했다. 이 과정에서 한국의 불교는 일본의 종교정책 안으로 흡수되었다. 일본의 종전 후, 즉 한국의 해방 후인 1945년 이후는 각각 독자적인 종교정책 속에서 불교교단은 새로운 변천을 거듭하게 된다. 즉, 한일 종교정책의 역사적 변천은 곧 불교교단의 역사적 변천이며, 그것은 근대 이전 전통시기의 종교정책과 불교교단, 근대 식민지 통치 시기의 종교정책과 불교교단, 그리고 1945년 이후의 종교정책과 불교교단의 역사적 변천이다. 이것을 바꾸어 말하면, "한일의 독자적인 종교정책과 불교교단"·"합병기의 종교정책과 불교교단"·"한일의 독자적인 종교정책과 불교교단"라는 세 가지 역사적 구분으로 나눌 수 있다.

따라서 근대·현대 한일의 종교정책과 불교교단의 변천을 비교 연구하는 것은, 불교에 대한 한국과 일본의 종교정책, 그에 따른 불교교단의 변천과 그 배경, 나아가 불교에 대한 한국과 일본 사회의 요구를 이해하는 작업이 된다.

한국과 일본에서도 근대와 현대의 종교정책이나 불교교단의 역사에 대해서는 종교정책 연구, 또는 불교사 등의 분야에서 수많은 연구가 실시되어 왔다. 일본의 경우, 신불분리(神佛分離)나 국가신도의 연구, 조선총독부의 식민지 정책 연구, 헌법 연구, 「종교단체법」, 「종교법인법」 등 각종 종교법에 관한 연구들은 본 연구에 중요한 자료와 논리적인 틀을 제공하였다.

일본 불교 통사는 스에키 후미히코(末木文美士)의 『일본불교사상사론고』[23](1993년), 『일본종교사』[24](2006년), 호리 이치로(堀一郎)들의 『일본종교』[25](1985년), 무라카미 시게요시(村上重良)의 『일본종교사전』[26](1988년) 등이 일본 종교사의 본질적 요소를 이해하고자 할 때 많은 도움을 준다. 근대 이후의 국가와 종교의 관계, 종교정책, 종교

---

23) 末木文美士 1993.
24) 末木文美士 2006.
25) 堀一郎 編 1985.
26) 村上重良 1988.

행정에 대해서는 문화청의 『明治이후 종교제도백년사』[27](1983년), 이노우에 에교우(井上惠行)의 『종교법인법의 기초적 연구』[28](1969년), 우메다 요시히코(梅田義彦)의 『일본종교제도사〈근대편〉』[29](1971년)이 「神佛分離令」에서 「大日本帝國憲法」제정, 「종교단체법」, 「종교법인법」 등의 성립 과정까지 상세하게 기술하고 있어 일차 자료로서 자료사적으로도 아주 중요한 문헌이다. 또 윌리엄 P. 우다드(William P. Woodard)의 『천황과 신도 : GHQ의 종교정책』[30](1988년)은 미국의 일본 점령 정책시기에 연합국군최고사령관총사령부(General Headquarters, the Supreme Commander for the Allied Powers, GHQ/SCAP) 민간정보교육국(Civil Information and Education Section, CIE) 종교과의 조사 스태프로 근무한 우다드 본인에 의한 보고서이다. 이것은 일본의 패전 후 미국의 점령 통치가 국가신도의 배제라는 명확한 문제의식을 갖고 실시되었다는 사실, 그리고 信敎의 自由와 정교분리의 원칙을 일본에 정착시키려 했던 노력을 아주 상세히 기술하고 있다. 전후(戰後) 일본의 독자적인 종교정책의 법의 정신에 대해서는 우에다 카쓰미(上田勝美)의 「信敎의 自由와 정교분리의 원칙」[31](1979년), 히라노 타케시(平野武)의 『종교와 법과 재판』[32](1996년) 등의 업적이 있다. 또 전후의 "神들의 러시아워"라 불리는 종교 단체의 난립, 기존 포괄 종교단체로부터의 종파 이탈에 대해서는 야스타케 토시오(安武敏夫)

---

27) 文化庁 編 1983.
28) 井上惠行 1969.
29) 梅田義彦 1971.
30) ウィリアム・P・ウッダード 1988.
31) 上田勝美 1979.
32) 平野武 1996.

가 「종파 이탈에 관한 유형적 고찰」33)(1979·1981·1983년), 「종파 이탈 문제」34)(1985년), 「교단조직연구의 과제」35)(1987년) 등에서 상세히 분석하고 있다. 또 일본의 현행 종교법인 종교법인법에 있어서는 와타나베 시게루(渡部蓊)의 『축조해설종교법인법』36)(1992년), 아라이 켄(洗建)의 「종교법인법 개정문제」37)(2008년) 등의 훌륭한 논고가 존재한다.

한편, 한국의 불교사 연구는 이능화의 『朝鮮佛敎通史』38)(1918년)를 기점으로 시작되었다고 말할 수 있다. 그리고 근대적인 학문 연구로서 한국의 불교사 연구로는 타카하시 토오루(高橋亨)의 『이조불교』39) (1929)가 있다. 그의 『이조불교』는 식민지 시대에 일본인이 쓴 것이지만 한국 불교의 역사를 체계적으로 망라하였고, 또 당시 조선총독부 종교정책과 불교계의 동향을 자세하게 기술한 중요한 자료다. 이 밖에도 에다 토시오(江田俊雄)의 『조선불교사의 연구』40)(1977년) 등은 일본인이 기술한 훌륭한 조선불교사 저서라고 할 수 있다.

그러나 식민지 시대의 한국 불교 연구는 일본에 의해 반입된 "근대"의 일환이었기 때문에, 한국인의 입장에서 보면 자국의 불교 역사를 일본에게 빼앗긴 것이라고도 할 수 있다. 따라서 해방 후 한국의 불교

---

33) 安武敏夫 1979; 1981; 1983.
34) 安武敏夫 1985.
35) 安武敏夫 1987.
36) 渡部蓊 1992.
37) 洗建 2008b.
38) 이능화 2002.
39) 高橋亨 1973.
40) 江田俊雄 1977.

연구는 한국인에 의한, 한국인을 위한 연구로서 그 빼앗긴 역사를 다시 묻는 작업이었다. 이러한 가운데 식민지 시대의 종교정책의 연구로 관심이 향하게 된 것은 당연한 흐름이었다. 姜渭祚의『일본통치하 조선의 종교와 정치』41)(1976년)나 韓晳曦의『일본의 조선지배와 종교정책』42)(1988년)은 그러한 조선총독부의 종교정책에 관한 선구적인 연구였다고 할 수 있다. 그들의 연구는 기독교에 주안점을 둔 연구였지만, 불교도 高橋亨의『이조불교』등을 분석하면서 조선 불교에 관한 연구 또한 성과를 거두었다. 최근 식민지 시대의 종교정책 연구 중에는 민족주의와 종교의 관련을 중심으로 진행한 申昌浩의『한국적 민족주의의 성립과 종교 ─ 동학·친일불교·개신교(프로테스탄트)의 분석을 통해』43)(2002년)가 주목 받고 있다. 또 일차 자료로서 조선총독부가 출판한 각종 보고서는 조선 식민지 시대의 종교정책을 해명하는데 크게 도움이 된다.

또 근대의 불교정책에 대해서는 김경집의 『한국근대불교사』44)(1998년)나 김순석의『일제시대 조선총독부의 불교정책과 불교계의 대응』45)(2003년), 「근대불교 종단의 성립과정」46)(2006년), 「이승만 정권의 불교정책」47)(2008년), 「일제의 종교정책과 불교」48)(2010년)

---

41) 姜渭祚 1976.
42) 韓晳曦 1988. 본서는 일본에서 출판되었다.
43) 申昌浩 2002. 본서는 일본에서 출판되었다.
44) 金敬執 1998.
45) 김순석 2003.
46) 김순석 2006.
47) 김순석 2008.
48) 김순석 2010.

등이 주목을 받고 있다. 이 가운데 김순석의 입장을 간략히 살펴보자. 그는『일제시대 조선총독부의 불교정책과 불교계의 대응』에서 "해방 이후 불교계가 당면한 문제는 식민지시기 교단지도부가 조선의 민중들에게 정신적·물질적으로 많은 고통을 주었다는 사실에 대하여 참회의 장을 마련하는 것이었다. …(중략)… 그러나 불교교단은 역사의식에 입각한 반성의 기회를 갖지 못한 채 비구·대처승의 분쟁에 휘말림으로써 오늘날까지 이 과제는 미완으로 남겨져 있다."[49]고 말하고 있다. 이러한 관점은 현대의 불교계가 식민지 시대에 민중에게 준 고통을 여전히 청산하지 못했다고 비판하면서 식민지 시대 불교계의 움직임에 대해 소극적인 평가를 하는 것이다.

일본 식민지 시대에 관한 많은 연구나 해방 후 불교계의 대응이 이른바 "친일"적인 것을 배제하는 방향으로 진행되었다는 사실은 부인할 수 없을 것이다. 이러한 민족적 경향의 연구가 주류를 형성하는 가운데, 최근 몇 년에는 식민지 시대의 불교를 단순히 "친일불교"로 단죄하지 않고 불교근대화의 노력으로 이해하려는 연구도 시작되었다. 그 대표적인 연구자는 김광식이다. 그의『한국 근대 불교의 현실 인식』[50](1998년),『새 불교운동의 전개』[51](2002년),『민족불교의 이상과 현실』[52](2007년),「식민지(1910~1945)시대의 불교와 국가권력」[53] (2010년) 등 일련의 저작은 단순히 식민지하의 불교를 "친일불교"로

---

49) 김순석 2003.
50) 김광식 1998.
51) 김광식 2002.
52) 김광식 2007.
53) 김광식 2010a.

단죄하는 단선적인 관점을 취하지 않는다. 김광식은 식민지 시대의 조선 불교에 대해 다음과 같이 말하고 있다.

> 지금껏, 일제하의 불교를 비롯한 본고와 유관한 주제에 대해서는 항일과 친일이라는 단선적인 관점에서 연구, 이해되어 왔다. 이는 민족주의 관점으로 볼 수 있다. 그러나 그 시기를 거시적, 객관적으로 바라볼 경우 그 시대에는 민족주의 관점으로만 해석할 수 없는 다양한 현상들이 있다. 즉 일제하의 불교를 다면적, 다의적 관점으로 보아야 한다는 것이다. 일제하 36년은 짧다면 짧은 시기이지만, 그 시기에는 조선왕조 5백 년 동안 산중불교로 지냈던 불교가 사회와 대중 속으로 가려는 몸부림, 새로운 사회의 중심으로 기능하려는 고뇌와 흔적인 불교 근대화의 노력도 적지 않았다. 그러나 동시에 그 시기에는 일제가 한국, 한국불교를 식민통치로 장악, 관리하려는 일제의 정책이 구현되어 그에 대한 우호, 반발 등도 나타났다. 일언으로 말을 하자면 복잡다단한 시절이었다. 이런 시기의 불교를 항일, 친일의 잣대로만 바라보기에는 간과되는 사실, 진실, 성격이 많다.54)

이와 같이 김광식은 민족주의만을 고집하지 말고 식민지 시대의 불교를 다면적·다의적 관점에서 보아야 한다고 새롭고도 중요한 지적을 하고 있다. 이러한 연구 태도는 本稿 역시 계승하는 태도이다. 물론 민족주의 관점의 연구도 자기의 주체성을 확립하는 데 아주 중요하며 필요한 연구이다. 그러나 민족주의적인 것만을 평가해 다른 것

---

54) 金光植 2010a, p. 11.

을 배제하는 방향은 바람직한 방향이라고는 할 수 없을 것이다. 그것은 일본이 제국주의 시대에 식민지 지배를 정당화하기 위해 사용한 수많은 연구, 방법론과 같기 때문이다. 이와 같은 민족주의적인 접근은 항상 위험을 내포하고 있다는 것을 이해해야 한다. 따라서 김광식의 균형잡힌 접근방법은 앞으로 한국불교사에 새롭고도 커다란 영향력을 발휘할 수 있으리라 생각한다.

식민지하 종교정책 연구에서는 상기의 연구 이외에도 김환수의 『전략적인 동맹:한일의 불교의 복잡한 관계 1877-1912』55)(2007년)와 카와세 타카야(川瀨貴也)의 『식민지 조선의 종교와 학지 : 제국 일본의 시선의 구축』56)(2009년) 등 주목해야 할 宗敎정책 연구도 제출되어있다. 또 해방 후 한국의 종교정책에 대해서는 강돈구의 「미군정의 종교정책」57)(1993년), 이재헌의 「이승만 정권의 종교정책과 불교정화」58)(2010년) 등의 훌륭한 논고가 있다.

한국에서는 현대의 종교에 관한 법률 연구가 그다지 왕성하지 않아, 한국종교법학계를 중심으로 몇 개의 연구만이 제출되어 있는 상황이다. 그러나 최종고의 「한국 종교법의 역사적 기초」(1982년), 손성의 「종교법의 의의」59)(1994년), 박경재의 「사찰의 법률관계에 관한 몇 가지 논점」60)(2007년), 이진구의 「해방 이후 종교법인법 제정을 둘러싼 논쟁」61)(2008년), 차차석의 「1960년부터 1980년대까지의 불교 차

---

55) Hwansoo Kim 2007.
56) 川瀨貴也 2009. 2005년에 제출된 박사논문에 가필하고 수정한 책.
57) 강돈구 1993.
58) 이재헌 2010.
59) 손성 1994.
60) 박경재 2007.

별과 배경」62)(2010년) 등의 연구 성과는 현대 한국의 법률 면에서 종교정책의 현실을 이해하는 데 큰 도움을 주고 있다. 이 외에도 현실 재판의 판례는 법률 운용의 문제점 등을 명확하게 부상시켜 주는 경우이다.

우리가 보았듯이, 이상과 같이 수많은 불교사 연구나 정책 연구가 진행되었지만, 대부분 그 연구시기가 매우 한정적이거나, 연구범위가 한국이나 일본 어느 한쪽에 치우친 연구였다. 통치국과 식민지로 얽혀 있던 한일 양국의 근대부터, 일본의 패전과 조선의 해방 그리고 현대에 이르기까지 한일 양국의 종교정책은 어떻게 시행되었고, 종교정책이 불교교단에 어떤 영향을 끼쳤는가를 살피는 연구는 거의 찾아볼 수 없다. 이런 의미에서 본 연구는 근대부터 현대까지 아우르는 연구시기, 그리고 한국와 일본을 동등하게 다루는 연구범위, 한일 양국의 종교정책과 불교교단의 변천과정이라는 연구주제 등을 종합적으로 다룬다는 점에서 선구적인 시도를 한다고 볼 수 있다.

2. 硏究課題와 硏究方法

본 연구는 위에서 언급한 바와 같은 문제의식과 한국과 일본 양국의 근대·현대에 있어 종교정책과 불교교단의 변천을 다룬 연구가 불충분한 현황을 근거로 삼아, 법률적인 의론을 포함한 한일 양국의 근

---

61) 이진구 2008.
62) 차차석 2010.

대부터 현대에 이르기까지의 종교정책을 다루며, 비교 연구적인 관점에서 한국과 일본의 불교교단의 변천 과정을 고찰하고자 한다.

시기 구분에 대해서는, 독자(근대 이전), 통합(근대·식민지기), 독자(1945년 이후)의 세 가지의 역사적 구분으로 나눈다. 구체적으로는「근대 이전 한일 불교사의 개략」("한일 독자적인 종교정책과 불교교단"),「근대의 한일 종교정책과 불교」("합병기의 종교정책과 불교교단"),「1945년 이후의 한일 종교정책과 불교」("한일 독자적인 종교정책과 불교교단")이라는 세 가지의 역사적 구분으로 나누어 살펴갈 예정이다.

일본은「大日本帝國憲法」(明治憲法)[63]을 제정, 봉건적인 幕藩體制에 근거한 대표적 군주정으로부터 근대적인 관료 기구를 정비한 직접적 군주정으로 이행했다.「大日本帝國憲法」은 "安寧秩序를 방해하지 않고 또한 신민으로서의 의무를 위배하지 않는 한 信敎의 자유를 갖는다"고 규정하고 있다. 하지만 종교 단체에 관한 일반법은 수차례 논의를 거침에도 불구하고 각 종교 단체의 이해관계를 조정하지 못했다. 1939년 비로소 전시(戰時) 태세의 강화라고 하는 흐름 안에서 종교 단체의 법인화를 인정하는「宗敎團體法」이 제정되었다.[64] 일본은 1905년 제2차 한일협약(을미 보호 조약)에서 외교권을 박탈해 한국을 보호국화하고, 1910년에는 한일합방조약을 한성(현:서울특별시)[65]에서 체결, 조선을 실질적으로 식민지화했다. 당시, 불교는 효율

---

63) 1889년(明治 22년) 2월 11일 발포, 1890년(明治 23년) 11월 29일 시행.

64) 1940년 4월 1일부터 시행.

65) 1910년(明治 43년) 9월 30일에 공포·시행된 朝鮮總督府令 第7號(地方官官制第十七條＝依リ府及郡ノ名称及管轄区域左ノ通定ム)에 의거하여 "漢城府"에서 "京城府"로 개칭되었다. 미군정이 1946년「서울시憲章」을 접수, 미군정령 第106號「서울특별市의 設置」에 따라 京畿道의 管轄을 벗어나 "서울특별시"를 설치하였다.

적인 통치 수단으로서 주목받아 한국의 불교는 「寺刹令」(1911년) 등을 통해 일본의 제약을 받게 된다. 또, 일본은 국가 신도를 정비하면서 불교, 교파 신도, 기독교 등의 종교에 국가 신도를 보조하는 역할을 부여, 법적으로는 종교의 자유를 인정하면서도 실질적으로는 여러 가지 간섭을 하여 한국과 마찬가지로 많은 제약을 가했다. 이와 같이 한일 양국의 불교는 근대의 한 시기에 일본의 종교정책에 의해 각각 많은 제약을 받게 되었다.

일본이 종전을 맞이하고 한국이 해방된 해인 1945년 이후는 각각 GHQ의 통제를 거쳐, 각각 독자적인 종교정책을 실시하게 된다. GHQ는 제2차 세계대전의 원인으로 일본의 국수주의적인 국가 체제의 근간이었던 국가 신도를 지목한다. 따라서 국가 신도의 해체는 일본을 민주주의국가로 새출발시키는 가장 중요한 요건이 되었으며, 나아가 종교의 자유는 필수불가결한 것이었다. 이 때문에 국가 신도의 해체와 종교법의 개정은 점령 정책의 근간이라고 할 수 있다. 1945년에는 신도지령을 발포, 국가 신도는 해체되고 「종교법인령」이 실시되어 「대일본제국헌법」 하의 종교정책은 그 효력을 상실하였다. 1946년에는 민주주의 국가의 길을 걸을 수 있도록 일본국 헌법이 제정되었다.[66] 또, 일본 종교정책의 근간이 되는 「종교법인법」(1951년)[67]을 성립시켜, 종교의 자유를 확립했다. 그러나 이 과정에서 "神들의 러시아워(rush hour)"라 불리는 교단의 난립 상황이 발생, 작은 교단은 물론 큰 교단에서도 포괄종교단체로부터의 종파 이탈이라는 상황이 발생하게 되었다.

---

66) 1946년(昭和 21년) 11월 3일에 공포되고 1947년(昭和 22년) 5월 3일에 시행.
67) 1951년 4월 3일 「宗教法人法」이 공포·시행되었다.

한편, 한반도에서는 해방 후 남북이 분단되어 통치되는 상황이 벌어지면서 공산주의 국가와의 대치라고 하는 현실적인 문제가 시급한 상황이었다. 따라서 대한민국의 종교정책은 종교의 자유를 인정하되 실질적인 법률은 일본 식민시대의 법률을 그대로 답습한 상태가 오랫동안 유지되었다. 현재까지도 모든 종교 단체를 일원적으로 관리하는 법률이 정비되어 있지 않아 각 종교마다 관련 법률이 서로 다른 상태이다. 또, 불교교단에 대해서도 식민지 시대에 일본의 식민정책을 받아들이는 "친일행각"을 벌였다는 비판이 있어 교단 내부의 대립이 깊어졌다. 동시에 한국의 초대 대통령인 이승만이 정치적인 간섭의 방식으로 일본식 불교의 배제를 재촉하면서 내린 諭示는 불교 정화 운동이라는 한국 불교교단의 현재의 모습을 결정짓는 큰 운동으로 발전했다.

「불교재산관리법」(1962년)이 제정되면서부터 「사찰령」을 비롯한 식민지 시대의 법률이 유지되던 현상이 점차로 변화하게 된다. 그 후에도 「전통사찰보호법」(1987년), 「전통사찰의 보존 및 지원에 관한 법률」(2009년)과 법률 개정이 되었지만, 이러한 법률은 여전히 불교교단에만 적용되는 법률로 남아 있다.

본 논문은 이상과 같이 근대·현대에서 한일 각 나라의 종교정책에 따라 종교 단체가 어떠한 변천에 직면했는가를 밝혀 나가고자 한다. 이에 덧붙여 한반도에는 시기에 따라 고구려, 백제, 신라, 조선, 대한제국 등의 국호를 가진 나라가 존재했다. 일본 통치기에 한반도는 일본의 영토, 즉 "외지"로서 간주되었으며, 1945년 이후에는 대한민국(한국), 조선민주주의 인민공화국(북한)이라고 하는 다른 정치체제를 기반으로 하는 국가가 성립되게 된다. 이러한 지역의 구분과 국호도 정치체제의 차이, 혹은 일본과 한국의 기술 방법의 차이에 따라서 다르지만, 원칙적으로 국제법상 국제사회에서 통상 사용되고 있는 명칭 혹은 용어를 사용하고 다음으로는 일본과 한국 국내에서 각각 일반적으로 사용되고 있는 명칭 혹은 용어를 사용하겠다. 단, 문헌의 인용에 있어서는 기재되어 있는 명칭 혹은 용어를 그대로 사용하는 것으로 한다. 또한, 근대의 종교정책은 일본이 한국을 주도해 나가기 때문에, 논문의 구성은 우선 일본의 종교정책을 논한 후에 한국의 종교정책을 논하고자 한다.

3. 論文의 構成

Ⅰ장 「序論」에서는 논문의 문제의식과 선행연구, 연구과제와 연구방법, 그리고 논문의 구성을 간략하게 제시하여 논문의 전체상을 그리고자 한다. 특히 기존의 연구성과를 검토하면서 연구시기와 범위, 주제 등의 측면에서 본 논문이 갖는 학문적 의의를 제시한다.

Ⅱ장 「近代以前의 韓日 佛敎史의 槪略」은 근대 이전의 일본 불교와 한국 불교의 특색을 다루도록 한다. 여기에서는 국가 정책과 종교 교단의 움직임에 주목하면서 근대 이전의 일본과 한국의 불교사를 개관한다. 이러한 개관을 통해 불교가 한일 양국에 유구한 역사를 가진 전통 종교로서 비교 연구의 관점에서 고찰하기에 적합한 종교라는 사실을 알 수 있을 것이다.

Ⅲ장 「近代 韓日의 宗敎政策과 佛敎」은 근대 식민지 시기의 일본

과 한국의 종교정책과 불교교단에 대해 다룬다. 좀더 자세하게 보면, 일본의 종교정책에 관해서는 근대화의 과정에서 행해진 제정일치와 신불분리, 정교분리와 종교 제도의 정비, 대일본제국헌법과 종교단체법의 성립, 제1차 국유경내지처분이라고 하는 중요한 종교정책을 개관한다. 한국의 종교정책에 대해서는 식민지로서 근대를 일본의 종교정책안에 받아들이게 된 역사적 과정과 식민지하에 행해진 종교정책을 개관한다. 여기에서는, 사노 젠레이(佐野前勵)와 「僧侶 都城出入禁止」해제, 일본 불교 각 종의 조선개교(開敎)와 조선 불교, 한일합방과 조선총독부 제령 제7호 「사찰령」(1911년), 「사찰령」후의 조선 불교의 일본화와 그 반응이라고 하는 문제를 다루도록 한다.

Ⅳ장 「1945년 이후 韓日 宗敎政策과 佛敎」에서는 일본의 전후, 한국의 해방 후의 종교정책과 불교교단의 변천을 다룬다. 일본의 경우에는 신도지령, 「종교법인령」이라고 하는 GHQ 점령하의 종교정책, 「일본국헌법」과 「종교법인법」의 성립과 "종교의 자유", 「제2차 국유경내지처분」이라고 하는 중요한 종교정책을 논하면서 전후 일본 종교의 특색과 종교 관련법에 나타난 문제점 등을 다룬다. 한국의 경우에는 한국 불교의 불교정화 운동을 중심으로 이승만의 유시, 박정희의 담화라는 정치권력의 종교 간섭의 문제, 법정 투쟁과 「불교재산관리법」, 「전통사찰보존법」, 「전통사찰의 보존 및 지원에 관한 법률」이라고 하는 현재 불교교단을 관리하는 주요한 종교정책을 개관하면서 종교 법인법의 제정에 관한 논의 등 근년의 종교정책에 대한 방향까지 다룬다. 이를 통해, 현대 일본과 한국의 종교정책의 흐름을 파악하는 것과 동시에, 일본과 한국의 종교정책의 차이와 그 결과 나타난 각국의 현재의 불교교단의 형태를 분명히 할 수 있을 것이다.

Ⅴ장「結論」에서는 각 장에서 검토한 일본과 한국의 종교정책이 초래한 현재의 불교교단의 형태에 대해 요약하고, 그를 통해 야기된 현재 일본과 한국 불교교단의 형태의 차이를 제시한다.

Ⅱ

近代以前의
韓日 佛敎史의 槪略

近現代 韓日 宗敎政策 比較硏究
-佛敎敎團의 變遷을 中心으로-

1. 日本의 佛敎

불교는 『日本書紀』(720년)에 의하면 552년에, 「元興寺伽藍緣起 幷流記資財帳」(747년)과 「上宮聖德法王帝說」(平安時代 헤이안시대 초기 성립)에 의하면 538년에 일본에 전래되었다고 전해온다.[1] 어쨌 든 기록상의 전래시기가 6세기 중반이라면 중국에서 한반도로 전해진 불교가 실제로는 이미 4세기 후반에 일본에 전해졌을 가능성이 있다 고 할 수 있다. 그 후, 불교는 일본 古來의 神祇信仰과 대립을 일으 켜, 大和朝廷(야마토 조정) 내에서도 숭불파(崇佛派)와 폐불파(廢佛派) 의 대립이 계속되었다. 그러나, 聖德太子(쇼우토쿠 타이시 574-622년)[2] 가 등장한 시대에는, 숭불파가 세력을 확장하여 불교 융성책이 전개 되면서 불교가 크게 융성하게 되었다. 그리고 불교의 융성과 때를 맞 추듯이 일본은 씨족 사회의 종언을 맞이해 중국에서 전수받은 율령에 기초한 중앙집권 국가, 곧 율령 국가(律令 國家)로 전환한다. 이러한 전환을 계기로 불교는 공적인 입장을 차지하게 됨으로써 국가 불교가

---

1) 『日本書紀』에 의하면, 백제의 성명왕(성왕)으로부터 석가의 불상일체와 그 장식인 번 개, 약간의 경전이 전해졌다고 한다. 그러나『일본서기』의 불교 전래에 대한 기술은 신빙 성이 희박하다고 여겨지고 있다. 왜냐하면,『일본시기』의 성명왕의 표문에 703년에 한역 된『金光明最勝王經』과 거의 같은 문장이 쓰여 있는데 552년에 불교가 전래될 당시에 그 내용이 이용되는 것은 있을 수 없기 때문이다. 末木文美士 2006, pp. 34-35 참조.
2) 聖德太子(幼名 厩戸皇子)는 推古天皇(在位592-628年)의 皇太子로 政治·文化의 중심 이 되어 活躍하였으며 冠位十二階이나 十七條憲法의 制定, 遣隋使의 派遣,『三經義疏』 (『法華義疏』·『勝鬘經義疏』·『維摩經義疏』)를 짓고 四天王寺, 法隆寺 등을 創建한 것으로 알려져 있다. 근래 들어 聖德太子의 業績, 존재에 대한 다양한 이설이 나오고 있 으나 佛敎盛隆의 象徵으로서의 지위를 부여받은 존재라는 점에는 틀림없다. 이후 佛法 守護의 聖人으로 두터운 信仰의 대상이 되어 太子信仰이 생긴다. 堀一郎 編 1985, pp. 103-106; 末木文美士 2006, pp. 36-38 참조.

성립하게 된다. 그 후에도 일본 불교는 국가 불교로서 국가를 진정시키고 평안 무사함을 비는 鎭護國家 사상에 근거해 진호 불교, 호국 불교라고 하는 성격을 띠게 된다.3)

일반적으로 奈良佛敎(나라 불교)라고 불리는 7,8세기경의 불교는, 각 지방에 國分寺·國分尼寺을 건축하고 60여개 지방에 건립한 國分寺·國分尼寺의 중심 역할을 하는 "總國分寺"로 자리한 東大寺의 盧舍那佛의 開眼供養(752년)이 일어나는 등 국가의 핵심사업이 되어 있었다. 이 시대에는 이후 南都六宗4)(三論宗5)·成實宗6)·法相宗7)·俱舍宗8)·律宗9)·華嚴宗10))이라고 불리게 된 조직적인 교학연구가 수행

---

3) 逵日出典 1986, pp. 17-40 참조.

4) 南都六宗에서 보듯이 奈良時代에는 인도불교의 4학파 (三論宗, 成實宗, 法相宗, 俱舍宗)모두가 전래되어 승려의 생활규범으로서의 율종, 중국불교를 대표하는 二大 敎學인 華嚴宗과 天台宗의 하나이기도 한 華嚴宗이 전래되었다. 立川武蔵 1995, p. 52 참조. 더욱이 당시의 종은 불교연구의 과목을 가리키기도 하여 종파라기보다는 학파에 가까운 개념이었다. 「六宗兼學」이라 하듯이 각자가 소속된 사원의 종에 한하지 않고 연구를 행했으며 종에 기반을 둔 주체적인 조직적 집단은 형성되지 않았다. 이를 보아도 나라시대 불교는 종교라기보다는 학문적 성격이 강했다. 立川武蔵 1995, pp. 41-42; 宗敎思想硏究会 編 1980, pp. 37, 53 참조.

5) 三論宗은 불교종파의 하나로 인도의 龍樹의 『中論』과 『十二門論』, 그 弟子 提婆의 『百論』, 이 三論을 所依經典으로 하는 論宗이다. 空을 주장하므로 空宗이라고도 한다. 인도에서는 中觀派라고 불렸다. 立川武蔵 1995, pp. 42-44 참조.

6) 三論宗의 附宗. 인도불교 종파의 四分類 가운데 小乘輕量部에 해당하는 『成實論』을 연구하는 論宗이다. 立川武蔵 1995, pp. 44-45 참조.

7) 인도의 唯識派에 상당한다. 일본에서는 653년에 唐으로 건너간 渡道가 인도에서 귀국한 玄奘에게서 직접 배워 일본에 돌아가 元興寺에서 法相宗을 널리 알렸다. 이후 智通·智達·玄昉 등도 唐에 건너가 敎學을 배우고 귀국, 法相宗을 널리 알렸다. 중심적인 典籍은 世親(Vasubandhu)의 『唯識三十頌』에 대한 護法(Dharmapaala)의 註釋書 『成唯識論』. 立川武蔵 1995, pp. 45-46 참조.

8) 인도의 有部에 상당한다. 世親의 阿毘達磨俱舍論(Abhidharma-kosa)및 그 註釋書를 중심으로 하여 諸經論을 硏究·講義하고 師資相承하는 學僧들의 그룹. 法相宗의 附宗으로 배운다. 立川武蔵 1995, pp. 46-47 참조.

되었다. 그리고 이 시기의 불교는 국가의 비호만이 아니라 통제도 받아들였다. 불교는 고유의 神祇信仰의 연장으로서 鎭護國家로부터 除災招福이라는 사적인 일까지 모든 일에 주술적인 힘을 추구하게 되었다. 국가는 이러한 불교의 주술적인 능력을 국가통제의 수단으로 이용하기 위하여 승려를 승려령으로 속박하고 승려가 되는 절차와 자격을 규정함과 동시에 민간포교를 금했다. 따라서, 승려들이 주체적으로 집단을 조직하고 자주적인 종교활동을 행하는 것은 어려운 일이었다.11)

奈良佛敎가 세력을 키워감에 따라 부패도 눈에 띄게 되어 불교 세력의 영향을 줄이기 위해 781년에 즉위 한 桓武天皇(간무 천황 재위 781-806년)은 794년에 수도를 平安(헤이안 쿄토)으로 옮겼다. 桓武天皇은 僧尼와 사원에 대한 검찰·금지령·엄숙의 칙을 발포하여 새 도읍 내에는 東寺·西寺 두 곳만 남겨두고 京內에 새로운 사찰의 건립을 금지하는 등 정치에 간섭하는 나라 불교 세력의 힘을 배제하는 정책을 취했다.12) 한편, 종래의 나라 불교를 대체할 새로운 불교도 필요하였는데, 이러한 상황에서 등장한 것이 천태종의 시조 最澄(사이초 767-822년)과 진언종의 시조 空海(쿠우카이 774-835년)이다. 桓武天皇 시대에 이 두 명은 나라의 원조를 받아 당나라에 갔다. 그리고 最澄과 空海는 당시 최신의 불교를 대륙으로부터 가지고 돌아와서, 일본에서

---

9) 戒律의 硏究와 實踐을 행하는 佛敎의 一宗派. 모든 승려가 따라야 하는 規定. 立川武藏 1995, pp. 47-48 참조.
10) 中國에서 大乘佛典의 代表인 華嚴經을 究極의 經典으로 삼아 그 思想에 의거하는 獨自의 敎學體系를 세운 宗派. 立川武藏 1995, pp. 48-52 참조.
11) 宗敎思想硏究會 編 1980, pp. 53-54 참조.
12) 堀一郎 編 1985, p. 111 참조.

새로운 불교를 수립하였다. 당연히 그들은 국가와의 강력한 연관 속에 수학이나 계율의 우위를 차지하였으며, 국가 불교로 존재해온 奈良佛敎(南都佛敎)에 대해 鎭護國家을 표방하면서도 국가의 통제로부터 자립할 수 있는 힘을 양성하려고 하였다.13) 이 과정에서 最澄도 空海도 당시 세력을 길러 온 장원귀족과의 결속을 강화, 주로 귀족의 현세 이익·후세 안온이라는 소망에 대한 加持祈禱의 면에서 수학과 실천을 동시에 실시하는 것에 의해 새로운 기능을 가지게 되었다.14) 平安 말기에는 末法思想15)이 유행하고 각 종파는 귀족과의 결속 강화에 전력하면서 의례의 화려한 형식화, 교단의 귀족화·세속 권력화, 승병의 출현에 따른 사원의 이익 확보를 위한 항쟁 등으로 불교는 퇴폐화되어 갔다.16) 이러한 상황은 사회에도 큰 영향을 주어 貴族 社會로부터 武家 社會로 권력이 이행하는 계기가 되었다.

1192년에 무가 사회가 완전히 세속의 정치권력을 잡아 鎌倉幕府(카마쿠라 막부1192-1333년)가 성립되자 시대의 요청에 부응해 불교도 새로운 전개를 맞이하게 된다. 鎌倉時代에 주목할 불교 운동은 ① 法然(淨土宗)과 親鸞(淨土眞宗)의 專修念佛, ② 榮西(臨濟宗)와 道元(曹洞宗)의 禪, ③ 日蓮(日蓮宗)의 法華信仰, ④ 良忍·一遍(時衆·時宗)

---

13) 866년부터 1100년까지 234년간, 佛敎學과 戒律에 관한 國家試驗에서 합격하고 勅會의 講師로 일하여 獲得하는 5개 學階의 승려를 補佐하는 諸國講師 232명 중 法相宗 168人, 三論宗 34人, 華嚴宗 18人에 비해 天台宗은 12人, 眞言宗에서는 1人의 講師도 輩出되지 않았던 데에서도 볼 수 있듯이, 南都佛敎(奈良佛敎)가 단연 優勢였다. 堀一郞 編 1985, p. 116 참조.

14) 末木文美士 2006, p. 52; 堀一郞 編 1985, pp. 116-117 참조.

15) 佛敎 予言思想의 一種으로, 釋迦의 入滅後의 시대를 正法, 像法, 末法이라고 하는 三時觀으로 보고 釋迦의 가르침이 미치지 못하게 되는 末法時代에는 佛法이 올바르게 행해지지 않는다고 하는 佛敎의 下降史觀.

16) 宗敎思想硏究会 編 1980, pp. 70-71 참조.

의 念佛 등을 들 수 있다. 이들은 일반적으로 지극히 일본적인 鎌倉 佛敎로 불린다. 또 이러한 새로운 불교와 함께 구불교의 부흥 운동도 활발하게 전개되었다. 지금까지의 불교는 奈良佛敎의 南都六宗에 평안 불교의 天台宗과 眞言宗을 더한 八宗의 교의를 모두 습득, 불교의 제파를 모두 수중에 넣는 복합적인 성격이 강했다.[17] 그러나, 鎌倉時代의 신불교가 갖는 현저한 특징은 복합형이 아니라 선택형의 불교라는 점이다. 이 시대 불교의 시조들은 모두 比叡山에서 배운 天台宗의 출신이었다. 比叡山이 종합대학과 같은 기능을 하고 여기서 배운 시조들이 이 가르침 속에서 특정 부분을 선택하고 그 이외의 것을 부정하였다. 이러한 방식으로 학문으로서의 불교와 신앙으로서의 불교를 분리시킴으로써 불교의 신앙을 단순화하고 실천적인 것으로 만드는 데 전력을 다하게 된 것이다.[18]

鎌倉幕府가 무너지고(1333년) 江戶幕府(에도 막부)가 성립(1603년)할 때까지, 일본에서 중세부터 근세에 해당하는 南北朝・室町(무로마치)・戰國・安土桃山(아즈치모모야마) 시대는 鎌倉時代에 태어난 신불교가 민중 속에 정착해 가는 시기였다. 특히 임제종은 무가 정권과 관계를 한층 강화해 국교의 지위를 차지하기에 이르렀다. 그리고 이 시대에는 臨濟宗 뿐만이 아니라, 鎌倉時代에 태어난 다른 신불교도 민중에게 퍼져갔다. 특히 淨土眞宗은 이 시기에 크게 융성하여 本願寺 敎團은 本山으로부터 末寺, 道場에 이르기까지 조직화되었다. 또 하나의 주목할 점은 불교의 영향 하에 이론을 정비한 신도가 기존의 本

---

17) 堀一郎 編 1985, p. 132 참조.
18) 末木文美士 2006, p. 73; 堀一郎 編 1985, p. 133; 宗敎思想硏究会 編 1980, p. 71 참조.

地垂迹說・神佛習合說19)에서 벗어나 伊勢神道처럼 신불분리의 움직임을 보이고 신도 우위의 神本佛迹說 등을 제시했다는 점이다. 이러한 관점들은 후대에 한층 더 발전하여 神本神迹說・神國思想으로서 일본 독자적인 신국관・국체관을 형성하는 기초가 되었다.20)

일본의 근세에 해당하는 江戶時代(에도시대 1603-1868년)에는 불교가 완전히 정치권력의 손아귀 안에 있게 되었다. 室町의 臨濟宗은 정치의 중심부에 스스로 진출한 것이었지만, 江戶時代에는 종교 전체가 완전히 정치권력의 통제 하에 있게 되었다. 1549년에 일본에 도래한 기독교의 포교는 당초 일본에서 서양 물질문명의 수용 등의 관점으로 포용되었지만, 기독교가 스페인의 판도 확대에 크게 관여하였다는 사실이 전해지자 기독교는 일본 내에서 배척을 받게 되었다. 그리고 江戶時代에 들어 「伴天連追放文」(1613년)에 배제의 방향을 정립하고 기독교도의 반란인 島原(시마바라)의 난(1637-1638년)이 일어난 후에는 철저한 금제를 시행, 마침내 쇄국 정책으로 연결된다. 불교도 완전히 정치권력의 통제 아래 놓이게 되었다. 예를 들어 본사와 말사라는 계급제도(본말 제도)가 엄격히 정해지고 대본산을 정점으로 하는 피라미드식 질서 속에서 불교의 각 사원은 본산에 末寺錢, 志納金을 지불하는 시스템을 구축하는 것과 동시에 막부의 의사를 각 종에 관철시키는 역할을 수행하게 되었다. 한층 더 중요한 것은 寺請制度(檀家制

---

19) 神佛習合說은 ① 신은 미혹될 수 있는 존재이며, 부처의 구제를 필요로 한다는 설(神宮寺의 성립), ② 신이 불교를 수호한다는 설(八幡神, 稻荷神), ③ 불교의 영향 하에 새로운 신이 만들어지게 되는 경우(御靈, 權化), ④ 신은 실은 부처가 중생 구제를 위해서 모습을 바꾸어 나타난 것이라고 하는 설(本地垂迹) 등으로 분류할 수 있다. 逵日出典 1986 참조. 兩部神道는 神佛習合說의 대표적인 사례이다.

20) 末木文美士 2006, pp. 112-113; 宗教思想研究会 編 1980, pp. 101-102 참조.

度・寺檀制度)의 확립이다. 에도 막부는 모든 국민을 호구 단위로 반드시 어딘가의 寺院(檀那寺・菩提寺)의 檀家로 등록해, 크리스챤이 아닌 것을 증명시키려고 했다. 따라서 이러한 사청제도에 따라 혼인이나 여행을 하는 경우에는 사원이 발행하는 사청증서가 필요하게 되었다. 또 기독교 금제의 강화와 함께, 宗旨人別帳(宗門改帳)를 宗門改役에 제출토록 하는 의무를 지워 이것이 호적의 역할을 담당하게 되었다. 이렇게 사원은 행정의 말단으로 편입되어 도시와 시골의 동사무소와 같은 기능을 수행하였다. 이와 같이 정치권력의 통제와 비호를 동시에 받은 불교의 사청제도는 개인의 자유로운 신앙이 아니라 조상대대로 위패를 모신 절과 호구단위로 기능하는 檀家에 기초해서 일본적인 종교 풍토를 낳아 오늘날까지 "葬式佛敎"라고 하는 독자적인 형태를 정착시키게 되었다.21)

이러한 불교 통제의 정책이 채택된 것은, 에도시대의 관학으로서 유교(유학)가 채용된 영향도 있었다. 조선과 같이 유교가 국교로서 지배 원리가 되지는 않았지만 山崎闇齊(야마자키 안사이)의 垂加神道, 伊勢神道系로부터 渡會神道 등 유교에 영향을 받은 일본 중심주의적인 신도가 형성되었다. 또한 本居宣長(모토오리 노리나가), 平田篤胤(히라타 아쓰타네) 등의 『古事記』 연구를 통한 "일본적인 것"의 탐구는 國學으로 불려 뒷날 復古神道나 水戶學(미토학) 등의 일본의 문화적인 내셔널리즘의 원천이 되었다.22) 이러한 흐름을 받은 에도막부 말기의 尊皇攘夷(尊王攘夷) 운동은 서구 제국의 위협으로부터 일본을 수호하기 위한 구국적인 정치 운동이 막부를 타도하는 운동으로 나타

---

21) 末木文美士 2006, pp. 134-138, 立川武藏 1995, pp. 194-197 참조.
22) 末木文美士 2006, pp. 160-176 참조.

난 것이지만, 성스러운 존재인 천황과 그것을 지키는 지사의 정신론에서 그 종교성을 확인할 수 있다. 그 논리적인 지주가 된 것은 신도나 국학으로 강조되고 있는 신국사상이었다.[23] 또 江戶幕府 말기에는 天理敎, 金光敎 등 뒷날 敎派神道로 불리게 되는 신종교가 카리스마적 성격을 가지는 교조에 의해 출현, 민중 사이에 퍼져가는 상황이 전개되고 있었다.

우리는 지금까지 근대까지 전개된 일본 불교의 역사를 개관해보았다. 이러한 개관에 따르면, 각 시대마다 교단의 성격을 규정하는 것은 종교나 종파가 가지는 고유한 사상이기 보다 당대의 정치권력의 자세와 이에 대한 교단의 적응이었다는 사실을 알 수 있다. 그리고 근대에 들어 그 경향은 보다 명확하게 나타나게 된다.

2. 韓國의 佛敎

한반도에 불교가 전래된 것은 삼국시대(372-668년)였다. 그 이전에 한반도는 시베리아·만주·몽골계의 샤머니즘인 무속신앙이나 음양·지리·풍수 등의 중국 기원의 도교적인 신앙, 또 오곡신(五穀神) 등을 숭배하는 원시 종교의 신앙을 가지고 있었으리라 짐작된다. 정확한 연대를 확정짓기는 어렵지만 『삼국사기』에 의하면, 고구려는 小獸林王 2년(372년), 백제는 枕流王 元年(384년), 신라는 法興 55년(528년)

---

23) 宗敎思想硏究会 編 1980, pp. 128-129 참조.

에 불교가 전래된 것으로 전해진다. 불교 전래 초기에는 여러 가지 곤란이 있었지만, 삼국 모두 점차 불교를 국가의 중심 종교로 받아들여 불교가 크게 융성하게 된다.

고구려의 경우, 391년에 廣開土王이 즉위하면서 불교를 중시하는 정책을 채택하여 393년에는 평양에 9개의 절이 창건되는 등 불교가 고구려 사회에 완전히 정착했다.[24] 백제는 聖王의 시대에 불교가 많은 발전을 이루었다. 성왕 19년(541년)에 왕은 사자를 양나라에 보내 조공을 바치면서『열반경(涅槃經)』이나 공장·화가 등을 요청하여 받아왔다. 法元 원년(599년)에 왕은 살생 금지의 칙령을 반포하고 다음 해에는 왕흥사의 건립을 개시해 승려 30명을 득도시키는 등 불법을 깊게 신봉하였다.[25] 신라는 23대 法興王 때인 527년[26]에 異次頓의 순교를 계기로 불교가 공인화되었다. 眞興王 시대에 국가공인의 사원으로 興輪寺가 완성되자 백성들이 출가하여 승려나 비구니가 되는 일이 허락되었다. 또한, 553년에는 新宮이 佛寺로 개조되어 皇龍寺가 되었다. 신라 최대의 國刹인 皇龍寺는 574년에 丈六의 불상이 鑄造되고, 643년에는 주변민족의 침공을 막기 위한 목적으로 九層塔을 건조함으로써 신라 호국 불교의 상징이 되었다. 그리고, 眞興王은 귀족을 중심으로 청년기사단이라 할 수 있는 화랑(花郞) 제도를 창설했다. 화랑은 彌勒信仰을 성신적 근거로 삼아 국가와 불교의 유대를 획득할 수 있었다. 통일신라의 최대의 공로자인 김유신도 화

---

24) 정병조 1994, p. 87; 中井眞孝 1994, p. 176 참조.
25) 정병조 1994, pp. 89-90; 정병조·이석호 1991, pp. 13-14; 鎌田茂雄 1987, pp. 28-30 참조.
26)『三國史記』에는 法興王 15年(528)이라고 하나 이것은 法興王의 紀年이 1년 잘못되어 있기 때문에 생긴 착오로, 정확히는 14年(527)이다. 鎌田茂雄 1987, p. 34 참조.

랑 출신이었다. 국가가 위기 상황에 처했을 때 화랑의 지도이념으로 원광(圓光)이 제시한 世俗五戒27) 가운데 "임전무퇴(臨戰無退)"의 정신에는 국가와 불교의 강력한 유대, 즉 당시의 護國佛敎的인 성격이 잘 나타나 있다.28) 그리고 고구려와 백제의 불교는 일본에도 큰 영향을 주었다.29)

신라는 백제를 663년에, 고구려를 668년에 멸망시키고 삼국을 통일했다. 이후, 불교학이 융성하여 불교사의 황금기라고 말할 수 있는 시기를 맞이한다. 이 시대에는 元曉30)(617-686년)·義湘31)(625-702년)·

---

27) 世俗五戒는 事君以忠·事親以孝·交友以信·臨戰無退·殺生有擇.
28) 정병조 1994, pp. 90-91; 정병조·이석호 1991, pp. 21-51; 鎌田茂雄 1987, pp. 33-36; 中井眞孝 1994, pp. 180-182 참조.
29) 『日本書紀』에 의하면 고구려 승려 惠便(564-?)은 善信, 禪藏, 慧善에 수계하여 일본에 있어 최초의 비구니를 양성했다. 또 惠慈(?-622)는 595년에 일본을 방문해 고대 일본 불교의 수호자가 되는 聖德太子의 스승이 되었다. 610년에는 曇徵(579-63)이 일본을 방문, 聖德太子의 요청으로 法隆寺에 머물며 法隆寺의 벽화를 그렸다고 전해진다. 625년에 일본을 방문한 慧灌은 일본 삼론종의 시조가 되었고, 크게 존경받아 칙명에 의해서 元興寺에 머물렀으며 후에는 僧正 직에까지 오르는 등 일본 불교의 발전에 큰 공적을 남겼다. 정병조 1994, pp. 87-88; 정병조·이석호 1991, pp. 12-13; 鎌田茂雄 1987, pp. 26-27 참조.
또 백제 불교는 538년(『日本書紀』), 혹은 552년(『上宮聖德法王帝說』)에 일본에 전래되었다고 기술되었다. 백제는 많은 승려를 일본에 보내 일본 고대 불교의 발전에 크게 공헌하였다. 자세한 내용은 분명치 않지만, 우선 曇慧, 道深 등이 일본에 왔고 그 후 日羅가 583년에 왔다. 聖德太子는 日羅를 神人, 救世觀世音의 화신으로 敬礼했다고 한다. 그 후에도 坂田寺의 建立 등에 공헌한 豊國(587年 來日), 佛舍利를 가지고 온 高句麗의 승려 慧慈와 함께 法興寺의 완성에 커다란 공헌을 한 慧聰(588年 來日), 일본에 三論學을 전파한 후 僧正에 봉하여진 觀勒(602年 來日), 일본에 成實宗을 전파한 道藏(688年 來日) 등 다수의 우수한 승려가 일본을 방문, 불법을 널리 알렸다. 또 587년에는 고구려 승려인 惠便의 수계로 비구니가 된 善信, 禪藏, 慧善이 백제에 유학, 戒六法과 具戒三重 등을 배우고 590년에 일본에 귀국했다. 이로써 일본에 처음으로 律法이 전해지고 그 후에 출가 수계를 독자적으로 행할 수 있게 되었다. 663년에 백제가 멸망하자 많은 백제인이 일본에 도래하여 일본의 고대국가 발전에 공헌했다. 정병조·이석호 1991, pp. 15-16; 鎌田茂雄 1987, pp. 30-33 참조.

圓測32)(613-696년) 등, 중국의 「高僧傳」에도 기재된 우수한 승려가 배출된다. 신라불교는 전반에는 화엄과 유식 등 학문을 중심으로 하는 教佛教가 융성하였으나 후반에는 실천을 중시하는 禪佛教33)가 융성하였다. 신라 말기에 이르면, 호국적인 불교에 도교의 음양오행이나 풍수지리 등을 가미한 신비적인 祈福佛教를 선도한 道詵(826-898년)이 나타난다. 이것은 귀족층의 권력 투쟁에 의한 부패와 타락, 지방호족의 대두라고 하는 혼미의 시대가 전개되면서 나타난 현상이다. 道詵은 풍수지리설상의 중요한 장소에 절과 탑을 세우면 국가가 평안

---

30) 원효는 650년에 의상과 함께 당나라로 유학길을 떠나려했지만, 도중에 이 모든 현상은 마음의 인식으로부터 발생한다는, 즉 "마음이 생긴 즉 갖가지 법이 없이 생기고 마음이 없어진 즉 법이 없어진다"(生心則種種法生 心滅則種種法滅)는 一切唯心造의 도리를 깨닫고는 굳이 당나라까지 가서 배울 필요가 없다고 하여 국내에 머물렀다. 원효의 저작은 86부(현존 22부)에 이르러 중국, 일본에서도 높은 평가를 받았다. 특히『金剛三昧經疏』가 중국에 전해지자 모두가 찬탄하였다. 인간이 썼다면「소」로 보아야 하나 보살이 지은 것이라면「론」이라고 해야 한다면서『금강삼매경론』으로 부를 정도로 높은 평가를 받았다. 또한『大乘起信論疏』도 "海東疏"라 불리면서 중국에서 높은 평가를 받았다. 원효의 사상은 融會(和會), 즉 和諍을 중심으로 한다. 이와 같이 큰 교학적 공적을 남긴 원효이지만 단순한 불교승려, 학자에 머물지 않았다. 원효는 미망인인 공주와 관계를 맺어 薛聰이라는 아들을 낳았는데, 그는 후에 신라를 대표하는 문인이 되었다. 파계 후에는 속의를 입고 다니며 小性居士・卜性居士라고 자칭하면서 염불을 외고 춤을 추며 마을들을 돌아다녀 민중을 교화했다고 한다. 정병조・이석호 1991, pp. 36-43; 鎌田茂雄 1987, pp. 74-80; 中井眞孝 1994, pp. 183-184; 유동식 1965, pp. 40-48 참조.
31) 의상은 唐에 건너가 중국 화엄종의 제2조인 智儼의 문하에서 공부하였다. 의상은 당이 신라를 토벌하려 한다는 정보를 입수, 이를 본국에 알리기 위해서 671년에 귀국했다. 귀국한 의상은 그 후, 부석사, 해인사, 옥천사, 화엄사 등 이른바 화엄 10개사의 절을 건립했다. 또 화엄사상을 집대성한 법장과는 사형사제의 관계로, 법장은 의상에게 서간을 보내고 의견을 구하는 등 의상의 사상이 법장의 화엄 수학에 큰 영향을 주었다고 한다. 鄭柄朝・李錫浩 1991, pp. 43-51; 鎌田茂雄 1987, pp. 80-84; 中井眞孝 1994, p. 184 참조.
32) 원측은 玄奘에게서 唯識(法相學)을 배우고 신라에 귀국하지 않고 중국에서 임종을 맞은 인물이다. 원측은 법상종의 사상을 집대성한 窺基의 최대의 라이벌라고 여겨지는데, 窺基와 학설을 달리하여 당의 唯識學界를 양분할 정도였다. 그 후 중국의 법상종에서는 窺基의 학설이 주류가 되었지만, 원측의 학설은 제자인 道證에 의해 신라에 소개되어 신라 불교에 큰 영향을 주었다. 鎌田茂雄 1987, pp. 84-88; 中井眞孝 1994, pp. 184-185 참조.

해진다고 주장하며 민중의 신앙을 모았다. 그러나, 주술적·미신적인 성격이 다분한 道詵의 신비적 기복불교는 이후 야심만만한 승려의 사리사욕을 채우기 위해 악용된다. 이로 인해 불교의 타락이 초래되고 후에는 유학자로부터 미신으로 비판당하기에 이른다.[34]

신라에 이어 한반도를 통일한 高麗의 太祖는 자신의 탄생을 예언한 道詵을 숭배하고 자신이 왕이 된 것은 불교의 가호에 의한 것이라고 믿었다. 그래서 太祖 26년(943년)에 그는 訓要十條를 정하여 나라의 지침으로 불교 보호 정책을 취했다. 신라가 皇龍寺九層塔을 세워서 삼국을 통일했던 사례를 배워 태조는 開城의 七層塔, 平壤의 九層塔, 開城의 法王寺와 王輪寺 등의 十大寺를 비롯하여 수많은 사원을 건립했다. 또한, 懺悔滅罪를 위한해 燃燈會나 재가신자의 수행인 八關會 등의 법회도 활발히 행해져 호국 불교의 경향이 한층 더 강화되었다. 하지만 너무나 빈번하게 성대한 법회를 열었기 때문에 국가의 재정 궁핍을 초래하게 됨에 따라 점차 그 규모는 축소되어 가게 된다.[35] 또, 고려시대에는 958년에 제정된 관리등용시험제도인 科擧를 모방

---

33) 선은 이미 전래되어 있었으나 본격적으로 부상한 것은 9세기에 이르러서였다. 선에도 여러 파가 있지만 신라에 본격적으로 정해진 것은 馬祖道一의 한 계통으로, 784년에 입당한 道義가 智藏과 懷海에 사사하여 821년에 귀국, 南宗禪을 전했다. 그러나 經教를 중시하고 선을 허망한 설로 간주하여 접수하지 않았다고 한다. 마찬가지로 지장에게서 法을 받은 洪陟이 興德王(在位 826-36年) 때 귀국하고 宣康太子가 歸依한 이래 신라인들도 선을 신앙으로 받아들이게 되었다고 한다. 이후에도 입당 승려들이 지속적으로 남종선, 북종선을 전해 각기 절을 세우고 문파를 형성, 후에 禪門九山이라고 불리는 선불교의 거점이 되었다. 정병조·이석호 1991, pp. 60-66; 鎌田茂雄 1987, pp. 107-114; 中井真孝 1994, p. 186 참조.

34) 鎌田茂雄 1987, pp. 125-128; 中井真孝 1994, pp. 186-187 참조.

35) 鎌田茂雄 1987, pp. 154-156; 中井真孝 1994, pp. 188-189; 유동식 1965, pp. 48-50 참조.

하여 승려에게도 승려의 국가시험 제도인 僧科36)가 설치되었다. 그리고 고려시대는 대륙으로부터 거듭되는 이민족의 침입에 시달렸던 시대였으므로 고려는 국가의 총력을 기울여 법력의 가호를 구하고 敵國調伏을 빌었다. 이러한 고려의 호국 불교적·기도적 경향은 『大藏經』의 간행이라고 하는 형태로 나타난다.37)

고려 불교의 특징으로는 주술적인 호국 불교 외에도, 조화의 불교라고 하는 점을 들 수 있다. 대각국사(大覺國師)라 불리는 義天은 화엄을 배웠지만 한층 더 깊은 연구를 위해 선종 2년(1085년)에 송나라에 건너갔다. 일년 남짓인 짧은 체류 기간 동안 그는 天台·法相·律·禪·華嚴의 5종을 배우고 귀국 후에는 『속대장경』의 간행 계획을 세웠다. 義天은 學解보다 頓悟를 존중하는 선을 비판하고 천태종의 진

---

36) 선종은 『禪門拈頌』, 교종은 『華嚴經』 및 『十地論』을 암송시키고 시험을 쳐서 합격해야만 승려가 되었다. 선종은 大選→大德→大師→重大師→三重大師→禪師→大禪師, 교종은 大選→大德→大師→重大師→三重大師→首座→僧統이라고 하는 계급을 마련해 선교의 최고위의 大禪師와 僧統은 왕의 정치상·학문상의 최고 고문 지위인 國師·王師에 봉해졌다. 이 僧科制度는 조선시대에까지 계승되었다. 鎌田茂雄 1987, pp. 157-158; 中井真孝 1994, pp. 189-190 참조.

37) 고려는 993년부터 북방으로부터 契丹의 침입을 받게 되는데, 이 침입을 佛力으로 물리치고자 하는 소원을 담아 대장경 간행을 시도했다. 대장경은 개성의 부인사에 안치했으나 高宗 19년(1232)에 침략한 몽고군의 병화로 끝내 소실되어 버렸다. 이에 몽고군을 불리치기 위한 기원을 담아 고종 23년(1236)부터 15년의 세월을 들여 6558권을 재조했다. 이것이 현재 해인사에 소장되어 있는 대장경(高麗大藏經)이다. 이 대장경은 내용이 가장 풍부하며 교정이 올바르고 미술공예적 가치도 뛰어난 불교문화의 귀중한 유산이다. 후에 이 대장경 및 장판은 일본에도 전해져서 일본의 불교에도 큰 영향을 주었다. 유동식은 고려 팔만대장경은 "미신화된 불교의 소산"이라고 평가한다. 한편 江田俊雄는 "高麗大藏經의 出版은 단순한 불력의 가호를 기도하기 위한 독실한 종교적 목적과 함께 高麗의 佛教文化를 외국에 알리고자 하는 의도가 있었다고 하는 것은 이것이 지극히 양심적이고 따라서 학문적으로 편집된 사실로부터도 관찰된다"고 지극히 높은 평가를 했다. 정병조·이석호 1991, pp. 87-94; 鎌田茂雄 1987, pp. 164-169; 中井真孝 1994, pp. 190-192; 유동식 1965, pp. 50-51; 江田俊雄 1977, p. 473 참조.

홍에 힘썼다. 선종에서는 普照國師라 불리는 知訥(1158-1210년)이 출현하여 선문구산(禪門九山)을 통일해 조계종을 확립했다. 知訥은 선을 중심으로 한 선교(禪敎)의 일치, 정혜(定慧)의 쌍수(雙修)를 주창했다. 그 후, 普愚(1301-1382년)는 원(元)에 들어가 임제종을 전수받아 看話禪을 주창했다.38) 고려시대에는 이와 같이 불교는 禪敎가 함께 번성했지만, 고려 말기가 되면 妖僧이 출현해 불교는 邪敎와 동일시되기에 이르렀다. 이러한 불교의 부패는, 유생들의 排佛論을 초래했다.39)

고려에서 조선으로 왕조가 바뀌면서 불교의 위상에도 근본적인 변화가 발생하게 된다. 중국에서 원이 쇠약해져 명과의 사이에 항쟁이 시작되자 고려의 군신은 원나라파와 명나라파로 나뉘어 대립했다. 원나라파가 주도권을 쥐어 명을 토벌하는 군대를 파견했지만, 이를 인솔하던 李成桂는 도중에 회군하여 개성에 입성하고 원나라파를 추방한 뒤 1393년에 왕위를 차지하고 조선을 건국했다. 조선에서는 유교가 국가의 지도 이념이 되었기 때문에, 불교를 신앙하는 왕도 있었지만 기본적으로는 불교 억압·배척 정책을 채택했다. 이것은 고려시대 불교의 부패나 유생의 폐불론 등에 영향을 받음과 동시에, 강대한 권력과 재력을 소유하던 불교세력을 통제해서 권력을 이양시키고 국가 재정을 안정화하기 위한 실리적인 정책이었다.

太祖(재위 1393-1398년)는 고려인의 기질이 남아 그 자신은 절실한 불교신자였으며 승려를 후대했지만, 고려시대 말기의 불교의 폐해를

---

38) 정병조·이석호 1991, pp. 94-100; 鎌田茂雄 1987, pp. 170-197; 中井真孝 1994, pp. 193-195 참조.
39) 정병조·이석호 1991, pp. 101-107; 中井真孝 1994, pp. 194-195 참조.

막기 위해서 승려의 度牒制를 엄격화하여 승려의 수를 제한하는 정책을 채택했다. 태종(재위 1401-1418년) 시기에는 통제의 방침이 명확해졌다. ① 사원·승니(승과 여승) 수의 제한, ② 사찰 소유 자산(토지 전답)의 몰수·국유화, ③ 사찰 노비의 軍丁화, ④ 度牒 발급의 강화, ⑤ 國師·王師 제도의 폐지, 승려 지위의 저하, ⑥ 고려 이래 왕릉에 절을 짓는 陵寺制의 폐지 등이 실시되었다. 동시에 종파 자체도 曹溪宗·天台宗·華嚴宗·慈恩宗·中神宗·總南宗·始興宗의 七宗으로 감소시켰다. 世宗(재위 1419-1450년)의 시기에 이르면 종파는 한층 더 통합되어 曹溪·天台·總南의 3종을 禪宗으로 華嚴·慈恩·中神·始興의 四宗을 합해 敎宗으로 삼았다. 고려시대말기에는 11개의 종파에 이르던 불교교단을 교의나 특색을 무시하고 二宗으로 통합해 버린 것이다. 양종의 36 본산 클래스의 사원만 인정받고 그 외의 사원은 이 본산들의 지배를 받게 되었다. 또, 전지를 주어 주승의 인원수도 정해졌다. 수도인 한양에는 선종의 본산인 興天寺, 교종의 본산인 興德寺 2개만이 인정되고 그 이외의 절은 폐쇄, 관공서로 삼았다. 세종은 한양에 토목사업을 일으켜 한때는 승려의 노동력을 이용했지만, 그 후에 승려의 파계를 이유로 성내(城內) 출입을 금지시켰다. 이와 같이 유신들의 건의로 불교 배척을 행한 세종이지만 어머니의 감화로 불교 신앙에 눈을 떠 흥천사를 수조하거나 금지하고 있던 사찰의 중상 및 수리를 허가하는 등 불교를 옹호하는 움직임도 보였다. 또 왕의 장례도 불교식으로 행해졌다. 世祖(재위 1456-1468년)는 ① 승려를 제도하는 선시방법을 정해『經國大典』에 명기하고, ② 한양에 圓覺寺를 복원시키고 많은 사원을 수조하였으며, ③ 불교경전을 訓民正音으로 간행해 보급에 노력하는 등 불교를 옹호했다. 그러나, 조선시대는 기본적으로 불교

억압정책을 취했다. 폭군으로 알려진 燕山君(재위 1495- 1506년)은 한양에 있던 원각사를 妓生의 房舍로 삼고, 선종의 본산인 흥천사와 교종의 본산인 흥덕사를 몰수하고 官舍로 삼았다. 다만, 연산군은 成均館도 철거하는 등 유교에 대한 탄압도 더했다. 이 시기까지는 度僧法을 금지해 도첩이 없는 자는 환속시켰지만 연산군은 고려이래 전통의 僧科까지도 폐지하였다. 明宗 7년(1552년)에는 僧科가 부활되어 한동안은 西山大師休靜40)이 나오는 등 불교 부흥이 이루어졌지만 권세에 아첨한 승려 普雨가 실각하자 불교는 재차 탄압되게 된다. 顯宗 원년(1660년)에는 승려의 還俗令을 발해 그나마 조금 남아 있던 승려들은 산간벽지로 도망쳐 사회와 접촉하지 않고 은둔 생활을 하게 된다. 그러다가 英祖(재위 1724-1776년) 시대에는 승려의 신분이 하인 등과 함께 八賤民의 하나로 떨어지게 된다.41)

우리가 살펴보았듯이 조선정부가 기본적으로는 불교 억압 정책을 시행했기 때문에 불교는 거의 질식사 직전 상태였지만, 유교 질서 속의 약자인 여성이나 민중의 사이에서는 여전히 뿌리 깊은 힘을 가지고 있었다. 그리고 이러한 조선시대의 불교 억압·탄압정책이 산림 불교·은둔 불교·敎禪兼修라고 하는 조선 불교의 특색을 형성시키게

---

40) 휴정(1520-1604)은 敎는 佛語, 禪은 佛心이기 때문에 佛語를 入門으로 해 한층 더 진행된 佛心을 깨달아야 한다는 禪敎不二論, 捨敎入禪論을 주장했다. 그러나 휴정의 공적은 이러한 불교 이론의 정립보다는 壬辰倭亂(1592-1598년)에 전공을 세운 것이 크게 인정되었다. 휴정은 도요토미 히데요시가 조선 정복을 위해서 파견한 대군에 대항해 승병을 일으켰다. 이에 선조는 휴정을 선종·교종의 총독이라고 할 지위인 선교도총섭에 임명했다. 이로써 교종이 선종에 흡수된 형태가 되었고 서산의 계보가 불교의 주도세력이 되었다. 정병조·이석호 1991, pp. 145-154; 鎌田茂雄 1987, pp. 201-213; 中井真孝 1994, pp. 195-199 참조.

41) 정병조·이석호 1991, pp. 123-160; 鎌田茂雄 1987, pp. 201-213; 中井真孝 1994, pp. 195-199; 유동식 1965, pp. 53-56 참조.

되었다.

　지금까지 우리는 근대 이전의 한일 불교사를 간략하게 개관해 보았다. 근대 이전의 "한일의 독자적인 종교정책과 불교교단"의 관점에서 역사를 개관해 보면, 한일 양국 모두 새로 전래해 온 외래 종교였던 불교가 점차 다른 종교를 압도하고 호국불교적인 성격을 가지면서 국가의 중추를 담당하는 중요한 역할을 수행하게 되었다. 이 점은 한일 양국에서 공통적이었다.

　그러나, 근세에 있어서 한국과 일본의 불교교단이 겪은 역사는 크게 다르다. 江戶시대에 실질적으로 국교의 지위를 확보했던 일본의 불교는, 寺請제도로 대표되듯이 사원이 행정의 말단 기관으로서 개인적인 마음의 문제, 즉 신앙 이상으로 민중의 생활 속에 깊게 영향을 미치게 되었다. 이에 비해, 조선 왕조의 철저한 崇儒廢佛政策 때문에 한국의 불교는 국교의 입장에서 벗어나 민중에게 교화를 거의 행하지 못하면서 산간으로 쫓겨나 간신히 그 명맥만을 유지하는 이른바 "산림 불교"로 전락하였다. 근대 이전에 한일의 불교는 이와 같이 큰 차이가 있었다.

　여기서 우리가 주목해야 하는 점은 한일 양국 모두 불교를 비롯해 종교가 당시대의 정치권력에 의해 큰 영향을 받았다는 사실이다. 일본 에도시대의 본말 제도나 사청제도, 신라·고려시대의 호국 불교, 조선시대의 불교 억압·탄압정책하의 선교통합 등은 결코 교리나 그 발전 등에 의해서 불교교단이 주체성으로 만들어간 결과가 아니었다. 그것은 정치권력에 의한 정책 추진의 결과였으며, 이런 의미에서 교단의 편성에 교리보다 훨씬 더 큰 영향을 주었다고 말할 수 있다. 그리고 정치권력에 접근하고 부패한 다음 정치권력에 의해서 배제·탄압된 예도 한일 양국에서 모두 관찰된다. 하지만, 동시에 정치권력으로부터 배제되어 불교의 신앙이 약해져도 강력하게 민중에 뿌리를 내리고 다음 시대를 기다렸다고 점도 놓쳐서는 안 된다.

우리가 지금까지 살펴본 근대 이전의 한일 불교사를 다시 정리하자면, 종교교단의 형태를 규정하는 가장 큰 요인은 교리의 발달 보다는 그 시대 정치권력과 종교정책이라고 말할 수 있다. 이러한 흐름을 이어 근대에는 정치권력의 종교정책이 종교교단의 형태를 규정하는 양상이 보다 분명하게 드러난다. 따라서 다음 장에서는 근대·현대에 행해진 종교정책이 한일의 불교·불교교단의 편성에 어떻게 영향을 주었는지를 구체적으로 확인해 나가고자 한다.

近代 韓日의
宗敎政策과 佛敎

近現代 韓日 宗教政策 比較硏究
-佛敎敎團의 變遷을 中心으로-

1. 日本의 宗敎政策과 佛敎

1) 祭政一致와 神佛分離
― 神祇官에 의한 神佛分離令과「廢佛毁釋」

(1) 神佛分離令과「廢佛毁釋」

慶應 3년(1867년), 천황에게 국가의 통치권을 돌려준 대정봉환(大政奉還)에 의해 에도 막부 260년은 종지부를 찍는다. 그리고, 신정부는 왕정복고의 대호령을 발표하고 천황 중심의 근대국가를 만들어 서양 제국에 멸시를 받지 않는 나라를 목표로 삼게 되는데 이것이 바로 明治維新이다. 1868년에는 明治天皇이 즉위함으로써 明治시대로 접어들었다. 흥미로운 것은 일본의 "근대화"가 將軍·攝政·關白을 폐지하고 고대부터 전해진 왕정, 즉 천황 친정을 "복고"시켜 제정일치의 정치체제를 정돈하는 것으로 수행되었다는 점이다.

明治維新 이후의 종교정책의 변천은 ① 明治 원년부터 4년까지 (1868-1871년) 유신 정부가 제정일치의 방침을 관철시키기 위해 神祇官을 중심으로 神道 國敎化 政策을 취했던 시기, ② 明治 4년부터 明治 17년까지(1871-1884년) 廢藩置縣 후, 정부가 강력한 전세를 수립하기 위해, 불교나 민간의 신도 제파도 포함한 大敎宣布運動(皇道宣布運動)을 敎部省과 敎導職을 중심으로 전개했지만 이윽고 종교 자유의 운동이 번창하게 되어, 10년에는 교부성이 폐지되고 교도직만이 존재를 이어간 시기, ③ 明治 17년부터 明治 22년까지(1884-1889년) 교도직이 폐지되고「대일본제국헌법」의 제정에 의해 종교의 자유가

일단 보장되었던 시기, ④ 明治 22년부터 昭和(쇼와) 15년까지(1889-1940년) 종교단체법 시행까지의 시기, ⑤ 종교단체법 시행 이후부터 종전까지(1940-1945년)의 시기로 나눌 수 있다.[1]

제정일치는 율령제도 시대의 신기관을 부활시켜 중세 이후 쇠퇴하고 있던 제사들을 부흥시키면서 동시에 천황 친정에 의해 중앙집권화를 도모하는 것을 목적으로 삼는다. 에도 막부는 멸망했지만 도쿠가와가 여전히 힘을 가지고 있어 사쓰마번(薩摩藩)·조슈번(長州藩) 등 여러 반(藩)의 연합 정권인 明治新政府의 정치적 기반이 반석에 올랐다고 말하기는 어려웠다. 따라서 천황이라고 하는 권위를 구심력으로 정권 기반의 안정화를 도모할 필요가 있었기 때문에 제정일치를 추진한 것이다. 또, 사원이 막번제 아래에서 봉건 지배의 말단 기구화 되어 민중과 결합되어 있었기 때문에 신정부는 사원에 부여된 특권을 빼앗아 그 영향력을 배제할 필요가 있었다. 이 두 가지 요건을 채우기 위해 채택된 정책이 신사에서 불교의 지배나 불교적 요소를 제거하고 신사의 주체성을 확립해 신사를 일원적으로 재편성하고 사원을 개조하는 정책, 즉「神佛分離令」(神佛判然令)이었다.[2]

明治 신정부의 핵심을 담당한 그룹은, 막부를 넘어뜨려 천황 친정을 확립한다고 하는 존황양이(尊皇攘夷) 사상을 주장한 미토학이나 국학 등 복고 신도계의 국학자·신도가인 히라타 카네타네(平田鉄胤)·오오쿠니 타카마사(大國隆正)·야노 하루미치(矢野玄道)·후쿠바 비세이(福羽美靜, 후쿠바 오시시즈) 등이었다. 그들 사이에 의견의 상위나 대립은 있었지만 신기관을 부흥시키고 제정일치를 목표로 한다는 점

---

[1] 文化庁 編 1983, p. 1 참조.
[2] 村上重良 1988, p. 327 참조.

에서는 일치하였는데, 이는 불교 배척 사상을 내포하고 있었다.[3]

시대가 明治로 바뀐 明治 원년(1968년)에는 이 「神佛分離令」이 즉각 실시되었다. 「神佛分離令」은 종교정책에 근거한 행정처분이며, 太政官布告 이하의 12법령으로 광의에서는 例外許容令 ⑬을 포함한다.[4]

明治元年(1868年)

① 諸國神社의 別当, 社僧復飾의 令(3월 17일 神祇事務局達第165)

② 神佛의 區別에 관한 件(3월 28일 太政官布告第196號)

③ 神佛分離 實施를 愼重하게 해야 한 令(4월 10일 太政官布告第226號)

④ 日吉祭 山門 取扱를 멈추고 一社에서 祭式執行의 件

(4월 13일 太政官達第235)

⑤ 神祇의 菩薩號 廢止에 관한 件(4월 24일 太政官達)

⑥ 別黨, 社僧還俗하여 神主・社人이라고 부르게 하는 件

(閏 4월 4일 太政官布告第 280號)

⑦ 石淸水八幡宮의 大菩薩號 廢止의 件(5월 3일 太政官布告第366號)

⑧ 眞宗 各派에게 神佛分離는 排佛毁釋은 아닌 것의 諭達

(6월 22일 御沙汰第504號)

⑨ 石淸水 放生會를 中秋祭라고 改稱하는 件(7월 19일 太政官達第568)

⑩ 北野天滿宮神饌에 魚味供進의 件(7월 25일 太政官達第584)

⑪ 僧侶가 妻에 復飾하는 것을 멈추는 件(9월 18일 行政官布告第752)

⑫ 法華宗三十番神의 稱을 禁止하는 件(10월 18일 御沙汰第862號)

---

3) 末木文美士 2006, pp. 180-181; 梅田義彦 1971, pp. 5-6 참조.
4) 文化庁 編 1983, pp. 10-11; 梅田義彦 1971, pp. 5-15 참조.

明治二年(1887年)
⑬ 權現號等 私稱에 관한 件(10월 13일 內務省訓第769號)

이러한 내용은 대체로 神社의 別當·社僧 등의 승직자를 환속시켜 신사에 權現 등의 佛號나 佛像을 신체화하는 것을 금지하고 奈良時代 이래의 神佛習合을 신사시설에서 불식시키려는 의도를 가지고 있었다.

신불분리가 곧 廢佛을 의미하는 것은 아니었지만, 신도 우위의 기운하에서 폐불적인 분위기가 높아지고 있었다. 이러한 분위기는 불교 세력이 오랫동안 봉건 지배의 말단 기구로서 민중을 통제하여 신관을 종속적 지위에 둔 것에 대한 불만에 따른 것이었다. 불교 세력으로부터의 독립을 다년간 요구해 온 각지의 신관들은 배불사상을 가진 국학자, 유생이나 신정부의 지방관리와 결속하여 廢佛毀釋의 실력 행사를 개시했다. 이렇게 하여「神佛分離令」은 막번체제하에서 특권을 누리면서 퇴폐한 불교 각 종의 현실에 반발하던 민중을 포섭하여 전국적인 廢佛毀釋運動을 초래하게 되었다.5)

이 불교배척 운동이 급격하게 일어난 것은 최초의「신불분리령」이 발효된 지 한 달도 되지 않아「신불분리 실시를 신중하게 하는 령」(③)이 발령되고, 또「진종 각파에, 神佛分離는 廢佛毀釋에 아닌 旨 諭達」(⑧)에 의해 정부의 의도가 신불분리이지 불교배척은 아니라고 통지한 것을 봐도 당시 큰 문제가 되어있었다는 것이 알 수 있다. 明治維新 직후의「신불분리령」으로부터 시작된 불교배척의 움직임은,

---

5) 村上重良 1988, p. 327 참조.

明治 3년부터 4년(1870-1873년)에는 정점에 달해, 신도 국교화 정책의 전개에 큰 영향을 미쳤다. 이는 민중이 직접적으로 가세하여 불교라고 하는 종교적 권위의 파괴 운동이라는 양상을 보이기 시작했던 것이다.6)

전국에 앞서 불교배척의 실력행사를 일으킨 것은 近江國 坂本의 日吉山王社였다. 日吉山王社는 比叡山 延曆寺의 지배하에 있어 祠官의 樹下, 生源寺 양가와 延曆寺로부터 扶持를 받아 臣從하고 있었다. 同官의 주게 시게쿠니(樹下茂國)은 교토 신정부의 神祇事務局의 시중을 드는 관리가 되어 大津재판소로부터 山王社 개조의 명을 받고 실력행사를 하였다. 明治 원년(1868년) 3월에「神佛分離令」이 발효되자 4월에 樹下는 연력사에 신전의 열쇠 인도를 요구했다. 그러나, 樹下는 좌수관의 회답을 기다리지 않았고 신사측은 坂本村의 농민 등을 시켜 신전에 난입하여 불상이나 경권, 불구류를 폐기·소각해 버렸다. 이 日吉山王社의 일거는 전국 각지의 신관을 자극해 이 후, 각지의 신사에서 신불분리의 실력행사가 빈발했다.7)

진종의 유력한 기반인 미카와(三河)나 신에츠(信越) 지방에서는 문도(門徒) 농민의 護法一揆가 일어났다. 호쿠리쿠(北陸) 관군(신정부군)과 徹底抗戰을 하고 있었기 때문에, 이전에 신불분리령의 취지가 폐불이라는 뜬소문이 퍼지면서 진종의 신자는 동요하여 불온한 상황이 초래되었다. 정부는 이것을 경계함과 동시에,「진종 각파에, 神佛分離는 廢佛毁釋에 아닌 旨諭達」(8)을 진종 각파에 통지하기에 이르렀다. 그러나, 明治 4년(1871년)에는 미카와에서 진종의 승도 등 1만

---

6) 村上重良 1988, pp. 327-328 참조.
7) 文化庁 編 1983, pp. 14-15; 村上重良 1988, pp. 328-329 참조.

여 명이 운집, 지방청을 덮치고 관리를 죽였기 때문에 근린의 藩에서 군사를 보내 진압하는 사건(大濱事件)이 일어났다.8)

쿄토에서는 舊習一洗에 열심인 府參事 마키무라 마사나오(槇村正直)이 행정실권을 잡아 廢佛毀釋을 실행에 옮겼다. 神佛習合의 신사에 대해서 槇村은 祇園社를 八坂神社로, 石清水八幡宮을 男山神社로, 愛宕山大權現을 愛宕神社 등으로 각각 개칭시켜 불상이나 불구류를 파각하거나 불하했다. 또, 병치료를 위해 주술 행위를 실시한 것을 이유로 사원의 시설을 몰수해 폐사한 예도 있었다. 지장 등의 석상도 부셔 석재로 이용하거나, 소학교 신축에 지장보살의 석상을 모아 토대석이나 변소의 발판으로 사용하였다. 어린 학생들은 벌을 받을까 무서워 변소를 사용하지 않기 때문에, 교사가 스스로 지장보살의 석상 위에서 일을 봐도 부처가 벌을 내리지 않는다는 현장 교육도 실시했다는 보고가 있을 정도였다. 나라에서는 明治 4년(1871년)부터 몇 년간, 五條縣令 시죠 타카토시(四條隆平)과 正參事 쓰무라 이타로(津村猪太郞)의 지도로 여러 大寺가 파괴되었다. 興福寺는 春日社와 분리되어 모든 주승이 춘일사의 신관으로 전신하고 홍복사는 폐사되었다.9)

이세(伊勢)에서는 부지사(府知事)로 공경(公卿) 출신의 하시모토 사네야나(橋本實梁)가 이세 신관과 협력해 불교배척을 강행했다. 하시모토는 신사 영지에서 불교식 장례를 금지하고 부 내부의 60여 개 절에 폐사의 원서를 내도록 강요했다. 승려가 환속한 후에는 무사로서 사원의 재산을 받지만 지금 폐사를 하지 않으면 곧 폐사의 관령이 나

---

8) 文化庁 編 1983, pp. 15-17 참조.
9) 村上重良 1988, p. 329 참조.

와 재산을 모두 몰수한다는 지어낸 이야기로 위협해서 결국 50개 사 정도가 폐사를 신청했다.[10]

사원의 폐지 합병은 사도(佐渡), 도야마(富山), 마쓰모토(松本) 등의 藩에서는 특히 격렬했다. 佐渡에서는 明治 원년(1868년) 12월, 55사를 불교의 한 종파일사로 통합하고 승려의 출국을 금지하며 탈주자는 사살한다고 포고했다. 다음 해 3월에는, 속인의 집에서의 불교 집회를 엄금하고 승려에게는 환속귀농을 강요한 철저한 사원폐합을 강행했다. 佐渡의 사원 폐합은 明治 3년(1870년) 지사의 경질에 따라 해제되었다. 富山에서는 明治 3년(1870년) 10월, 大參事 하야시 츄타(林仲太)의 지휘로 사원 폐합의 藩令을 내렸다. 번내의 약 370개의 절을 불교의 한 종파일사로 하여 8개의 절로 통합하고 승려에게는 환속을 장려했다. 폐사, 합사의 실시함에 있어서는 병사를 배치해 사원을 감시시키고 범종이나 쇠장식류는 몰수해 총포 제조의 원료로 삼았다. 松本에서는 藩主 도다 미쓰히사(戶田光則)를 시작으로 미토학(水戶學)의 신봉자가 많아 미토번(水戶藩)을 본뜬 廢佛毁釋을 철저하게 실시하게 되었다. 明治 3년(1870년) 8월, 폐불의 藩令을 발하고 전사원을 파각해, 전승려를 환속 귀농시키고, 불상, 불구류를 소각한다는 방침을 세웠다. 藩主의 菩提所인 全久院에서는 역대 지방 영주의 위패를 강에 흘려보냈다고 한다. 富山藩 사원의 폐지합병은 다음 해 8월, 廢藩置縣에 의해 林가 은퇴함에 따라 明治 5년(1872년)에는 합사의 해제가 시작되었다. 水戶藩 쪽의 사원 폐지합병도 富山藩과 마찬가지로 廢藩置縣에 의해 사원 상태는 차츰 복구되었다.[11]

---

10) 村上重良 1988, pp. 329-330 참조.
11) 村上重良 1988, pp. 330-331 참조.

신정부는 전국에서 과격화한 廢佛毁釋運動을 형편되는 대로 두고 적극적으로 진정시키려는 자세를 취하지 않았다. 이러한 자세에는 그 당시가 신권력으로의 이행기였으며 廢藩置縣 이전 각지의 행정이 반독립국인 藩政으로 신정부의 통치가 철저하지 않았다는 것도 큰 요인으로 작용하였다. 하지만 더 근원적으로는, 구권력의 담당자인 불교의 세력을 약화시키고 천황 숭배를 기축으로 하는 새로운 신도교의 "大教"를 보급시키는 것, 즉 최대의 종교 세력인 불교를 근대 천황제 국가에 봉사하는 호국의 불교로 재편하여 정부에 의한 종교 지배를 관철시키고자 하는 목적이 있었기 때문이었다.[12]

(2) 神祇官制度

제정일치의 정치체제를 실현시키기 위해서 부흥시킨 神祇官이라고 하는 제도가 이러한 정책의 실행에 크게 관여하고 있었다.[13] 神祇의 祭祀를 주관하는 官衙는 처음에는 神祇事務課, 그 다음에는 神祇事務局이라는 명칭으로 太政官의 하위에 있었으나 재흥된 신기관은 고대 관제 그대로의 제정일치를 실현하기 위해서 明治 2년(1869년)에 全官衙의 최고위에 올랐다. 이렇게 하여 고대국가의 神祇制度가 부활, 제정일치 천황제 국가의 종교적 권위가 전면적으로 부활했지만, 19세기에 부활한 이 복고 신도를 중심으로 한 신기관의 방침은 시대 착오로 유효성을 갖지 못하였다. 따라서 明治 4년(1871년)에는 神祇省으로서 태정관 관할하에 두고, 나아가 明治 5년(1872년)에는 이 마저 해체해 教部省으로 이행된다.[14]

---

12) 村上重良 1988, p. 332 참조.
13) 文化庁 編 1983, p. 22 참조.

그러나, 신기관은 이 짧은 기간에도 社寺領上知(1871년)을 시작으로 府藩縣戶籍法改正, 宗門개조, 宗門人別帳의 廢止(1871년), 神宮 以下 神社의 世襲神職制 廢止(1871년), 社格制度 및 神官職制·神社 規則의 制定(1871년), 氏子取調(1871년) 등을 실시했다.

社寺領上知는 정부는 版藉(토지와 인민) 봉환의 일환으로서 사찰령의 官收를 결정해 境內地以外를 명했다. 寺領에 대한 의존도도 적고 토지 사유 관계에 의존하고 있던 眞宗·日蓮宗·曹洞宗의 제종은 별로 영향을 받지 않았지만, 朱黑印地이나 除地 등 사찰령을 많이 가지고 있던 天台·眞言·臨濟·淨土 각 종은 이 사령의 官收에 의해 경제적으로 큰 타격을 받았다. 府藩縣戶籍法改正, 宗門改, 宗門人別帳의 폐지로 근대의 호적법이 제정되고, 지금까지의 江戶時代의 寺請制度 아래 사찰에 등록함으로써 기독교도가 아니라는 것을 증명시킨 종문개, 또 그것을 기록시킨 대장을 폐지했다. 신궁 이하의 신사의 세습신관제의 폐지에서는 신사를 국가의 제사로서 신궁 이하의 신사의 신관의 세습제를 폐지하고, 신관을 국가 주도로 적절한 인재를 배치하기로 했다. 社格制度, 및 神官職制·神社規則의 제정은 신사의 사격을 국영의 관사(官幣大社·官幣中社·官幣小社·國幣大社·國幣中社·國幣小社), 지방 행정에 관리하는 府社, 藩社, 縣社, 鄕社 등으로 분류함과 동시에 서열화하고 각각의 신사 직원도 제도화해 신사의 규칙을 제정했다. 氏子取調는 사찰(불교교단)이 행하던 종문개를 신사가 실시하도록 하는 목적으로 시작되었지만, 이미 근대의 호적법이 개시되었기 때문에 불과 2년 동안만 실시되고 明治 6년(1873년)에 시행 정

---

14) 文化庁 編 1983, pp. 22-30; 村上重良 1988, pp. 333-334; 末木文美士 2006, pp. 181-182 참조.

지가 포고되었다.15)

　이러한 신기관이 행한 정책에 의해 "寺·社"의 서열은 "社·寺"로 역전하고 불교가 갖던 국교의 권위는 실추되었으며 불교의 경제적 기반도 크게 손상되었다. 그러나, 시대착오적인 신기관 제도에도 한계가 있어서 수년만에 신기관 제도가 붕괴해 버린 것은 실질적으로는 신도 국교화의 좌절이라고 말할 수 있다. 이것은 여전히 사회적으로 큰 힘을 가지고 있는 불교를 무시하고 신도만을 국교화하는 일이 불가능했다고 하는 사실을 보여준다. 사실, 신기관 해체 후 교부성 설치에는 정토진종을 중심으로 한 불교 세력의 움직임이 있었다.16)

2) 大敎宣布運動과 政敎分離
― 神佛合同宣布의 限界와 信敎自由의 希求

(1) 大敎宣布運動

　우리가 앞에서 보았듯이 신기관에 의한 신도의 국교화 움직임은 불과 수 년 만에 그 한계를 드러내고 실패로 끝났다. 이러한 실패는 불교 세력이 일본 사회에 여전히 깊게 뿌리를 내리고 있었기 때문이다.

　廢佛毁釋運動이나 社寺領上知에 의해서 불교계는 큰 타격을 받았지만, 토지 사유 관계에 의존하고 있던 眞宗·日蓮宗·曹洞宗의 제종은 경제적으로는 그 영향을 비교적 적게 받았다. 특히 진종은 재빨리 회복해서 신정부의 교화 정책에 대응하는 자세를 나타냈다. 本願寺를

---

15) 文化庁 編 1983, pp. 31-41; 村上重良 1988, pp. 331-335 참조.
16) 文化庁 編 1983, p. 54; 村上重良 1988, pp. 336-337; 末木文美士 2006, p. 182 참조.

필두로 불교도의 유력자들은 明治維新 후의 신정부에 사원을 위한 특별한 관공서가 없는 점을 유감으로 생각하고 있었다. 明治 3년(1870년), 민부성 내에 社寺掛가 설치된 것에 대해 本願寺파의 島地默雷 등은, 옛 막부 시대에는 寺社奉行을 두었는데 비해 불교사원은 단지 民部省 내에 취급될 뿐 특별한 관공서를 두지 않는 것은 문제라고 주장하면서 集議院에 寺院寮의 설치를 건의했다. 이러한 움직임으로 민부성내의 社寺掛를 고쳐 寺院寮가 설치되었다. 그러나, 정부가 신기관으로 신사를 관리시킨 것과 비교하면 그 대우가 평등하다고는 말할 수 있는 상태는 아니었다. 本願寺는 明治 4년에 또다시 시마지 모쿠라이(島地默雷)를 파견해 당국에 포교를 위한 교부의 일성을 두고 神佛二道를 아울러 관리해 각각 그 포교에 종사하도록 하는 건의를 했다. 廢藩置縣 직후, 민부성이 폐지되고 대장성에 합병되었기 때문에 寺院寮도 폐지되어 대장성 戶籍寮 내에 社寺課를 마련해 신기성 소관외의 사찰의 일을 관장하도록 했다.[17]

또, 정부는 廢藩置縣 후, 신정책의 실시에 있어 민중에게 큰 영향력을 지닌 불교의 힘을 적극적으로 이용하여 大敎宣布運動을 행할 것을 고려했다. 이것은 근대적인 국가 제도를 정돈하기 위해서 廢藩置縣을 실시하고 江戶時代부터의 봉건 체제를 변혁했지만, 한층 더 구신분 제도의 철폐, 근대적 토지 소유제의 확립 등이라고 하는 중요한 과제를 해결해 나가지 않으면 안 되는 신정부의 내부 사정이 크게 영향을 준 것이다. 그러나, 이러한 신정부의 대개혁은 각지에서 불평 불만을 더해가게 되어, 가끔 반란이라고 하는 형태로 신정부의 기반

---

17) 文化庁 編 1983, pp. 54-55 참조.

을 위협했다. 여기서 여전히 불안정한 상황에 있던 신정부는 천황이라고 하는 절대적인 권위를 확립하는 것에 의해 강력한 정부를 조직할 필요를 느끼고 있었다. 이로써, 신정부는 급속도로 전제적 색채가 농후해지고 公議興論의 府인 藩選의 集議院도 廢藩置縣과 함께 폐지했다.18)

정부의 전제화·강력화는 사상·종교계에도 영향을 미쳐 쇄국을 해제하고 서구제국과의 교류가 활발하게 되자 기독교는 점차 세력을 늘리게 되었다. 신정부는 기독교가 서구의 식민지 정책에 큰 역할을 했다는 사실을 간파하고 있었으며, 신정부가 목표로 하는 천황의 절대적 권위를 부정할 가능성이 있는 기독교의 신앙을 간단히 인정할 수는 없었다. 여기서 신정부는 明治 4년(1871년)에 "切支丹邪宗門의 儀는 절대 금지이다. 만약 의심스러운 사람이 있다면 그것은 그 담당관 공서에 신고하도록 하라. 신고할 경우 포상을 한다19)"고 하는 切支丹 禁制의 高札을 발령했다. 이에 대해 외국(서양 기독교제국) 공사단은 "기독교=邪宗"라고 보는 이 법령은 일본과 동맹한 나라들의 종교를 모욕하는 것이라고 항의했다. 신정부는 즉시 "一 切支丹宗門의 儀는 지금까지 금지한대로 엄격히 지킬 것", "一 邪宗門의 儀은 반드시 금지이다20)"와 "기독교=사종문"은 아니라는 체재로 고쳤지만, 기독교를 여전히 금지한다는 사실에는 변함이 없었다.21) 그 후에도 기독교에

---

18) 文化庁 編 1983, pp. 54-55 참조.
19) "切支丹邪宗門ノ儀ハ堅ク御制禁タリ若不審ナル者有之ハ其筋之役所江申出ヘ可申出御褒美可被下事"(井上恵行 1969, p. 7).
20) "一 切支丹宗門之儀ハ是迄御制禁之通固ク可相守事"; "一 邪宗門之儀ハ固ク禁止候事"(井上恵行 1969, pp. 7-8).
21) 文化庁 編 1983, pp. 43-44 참조.

대한 탄압은 계속 되었지만, 각국 공사의 기독교 해금과 기독교도의 해방을 요구하는 맹렬한 항의에 직면했다. 또, 이와쿠라 토모미(岩倉具視) 등이 구미 시찰 중에도 각국으로부터 기독교도의 박해에 대해서 비난을 받으면서, 일본이 구미 각국과 체결한 불평등조약의 개정을 실현하려면 구미 각국과 동등한 문명국으로서 인정받을 필요가 있고 이를 위해 기독교의 금제를 풀어야한다는 사실을 깨달았다. 이 때문에 明治 6년(1873년)에는 切支丹禁制의 高札을 철회하고 정부는 더 이상 기독교도에게 직접적인 탄압을 더할 수는 없게 되었다. 그러나, 천황 중심의 제정일치의 정치체제가 필요했었기 때문에, 기독교에 대한 직접적인 탄압 대신에 皇道宣布, 즉 大敎宣布로 기독교를 억제하는 방법을 택할 수 밖에 없었다.[22]

이렇게 교부성 아래에 신도 뿐만이 아니라 불교·교파 신도도 포함하고, 황국교법을 강조하는 신도 국교화 정책이 강력하게 추진되게 되었다. 이러한 신도 국교화 정책은 교부성 아래에 교도직 14급제를 교화의 실행 기관으로 설치하고, 전국의 신관과 승려를 무급의 교도직에 임명하여 전국 각지에서 국민 교화를 위한 설교를 실시하게 하는 체제로 정돈되었다. 처음에 신사측에서는 이세(伊勢)의 祭主와 이즈모(出雲)의 宮司라고 하는 신도계의 2대 세력에서 선택되고, 사원측에서는 東西本願寺를 시작으로 하는 眞宗五宗 및 그 외 제파의 본사 모두 25명의 權少敎正이 선택되었다. 기타 구지방 영주나 公卿 등도 선출되었다. 이 후, 明治 5년에 신관은 모두 교도직에 봉하고 明治 6년에는 신관 승려는 모두 교도직에 봉하게 되었다. 明治 7년에는,

---

22) 文化廳 編 1983, pp. 41-55 참조.

교도직 시보 이상의 사람이 아니면 사원 주지가 될 수 없게 되고, 明治 9년에는 승니(승과 여승)도 될 수 없도록 정해졌다. 이 후, 신관 승려에 한정하지 않고, 俳諧師, 배우, 講談師를 시작으로 一技一芸의 교화적 성질을 가진 사람을 이에 가세하려고 하는 경향이 생겨 지방 민간유지, 만담가, 河原者(가부키 배우) 등까지 범위를 확장하게 되었다. 이와 같이 해 교도직 즉 교도운동에 참가하는 사람의 범위는 급격히 확대되어, 明治 7년의 교부성 상표에 의하면 합계 7,247명에 이르렀고 이 중 신관은 4,207명, 승려는 3,403명(진종 728, 정토종 633, 조동종 459, 진언종 449 그 외)이었다고 한다.[23]

교부성, 교도직이 연달아 설치되어 국민 교화의 체제를 정돈했지만, 한층 더 불교 각 종은 연합하여 신정부에 大教院의 설치를 건의했다. 신정부가 이 건의를 받아들여 대교원을 도쿄(芝増上寺)에 설치하게 되었다. 이러한 대교원은 원래 불교 각 종의 교육기관으로 설치된 것이지만 신정부의 의향에 따라 신도 교도직도 참가했기 때문에 신불 합동의 선교 기관이라 할 수 있다. 이 후, 모든 신관승려가 교도직이 되자 각 신사·사원이 소교원이 되어 皇道化의 최전선의 교도 기관이 되었다. 그리고 대교원 보조와 동시에 소교원을 관리 통괄하기 위해 각 부현하에 일원중교원이 설치되게 되었다.

그러나, 대교원의 경영 유지는 모두 신관·승려의 부담이고 정부는 일절의 자금 원조를 하지 않았다.[24] 즉, 정부는 대교선포의 기본방침을 결정하고 그 운용은 기본적으로 신관·승려에 맡겼던 것이다. 대교선포의 기본방침은, 구신기성 제정에 의한 三條教則이었다. 三條教

---

23) 文化庁 編 1983, pp. 58-59 참조.
24) 文化庁 編 1983, pp. 60-65; 井上恵行 1969, pp. 4-5 참조.

則이란 다음과 같다.

　　一, 敬神愛國의 취지를 실행해야 하는 것
　　二, 天理人道를 밝혀야 하는 것
　　三, 皇上을 奉戴하여 朝旨를 지켜야 하는 것

　이러한 기본방침은 너무나 추상적이고 의미가 불명료했었기 때문에, 明治 6년(1873년)에 十一兼題와 十七兼題를 아울러 28兼題를 발포했다. 十一兼題는 神德皇恩, 人魂不死, 天神造化, 顯顕幽分界, 愛國, 神祭, 鎭魂, 君臣, 父子, 夫婦, 大成이라고 하는 신도 방면의 강구와 윤리 도덕을 위주로 三條敎則의 정신을 한층 더 강조한 것이다. 반면 十七兼題는 皇國國體, 皇政一新, 道不可變, 制可隨時, 人異禽獸, 不可不敎, 不可不學, 外國交際, 權利義務, 役心役形, 政體各種, 文明開化, 律法沿革, 國治民法, 富國強兵, 租稅賦役, 産物制物으로서, 신도와는 관계가 없는 듯한 "외국교제"나 "권리의무" 등 공민 교육적인 과목도 포함되어 있었다. 실제의 敎院에는 국학 계통의 학문이 중시되고는 있었지만, 『俱舍論』과 『起信論』 등의 불전, 사서(四書)와 오경(五經) 등의 유학, 또 외국어의 학습, 번역, 지리, 만국사, 자연과학, 성서 연구, 정치학 등의 학과까지 포함되어 있었다. 정부의 정책이 신도 국교화 정책을 취하면서도 구미 열강에 대항하기 위해 국민계몽운동에도 힘을 쏟았던 사실이 여기에 나타나 있다.[25]

　이와 같이 진행된 神佛合同布敎에 의한 大敎宣布運動이었지만,

---

25) 文化庁 編 1983, pp. 66-70 참조.

기본적으로 신도국교화 정책·국민계몽 정책이라고 하는 성격 때문에, 기독교는 물론, 불교도 교파신도도 모두 독자적인 교의를 논하는 것은 용서되지 않았다. 특히 대교원의 설립을 건의한 불교계는 민중에 대한 영향력도 막강하고 운영 관리비 등도 모두 내고 있는데도 자기의 교의를 선전할 수 없는 것에 불만을 갖고 있었다. 각 종은 교부성에 교도직에 보임된 승려가 불교의 설교를 피해야 할 것인가, 혹은 三條敎則에 저촉하지 않는 범위 내에서는 講說이 가능한 것인지를 문의했다. 이에 대해 교부성은 三條敎則에 준거한 다음, 이에 반하지 않는 한 교의의 講說은 자유롭지만 충분히 주의를 해야 한다고 회답했다. 그리고 교부성은 신도 각 관장에게는 三條敎則에 저촉되지 않는지 승려의 설교에 주위를 기울이도록 요구했다. 실제로 자신의 교의를 강의했다는 이유로 교도직에서 파면된 승려도 나타나게 되었다. 특히 진종의 승려는 타종에 비해 우세하면서도 자유로운 전도를 하지 못하고, 각지에서 설법으로 문제시되는 사건이 많이 발생했기 때문에 그 불만은 매우 높아졌다.26)

이러한 시기에 이와쿠라 일행을 따라 구미 순방을 하고 있던 진종 측의 시마지 모쿠라이(島地默雷)는 구미 각국의 종교의 자유와 정교분리를 견문하고서 일본에도 종교의 자유, 정교분리를 확립할 필요를 느끼게 된다. 그래서 그는 明治 5년(1872년)에 三條敎則이 정치와 종교를 혼동하는 것이라고 비판하는 三條敎則 비판 건백서를 해외에서 정부에 보냈다. 島地默雷는 明治 6년(1873년)에 귀국해서 교부성에 大敎院分離建白書를 제출했다. 신도, 타종, 또 本願寺의 末寺 중에

---

26) 文化庁 編 1983, pp. 73-74; 井上惠行 1969, pp. 12-18 참조.

서도 일부는 島地默雷 등의 운동에 반대를 주장했지만, 교부성 내부의 입장도 神佛合同布敎·神佛分離布敎 두 가지로 분리된 상태였기 때문에 정부도 신불분리포교의 운동을 무시할 수는 없게 되었다. 明治 8년(1875년)에 진종은 교부성의 승인을 얻어 타종에 앞서 대교원을 이탈하고, 정부는 교부성에 神佛各宗合倂布敎를 금하고 신불 합동으로 교원을 마련해 포교하는 것을 금지하는 령을 연달아 공포하였다. 이렇게 해서 대교원은 사실상 그 기능이 정지되었다.[27]

신도측에서도 독립 운동이 일어나 明治 8년(1875년)에는 정부의 폐지 통고를 기다리지 않고 대교원을 대신할 포교기관의 설치를 교부성에 출원해서 신도사무국을 두게 되었다. 정부는 종교 단체를 강력하게 통제하려던 기존의 종교정책을 수정해서 종무행정을 자치에 맡기는 경향이 강해졌다. 불교의 제종본산의 주직 임명권에 있어 교부성으로부터 사령 교부의 정지(明治 7년 11월 12일 敎部省達41號)하거나 임제종으로부터 黃檗宗의 독립을 인정(明治 9년 2월 3일 敎部省達4號)하는 것 등이 그러한 현상이다. 종교의 자유에 대한 정부의 긍정적인 태도는 明治 8년(1875년) 11월 27일에 신불 각 관장에 발해진 교부성의 통지서에 의해, 장래 종교의 자유를 보장할 것을 밝혔던 것에도 나타나 있다. 이상과 같이 교부성의 정책은 실패로 돌아가, 신불합동 대교원의 해산 불과 2년 후인 明治 10년(1877년)에는 교부성도 폐지되고 종교 행정은 내무성의 일부로 축소되었다. 그러나, 정부의 종교에 대한 태도는 꽤 자유화되어 明治 22년(1889년)에 공포된 헌법에는 종교의 자유가 명시되었다.[28]

---

27) 文化厅 編 1983, pp. 73-74; 井上惠行 1969, pp. 12-18 참조.
28) 文化厅 編 1983, p. 74; 井上惠行 1969, pp. 17-18; 末木文美士 2006, p. 183 참조.

(2) 政敎分離의 胎動

　서구에서 정교분리는 종교 개혁 이후 신구 양교도 사이에 발생한 장기간의 투쟁을 거치는 동안에 종교 자유의 사상이 퍼져 대략 18세기말 무렵까지 확립되었다. 이에 비해 일본은 근대국가를 목표로 하는 과정에서 왕정복고의 방법을 취해 제정일치 제도를 지향하고 神道 國敎化 정책을 채택했다. 이와 같이 일본은 구미의 근대국가가 확립시킨 정교분리와는 완전히 반대의 정책을 가지고 근대화를 지향했지만, 그 한계는 神祇官制度 · 大敎宣布運動 등 종교정책이 연달아 실패한 것에서도 확인할 수 있다.

　제정일치의 정책에 대한 반대 의견을 가지고 정교분리를 요구한 것은, 基督敎의 포교 금지를 비난하는 식자에 의한 운동, 신도가의 下風에 처한 승려의 불만, 특히 진종의 대교원분리 운동 등에 의해서 표면화하게 된다. 이 가운데 특히 주목해야 할 인물은 기독교도이면서 뒷날 문부대신이 되는 모리 아리노리(森有禮 1848-1889년)와 西本願寺의 승려였던 시마지 모쿠라이(島地默雷 1876-1911년)이다.

　森有禮는 일본의 무사(薩摩藩士) · 외교관 · 정치가이다. 또 일본의 근대적 계몽학술단체인 明六社의 초대 회장, 東京學士會員의 초대 회원이기도 하며, 明治의 六大 교육가로 꼽히는 인물이다. 또, 西本願寺의 執行長인 島地默雷는 이와쿠라 사절단(岩倉使節團)의 일원이 되어, 유럽을 시찰 여행하는 등 많은 활약을 한 인물이다.

　우선, 森有禮는 明治 5년(1872년)에 외교관으로 워싱턴에 주재하고 있을 때, 「日本宗敎自由論」을 영문으로 발표해 태정관대신 산죠 사네토미(三條實美)에게 건의했다. 森有禮는 "많은 중요한 인간적 제관심사 중에서 종교적 신앙은 가장 중대한 것이다."라고 하여, 양심의 자유 특히 종교의 자유는 인류가 갖는 천부의 권리이며 문명 진보의 기본이라고 선언하였다. 그에 따르면, 일본에는 이 종교의 자유에 관한 신성한 권리 인식의 전통이 없고, 오히려 일본의 우민정책이나 素朴觀・自然觀에 길들여진 사람들은 양심의 자유라는 사상을 기본적으로 두렵게 느낄 수도 있다. 그래서 그는 우선 편견이나 무지의 제거가 필요하다고 주장한다.

다음으로 일본 정부 당국(교부성)이 불교 및 신도를 결합하려고 하거나 새로운 종교를 창설해 이것을 국교화하려는 시도를 비난한다. 국가가 신종교를 창설하는 것은 당연한 일이 아니며 종교라는 것은 결코 외부로부터 팔리거나 강제당할 수 있는 것이 아니기 때문이다. 그것은 이성적 존재로서 인간의 의무이며, 우리는 서로 자립한 인간으로서 정신적 제진리에 대해 신념이나 통찰을 가질 수 있다. 그는 한층 더 논의를 진행시켜 기독교에 대한 일본의 현상(기독교 금지)에 대한 비판을 시도한다. 그에 따르면, 일본에서 기독교에 대해 두려워하고 있는 것은 과거에 기독교가 가져온 분쟁의 경험 때문이지만 일본인은 아직 기독교의 본질을 이해하고 있지 않다. 따라서, 일본인은 기독교를 사악과 미신의 가르침으로 보고 사회 계급간에 불화를 야기할 수 있는 기독교의 성급한 도입이 불필요한 혼란을 일으켜 진보를 늦출 우려가 있다고 오해하거나 편견을 갖고 있다.

森有禮는 마지막으로 「대일본제국 종교 헌장」의 초안을 첨부해, 전문에서 양심 및 종교의 문제는 이성 및 신념에 의해서만 결정하고 강제나 폭력에 의해서는 안된다고 밝히고 있다.[29] 또 특정 종교의 국가 보호는 과거의 역사 경험이 증명했듯이 국민의 불행을 초래하며 이를 막지 않으면 안 된다고 명언했다. 이와 같이, 森有禮는 양심의 자유 중에서도 중요한 종교 자유의 보장을 강조하면서 국가(교부성)가 추진하고 있는 신불 합동 포교를 비난하고, 개인의 신앙에 정부는 간섭해서는 안 되고 자유를 주어야 한다는 요구하면서 국가와 종교 단체의 관계에 대해서도 정교분리를 요구했다.30)

島地默雷는 앞에서도 언급했듯이 三條敎則 비판건백서, 대교원분리 건백서 등을 정부에 제출함으로써 신도 중심의 제정일치 정책을 비판했다. 그러나, 신불합동에 의한 大敎宣布運動을 추진한 교부성의 설치를 제언한 것은 島地默雷 등이었다. 島地默雷 등은 신불분리령에 의해서 낮아진 불교의 영향력을 되찾는 것과 동시에, 신불합동 —그 진심은 불교·진종— 에 의한 국민 교화를 통해 기독교를 배제하려고 하는 목적으로 교부성의 설치를 제언한 것이다. 그러나, 島地默雷 등의 기대와는 달리, 교부성에서 행한 大敎宣布運動은 신도 우위 안에서 불교의 자유로운 선교를 막았기 때문에 이에 대한 불만이 높아졌다. 따라서, 이러한 상황 속에서 시작된 島地默雷의 정교분리 운동은 신불 합동 포교가 불교의 열세를 유도한다는 불만의 해소, 즉 불교에 자유로운 포교를 가능하게 하기 위한 방책이라는 측면이 강하고 천부 인권사상으로 완전한 종교 자유를 요구하는 것과는 거리가 있었다. 그러나, 島地默雷의 사상과 움직임이 大敎宣布運動의 실질적인 해체를 불러 정교분리로 향하는 길을 열게 되었다는 것은 틀림없는

---

29) 헌장의 각 조항에서는 ① 양심 및 종교의 자유는 법에 의해 금지되지 않는다, ② 국가 및 지방 권력은 국법으로 저촉되지 않는 이상 어떠한 종교 조직에도 간섭하지 않는다, ③ 어떠한 종교 기관도 다른 사회 기관과 구별 취급하지 않는다, ④ 국가 및 지방 권력은 특정 종파에 특권을 주지 않는다, ⑤ 국가는 어떠한 종교 조직에 속하는 어떠한 사람에게도 특별한 위치, 혹은 칭호를 수여하지 않는다, ⑥ 어떠한 종교적 원한도 이것을 조장하지 않는다 등을 들었다.
30) 秋枝蕭子 1971, pp. 65-67 참조.

사실이며 이것은 지극히 중요한 사건이었다.

　島地默雷의 政敎關係論은 敎部省 설치를 제언할 당시에는 政敎相依의 입장에 서서, 정부의 힘으로 본산개혁을 실시하고 나아가 神佛分離令으로 배제된 국민교화정책에 불교를 참가시키기 위해 교부성의 설립 계획을 진행시켰다. 이 시점에서 그는 신도에 대해 "道는 있지만 敎는 없다."는 관점에서 神·儒·佛 三敎鼎立에 따른 국민교화를 지향하고 있었다. 이후 島地默雷는 서구시찰에 동행, 서구 각국에 기독교가 국교 혹은 그에 가까운 입장에 있다는 사실을 확인하고 政敎相依에 대한 자신감을 굳혔다. 그는 서구시찰 사절단 내에서 고양되고 있었던 기독교 採用論을 의식하여, 종교는 민중이 좋아하는 것을 취해야 하며 이해득실과 風土習俗을 고려하지 않으면 안 된다고 주장하였다. 이것이 종교자유론의 원점이 되었다.

　나아가 진화론적인 입장에서 그는 多神敎→寡神敎→一神敎의 순으로 종교가 고급화한다고 종교의 우열을 논한 뒤, 一神敎 중에서도 조물주를 논하지 않는 불교 아미타불 일불신앙을 설파하는 진종이 가장 우수하며 일본의 근대화·식산흥업정책화에 합치하는 종교라고 주장했다. 그에 따르면, 신도의 신은 祖先으로 모든 국민이 崇敬하지 않으면 안 되지만 尊崇을 위한 의식은 반드시 필요한 것은 아니고 존숭의 마음을 갖고 현세의 사업에 매진해야만 한다. 이러한 논의는 정부의 신도중심 국민교화노선의 종교정책을 비판하고 불교중심의 국민교화노선으로 교부성을 이끌고자 하는 의도를 담고 있지만 神佛合同宣敎 내에서도 열세는 극복할 수 없었다. 이 때문에 島地默雷는 귀국 후 교부성의 해체를 모색하게 된다. 이런 과정에서 "政"과 "敎"의 분리를 주장하게 되나 중점은 "政"과 "敎"의 협력의 필요성, "政"에 의한

"敎"의 창설의 불가성, 양자의 관할영역의 구별을 논하는 것으로 政敎相依라는 입장에는 변함이 없었다. 특히, 종교는 민중이 원하는 것을 취해야 한다는 의론을 새롭게 하여 현재 민중이 신앙하고 있지 않는 종교를 국가가 강제해서는 안 되며 종교는 정치에 방해가 되지 않는 한 민의 선택에 맡겨 두어야 한다는 논의를 전개했다. 이것이 "政"과 "敎"의 분리를 구하는 진정한 목적으로 이것이 포교의 자유를 정부에 인정받고자 하는 의미였다.

또한, 진화론적인 입장에서 八百万神이 미개한 종교로 비판받기에 이르렀으나 天照大神은 황실의 宗廟(祖先)이기 때문에 어떤 종을 불문하고 존숭해야 한다고 주장함으로써 제정일치의 최저 라인이 天照大神과 역대황령의 존숭으로 설정되도록 하였다. 정부도 신도세력도 일정의 타협점을 보여 정부는 대교원을 해체하고 정교분리가 형식상으로는 달성되게 되었다. 이 天照大神과 歷代皇靈의 존숭에 관한 이론・태도는 이후에 신사의 非宗敎論의 모태가 된다. 이상에서 보듯이, 島地默雷의 政敎關係論은 佛敎에 의한 國民敎化라고 하는 政敎相依로부터 시작되어 이것이 좌절되고 포교의 자유를 구하는 政敎分離로 귀결되었다고 말할 수 있다.[31]

---

31) 新田均 1997, pp. 7-66 참조. 新田均은 "默雷의 政敎一致論(佛敎에 의한 國民敎化)은 宗敎行政에의 薩摩派의 진출에 의해 좌절되고 政敎分離論(布敎의自由)는 長州派의 복귀와 薩摩派勢力의 쇠퇴로 실현된다"고 기술, 島地默雷의 政敎關係論의 변천은 佛敎・眞宗에도 호의적이었던 津和野派의 神學을 봉하는 長州藩과 平田篤胤流의 神學을 奉하고 眞宗을 禁敎로 정한 薩摩藩의 宗敎行政 權力構造의 변화와 밀접한 관계가 있다고 지적하고 있다(pp. 17-18, p. 59 참조).

(3) 敎導職의 廢止와 敎派·宗派의 管長으로의 權限委任

明治 8년(1875년)에 신불합동선교가 폐지되지만 교도직은 신도계와 불교계 각각 교원을 설립하고 설교를 계속하였다. 그러나, 국민을 계몽시켜 새로운 제도에 길들인다고 하는 목적도 거의 달성되면서 明治 15년(1882년)에 府縣과 神宮·官國幣社神官에 대해 "이후 神官은 敎導職의 兼補을 중지하여, 葬儀에 관계시키지 않는 것으로 하는 그 취지를 전했다."라 하여 이후 신관은 교도직 겸임을 멈추고 장의에 대한 관여도 금지했다. 단, 부현사 이하의 신관은 당분간, 종전대로 장의를 집행해도 좋다는 취지를 달성했다(內務省達乙7호·同丁1호). 이 통지는 신직을 교도직에서 분리하여 장의에 대한 관여를 금지하는 것으로 장의는 다시 불교의 영역[32]이 되었다.

그러나, 이 통지가 불교로의 회귀를 의미하는 것은 아니다. 이것은 신도가 "설교"를 하지 않고 "장의"에도 관여하지 않기 때문에 "신사는 종교가 아니다"라고 하는, 후에 신사비종교론으로 불리는 이론을 구축하기 위한 출발점, 즉 국가 신도 체제의 출발점이 되는 것을 의미했기 때문이다.

明治 17년(1884년)에는, 신도 교파·불교 종파에서의 교도직을 중지하고 사원 주직의 임면이나 교사의 등급진퇴(等級進退)는 모두 각 관장에 위임하기로 하고 다음과 같은 조건을 정했다(太政官布達19號).

> 第一條 각 宗派 멋대로 分合을 주장하고, 혹은 宗派의 사이에 爭論을 하지 말아라.

---

32) 文化庁 編 1983, p. 89 참조.

第二條 단, 일의 형편에 따라 神道에 있어서 數派 連合하여 官長 한 명을 정하고, 佛道에 있어서도 各派 管長 한 명 두는 것을 방해하지 않는다.

第三條 管長을 정해야 할 규칙은 神佛 각 그 敎規·宗制에 의해서 이것을 일정하여, 內務卿의 認可를 받아야 한다.

第四條 管長은 각 그 立敎·開宗의 主義에 의해서 左項의 條規를 정하고, 內務卿의 認可를 받아야 한다.

　一 敎規
　一 敎師로서의 分限 및 그 稱號를 정하는 것,
　一 敎師의 等級進退의 것.
　　以上 神道管長이 定하는 者가 한다.
　一 宗制
　一 寺法
　一 僧侶 및 敎師인 分限 및 그 稱號를 정하는 것
　一 寺院의 住職 任免 및 敎師의 等級進退의 것
　一 寺院에 屬한 古文書宝物什器 등을 保存하는 것
　　以上 佛道管長이 定하는 者가 한다.

第五條 佛道管長은 각 宗制에 있어서, 古來宗派의 장인 자의 명칭을 조사하여 內務卿의 인가를 얻은 후 이것을 자칭할 수 있다.[33]

이와 같이 교도직이라고 하는 待遇官吏를 겸무시키는 제약을 없앴기 때문에, 신도 교파의 교사, 불교 각 종파의 승려·교사의 등급·임

---
33) 文化庁 編 1983, pp. 89-90.

면 등을 각 관장에게 위임하고 정부는 이에 관여하지 않게 했다. 이로써 신도계나 불교계가 강하게 요구하고 있던 정교분리가 어느 정도 실현되게 되었다. 그러나, 조항을 지정하고 교규·종제 등을 정하게 해 내무경의 인가를 받게 한 사실에서도 볼 수 있듯이 여전히 統敎權은 대폭 보류해 두었다고 말할 수 있다.[34]

3) 大日本帝國憲法의 制定과 信敎自由

(1) 大日本帝國憲法과 憲法 第28條

「대일본제국헌법」은 明治 22년(1889년) 2월 11일에 발포되어 다음해인 明治 23년(1890년) 11월 29일에 시행되었다. 헌법 제정의 움직임은 明治 초기부터 있었지만, 明治政府가 공식적으로 헌법 초안의 기초에 착수한 것은 明治 9년(1876년) 원로원에 국헌 편찬의 칙명을 내림으로써 시작된다. 원로원이 국헌취조위원을 두고 편집을 하여 明治 13년에 이르러 국헌초안이 작성되었다. 이 국헌안은 進奏를 보지 못하고 끝났지만, 종교 자유의 사조가 반영되어 제한적이지만 프로이센, 오스트리아, 덴마크 등의 제헌법을 참조해서 종교 자유의 보호에 관한 조항이 검토되었다고 한다.[35]

후에 초대 총리대신이 되는 이토 히로부미(伊藤博文)는 明治 15년(1882년)부터 明治 16년(1883년)에 걸쳐 헌법 조사를 위해 유럽에 파견되어, 베를린 대학의 루돌프 폰 그나이스트(Rudolf von Gneist), 빈

---
34) 文化庁 編 1983, pp. 89-90 참조.
35) 文化庁 編 1983, p. 122 참조.

대학의 로렌트 폰 슈타인(Lorenz von Stein) 양자에게 배웠다. 특히 슈타인은 일본의 국정·역사를 분석한 다음, 프로이센식의 헌법을 이토에게 권했다. 이토도 비스마르크의 정치 수완에 경도되어「대일본제국헌법」은 프로이센식 헌법의 영향을 받게 되었다.36)

프로이센의 헌법은 외관적 입헌주의로서 프로이센에 의해 통일된 독일에서 군주의 권력을 온존시키기 위해서 제정된 "입헌주의"이며, 시대적인 요청에 의해 국민의 정치 참가를 인정해 의회제를 도입하지만 실제로는 군주의 권력을 온존하고 의회의 힘을 제한하려고 한 것이었다. 이는 근대 시민혁명이 좌절된 상황 속에서 등장한 "입헌주의"이며, 자유민권운동으로 시민이 참여한 프랑스나 영국 등의 근대 입헌주의와는 다른 것이었다.37) 당시의 일본은 식민지화 되는 아시아의 다른 나라들과 마찬가지로 구미제국으로부터 불평등조약 체결을 강요받아 일각이라도 빨리 구미제국에 인정받는 근대국가가 될 필요가 있었다. 이 때문에 "위로부터의 근대화"라는, 시민 참여가 배제된 기성 권력층 내부의 권력구조 변혁에 의해서, 그리고 새롭게 권력을 잡은 지도층에 의해서 위로부터 강력하게 추진해 가는 근대화를 추구하였다. 따라서, 당시 일본이 "위로부터의 근대화"를 추진하는데 있어 외관적 입헌주의라는 프로이센식의 헌법은 매우 적합한 모델이었다고 말할 수 있다.

伊藤의 귀국 후, 明治 17년(1884년)에는 헌법취조국(이듬 해, 제도 취조국으로 개칭)을 설치하는 등 헌법 제정과 의회 개설의 준비에 착수했다. 明治 18년(1885년)에는 내각 제도가 창설되어 초대 총리대신에 이

---

36) 文化庁 編 1983, p. 123; 色川大吉 1974, pp. 426-451; 平野武 1985, pp. 103-134 참조.
37) 平野武 1996, pp. 30-31 참조.

토히로부미가 임명된다. 이때 제도 취조국은 폐지되고 그 후, 헌법의 편찬은 이토히로부미를 중심으로 이노우에 코아시(井上毅), 이토 미요지(伊藤己代治)와 카네코 켄타로(金子堅太郞)가 참가하여 본격적으로 진행되었다. 그리고, 明治 21년(1888년)에 헌법이 기초되어 신설된 추밀원의 자문을 얻어 明治 22년(1889년) 2월 11일, 「대일본제국헌법」이 발포되어 근대국가로서의 형식을 한층 더 가지게 되었다.[38]

종교에 관한 것으로는 신불 합동대교원의 해산 전후부터 논의가 이어진 종교의 자유가 헌법상에도 명기된 점이 주목을 끈다. 곧 「대일본제국헌법」 제28조에는 "日本臣民은 安寧秩序를 방해하지 않고 또한 臣民으로서의 義務를 위배하지 않는 한 信敎의 自由를 갖는다."라고 명기되어 있다. 이 제28조의 심의에 있어 사법 대신 야마다 아키요시(山田顕義)는 동조의 취지로 아래와 같이 말했다.

> 中古 西歐宗敎가 성하는 것을 內外의 政事에 混用해 이것으로 流血의 禍를 초래하고, 東方諸國은 또 嚴法峻刑으로써 그것을 防禁시키려고 시도했는데 四百年來 奉敎信敎의 自由의 說이 처음으로 萌芽하여 그것으로 佛國의 革命, 北米의 獨立이 이루어지고 公然의 宣告를 얻었다. 점차 各國이 是認하는 상황이 되었다. 현재, 각국 정부, 혹은 그 국교로, 혹은 사회의 조직, 또는 교육에 있어서 일파의 종교에 偏袒하는 것에 관계없이, 法律上, 一般的으로 各人에게 信敎의 自由를 주었다. 그리고, 異宗의 사람을 戮辱하여, 혹은 公權私權을 누리는 差別을 마련하는 陋習은 이미 史乘過去의 일로서(獨逸各邦에 있어서는 1848년까지

---

38) 文化庁 編 1983, p. 123; 色川大吉 1974, pp. 426-451; 平野武 1985, pp. 103-134 참조.

유태교에게 정권을 주지 않았다), 그 자취를 두지 않게 되었다. 즉 信敎의 自由는 그것을 近世文明의 一大美果로서 보게 되고, 그렇게 해서 人類의 尤至貴至라 할 수 있는 本心의 自由와 正理의 伸長은 數百年間, 沈淪茫昧의 境界를 너머, 적어도 光輝를 發揚하는 오늘에 이르렀다. 분명히 本心의 自由는 사람의 來附에 있는 것으로, 원래 國法이 干涉하는 區域의 밖에 있다. 그리고 國敎로 偏信을 강요하는 것은 당연히 人知自然의 發達과 學術競進의 運步를 障害하는 것이 되고, 어느 나라도 政治上의 威權으로 敎門無形의 信依를 制壓할 權利와 機能을 가져서는 안 된다. 本條는 실로 維新 以來에 취한 針路에 따라, 各人無形의 權利에 맞게 潤大의 進路를 준다.

단 信仰歸依가 한결같이 內部의 心識에 屬한다고 하더라도, 더욱이 外部에 대해 禮拜 儀式 布敎 演說 및 結社 集會를 실시함에 있어 원래, 法律 또는 警察上 安寧秩序를 維持하기 위한 一般의 制限에 따르지 않으면 안 된다. 그러나 어떤 宗敎도 神明에 奉事하기 위해 法憲의 밖에 두고, 國家에 대한 臣民의 義務를 면할 權利를 가지지 않는다. 따라서 內部에 있어서의 信敎의 自由는 완전히 아무런 制限도 받지 않는다. 그래도, 外部에 있어서의 禮拜 布敎의 自由는 法律 規則에 대해 必要한 制限을 받지 않으면 안 되고, 또 臣民 一般의 義務에 服從해야 한다. 이 헌법이 裁定하는 곳이 政治와 宗敎 서로 相關係하는 곳의 界域이다.[39]

---

39) 文化庁 編 1983, pp. 123-124.

야마다 아키요시의 발언은 내심에 있어서의 奉敎의 자유(종교의 자유)는 완전한 것으로 국법이 간섭할 바가 아니요, 국교를 가지고 偏信을 강제하는 것은 인지의 발달과 학술의 진보를 저해하는 것이라는 인식을 표명하고 있다. 그와 동시에 그는, 외부를 향해 행해지는 예배, 의식, 포교, 연설 및 결사의 자유라고 하는 것은 법률 혹은 경찰상 안녕질서 유지를 위한 일반적 제한에 따르지 않으면 안 되나 국법의 규제를 면하지 않는다는 사실을 설명하고 있다.

(2) 信敎自由와 그 範圍

헌법에서 "종교의 자유"는 역사적으로 다른 자유권과 마찬가지로 국가권력과의 대항 관계에서 형성되어 온 것이다. 이는 개인이 스스로 종교를 믿을 권리, 또 믿지 않을 권리를 가지고 있으며 국가권력(입법권·사법권·행정권에 의한 나라로부터의 제한)으로부터 어떠한 간섭·강제·개입 등을 받지 않을 자유를 가지는 권리를 말한다.

그러나, 역사를 살펴보면 국가와 어느 특정 종교가 강하게 결합되어 배타적인 행동을 취하는, 즉 다른 종교를 탄압하는 행위가 반복되어 온 것이 실정이며 그 반복이 역사를 만들어 왔다고 말할 수도 있을 것이다. 이러한 일이 반복되면서 인류는 근대로 접어들고 인권 선언이나 헌법의 인권 조항에 종교의 자유를 보장시킴으로써 마침내 국가권력에 의한 종교의 탄압 등의 불안으로부터 해방되게 되었다. 예를 들면, 미국에서는 버지니아 권리장전(1776년), 버지니아 종교 자유법(1786년), 미합중국 헌법 6조3항(1788년) 및 수정 1조(1791년), 프랑스에서는 사람 및 시민의 권리선언(1789년) 10조, 독일에서는 프로이센 헌법 12조(1850년), 바이마르 헌법 135조에서 141조(1919년) 등에 종교의 자유가 보장되었다.40) 현대에 이르면 수많은 국가에서 종교의 자유가 불가결한 권리로서 인식되었던 것이다.

「대일본제국헌법」제28조에서 인정하는 종교의 자유는 "日本臣民은 安寧秩序를 방해하지 않고 또한 신민으로서의 의무를 위배하지 않는 한"이며, 따라서 "안녕질서"과 "신민으로서의 의무"의 테두리라는 제한이 있는 것이었다. 추밀원에서는 헌법초안의 심의 참고자료로서 제출된 헌법 설명을 수정하고, 이토히로부미의 사저로 明治 22년 4월 발간된 「大日本帝國憲法義解」은 제28조의 종교의 자유에 대해 다음과 같이 해설하고 있다.

> 本心의 自由는 사람의 內部에 있는 것이고 원래부터 國法이 干涉하는 區域의 밖에 있다. …(중략)… 단 信仰歸依가 한결같이 內部의 心識에 屬한다고 하더라도, 더욱 外部에 대해 禮拜 儀式 布敎 演說 및 結社 集會를 실시함에 있어 원래, 法律 또는 警察上 安寧秩序를 維持하기 위한 一般의 制限에 따르지 않으면 안 된다. …(중략)… 따라서 內部에 있어서의 信敎의 自由는 완전히 아무런 制限도 받지 않고, 또 外部에 있어서의 禮拜의 自由는 法律 規則에 대해 必要한 制限을 받지 않으면 안 된다.41)

이 법해석을 문자 그대로 받아들이면, 신앙의 자유는 내심의 자유뿐만 아니라 외부 행위에 대해서도 자유를 확보하고 있는 것으로 풀이할 수 있다. 그러나 주로 정부에서 실제로 행하고 있던 종교정책을

---

40) 上田勝美 1979, p. 5 참조.
41) 文化庁 編 1983, pp. 125-126.

보면, 헌법 제28조로 보장되는 자유는 내심에 속하는 신앙의 자유뿐이라고 해석해야 할 듯하다. 昭和 4년(1929년)에, 「제1차 종교 단체 법안」이 제56회 제국의회의 귀족원에 상정되었을 때, 문부대신인 쇼우다 카즈에(勝田主計)는 다음과 같이 말하고 있다.

> 우리나라의 헌법에 대해 종교의 자유, 신교의 자유, 이와 같이 말씀드리는 것은 역시 헌법을 창정한 伊藤公, 그의 憲法義解의 해석에 의한 것이 가장 적당하지 않은가. 즉, 무슨 말인가 하면, 내부의 신앙에서 외부로 나온 단체라든지 결사라든가 하는 것은, 이것은 소위, 신교 자유의 범위 외이다, 이런 식으로 해석을 하고 있는 것입니다만, 역시 이 해석을 채택하는 것이 좋지 않은가. 왜냐하면 伊藤公이 헌법을 창안하는 데에 있어 외국의 헌법 등에 대해서도 깊게 연구하셨다고 들었습니다만, 외국의 헌법 등을 봐도, 이 신교의 자유라는 것과, 혹은 단체 결사의 자유라는 것은 이것은 완전히 다르게 규정되어 있는 경우가 많은 것입니다. 그러므로 이 단체나, 결사의 자유란 것을 헌법 안의 신교 자유의 항목에 쓰지 않아도, 신교의 자유만을 헌법으로 창안했다는 것, 역시 이것은 내부 관계에 있는 것이 아닌가.[42]

勝田主計는 종교의 자유에 대한 伊藤의 법해석을 내부의 신앙에 대한 것으로 한정하고, 외부에 표출하는 단체나 결사의 자유는 종교의 자유 범위 밖에 있는 것이라고 해석한다. 덧붙여, 해외의 헌법에서도 종교의 자유와 단체결사의 자유는 다른 것으로 규정하고 있는 경

---

42) 文化庁 編 1983, p. 126; 井上恵行 1969, pp. 65-66.

우가 많기 때문에 헌법에 종교의 자유만을 규정했다는 것은 단체결사의 자유를 인정하지 않는다, 즉 종교의 자유는 어디까지나 내심의 자유라고 기술하고 있다.

더욱이 종교국장 시모무라 츄이치(下村寿一)도 요미우리 신문(讀賣新聞 昭和 4년 2월 23일자)에서 「종교결사의 자유에 대해」라는 제목으로 이러한 설을 더욱 심화시켰다.

대체로, 伊藤公이 참작 대조했다고 생각되는 유럽 제국의 헌법은 모두 종교 신앙의 자유와 종교 행위, 특히 종교 결사의 자유를 다른 字句 조항에 기재하고 보장하고 있다. 그런데 우리 헌법 28조에는 "日本臣民은 安寧秩序를 방해하지 않고 또한 臣民으로서의 義務를 위배하지 않는 한 信敎의 自由를 갖는다."라고만 규정하고, 宗敎 行爲 특히 宗敎結社는 어디에도 그 규정을 마련하지 않는다. 우리 헌법이 잘못해서 이 규정을 탈각했다고는 결코 믿을 수 없다. 우리 헌법 29조에는 "日本臣民은 法律의 範圍 안에서 言論 著作 印行 集會 및 結社의 自由를 가진다."라고 規定한다. 이 言論 著作 印行 集會 및 結社의 自由는 모든 것을 포함하는 것이며, 종교의 宣布, 集會, 結社 등을 제외 없이 그 안에 포함한 것이라고 말해야 된다. 만약 그것이 아니라면, 제29조에 "단지 종교에 관한 것은 예외로 한다."라는 명문을 넣어야 된다. 이 명문이 없는 이상은 모든 종교에 관한 사항도 이와 같이 포함된 것으로 판단하지 않을 수 없다.

따라서 나는 헌법 제28조는 종교 결사의 자유는 포함하지 않는 것을 단정하는 것에 조금도 주저하지 않는다. 종교의 宣布가 言論 著作 印行이 되고 또 종교상의 集會 結社 등의 사상이 되어 나타난다면, 그것은 당연히 합법 제29조에 의해서 법률의 範圍內만 자유이다 라고 하는 것을 믿어 의심치 않는 것이다.[43]

下村 종교국장의 종교 자유론에 대해, 미노베 타쓰키치(美濃部達吉)은 동지(昭和 4년 2월 26일)에「종교 단체 법안과 종교의 자유」라는 제목으로 반론을 펼친다. 美濃部는 헌법 제28조의 종교의 자유에 대한 下村의 해석이 종교를 신앙하는 자유, 즉 내심의 자유에만 한정해 외부로 향해 나타나는 종교 행위, 특히 종교 결사의 자유는 그 안에 포함하지 않는다는 下村의 견해를 비난했다.

美濃部는 "만약 단지 신앙의 자유라고 하는 것뿐이라면, 일의 성질상 국가의 권력이 미칠 수 없는 것으로, 헌법에 있어서 이것을 규정하는 것은 완전히 무의미하다. 신앙은 마음 속의 작용으로, 마음 속에서 무엇을 믿으려고 해도, 그것이 외부의 행위로 나타나지 않는 한 절대적으로 자유이고, 어떤 사람도 그것에 간섭할 수 없다. 헌법의 규정을 해석하고, 이와 같이 마음 속의 신앙의 자유만을 보장하고 있는 것은, 이 헌법의 규정을 완전히 무의미하게 하는 것이다."[44]라고 논하였다. 이는 헌법 28조의 종교의 자유가 내심의 자유만을 의미하는 것이라면 외부에 나타날 일도 없기 때문에 헌법 조문에 규정할 필요도 없다는 비판이다.

또 下村의 憲法義解에 대해 그는 ① 내심적인 신앙 귀의의 자유는 절대이며 국법 간섭의 밖에 있어 당연히 특히 헌법으로 규정할 일도 아니다, ② 외부를 향한「예배의식 포교연설 결사집회」는 安寧秩序를

---

43) 文化庁 編 1983, p. 127; 井上恵行 1969, p. 66.
44) 文化庁 編 1983, p. 128; 井上恵行 1969, p. 67.

방해하지 않고 또한 신민으로서의 의무를 거역하지 않을 필요가 있으며, 이 한도 내에서 필요한 국법의 제한으로 복종하지 않으면 안된다는 점에는 공통의 인식을 가지고 있다고 말한다. 하지만 그것은 필요한 제한 이외에서의 자유이고 헌법 제28조의 「종교의 자유」는 그 범위 안에 종교상의 예배·의식·포교·연설·결사집회를 하는 자유를 포함한다고 말함으로써 美濃部는 下村가 헌법 제28조는 종교 결사의 자유는 포함하고 있지 않다고 해석한 것을 비판했다.45)

나아가 美濃部는 下村가 유럽 제국의 헌법과 「대일본제국헌법」의 조문 비교를 통해 유럽 제국에서는 종교의 자유와 종교 행위, 종교 결사의 자유를 별도의 항목으로 만들어 조문을 규정해 보장하고 있는데 반해, 일본의 조문에는 종교의 자유만을 위한 조문이 규정되어 있다는 사실을 근거로 삼아, 일본에서는 내심의 종교의 자유만이 인정되고 있고 외부로 나타나는 종교행위, 종교결사의 자유는 인정되지 않는다고 한 주장에 반론한다. 美濃部는 "일본의 헌법에 '종교의 자유'라고 표현을 간결하게 한 것은 일본헌법의 가장 현저한 특색의 하나"라고 한다. 그에 따르면, 그것은 서구 제국에서 종교상의 분쟁이 일본보다 훨씬 더 강렬했었기 때문에 특별히 면밀하게 규정해야 할 이유가 있었기 때문이고, 일본 헌법에 있어서의 「종교의 자유」란 유럽 제국과 마찬가지로 신앙의 자유, 종교 결사의 자유, 종교 행위의 자유를 포괄하는 것이다.46)

마찬가지로 美濃部는 헌법 제29조(「日本臣民은 法律의 範圍 안에서 言論 著作 印行 集會 및 結社의 自由를 가진다」)에는 종교상의 출판 집회

---

45) 文化庁 編 1983, p. 128; 井上恵行 1969, pp. 67-68 참조.
46) 文化庁 編 1983, pp. 128-129; 井上恵行 1969, p. 68 참조.

결사에 대해서는 포함되지 않는다는 下村의 주장에 대해서도 반론을 시도한다. 美濃部는 "日本臣民은 法律의 範圍 안에서", "日本臣民은 安寧秩序를 방해하지 않고 또한 신민으로서의 의무를 위배하지 않는 한"이라는 일정한 범위는 있지만, 그 한도를 넘는 종교적인 출판 집회 결사에 한해서는 다른 일반 출판·집회·결사와 다른 특별한 제한을 더하는 것이 제28조의 취지에 반하는 것이라고 기술하면서 종교상의 출판 집회 결사는 인정되고 있다고 주장했다.[47] 그러나, 제28조에 의해서 보장된 "종교의 자유"의 해석에 있어서는 전술과 같은 논의가 전개되었으나 어느 경우든 동조에 의해서 보장되는 자유는 "安寧秩序를 방해하지 않고 또한 신민으로서의 의무를 위배하지 않는 한" 인정되는 자유로서 한계가 있음이 틀림없다.

이러한 구헌법하의 종교의 자유의 보장 형태를 쿠마모토 노부오(熊本信夫)는 "明治憲法 28조의 규정은 지금까지의 국교, 내지는 국교적 존재를 전제로 한 종교의 자유의 억압, 부정에 반해 일정한 한도 아래에서의 '종교의 자유'를 보장하는 것이었다. 이런 의미에서 종교적 관용에의 원칙이 채용되기에 이르렀다고 할 수 있다."라고 하며 "종교적 관용의 원칙"의 채용으로 간주했다. 이에 대해, 우에다 카쓰미(上田勝美)는 "종교적 관용의 관념에서는, 제일로 국교 제도를 전제하고 타종교에 대한 관용적 취급을 한다는 것을 의미하지만, 구헌법하의 종교의 자유의 보장은 제도적으로도, 실태적으로도 그 관념과는 먼 것이었다고 판단하지 않으면 안 된다."라고 말한다. 게다가 종교적 관용의 원칙은 종교의 자유의 보장 형태로서는 불완전·불충분한 형태이지

---

47) 文化庁 編 1983, pp. 129-130; 井上惠行 1969, pp. 68-69 참조.

만, 영국, 스페인 등과 같이 국교가 규정되고 있는 나라에서는 국교 이외의 다른 종교의 존재를 인정해 불간섭을 전제로 하여 성립하는 관념이며, 영국, 스페인 등에서 종교의 자유를 보장하는 특유의 형태로 보아야 한다는 의미에서 종교적 관용의 관념을 파악하는 것이 역사적으로도 타당하다고 기술한다. 그리고, 구헌법하의 종교의 자유의 보장은 "신도 이외의 다른 종교에 대한 간섭·탄압이 반복된 것에서 볼 수 있듯이 종교적 관용의 취급이 있었다고는 절대로 말할 수 없다. 헌법 조항(구 28조) 자체의 규범적 의미 내용을 봐서도 그처럼 결론을 내리지 않을 수 없다"라고 하여, "구헌법하의 종교의 자유의 보장 형태는 종교적 관용의 원칙의 채용이라고 볼 것이 아니고 오히려 정교일치형의 범주에서 파악할 수 있을 것이다"라고, 일본 구헌법하의 종교 자유의 보장을 종교적 관용의 관념으로 보는 것은 타당하지 않다고 주장한다.[48]

이상과 같이「대일본제국헌법」제28조에 의해서 보장되는 종교의 자유는 "日本臣民은 安寧秩序를 방해하지 않고 또한 臣民으로서의 義務를 위배하지 않는 한"만으로 인정되는 자유였다. 여기서 말하는 "안녕질서"란 통상 사회의 질서나 선량한 풍속을 포함한 개념으로 해석된다. 그리고 "신민으로서의 의무"란 국가 및 황실에 충순할 의무, 국가 및 황실의 종묘인 신궁, 역대의 산능, 황조황종 및 역대 천황의 영혼을 제사지내는 신사 등에 대해 숭경하는 마음을 가질 의무, 그 외에 법률로 정해진 병역, 납세, 교육 등의 의무라고 이해된다. 따라서, 이러한 의무를 부정하는 것을 교의로 하는 종교는 구헌법의 규정에

---

48) 上田勝美 1979, pp. 7-8 참조.

의해서 보장되는 종교의 자유의 밖에 있게 된다.[49]

뒷날의 역사를 봐도 실제의 운용에서 국가의 정책에 어긋나는 종교는 많은 통제와 간섭을 받았으며, 구헌법의 종교의 자유에는 한계가 존재했다는 점은 분명하다. 특히 신사에 대한 숭경·존숭이라고 하는 것이 신민으로서의 의무로 여겨진다면 헌법이 보장하는 종교의 자유는 언제라도 제한될 수 있다. 그러나, 구헌법은 종교의 자유를 명기해 보장하고 있었기 때문에 신사에 대한 숭경·존숭을 의무지우려면 일종의 수사학이 필요했다. 이것이 바로 "신사는 종교가 아니다"라고 하는 「神社非宗敎論」이었다.[50]

(3) 神社의 非宗敎論

明治維新 후 정부는 神佛分離令을 내려 불교의 광대한 영향력을 배제하고 동시에 천황에 의한 친정을 강화하기 위해 천황과 신도를 연결시키는 종교정책을 실시했다. 이것은 神祇官에 의한 신도의 국교화 움직임으로 나타나지만 이 시대착오적인 정책은 불과 수년만에 그 한계를 露呈하고 실패로 끝난다. 그 후, 정부는 신도만이 아니라 불교의 힘을 이용하는 정책으로 전환하여 大敎宣布運動을 시작한다. 불교측은 당연 大敎宣布運動에 참가함으로써 神佛分離令에 의해 저하된 불교의 영향력을 되찾는 것을 목표로 하였으나 신도우위로 진행된 大敎宣布運動에 불만을 갖고 시마지 모쿠라이(島地默雷) 등에 의해 政敎分離를 주장하고 大敎宣布運動을 이탈하여 신불합동 교화운동은 종언을 맞는다. 당초에 島地默雷는 신도에 "道는 있어도 敎는 없

---

49) 文化庁 編 1983, pp. 131-132; 井上惠行 1969, pp. 79-80; 平野武 1996, p. 32 참조.
50) 平野武 1996, p. 32 참조.

다.(道有テ而敎ナシ)"는 관점에서 神・儒・佛 三敎鼎立에 의한 국민교화를 지향하였다. 하지만 신도에 체계적인 가르침이 없어 국교로서는 부적절하기 때문에 국교의 지위에 적합한 종교가 불교라고 생각하고 국교화하려는 노력을 기울인다. 그러나 이것이 불가능하다는 것을 깨닫자 그는 방향을 전환하여 神・儒・佛의 鼎立布敎를 시도한다. 하지만, 이마저도 신도가 주도하는 형국이 되어서 불교가 중심이 되기 어렵다는 사실을 알게 된 뒤에 그는 국가가 종교에 간섭해서는 안 된다는, 정교분리에 의한 종교의 자유를 추구하게 된다. 그 와중에도 照大神은 천황의 宗廟(祖先)이기 때문에 어느 종인지 불문하고 존숭해야만 한다고 주장함으로써 신도를 국교화하려는 정부와 신도측과 타협점을 찾는 것으로 정교분리가 형식상으로 달성되게 된다.

이러한 움직임 속에서「神社非宗敎論」이 출현하게 된다. 특히, 明治 4년에 敎派神道 六派가 特立을 申請・許可를 받아 "敎"의 性格이 강한 단체가 독립하여「神道非宗敎論」은「神社非宗敎論」이라는 형식으로 그 논점이 보다 명확해진다.[51]

「神社非宗敎論」의 주요한 논의는 다음과 같이 정리할 수 있다. ① 신사는 국체와 도덕의 표징으로 일반 종교와 같이 開祖나 敎典을 갖지 않으며 미래에 대해 논하지 않으므로 종교가 아니다. ② 신사는 일본고대의 민족생활의 연장으로 종교와는 기점을 달리하고 신의 성질에 있어서도 외국의 종교개념과는 전혀 다르므로 종교가 아니다. ③ 신사 奉祀의 본의는 존숭이며 또한 경애이기 때문에 신에게 기도하는 것은 부모에 봉사하는 것과 마찬가지로 祭―祀는 효의 연장이며 祈願

---

51) 新田均 1997, p. 82 참조.

祈構은 奉仕精神의 반영이기 때문에 신사는 종교가 아니다. ④ 神社神道의 출발점은 국가적인 것이고 일반종교의 출발점은 개인적인 것이다. 또한 祖先崇拜는 國民一切의 도덕적 규범으로 종교적 행위가 아니기 때문에 신사는 종교가 아니다.[52]

이러한 「神社非宗教論」은 神道가 서양과는 다른 일본만의 독자적인 성격을 띠기 때문에 종교가 아니라고 주장하는 것이다. 그러나, 이것은 종교라는 개념을 어떻게 정의하는가에 따라 결과가 크게 달라지게 되고, 또한 明治維新 이후에 "宗教"라고 하는 개념이 현재처럼 공유화되어 논의되었을지 하는 문제[53]도 존재한다.

또한, 다른 신사는 종교학상 종교이거나 종교적 요소가 농후하지만 行政上・法制度上으로는 종교가 아니라는 주장이 있다. 이러한 관점에는 행정상으로나 법제도상으로도 다른 종교와 다른 취급을 받아 신사는 內務省, 일반 "宗教"는 文部省이 주무관청이었다는 사실, 나아가 신사를 종교로 보지 않는 관습법이 존재한다는 것 등이 그 근거가 되었다.[54]

히라노 타케시(平野武)는 "開教者나 創唱者가 存하지 않는 것이나 宣教活動이 存하지 않는 것은 이른바 民族宗教에는 보편적인 것이며, 또한 教義가 存하지 않는 것은 이른바 原始宗教에는 일반적인 것이며, 神의 概念이 各宗教에 따라 다른 것은 당연한 것이기 때문이다. 道德的要素나 習俗의 要素도 다소의 차이는 있어도 모든 종교에

---

52) 文化庁 編 1983, pp. 131-132; 井上惠行 1969, pp. 36-37 참조.
53) "宗教"인란 용어에 관해서는 新田均 1997, pp. 83-87에 상세하게 기술되어 있다. 거기서는 堀一郎・小口偉一 監修 1793, p. 256에 "종교가 일반적인 개념으로서 넓게 사용되게 된 것은 明治 14-15 이후의 일"이라고 한 脇本平也의 견해를 인용하고 있다.
54) 平野武 1996, pp. 34-35 참조.

서 볼 수 있다. 神社의 特殊性에 대한 强調는 獨斷에 지나지 않는다 할 것이다."라고 서술했고, 나아가 神社가 宗敎學上 宗敎라고 하여도 行政上・法制度上으로는 종교가 아니라는 주장을 "기묘한 議論"이라고 비판하고 行政上・法制度上의 취급에 의해 行政上・法制度上의 지위를 결정해야 하는 것으로 "단순한 現狀肯定이거나 循環論法에 지나지 않는다."고 갈파한다. 덧붙여 慣習法論은 위에서 인위적으로 만든 제도를 근거로 한다는 점에서 "欺瞞的이다"라고 「神社非宗敎論」에 대한 부정적인 견해를 제시했다.[55] 하지만 일본의 종교사는 明治 政府가 神社를 종교가 아니라고 보고 국가의 제사로서 특별한 지위를 부여하고 다른 종교에도 신사참배를 강요하는 등 이 「神社非宗敎論」를 취했다는 사실을 보여준다.

「神社非宗敎論」는 불교측에서 불교의 세력 확대를 목적으로 신도를 비종교로 자리매김하려는 시도로 따라 神道가 布敎活動이나 神葬祭 등에 의해 세력을 확대해가는 상황에 제동을 걸고자 신도는 종교가 아니라고 주장한 것이었다. 그리고 神道側에서는 神道에게 종교 이상의 특별한 지위를 부여하려는 목적으로 神道를 다른 종교와 동일시해서는 안 된다고 주장했던 것이다.

정부는 佛敎側이 주장하던 「神社非宗敎論」을 받아들여 明治 15년에 內務省達乙 제7호에 의해 神道는 祭祀로 한정하고 신도의 종교적 영역이라 할 수 있는 포교나 장의는 제한하도록 하였다. 나아가 정부는 非宗敎로서 官國幣社에 營繕費를 지급하는 정책을 추진하였다. 內務省達에 의해 제한이 가해진 것은 官國幣社의 신궁 레벨로 府縣

---

55) 平野武 1996, pp. 34-35 참조.

社 이하의 신직이 사적으로 布敎・神葬祭를 행하는 것은 부정되지 않았지만 府縣社 이하의 신직도 스스로 布敎・神葬祭를 그만두어 神社非宗敎라는 사실을 철저히 관철시킴으로써 국가와 신사의 결합의 강화(神祇官復興運動)를 목표로 한 움직임을 보였다.[56] 이처럼 불교, 신도의 종교세력 뿐만이 아니라 정부도 포함하여 다양한 이유로 「神社非宗敎論」이 제기된 것이다.

그리고 구헌법이 시행되자 "종교의 자유"가 제도상으로 확립되어 이번에는 헌법조문에 있는 "종교의 자유"의 논리적인 정합성을 확보하기 위한 법해석으로서 「神社非宗敎論」이 이용되었다. 昭和 4년 (1929年) 제56회 제국의회 귀족원 종교단체 특별위원회에 제출된 신사문제에 대한 내무성의 답변은 다음과 같다.

> 神社가 宗敎에 속하는지 아닌지는 學問上, 달리 硏究의 方法이 있어야 하는 것도, 이것을 國家 制度의 問題로서 생각하는 경우는 現行法制에 근거해 그 性質 여하가 決定되어야 할 것이다. …(중략)… 그러나 이 趣旨로 神社의 本質 여하를 생각하는 우리나라의 神社는 建國의 大義에 根據하여 皇祖皇宗의 神靈을 비롯해서 國家에 功績이 있는 諸神을 祭祀하기 위해, 國家가 스스로 이것을 設營하고 神社의 祭祀 및 經營에 관해서는 엄중히 國法으로써 이것을 規定하며, 그 國家의 宗祀인 사실을 분명하게 밝히고, 또 神社의 祭祀에 從事하는 職員에 대해서도 나라에서 그 職制를 規定하고 神職의 國家機關으로서의 職務 權限을 분명히 한다. …(중략)… 現行制度 下에 있어서 神社는 나라의 公의 施

---

56) 新田均 1997, pp. 82-83 참조.

設이고, 神職은 國家의 公務에 맞는 公의 職員이며, 個人의 信仰을 目的으로 하는 기타 宗敎와는 전혀 그 性質을 달리한다.

神社에서 시행하는 祈願祈禱 등과 같은 神社崇敬에 附隨하는 自然의 結果이며 神社의 本質이 前述한 것과 같이 된 이상, 그러한 行事가 있으므로 神社를 宗敎的 施設이라고 하는 것은 올바르지 않다. …(중략)… 神社는 宗敎의 施設은 아니다. 結果, 憲法 第28條, 信敎의 自由에 관한 條規는 神社와 관계없는 것이라고 생각한다.57)

이러한 답변에 따르면, 신사는 단순한 國家의 宗祀, 祖先의 祭로서 憲法上의 종교가 아니다. 따라서 명치정부는 신사만을 특별히 취급하여 이에 대한 공적 지위를 인정하고 국민이 신사에 참배할 것을 강제해도 헌법에서 정한 종교 자유의 원칙에 반하는 것이 아니라는 방침을 모색했다.58)

그리고, 명치시대에는 행정적으로 신사행정과 종교행정과의 분리가 시도되었다. 明治 33년(1900년)에는 寺社局에서 神社局・宗敎局을 분리, 신사는 국가의 祭祀로 종교가 아니라는 사실을 행정적으로 보이기에 이르렀다. 이러한 행정의 분리에는 국가와 신사의 합병 강화를 목표로 한 神祇官復興運動이 끊이지 않고 일어난 사실, 그리고 일본의 基督敎의 취급 방식이 외국으로부터 강력한 반발을 받기 때문에 불평등조약의 개정을 위해서는 기독교에 대한 처우를 개선해야 한다는 이유가 전제되어 있었다. 따라서 일본이 종교적인 자유를 인정

---

57) 文化庁 編 1983, pp. 132-133, 井上恵行 1969, p. 35 참조.
58) 文化庁 編 1983, p. 132; 井上恵行 1969, p. 34 참조.

한다는 인상을 외국에 주면서 동시에 신사는 특별한 것으로 다른 종교와는 성질이 다르다고 하는「神社非宗教論」이 필요한 것이다. 이렇게 일본 정부는 헌법에 의해 정교분리가 이루어진 근대국가의 이미지를 대외적으로 어필한 것이었다. 明治 32년(1899년)에는 "神佛 以外의 宗教의 宣布者, 및 堂宇 說教所 講義所의 設立, 移轉, 廢止 등에 관한 届出 規程"(內務省令41號)이 공포되어 기독교 포교도 공인되었다.[59]

神社局은 神官, 官國幣社, 府縣鄉村社, 招魂社, 이외의 모든 신사에 관한 사항, 신사 및 신직에 관한 사항을, 宗教局은 神佛各派, 寺院, 宗教에 이용되는 공용의 堂宇, 이외의 모든 종교에 관한 事項, 僧侶 및 教師에 관한 사항을 취급하게 되었다.[60]

4) 宗教團體法의 成立過程

日本의 근대에서 종교에 관한 체계적인 성문법은「종교단체법」에 의해 처음 성립된다. 종교에 관한 법률은 明治 22년(1889년) 2월 11일에 공포, 明治 23년(1890년) 11월 29일에 시행된「대일본제국헌법」이 성립된 후부터 정부와 종교계 쌍방이 그 성립을 갈망했다. 그러나, 明治 32년(1899년)의「제1차 宗教法案」, 昭和 2년(1927년)의「제2차 宗教法案」, 昭和 4년(1929년)의「제1차 宗教團體法案」, 昭和 10년(1935년)의「宗教團體法草案」과 입법이 시도되었으나 이 법안들은

---

59) 文化庁 編 1983, pp. 91-92 참조.
60) 文化庁 編 1983, pp. 92-93 참조.

의회에서 부결되거나 審議未了, 혹은 議會未定出이라는 이유로 성립되지 못한다. 그리고 마침내 昭和 14년(1939년)에 「宗敎團體法」이 공포된다. 여기서 우리는 「종교단체법」의 성립과정을 간략하게 개관해볼 필요가 있다.

(1) 第一次宗敎法案 (明治 32年案)

明治 31년(1898년) 7월 16일부터 시행된 현행 민법은 제34조를 필두로 종교에 관한 社團・財團의 規定을 두고 있다. 나아가 동법과 같은 날 시행된 「民法施行法」은 제28조에서 "民法 중 法人에 관한 規定은 當分間 神社, 寺院, 祠宇 및 佛堂에는 이들을 적용하지 않음"라고 규정하고 있다. 이러한 규정은 민법의 규정 이외에 사원 등에 대한 특별법을 제정할 예정이었다는 사실을 짐작하게 한다. 이듬해 12월 9일, 제2차 야마가타 아리토모(山縣有朋) 내각 사이고 죠도(西鄕從道) 內務大臣의 시절 「宗敎法案」이 제14회 제국의회(貴族院)에 제출된다. 山縣總理大臣은 이 법안의 제출 이유에 대해 다음과 같이 기술한다.

宗敎에 관해서는, 從來, 各種의 法律이 있습니다만, 그러나, 大略 各種의 事項에 올라 定한 細則이어서, 아직도 宗敎의 대부분에 관한 法律은 빠져 있습니다. 憲法 第28條에서 信敎의 自由를 이미 認定한 이상, 宗敎라고 하는 것은 社會風敎에 重大한 關係를 가지고 있기 때문에, 또는 하나의 根本的인 法律을 制定하여 宗敎로 하고 國家에 대해서 相當한 地位를 維持시키는 것이 현재로써 필요한 것이라고 생각합니다.

먼저 民法을 發布하여 그 條項 안에서 祭祀, 宗敎, 慈善의 團體에 관하여 法人의 資格을 認定하고 있습니다만, 하나의 宗敎라는 것은 다른 法人과 性質을 크게 달리합니다. 따라서 民法施行法을 制定함에 있어 고의로 이것을 除去하여 特別한 法規에 이것을 허용한 것입니다. 그러므로 지금은 寺院과 같은, 敎會와 같은 宗敎團體의 財産 管理 方法에 있어, 매우 불충분하고, 무엇보다 불편한 점이 적지 않다고 생각합니다. 이제야 百般의 制度가 순조롭게 갖춰지고, 國家 進運의 機, 점점 무르익어 감에도 불구하고, 宗敎法의 制定이 없다는 것은 하나의 缺點이라고 생각합니다. 따라서 本會, 政府에서 本案을 提出한 것입니다. …(중략)… 원래 信敎의 自由는 憲法이 保障하는 것이기 때문에, 그 由來의 여하를 불문하고, 또 宗敎의 異同을 논하지 않고, 國家가 信仰에 대해 간섭하지 않는 것은 물론입니다. 그 뿐 아니라, 노력하여 그 自由를 유지해야 합니다. 그러나 그 外部에 나타난 행위에 대해서 하나의 國家는 이것을 監督하여 社會의 秩序 安寧을 어지럽히지 않고, 또 臣民의 義務를 위반하지 않게 하는 것은 이 國家의 義務일 뿐만 아니라, 또 그 職責에 屬하는 것이라고 생각합니다. 이번, 提出했던 宗敎 法案은, 宗敎 團體의 보호 監督 등의 完成을 도모해서 監督의 條規를 制定하는 것과 同時에, 敎師에 대한 兵役의 特典 또는 寺院 敎會의 敷地에 대해서 租稅의 免除 등, 特別한 規定을 마련해, 社會의 風敎를 유지하는 데에 있어 보다 더 便利를 준 것입니다. 宗敎法案을 提出했던 大槪의 理由는 앞서 말씀 드렸던 대로입니다.[61]

---

61) 文化庁 編 1983, pp. 180-181; 井上惠行 1969, pp. 213-214 참조.

이 법안은 종교자유의 보장을 확인하고 종교가 다른 법인과는 달리 사회에 지대한 영향을 끼치기 때문에 이를 총괄하는 하나의 근본적인 법률을 제정하여 종교의 지위를 안정화시킬 필요가 있다는 의도를 지니고 제출되었다고 말하고 있다.

그러나 이 법안은 특히 불교측의 강한 반대에 부딪치게 된다. 불교측의 반대의견은 대략 다음과 같이 정리할 수 있다. ① 寺·敎會에 대한 私設會社 同樣의 私法上의 法人格을 부여하고 있으나 이의 감독간섭은 보통의 私法人에 대한 것보다도 엄격하여 자치의 권능을 거의 인정하지 않는다. ② 寺·敎會를 정부와 직접 관계지어 종파와의 관계는 희박해지는데, 이는 舊來의 관습을 무시하고 불교단체의 근저를 동요시키는 것으로 종파를 公法人으로서 뿐만이 아니라 私法人으로도 인정하지 않는데도 간섭이 많다. ③ 절에 대해서도 다소 국교 혹은 공인교의 권능을 부여함에도 불구하고 간섭만은 국교만큼 엄중하다. ④ 전국에 다수의 신자를 갖고 있는 불교단체를 소수의 신도를 갖고 있는 기독교 각파와 동렬로 취급하고 있다. 이러한 반대의견에서 볼 수 있듯이, 불교계에서는 「宗敎法案」이 종교자유의 보장을 인정하지만 간섭이 지나치게 많고 소수에 불과한 기독교와 동렬로 취급되는 것에 대한 불만이 컸다.[62]

佛敎界의 강한 반대로 인해 귀족원에서는 특별위원회에서 附則과 함께 5章 53조로 이루어진 「宗敎法案」을 수정, 附則과 함께 6章 48條로 이루어진 수정안을 작성한다. 그러나 기명투표결과 出席議員 221人 가운데 贊成 100人, 反對 121人으로 수정안은 부결된다.[63]

---

62) 文化庁 編 1983, pp. 183-184; 井上惠行 1969, pp. 216-217 참조.
63) 文化庁 編 1983, p. 184; 井上惠行 1969, p. 217 참조.

(2) 第二次宗教法案 (昭和 2年案)

「제1차 종교 법안」이 부결된 후 약 30년간, 종교에 관한 법안의 제출은 중단되었지만 大正 말경 와카츠키 레이지로(若槻禮次郞) 내각의 오카다 료우헤이(岡田良平) 문부대신 때, 정부는 다시 제안을 결의해서 법안을 제출한다. 곧, 우선 법안의 자문기관인「宗敎制度調査會」(大正 15년 5월 12일 칙령 제116호「宗敎制度調査會官制」공포 시행)를 문부성 내에 설치해, 그 조사 심의를 거치고, 昭和 2년(1927년) 1월 17일, 제52회 제국의회(귀족원)에 새로운「종교법안」(이른바「오카다안」)을 제출했던 것이다.

같은 달 29일 岡田大臣은 新法案의 취지설명 중에 "宗敎는 人心의 至奧의 信仰에 관한 것으로, 따라서 社會風敎 위에 甚大한 影響을 미치는 것", "각 宗敎, 敎化의 發揚이라는 것은 國家社會를 위해 필요하기 때문에 宗敎 團體 등에 대해서, 相等의 保護를 주고, 그 敎化 活動에 便宜를 주는 것은 監督의 方法과 더불어 至極히 緊要한 것", "保護와 監督이란 것은 原則적으로 平等해야 하는 것은 물론입니다. 어느 한 宗派에 치우쳐, 特殊한 保護와 利益을 주고, 또 그 監督에 대해서, 어느 宗派에는 寬容으로, 또 다른 宗派에는 嚴格하게 하는 것은, 宗敎에 관한 우리 國政이 허용하지 않는 것"라고 서술, 「제1차 종교법안」과 마찬가지로 종교의 자유를 보장한다는 사실을 전면적으로 표방했다.[64]

그리고 "이미 宗敎로서 完全한 地位를 차지하고 있는 神道, 佛敎, 基督敎의 이 세 가지에 대해서는 거의 平等하게 대하고 있어, 일부러

---

64) 文化廳 編 1983, pp. 185-186; 井上恵行 1969, pp. 218-219 참조.

區別하지 않는다.", "神道, 佛道, 基督敎, 기타 宗敎의 事象에 있어 이것을 神, 佛, 基와 같이 대하는 것은 아주 不平等한 것을 平等하게 取扱하는 것이 되고, 오히려 이것은 矛盾에 가깝기 때문에 그 弊害를 막기 위해 다른 적당한 監督 手段을 마련한다."라고 하여 신도, 불교, 기독교를 거의 평등하게 취급하였으나 그 이외의 종교에 대해서는 신도나 불교처럼 평등하게 취급하는 것이 오히려 불평등이 되기 때문에 다른 수단을 두어 상대적·실질적 평등65)의 견지에서 평등을 적용할 것을 주장했다.66)

나아가 "宗敎 內部에 관한 것은 各宗의 自治에 맡긴다."라고 종교단체의 자치를 강조하면서 "基督敎라는 것의 國法上에 있어서의 地位란 것은 어느 것도, 國法上에 있어 公然하게 認定된 것은 아니었던 것입니다. 즉 다른 宗敎와 같이 公然인 宗敎로서의 取扱을 받기에 지나지 않았던 것이어서, 소위 그늘에 숨어 사는 사람 같은 대우를 받은 것입니다. 즉, 國家가 거의 개의치 않고 지금까지 온 것입니다. 그 때문에 基督敎가 받은 不利益이라는 것은 결코 적지 않습니다. 이번 案은 처음으로 基督敎를 神道, 佛敎와 同一한 位置에 둔 것입니다. 그

---

65) 상대적 실질적 평등(비례적 평등)이란, 각 종교 단체의 국가에 대한 역사상의 지위나 사회에 대한 교화상의 세력 등을 기초로 하여 그 각종 각양의 특성에 입각하고, 각각 거기에 상당하는 취급을 하는 것이다. 르린 대학의 컬 교수(Wnhelm Kahl)는, "Nicht jedem das Gleichesondern jedem das Seine"(각각 같은 것이 아니라, 각각에 맞는 것을)라고 표현하고 있다. 즉, 본래 동등하지 않은 것을 동등하게 취급하는 것은 본래 동등한 것을 동등하게 취급하지 않는 것과 마찬가지로 올바른 평등이 아니라고 주장한다. 이에 반해 본래 동등하지 않은 것을 동등하게 취급하지 않는 것은 본래 동등한 것을 동등하게 취급하는 것과 마찬가지로 올바른 평등이라고 말한다. 「대일본제국헌법」은 이 상대적 실질적 평등 개념에 입각하고 있었다. 이에 반해 그 후의 일본국헌법은 여러 가지 잡다한 종교단체에 대해 일률적으로 한결 같이 동일한 법적 지위를 준다는 절대 형식적 평등적 평등의 견지에 입각하고 있다. 井上惠行 1969, p. 125 참조.

66) 文化庁 編 1983, pp. 185-186; 井上惠行 1969, pp. 218-220 참조.

때문에 基督教와 關係가 있는 사람은 이 點에 대해 매우 기뻐하고 있는 상황입니다."라고 서술하여 신도·불교·기독교의 삼교를 동렬에 두고 종교정책을 행할 것을 시사했다.(67)

제2차 종교 법안은 부칙과 함께 6장 130조(이 중 2조는 사원·불당 국유재산의 처분에 관한 규정)로 구성되어 있어 조항이 많고 내용이 풍부하다는 점에서 明治 이후에 제출된 종교 법안 중 최대의 것이었다. 그러나, 그런 만큼 규제가 세밀하고 다방면에 걸쳐있다. 이 때문에, 종교계에서는 ① 문부대신이 종교 그 자체를 지정하고, ② 종교 교사의 자격을 법으로 정하며, ③ 종교 결사의 설치를 지방장관의 허가 사항으로 하고, ④ 관장·교단 관리자의 취직을 문부대신의 인가 사항으로 하며, ⑤ 신불도 이외의 종교에 한해 단립교회를 인정하고, ⑥ 사원·교회의 이탈을 문부대신의 허가 사항으로 하며, ⑦ "必要한 處分을 행할 수 있다."고 하는 등 관할청의 감독이 엄격하고 벌칙이 무거운 점 등을 들어 "종교통제법"이라는 비판이 끓어 올랐다. 「제1차 종교 법안」은 불교의 반대가 컸던데 반해 이번 「제2차 종교 법안」에서는 오히려 기독교측의 반대가 강했다고 한다. 그리고, 이 「제2차 종교 법안」도 귀족원에서 심의 미완료가 되어 종교 법안으로 성립되지는 않았다.(68)

(3) 第一次宗敎團體法案 (昭和 4年案)

다음 2년 후인 昭和 4년, 타나카 기이치(田中義一) 내각의 쇼우다 카즈에(勝田主計) 문부대신은 종교 제도 조사회에 자문한 뒤, 「종교법

---

67) 文化庁 編 1983, pp. 185-186; 井上惠行 1969, pp. 218-220 참조.
68) 文化庁 編 1983, p. 192; 井上惠行 1969, p. 225 참조.

안」을 「종교단체법안」(이른바 「勝田案」)이라는 명칭으로 재차 동년 2월 12일, 제56회 제국의회(귀족원)에 제출했다. 이 「종교단체법안」은 부칙과 함께 6장 99조로 이루어졌는데, 전회의 「제2차 종교법안」과의 큰 차이점은 법률의 제목이 「종교법」에서 「종교단체법」로 바뀌고 법을 적용해야 할 대상의 중심이 "종교" 그 자체로부터 "종교단체"로 바뀌어 종교 지정에 관한 규정이 변경 또는 삭제되었다는 점이다.

「종교단체법안」에는 종교계의 반대도 고려해서 "종교에 관한 감독"은 행해지지 않았지만 종교 단체에 대한 감독은 조문에 남아 있다. 또, 종교 단체의 성규·질서를 유지하기 위해 "필요한 처분을 위한 일을 함"이라는 주무 대신의 감독권에 대해서도, 감독관청의 감독권의 월권을 막기 위해 "기타, 필요한 처분을 위한 것을 함"이라는 길을 열어 "公益上 必要가 있는 경우에 있어서"라든가 "단 宗敎의 敎義, 및 儀式에 관한 事項에 대해서는 例外로 한다."는 등 제한을 두었다. 그러나 실질적인 운용의 측면에서는 법해석에 따라 권리의 제한이 얼마든지 가능한 조문도 그대로 온존되고 있었다.69)

이 「종교단체법안」을 둘러싸고 많은 논란이 발생했다. 우선, 치카즈이 죠우캉(近角常觀)을 대표하는 宗敎團體法案反對佛敎徒同盟의 「宗敎團體法案反對理由」(昭和 4년 1월 22일)에서는 "佛敎·神道·基督敎를 획일적으로 규정한 것이 근본적인 반대의 이유이다. 이번에는 단체라는 두 글자를 집어 넣어 宗敎 그 자체에 저촉하지 않으려는 언설이지만, 그것은 일종의 구실에 지나지 않는다. 뭐라 하든 宗敎 그 자체가 구체화된 것이 종교단체이다. 그 단체를 규정하고 국민의 신

---

69) 文化庁 編 1983, p. 193; 井上恵行 1969, p. 228 참조.

념을 건드리는 까닭이다. 이미 佛敎・神道・基督敎는 머리를 맞대고 국민 앞에 제출하였으나 국민신념에 미치지 못하는 영향, 실로 중대하다고 말하지 않을 수 없다."고 논술하고 있다. 더 나아가 "憲法의 종교자유를 이유로 하여 단체를 획일적으로 규정해야 한다는 생각은 오해이다. 신앙상으로 말해도 제종교를 획일적으로 규율하는 것은 却하여 각자의 자유를 구속하는 것이다. 하물며 국가에 있어서 오랜 역사를 지닌 국민의 대다수를 포괄하는 불교종파가 조직에 있어서 외국에 근거를 둔 소수의 신도를 지닌 기독교 각파와 획일적으로 취급당할 까닭이 없다."라고 하여 三敎를 宗敎團體로서 동일하게 취급하는 데 대해 강한 불만을 표시했다.[70]

이러한 불만에 대해 문부성종교국은 "維新以後에 있어서 基督敎에 대한 취급의 變遷을 말하고 基督敎除外論을 反駁"하는 정부의 입장을 제시했다. 여기서 "基督敎에 대해 法規 上의 名稱조차 주지 않고, 여전히 神・佛・道 이외의 宗敎란 이름을 사용하고, 이것을 異敎徒로 取扱하는 差別待遇는 일찍부터 撤廢시켜야 하는 것에도 불구하고, 時運이 따르지 않은 채, 그대로 오늘에 이른 것은 매우 遺憾"이라고 하여 종교의 평등이 여전히 달성되지 않은 현실에 대한 비판적인 인식을 표했다. 더 나아가 "宗敎團體法이 神・佛・基 三敎의 平等을 基調로 하는 것에 대해 基督敎만을 分離 除外하도록 하라는 論議는 小數이지만, 나타나게 된다."라고 하여 "그 하나는 佛敎徒 小部分의 사람이 絶對 信念을 標榜하여 固陋에도 舊來의 偏狹한 基督敎 差別待遇論을 주장하고, 그 두 번째는 基督敎者의 一部가 주장하는 것으로,

---

70) 井上恵行 1969, p. 305 참조.

개언하면 宗敎團體의 自由를 論據로서 國家의 必要한 立法도 拒否하려고 하는 時代錯誤的인 偏見이며, 後者는 神道・佛敎가 現狀대로, 舊時代 法規의 拘制를 받아 自己만 特殊한 自由를 享受하려고 하는 公正하지 않은 생각이다."라고 하여 기독교에 대한 차별의식과 자기 종교의 자유만을 추구하는 태도를 비판했다. 또한, "法案의 成立에 好意를 갖는 三敎平等의 方針은 훌륭한 것이다."라는 입장에 서서 "基督敎는 後進 新來의 宗敎이기 때문에 이것에 대해 神・佛・道의 規定을 적용하는 것은 時機 尙早이다."라는 반론에 대해 반박한다. 곧 "基督敎는 宗敎로서 발전한 지 오래고, 世界 各國에 넓게 펼쳐져 있기 때문에, 어떤 나라의 法規에도 順應하는 適應性을 많이 가지고 있다.", "그러므로 이번의 宗敎團體法을 우리나라의 基督敎 諸團體에 適用해도 無理는 아니라고 믿는다."라고 하여 三敎平等을 희구하는 종교단체법이 충분히 가능한 것이라는 점을 강조했다.71)

이러한 논의에서 볼 수 있듯이, 일본 정부는 절대적 종교 평등의 원칙을 취하는데 반해 일부의 불교도는 우위 특권을 유지하려고 하는 상대적 종교 평등의 원칙을, 소수의 기독교자는 기독교의 광범위한 자유를 지키기 위해 종교자유의 원칙을 강조했다. 어쨌든, 각자의 이익을 최대화하려는 목적으로 다양한 주장이 이루어졌다는 사실을 확인할 수 있다.

한편, 昭和 4년 3월 10일, 東京傳通院에서 열린 불교연합회 주최의 대회서는 「종교 단체법안 贊成의 이유」로 ① "국가의 각 종교에 대한 태도는 평등하며", ② "종교 단체법은 종교의 본질에 간섭하는

---

71) 井上惠行 1969, pp. 306-307 참조.

것에 있지 않고", ③ "종교 단체의 감독과 보호, 권리와 의무의 분해가 判然하고, 宗敎專重의 근본방침이 명확하며", ④ "기성 종교 단체의 개선 발달을 조장하고, 아울러 신흥종교단체의 발생을 자유롭게 하여 總하여 항상 종교 단체의 생기를 발랄하게 한다."는 점을 제시하고 본안에 찬성하는 의사 표시를 했다.[72]

贊否는 있었지만 불교 각 종파·신도 각 교파에서는, 조기 종교법안 성립을 목표로 진정·청원을 행하는 등 기본적으로는 법의 제정을 바라는 분위기가 양성되고 있었다. 그러나 결국 심의 미완료가 되어 전안과 마찬가지로 종교 관련의 법안은 성립되지 않았다.

여기서 한가지 더 주목으로 해야 할 논점은 와세다 대학의 법학부 교수인 다테 미츠요시(伊達光美)가 제출한 「종교단체법안반대이유서」[73]이다. 伊達光美는 「종교단체법안반대이유서」에 대해 "이 법안은 전년의 종교법안의 재현이다. 이미 귀족원에서 시험제로 치자면 낙제의 채점을 받은 것이다. 제국의회는 다시 전회의 올바른 채점을 반복한 것이라고 확신하지만, 국민적 신념을 유린하고 종교간섭을 기도하는 이 법안을 말살하기 위해 특히 이 일문을 바친다."[74]고 기록할 정도로 강하게 종교 단체 법안을 반대했다. 나아가 伊達는 다음과 같이 말한다.

---

72) 文化廳 編 1983, pp. 195-198; 井上惠行 1969, pp. 230-233 참조.
73) 伊達光美 1948, pp. 429-457. 伊達는 第二次 宗敎法案 때도 「宗敎法案反對理由書」 (pp. 386-428)를 저술하고 宗敎法案의 "法的欠点," "國民의 精神生活에 대한 不安," "國家의 前途에 대한 危懼의 予感"을 이유로 들며 반대의견을 표명했다.
74) 伊達光美, p. 429.

이번의 宗敎團體法案에 대해서 우리는 그 成立을 絶對 反對하는 사람이다. 먼저 法案의 가장 큰 根本的 缺陷을 들어 보면, 權力을 가지고 宗敎를 指揮 命令 管理하려고 하는 계획에서 出發하고 있다는 것이다. 本法案은 이전과 같은 宗敎法案에 비해 內容的으로는 조금도 변한 것이 없다. 실은 더욱 陰險하게 巧妙하게, 宗敎干涉을 굳이 실시하려고 하는 의도를 찾아낼 수 있다. 즉 直接的 干涉 方法으로서 文部大臣은 公益上의 必要라 藉口하고, 宗敎團體에 대해 必要한 處置를 하는 것이 허용되고 있다(제8조). 이것은 매우 廣範圍한, 그리고 危險한 監督權을 文部大臣에게 附與한 것이다. 그 見解에 따라서는 매우 自由한 干涉의 餘地가 存在한다. 또, 敎義 信仰까지도 認定의 形式에 따라 干涉의 餘地를 規定하고 있다(28, 29, 41, 26). 다음, 間接的 宗敎干涉의 方法으로는 宗派 管長을 操縱하는 것으로, 그 支配하에 있는 寺院 僧侶를 指揮 監督하는 方法을 講究했다. 즉 法案에 대해서는 未曾有한 敎權 擴張이 計劃되었다. 宗派所屬의 寺院 僧侶에 대한 管長의 命令權은 絶對的 專制的이고, 住職의 任免, 寺院의 財産의 管理, 寺院 規則의 制定, 기타 寺院 各方面의 人的 物的에 걸쳐서 管長의 意思를 따르지 않으면, 寺院의 行爲를 할 수 있는 餘地를 완전히 없애 버리기에 이르렀다. 이렇게 이러한 點에 관한 管長의 不法 不當의 行爲가 있는 경우에 대한 救濟의 方法이 아무것도 規定되지 않고, 완전히 舊幕時代 斬捨御免의 制度가, 여기에 復活했다는 것도 誣言은 아니다. 이렇게 寺院과 僧侶는 管長의 命令에 絶對 服從할 수 밖에 없게 되었다. 그러면 文部大臣은 이러한 絶大的 權利를 管長에게 附與하는 것에 의해서, 敎權의 擴張을 許容하여 前述과 같이 直接 干涉에 의해 管長을 威脅하고, 또는 懷柔的 方法으로 管長을 操縱하며, 硬軟兩樣의 方法으로

旣成 宗派를 指揮하고 一般 國民 信仰에까지 關與하는 方法을 생각해 냈다. 法案成立에 의해 과연 贊成者가 豫想하는 利益을, 宗敎界가 얻을 수 있는지 아닌지에 큰 疑問을 품고 있다. 文部省은 이것에 의해, 30 年間의 懸案인 宗敎法 制定者인 名譽慾과 宗敎에 대한 監督欲을 같이 滿足시키고, 동시에 行政 整理를 위해 廢局 되어야 할 文部省 宗敎局의 生命을 維持한다는 利益을 손에 넣어, 각 宗派 幹部는 敎權의 擴張에 의한 專制的 宗內 指揮權을 確立하는 한 편 境內地 還付의 物的 利益을 交換的으로 把持하였다.[75]

伊達은 종교 단체 법안이 전 법안과 비교하면 종교적인 평등과 교권자치의 강화 등을 인정하고 있는 듯 가장하고 있지만 실제는 통제와 감리가 강화되었다고 주장하고 있다. 또, 본법안의 성립과 교환적으로 "사원이 경내지의 환부를 받는 것은 위험"하다고 주장하면서 이것은 "불교측을 낚으려는 巧餌이다."라고 엄격하게 비판했다.[76] 伊達光美의 반대는「종교단체법안」에 숨겨진 정부의 종교 통제라는 의도를 정확하게 간파하고 있었다고 말할 수 있을 것이다.

(4) 宗敎團體法草案 (昭和 10年案)

정부는 昭和 10년 1월 20일, 오카다 케이스케(岡田啓介) 內閣의 마츠다 겐지(松田源治) 文部大臣 시대에 종교제도조사회에「宗敎團體法案要綱」과 그 참고인「종교단체법초안」(이른바「마츠다안」)을 자문했다. 종교 단체법초안은 부칙과 함께 6장 85조로 구성되어 있었지

---

75) 伊達光美, pp. 429-430.
76) 伊達光美, p. 445 참조.

만, 이전의 「제1차 종교단체법안」과 비교하면 ① 종교 단체 내부에의 출입 제한, ② 종교 단체에 대한 감독의 완화, ③ 종교 단체 특성의 존중, ④ 종교 단체에 대한 평등한 취급, ⑤ 내용의 간이화, ⑥ 조문의 정비 등 전 법안에서 집중적으로 비판을 받은 종교단체에 대한 간섭과 감독의 완화에 역점을 둔 것이었다.[77)]

이 초안에 대해서, 일본 전가톨릭 교구장의 위임을 받은 대표인 도쿄대사교 알렉시스 샹퐁은 昭和 11년 1월 9일부로 「종교 단체 법제정에 관한 의견서」를 제출했다. 이 의견의 중심 내용은 정부의 종교 감독에 관한 수정 의견이었다.[78)] 어느 정도 종교 단체에 대한 간섭, 감독의 완화가 이루어지고 있었지만, 종교 단체는 여전히 그 내용에 완전히 만족하지 않았던 사실을 알 수 있다. 「종교단체법초안」에 대한 질문은 종료했지만 성안에까지는 이르지 못하고 제1차 코노에 후미마로(近衛文麿) 내각의 키도 코우이치(木戸幸一) 문부대신에 의해 자문은 철회되었다.

(5) 宗敎團體法

昭和 13년 11월, 코노에 후미마로(近衛文麿) 내각의 아라키 사다오(荒木貞夫) 문부대신은 종교제도조사회에 「宗敎團體法要綱」의 자문을 구했다. 이 요강은, 부칙 9에 28조를 덧붙여 37조에 이르며 종래의 안에 비하면 그 1/3 혹은 1/2에도 못 미칠 정도로 간소화되었다. 昭和 14년(1939년) 1월 18일에 정부는 요강을 법안의 형태로 고치고, 히라누마 키이치로(平沼騏一郎)내각의 荒木문부상이 제74회 제국의

---

77) 文化庁 編 1983, pp. 198-201; 井上惠行 1969, pp. 234-236 참조.
78) 文化庁 編 1983, pp. 198-201; 井上惠行 1969, pp. 234-236 참조.

회에 「종교단체법안」으로 제출했다. 귀족원 본회의에서는 위원장 보고를 거쳐 가결되고 동년 3월 23일 중의원 본회의도 위원장 보고대로 가결되어 마침내 법안은 양원을 통과, 동년 4월 8일에 법률 제77호로서 공포되어 이듬해인 15년(1940년) 4월 1일부터 시행되었다. 종교관련 법안의 제정을 목표로 한 움직임은 이렇게 약 40년을 거쳐 간신히 성립하게 되었다.[79]

종교 단체법이 의도하는 바는 대개 다음의 3가지로 요약될 수 있다.

① 종교 법규의 정비 통일. 종교에 관한 종전의 법령을 보면, 明治 초년 수시로 발포된 布告・布達・省令・訓令 등 3백 여 개의 단편적 규정을 모아 만든 것으로 심지어 그 사이 사이에는 연결고리가 부족하여 어수선한 법령이었다. 이 때문에 종교 행정의 원활한 운영, 종교 단체의 건전한 발전을 촉진시키기 위해서 법정비가 필요했다. ② 종교 법규의 확충 확립. 종교 법규를 단지 형식적으로 정비하고 통일하는 것만으로는 불충분하고, 내용적으로도 법규의 미비・불철저함을 시정해서 그 확충・확립을 행하고 종교 단체의 지위를 명확하게 할 필요가 있었다. ③ 종교 단체에 대한 보호・감독의 강화. 종교 법규의 정비통일이나 확충・확립에만 머물지 않고, 종교 단체에 대한 보호조장의 길을 강화함과 동시에, 공안을 방해하고 공익을 해치는 행위는 보다 엄중하게 단속할 필요가 있었다.[80]

종교 단체법의 주된 내용은 다음과 같다.[81]

---

79) 文化庁 編 1983, p. 202; 井上恵行 1969, p. 237 참조.
80) 文化庁 編 1983, p. 203; 井上恵行 1969, p. 238 참조.
81) 이하 내용의 요약은 文化庁 編 1983, pp. 204-207; 井上恵行 1969, pp. 238-243 참조.

① 종교 단체법은 종교 단체와 종교 결사에 적용된다. "종교 단체"란 종교 교의의 선포 및 의식의 집행을 목적으로 하는 단체이며, 교파·종파·교단·사원·교회의 다섯 종류로 나누어진다(1조). 이 중, 앞의 세 가지는 사원·교회를 구성요소로 하는 포괄 단체이다. "종교 결사"란 종교 단체 이외에서 종교 교의의 선포 및 의식의 집행을 목적으로 하는 결사를 말한다(23조 1항). 종래「유사종교단체」라고 여겨져 온 것이 이것에 해당한다.

② 5종의 종교 단체 가운데, 사원은 반드시 종파에 속한다. 교파에 속하는 사원, 교단에 속하는 사원은 인정하지 않는다. 교파에도 종파에도 교단에도 속하지 않는 사원도 인정하지 않는다. 그러나, 협회는 교파소속·종파소속·교단소속 뿐만이 아니라 그 어느 것에도 속하지 않는 것도 인정한다. 즉, 단립사원은 인정하지 않지만 단립교회는 인정한다(6조 2항 5호). 종래, 단립교회는 실제상 기독교에만 인정되었던 것을 이 법률에서는「종교단체법초안」(53조 2항)과 마찬가지로 모든 종교에 인정하게 되었다. 단립교회를 인정하는 것에 의해 종교결사로부터 종교단체로의 전환이 용이하게 되었다.

③ 포괄단체인 교파·종파·교단에 있어서는 문부대신의 인가를, 비포괄단체는 종교단체인 사원·교회는 지방장관의 인가를 받지 않으면 설립·규칙의 변경·법인전환·합병·해산을 할 수 없다(3조, 5조 1항, 6조, 11조 1항). 또, 사원·교회의 경우에는 지방장관의 인가가 없으면 중요 재산의 처분·借財 등도 할 수 없다(10조 1항). 정부는 종교단체에는 종교결사에 없는 법인이 될 수 있는 자격·세의 不課減免·차압금지등의 보호 특전을 주어 교화 활동을 용이하게 하도록 시도했다.

④ 사원은 민법 시행법 구 제28조 "民法 중 法人에 관한 規定은 當分間 神社, 寺院, 祠宇 및 佛堂에는 이들을 적용하지 않음"에 의해서, 법인이지만 민법의 법인에 관한 규정이 당분간 적용되지 않는다고 되어 있었다. 교회는 민법 시행법 구 제28조안에도 포함되지 않고, 또 다른 법률에 의해서 사원과의 정합성을 취하기 위해 법인으로 다루어졌던 적은 없었다. 이와 같이 종교 단체와 법인과의 관계에 대해서는 법규의 불명·미비 상태가 계속되었다. 이에 종교 단체법에서는 "敎派, 宗派 및 敎團, 그리고 敎會는 法人으로 할 수 있다."(2조 1항), "寺院은 이것을 法人으로 한다."(동조 2항)라고 하는 규정을 시작으로 하여, 법인 등기(13조·28조 1항 1호) 등 종교 법인에 관한 많은 규정을 새롭게 마련했다. 이로써 종교 단체의 법률상 인격이 확립되어 재무와 재정의 明朗化 등을 도모하고자 하였다.

⑤ 세의 불과감면에 대해서는 종래 사원 등에 한정되어 있던 소득세의 과세 제외를 넓혀 종교 단체 전반에 미치고(후에는 법인세도)(22조 1항), 그 외 많은 세제우대가 가능하도록 했다(22조 2항·3항, 37조 1항·2항).

⑥ 유사 종교단체에 대해서는 종래 치안 경찰의 단속에게만 맡겨온 것을 신고 제도를 필두로 법률의 테두리에서 종교결사에 관한 제 규정(23조-28조)을 두어 모든 것을 종교 행정의 시야 안에 두기 위해 도입하였다.

⑦ 구헌법에 의하면, 질서안녕을 방해 또는 신민으로서의 의무를 거역하는 종교 행위는 법률로든 명령으로든 제한할 수 있게 되어 있다. 그러나 헌법의 조목별 문장이 있으면서도 이러한 종교 행위를 제한하는 법률·명령을 종교 법규 안에서 찾아 볼 수 없다고 하는 것은

법의 결함으로 여겨졌다. 이에「종교단체법」에서는 종교 교의의 선포·의식의 집행 또는 종교상의 행사가 안녕질서를 방해하거나 또는 신민으로서의 의무를 거역할 때에는, 문부대신은 이를 제한·금지하는 것도 교사·포교자의 업무도 정지할 수 있다. 어떤 경우에는 해당 종교 단체의 설립인가를 취소하는 일도 할 수 있도록 하였다(16조, 25조). 이외에도, 종교단체·종교결사에 대한 감독 규정이나 벌칙이 여러 가지 제정되었다(17조, 18조, 25조, 26조 1항, 28조).

⑧ 감독 관청의 부당·위법 처분에 대해서는 소원·소송을 허락해 새롭게 구제의 길을 열었다(10조 1항·2항·3항).

⑨ 각 종각파의 교의·신조·역사·전통 등의 특수성을 고려, 종교교사(이 법률에서는 단지 "教師"라고 부르고 있다)의 자격은 법률에서는 정하지 않고 각 종교 단체의 내부 규칙에 의해서 자치적으로 자유롭게 정하게 하기로 했다(3조 2항 7호, 6조 2항5호). 그러나, 포괄 종교 단체를 대내적으로 통리하고 대외적으로 대표하는 사람(교파·종파의 관장, 교단의 교단통리자 및 그러한 대무자)의 취임에는 문부대신의 인가를 받지 않으면 안 되고(4조), 또 사원·교회에는 세 명 이상의 대표를 두지 않으면 안 되지만, 그 선임·해임은 市町村長 등에게 신고하지 않으면 그 효력을 얻지 못하도록 하였다(8조).

우리가 살펴보았듯이 약 40년에 걸쳐 논의되어 온 기본적인 종교 관련의 통일된 법령이 드디어 성립되었다.「종교단체법」은 지금까지의 布告·布達·省令·訓令 등의 각종 법규를 통일하고 정합성을 취하기 위한 것이며, 종교 단체에 통일적인 보호·감독을 도모하는 것이었다. 그러나「종교단체법」의 실시기에도 동법만으로 종합적으로 종교 행정을 커버하고 있던 것은 아니었다. 실제 각종 減租免稅의 조치는 각종 세법의 규정에 근거해 처리되고 있었다. 또한 「國寶保存法」·「社寺保管林規則」·「森林法」·「治安警察法」·「墓地 및 埋葬取締規則」·「治安維持法」 등의 규정에 의해 처리되는 등 많은 법률이 관련 사항을 규정하고 있었다82). 그러나 지금까지의 법규를 정비해 종교 단체의 법적 지위를 확립한 것은 일본의 종교 제도사에 큰 공적을 남긴 것이라고 평가하지 않을 수 없다. 다른 한편으로, 이「종교단체법」은 신도 각 교파, 불교 각 종파, 기독교 그 외의 교단과 이것들에 포괄되는 사원, 그리고 교회를 종교 단체로 지정함으로써, 지금까지는 유사종교를 종교결사로서 법의 대상으로 삼았으나, 신사는 비종교로서 신도에는 신사가 포함되지 않아 신사는 이 종교 단체법의 대상에서 벗어나게 되었다. 법안성립도 昭和 14년(1939년)이라고 하는 국가신도체제의 최종 단계인 파시즘기였으며 히라노 타케시(平野武)는 "종교 단체법은 종교를 국체에 완전하게 융합하는 것이었다."83)라고 비판적인 평가를 내리고 있다.

마찬가지로 윌리엄 P. 우다드(William P. Woodard)도 종교 단체법에 대해서 "의회의 반대가 예상된 종교 통제 조항은 법안 성립을 위해 삭제하였지만 대부분은 법률시행시에 부활했다."고 지적한다. 게다가 그는 "어떤 의미에서 1939년과 1940년은 종교 단체를 완진히 정부의 통제 하에 두어 신사신도에 국민생활상에 커다란 영향력을 갖지 못하도록 하는 약 80년간의 노력이 최고조에 달한 해라고 생각할 수 있다. 왜냐하면 열광적인 신사신도의 지도자, 그 외의 사람들에 의한 오랜 세월의 운동 뒤, 1940년 11월에 신기원이 부활, 복고파 지도자의 목

---

82) 梅田義彦 1971, p. 182 참조.
83) 平野武 1996, p. 135 참조.

표는 달성되었기 때문이다."라고 하여, 종교 단체법의 시행과 神祇院의 부활이라는 국가 신도 체제의 확립으로 종교정책을 비판적으로 평가하고 있다.[84]

이러한「종교단체법」에 의해 확립된 국가신도 체제에 의해서 불교는 皇民化政策(教育)의 일환으로서 皇道佛教적인 성격을 띠게 되었다. 그리고,「종교단체법」은 종전의 昭和 20년(1945년) 12월 28일에 발령된 칙령 718호에 의해 불과 6년 만에 폐지되었다.

(6) 宗教法人法 制定期까지 각 教團의 變遷
  ― 佛教教團의 再編을 中心으로

明治 17년의「太政官布達 제19호」와 22년의 헌법에 의해 종교자유·정교분리의 원칙이 일단 확립되었으나 이것은 완전한 종교자유·정교분리의 원칙이라고 말하기는 어려웠다. 昭和 15년의「宗教團體法」施行 시기까지 행정상 "宗教"라는 것은 神道(神社神道를 제외)·佛道·기독교의 삼교를 말하는 것이고, 이 중에서도 "神·佛·道"라는 것은 教派(神道) 혹은 宗派(佛道)의 성립을 공인받은 것으로 한정했다. 그리고 행정상으로는 神·佛·基 삼교 이외의 종교와 신불도의 계통이라도 教宗派의 성립을 공인받지 않은 종교를 "類似宗教"라 칭하며 별개로 처우했다. 이렇게 신도에는 교파를 佛·道에는 종파를 공인하고 각 교종파에 관장을 일인씩 두어 각각 교종파를 관리시키고 국가는 이를 감독했다. 그러나 기독교에 대해서는 교종파와 같은 것을 공인하지 않고 교회 그 자체를 단위로 하여 감독하였다. 국가는 감

---

84) ウッダード 1990, p. 114 참조.

독하는 반면 이에 상응하는 보호도 제공하였지만 공인교 이외의 종교에 대해서는 거의 방임적인 태도를 취했다.[85]

이 과정에서 신사는 비종교로 간주되어 敬神崇祖의 國家祭祀만을 집행하고 神社 부속의 강사와 전통적 성격을 띤 교종과 관계의 강사를 구별하여 취급하였다. 또한 神道敎師가 神社의 제사에 관여하는 것을 금지하고 신도교회가 신사를 어지럽히는 시설을 두는 것을 금했다. 이 시기에 신사로부터 분리된 이 전통적 성격의 신도가 오늘날 敎派神道 十三派라고 불리는 神道大敎, 黑住敎, 神道修成派, 出雲大社敎, 扶桑敎, 實行敎, 神道大成敎, 神習敎, 御嶽敎, 神理敎, 禊敎, 金光敎, 天理敎이다. 이 13파 교단만이 신사 이외로 인정받은 신도집단으로서, 이 이외의 교파적인 신도단체가 공인된 활동을 할 경우에는 이 13파의 어딘가에 소속되지 않으면 인정받을 수 없었다.[86]

또한 國家의 제사로서 비종교로 자리매김된 신사는 원래 지역적 단위로 존재하고 사원처럼 本山・末寺關係 같은 조직을 가지고 있지 않았다. 이 때문에 종교단체는 포교활동 등을 행하는 조직적인 단체는 만들지 않았다.[87] 그러나, 신사의 創立・昇格・合倂・廢止 등은 빈번히 일어났다. 이는 19세기 말에 성립된 다수 계통의 크고 작은 신사를 천황숭배를 축으로 일원적으로 재편하기 위한 정책이었다. 기본적으로는 ① 近代天皇制國家를 위한 戰歿者를 기리는 신사(靖國神社, 招魂社, 護國神社), ② 南北朝時代의 南朝方 "忠臣"을 기리는 신사(湊川

---

85) 文化庁 編 1983, p. 136; 井上惠行 1969, pp. 30-31; 梅田義彦 1971, pp. 141-142 참조.
86) 文化庁 編 1983, pp. 140-141; 井上惠行 1969, pp. 12-18; 梅田義彦 1971, pp. 142-143 참조.
87) 文化庁 編 1983, p. 140 참조.

神社, 藤島神社 等), ③ 天皇·皇族을 기리는 신사(鎌倉宮, 橿原神官, 平安神宮, 明治神宮 等), ④ 식민지, 점령지에 창건된 신사(朝鮮神宮, 建國神廟, 昭南神社 等) 등이 창립되어 昇格의 대상이 되었다.[88]

佛敎는 神佛分離令, 廢佛毁釋으로 인한 타격에서 회복하기 위해 정부의 종교정책에 협력함으로써 활로를 모색하였다. 이러한 모색은 明治 5년 敎導職養成機關으로 大敎院이 설치된 일에 잘 나타난다. 그러나 정부는 明治 5년(1872년)에 불교각종에 敎導職管長을 두어 末派寺院을 관리하기 위해 一宗一管長制를 정한다. 이에따라 天台·眞言·淨土·禪·眞宗·日蓮·時宗의 七宗에 관장을 두고 이 이외의 종파는 7종에 分屬시켰다. 그러나, 이렇게 정부가 7종을 정하고 다른 종파를 이 7종에 귀속시키는 정책에 무리가 있어 明治 7년(1874년) 2월에는 融通念佛宗이 독립하여 별도 관장을 두고 동월 선종은 曹洞·臨濟의 2종의 宗名公稱을 인정하게 된다. 또한, 이 때 黃檗宗은 臨濟宗에 合併되었다(그러나 다시 독립). 3월에는 眞宗의 佛光寺派가 별도로 관장을 두고 8월에는 日蓮宗의 一致·勝劣 양파에 각기 관장을 둔다.[89]

이런 와중에 神佛合同布敎도 끝을 보여 明治 8년 1월에 眞宗四派(東西兩本願寺·高田專修寺·木辺錦織寺)의 大敎院으로부터 분리되고 4월에는 神佛合倂布敎가 중지되었으며 5월에는 大敎院이 해산되었다. 이 眞宗의 離脫運動을 계기로 다른 종파의 독립도 극성을 부려 明治 9년 정월에 轉宗·轉派의 자유가 허용되자 이러한 경향은 한층 심화되었다.[90] 이리하여, 「종교단체법」시행 전까지 佛敎宗派는 13

---

88) 村上重良 1988, p. 340 참조.
89) 文化庁 編 1983, p. 154 참조.
90) 文化庁 編 1983, p. 154 참조.

宗 56派가 되어 이것이 공인된 불교가 되었다.[91]

13宗 … (1)天台宗・(2)眞言宗・(3)律宗・(4)淨土宗・(5)臨濟宗
(6)曹洞宗・(7)黃檗宗・(8)眞宗・(9)日蓮宗・(10)時宗
(11)融通念佛宗・(12)法相宗・(13)華嚴宗

56派 … 天台宗　　(1)天台宗・(2)天台宗寺門派・(3)天台宗眞盛派
　　　　眞言宗　　(4)古義眞言宗・(5)眞言宗醍動派
　　　　　　　　　(6)眞言宗東寺派・(7)眞言宗泉涌寺派
　　　　　　　　　(8)眞言宗山階派・(9)眞言宗善通寺派
　　　　　　　　　(10)新義眞言宗智山派・(11)眞言宗豊山派
　　　　　　　　　(12)眞言律宗
　　　　律宗　　　(13)律宗
　　　　淨土宗　　(14)淨土宗・(15)淨土宗西山禪林寺派
　　　　　　　　　(16)淨土宗西山光明寺派
　　　　　　　　　(17)淨土宗西山深草派
　　　　臨濟宗　　(18)臨濟宗天竜寺派・(19)臨濟宗相國寺派
　　　　　　　　　(20)臨濟宗建仁寺派・(21)臨濟宗南禪寺派
　　　　　　　　　(22)臨濟宗妙心寺派・(23)臨濟宗建長寺派
　　　　　　　　　(24)臨濟宗東福寺派・(25)臨濟宗大德寺派
　　　　　　　　　(26)臨濟宗円覺寺派・(27)臨濟宗永源寺派
　　　　　　　　　(28)臨濟宗方廣寺派・(29)臨濟宗佛通寺派

---

91) 文化庁 編 1983, pp. 153-155; 梅田義彦 1971; pp. 132-140 참조.

	(30)臨濟宗向嶽派・(31)臨濟宗國泰寺派
曹洞宗	(32)曹洞宗
黃檗宗	(33)黃檗宗
眞宗	(34)眞宗本願寺派・(35)眞宗大谷派
	(36)眞宗高田派・(37)眞宗興正派
	(38)眞宗佛光寺派・(39)眞宗木辺派
	(40)眞宗出雲路派・(41)眞宗山元派
	(42)眞宗誠照寺派・(43)眞宗三門徒派
日蓮宗	(44)日蓮宗・(45)日蓮正宗・(46)顯本法華宗
	(47)本門宗・(48)本門法華宗・(49)法華宗
	(50)本妙法華宗・(51)日蓮宗不受不施派
	(52)日蓮宗不受不施講門派
時宗	(53)時宗
融通念佛宗	(54)融通念佛宗
法相宗	(55)法相宗
華嚴宗	(56)華嚴宗

「종교단체법」이 昭和 14년(1939년) 4월 8일에 공포되고 익년 4월 1일에 시행되자 기존 종교단체는 일제히 인가신청을 하게 되고 행정청은 넘치는 사무처리로 곤란을 겪는다. 그러나 昭和 17년경에는 불교교단 13종 56파가 13종 28파로 통합된다.[92]

---

92) 文化庁 編 1983, pp. 221-223; 梅田義彦 1971; pp. 132-140 참조.

28派 … 天台宗　　(1)天台宗

　　　　　眞言宗　　(2)眞言宗[93]·(3)眞言律宗

　　　　　律宗　　　(4)律宗

　　　　　淨土宗　　(5)淨土宗·(6)淨土宗西山派[94]

　　　　　臨濟宗　　(7)臨濟宗[95]·(8)臨濟宗國泰寺派

　　　　　曹洞宗　　(9)曹洞宗

　　　　　黃檗宗　　(10)黃華宗

　　　　　眞宗　　　(11)眞宗本願寺派·(12)眞宗大谷派

　　　　　　　　　　(13)眞宗高田派·(14)眞宗興正派

　　　　　　　　　　(15)眞宗佛光寺派·(16)眞宗木辺派

　　　　　　　　　　(17)眞宗出雲路派·(18)眞宗山元派

　　　　　　　　　　(19)眞宗誠照寺派·(20)眞宗三門徒派

　　　　　日蓮宗　　(21)日蓮宗[96]·(22)日蓮正宗

　　　　　　　　　　(23)法華宗[97]·(24)本化正宗[98]

　　　　　時宗　　　(25)時宗

　　　　　融通念佛宗　(26)融通念佛宗

　　　　　法相宗　　(27)法相宗

　　　　　華嚴宗　　(28)華嚴宗

---

93) 眞言律宗 이외의 眞言宗系가 합병.
94) 淨土宗 이외의 淨土宗系가 합병.
95) 臨濟宗 國泰寺派 이외의 臨濟宗系가 합병.
96) 日蓮宗, 顯本法華宗, 本門宗이 합병.
97) 本門法華宗, 法華宗, 本妙法華宗이 합병.
98) 日蓮宗不受不施派, 日蓮宗不受不施講門派가 합병.

또, 기독교도 明治 6년(1873년)의 高札撤退에 의해 일본 포교가 묵인되자 가톨릭교회, 하리스트스 정교회(그리스 정교), 성공회, 프로테스탄트 제파도 일본에서 적극적인 포교를 개시하고 각각 일정한 지위를 쌓아올리기에 이르렀다. 그러나, 일본이 전시비상체제가 되면서 신사의 참배 문제 등으로 정부로부터 많은 압력을 받게 된다. 基督敎會는「종교단체법」에 대해, 종교에 대한 감리 강화라는 이유로 반대했지만 동법의 시행으로 개편을 피할 수 없게 되었다. 가톨릭은 일본 하리스트스 정교회와 통합해 일본 천주공교99)로 인가를 받고 프로테스탄트 제파는 프로테스탄트·복음 주의파인 일본 기독교회 이하 34교단 -성공회는 일부 참가100)- 이 대통합을 이뤄 일본 기독교단101)으로 인가되었다.102) 프로테스탄트 제교회는, 당초 각각 종교 단체로서 인정받으려는 준비를 하고 있었으나 昭和 15년(1940년) 8월에 구세군에 대한 탄압 사건 등이 있었고 기독교 및 종교를 둘러싼 상황이 한층 어려워지는 것을 감지하자 대통합의 길을 선택하게 되었다.103)

이와 같이「종교단체법」은 자유로운 종교 활동을 충분하게 보장하고 있다고 말할 수는 없었다. 그래서 에비사와 아리미치(海老澤有道)는「종교단체법」에 대해 "종교를 국민 정신 작흥을 위한 교화 기관에 편성하고 통제 하에 두려고 하는 것"104)이라고 간주하였다. 이러한 판

---

99) 1941년의 통계에 의하면 敎師 2,442명, 信徒 110,224명 (外地 약 20만).
100) 聖公會所屬敎會는 宗敎團體法에 의한 서류 제출에 시한에 맞춰 단독으로 宗敎結社로서 서류를 제출하여 법률상 日本聖公會는 존재하지 않았다.
101) 1942년의 통계에 의하면 교회 수 1,507명, 敎師 1,905명, 信徒 190,447명으로 外地를 포함하면 205,518명.
102) 文化庁 編 1983, pp. 178-179; 梅田義彦 1971; pp. 153-155 참조.
103) 文化庁 編 1983, p. 178 참조.
104) 文化庁 編 1983, p. 178.

단은 「종교단체법」이 조문상은 차치하고 실제의 운용면에서 종교의 보호 보다는 감리·감독에 중점을 두고 있다는 사실을 간파한 것이다.

프로테스탄트 교단의 통합은 明治 이후의 협동 방침, 특히 大正 말기부터 일어난 통합의 흐름에 따른 것이었다고도 말할 수 있다. 그러나, 「종교단체법」 등의 압력 아래 교리·전례·교회 행정 등에 대한 신학적 일치에 이르지 못한 채 급속한 통합이 이루어졌기 때문에 종전 후에는 다시 분리하게 된다.[105] 이러한 양상은 프로테스탄트에만 국한되는 것이 아니라 불교나 교파 신도에도 말할 필요도 없는 것이어서, 전후에 소위 "神들의 러시아워(rush hour)"라고 하는 분파, 신종교의 탄생을 낳는 소지가 되었다.

2. 植民地 韓國의 宗敎政策과 佛敎

1) 朝鮮의 開國과 眞宗大谷派의 開敎

한반도의 불교는 372년에 고구려의 소수림왕이 중국에서 전해온 불경과 불전을 수용하면서부터 시작되었다. 삼국시대(고구려·백제·신라)에는 불교가 국가의 비호를 받으며 큰 발전을 이루어냈다. 통일신라시대와 고려시대의 불교는 국교로서 문화적·정치적인 전성기를 맞이하고, 호국불교로서 국가운영에 불가결한 역할을 담당하게 되었

---

105) 文化庁 編 1983, p. 179 참조.

다. 또한, 불교는 실로 당대의 문화 중심이라는 큰 역할을 수행한 주류 정신문화이기도 했다.

그러나, 고려 말기가 되자 이른바 "요승(妖僧)"들이 나타나 정치적·경제적인 불상사 및 부패의 온상이 되면서 불교는 "사교(邪敎)"로 인식되기에 이른다. 이러한 불교의 부패는 고려 후기의 성리학자들이 폐불론(廢佛論)을 부르짖게 하는 주요 원인이 되었다.

고려를 무너뜨리고 조선을 건국한 이성계는 유교세력을 기반으로 국가를 운영하기 위해 기본적으로 불교억압·배척정책을 취했다. 이것은 고려시대에 막대한 영향력을 가진 불교세력을 통제함으로써 그들의 권력을 빼앗고 국가재정의 안정화도 도모하는 실용적인 정책이기도 했다. 그리고 조선왕조의 불교억압·배척정책은 강제적 종파 통합, 승과제도의 폐지, 승니의 한성(漢城) 입성금지, 승니의 환속령(還俗令) 등으로 구체화되었다. 그 결과 승려의 신분이 하인 등과 함께 八賤民으로까지 전락할 만큼 조선시대의 불교는 가혹한 상황에 이르렀다. 이처럼 조선시대에는 시대마다 다소간의 차이는 있겠지만 불교억압·배척정책이 일관되게 추진되었다. 이와 같이 숭유억불(崇儒抑佛) 정책이 취해졌기 때문에 조선의 불교 전통은 크게 훼손되었다.

다른 한편으로 조선의 불교는 남성과 사대부 중심의 유교적 질서 외부에 있던 여성과 민중이라는 사회적 약자의 기복적인 수요를 수용하여 그 명맥을 유지하게 되었다. 이렇게 하여 조선불교는 정치와 매우 강하게 결합되어 있던 기존의 호국불교적 성격과는 달리 민중과 결합한 불교로서 산림 불교·은둔 불교·교선겸수(敎禪兼修)·가내(내당·내방)불교라는 성격을 갖게 된 것이다.

조선불교의 이러한 상황은 근대국가로서 첫 걸음을 뗀 일본이라는 외부의 간섭을 계기로 변화를 맞이하게 된다. 明治 8년(1875년)에 수로측량을 마치고 음료수 보급을 구실로 강화도에 접근한 일본의 군함 운요호가 함포공격을 받은 것을 발단으로 하여 이른바 "운요호사건"이 발생했다. 일본은 즉시 쿠로다 키요타카(黑田淸隆)를 전권대사로, 이노우에 카오루(井上馨)를 부대사로 하여 군함 수 척과 함께 조선으로 보내 이듬해인 明治 9년(1876년)에 「조일수호조약」(강화도조약)을 체결시켰다. 이로 인해 일본은 조선에 치외법권과 함께 부산 외에도 2개 항구의 개항, 일본상품의 무관세, 화폐유통권, 거류민의 치외법권 등을 조인하게 하였다. 이러한 일련의 사건이 무력을 배경으로 한 "포함외교(砲艦外交)"라 불리는 것이었다. 이것은 미국의 페리제독이 이끄는 "쿠로후네"(黑船) 4척이 도쿄만에 출현하여 일본의 개항을 요구하며 위협하고 불평등조약을 체결시켰던, 당시의 약육강식 논리가 적용되던 국제사회의 상황을 일본이 조선에 대해 그대로 실행한 것이었다.

어쩔 수 없이 불평등조약을 체결하게 된 조선은 일본의 정치적·경제적·군사적 영향을 받게 되었다. 한편으로는 일본과의 교류를 통해 근대적 서양문물과 접촉하고 일본의 정신문화 등이 유입되기 시작하였다. 다시 말해서, 일본을 통해 기독교(프로테스탄트)와의 접촉이 이루어지기도 하고[106], 일본의 불교 각파의 조선 포교 등이 시작되게 되었다. 1877년 부산, 1880년에 원산, 1883년에 인천이 개항되자 조선 국내에 많은 일본인이 경제활동 등을 위해 건너오기 시작했다. 이와 함께 일본의 불교 각파도 조선에서의 종교활동을 활발하게 전개해 나가게 되었다.

---

106) 1876년 조일수호조약 이후, 조선왕조가 일본에 파견한 개화파 지식인의 일부 중에는 기독교 선교사와 접촉한 이들이 나타났다. 申昌浩 2002, p. 118 참조.

구미열강이 식민지 침투에 기독교 선교사를 앞세워 근대문명의 힘과 서양적 가치관을 식민지에 침투시킨 것처럼 일본도 종교의 중요성을 이해하고 있었다. 일본 국내에서는 구미열강의 정신적 지주인 기독교를 본받아, 신도(神道, 여기에서는 신사)에 그 역할을 담당하게 하는 정책을 취하면서 조선에서는 특히 불교를 통해 정신적·문화적 침투를 꾀해 나가는 정책을 취했다. 일본이 조선에서 불교에 그러한 역할을 담당시킨 이유는, 신도에는 교리·조직이라는 점에서도 실력부족인 면이 있었고 신흥종교·기독교로는 위험한 면이 있다는 점과 한일 공통의 정신적 기반으로서 오래도록 불교가 있어왔다는 점을 생각할 수 있다.[107]

일본이 불교를 통해 정신적·문화적 침투를 추진할 때, 불교 가운데서도 특히 첨병으로 선택된 것은 眞宗大谷派(東)本願寺였다. 大谷派 本願寺 조선개교 감독부는 『朝鮮開教五十年誌』에서 다음과 같이 기술하고 있다.

> 우리 本願寺는 비록 政教는 分離되어 있다 하더라도, 종교는 곧 정치와 서로 상보적이기 때문에 國運의 진전 발양과 국민의 활동을 기도해야 할 것을 信條로 하고 있다. 明治政府가 維新의 대업을 완성하고 점차 支那, 朝鮮 등의 여러 외국을 향하여 발전을 하는 때를 맞이하여, 本願寺도 역시 北海道 개척을 위시하여 支那·朝鮮의 개교를 계획한 것이다. …(중략)… 釜山도 10년 1월 개항을 하였다. 일본인은 공공연하게 조선 무역을 허가받고 각지로부터 渡航者가 속속 부산에 들어오게

---

107) 韓晳曦 1988, pp. 13-15 참조.

되었다. 따라서 이에 주민의 생활 보호 및 경제 운용 기관의 설치와 함께 위안 기관으로서 종교가 당연히 필요하게 되었던 것이다.

　마침 明治 10년 당시 內務卿 오쿠보 도시미치(大久保利通)는 外務卿 테라시마 무네노리(寺島宗則)와 함께 本願寺 관장 겐죠 상인(嚴如上人)에게 편지를 보내어 조선개교를 종용하고 또한 의뢰하였다. 곧 本願寺에서는 제1차 개교에 공로가 있는 죠오신(淨信)의 후에 오쿠무라 엔싱(奧村圓心)와 히라노 에수이(平野惠粹) 兩師를 발탁하여 부산에 別院을 건설할 것을 명하였던 것이다.

　여기서 주의해야 할 점은 오쿠보 內務卿 등의 요직에 있는 사람들이 조선개교에 대해 유일하게 우리 本願寺를 지적한 것이다. 우리 本願寺는 앞서 죠오신(淨信)이 부산에 高德寺를 건설하였고 이어 德川時代에는 조선의 사절이 내조(來朝)할 때마다 도쿄아사쿠사本願寺를 숙박처로 삼고 체재할 때와 같이 특수한 관계가 있었던 것이다. …(중략)… 따라서 조선측으로서도 적어도 本願寺를 德으로 여기는 등 조선과의 인연이 그 개교에 있어서 국가 요직에 있는 이들로 하여금 本願寺를 지적하는데 이르게 한 것이리라.[108]

이처럼 眞宗大谷派는 조선에 대한 포교 실적과 江戶時代부터 이어진 인연을 알고 있던 정부 고관에 의해 명을 받은 것이 아니겠느냐고 서술하고 있다. 그러나 眞宗大谷派가 조선에서 개교를 적극적으로 추진한 배경에는, 막부 말기에 本派(西)本願寺와는 달리 尊皇攘夷를 지향하는 勤王派보다는 막부측을 지원하고 있었기 때문에 새롭게 권

---

108) 大谷派本願寺朝鮮開教監督部 1927, pp. 18-19.

좌에 앉게 된 신정부에 대해 공순(恭順)함과 충성을 보일 필요가 있었던 점, 호국호법론에 바탕을 둔 국가주의와 그 실천에 대한 신임이 있었던 점 등 眞宗大谷派가 처해 있던 복잡한 사정이 있었으리라 생각된다.109)

이 당시 일본에서는 불교 각종각파가 신불분리령(神佛判然令), 社寺領上知令, 종교개종사청제(宗門改め寺請制) 폐지 등과 같은 신정부의 신도(신사) 중시 목적의 신지관(神祇官) 부활, 제정일치(祭政一致) 등의 새로운 종교정책으로 커다란 타격을 받고 있었다. 그러나, 이 종교정책은 얼마 가지 못해 막다른 길에 다다르게 되고 眞宗各派의 大敎院 이탈을 계기로 大敎院이 해산(1875년)하면서 일본의 신도(신사) 중심 제정일치 종교정책이 결국 좌절되게 된다. 이러한 상황에서 신교의 자유가 인정되고 불교세력을 회유하면서 끌어들이는 시기를 맞이하여 종교정책이 매우 복잡한 힘의 균형에 의해 움직이게 되었다. 이러한 시기에 많은 불교단체는 신정부에 복속되려는 자세를 보였던 것이다.

이러한 분위기 속에서 특히 眞宗大谷派가 홋카이도(北海道) 개척, 중국이나 조선으로의 해외포교, 식산흥업(殖産興業), 국위선양 등의 노선을 적극적으로 추진하였다. 이러한 노선의 적극 추진은 타 종교에 비해 眞宗大谷派가 처해 있던 더욱 복잡한 정치적 상황과 무관하지 않았다. 明治 10년(1877년) 8월에 신정부로부터 조선개교를 명받은 眞宗大谷派는 明治 10년(1877년) 9월에 오쿠무라 엔싱(奧村圓心)과 히라노 에수이(平野惠粹)를 부산으로 파견하였다. 그리고 10

---

109) 韓晳曦 1988, p. 14 참조.

월에는 관사의 일부를 영구 임대받아 포교를 개시하고 이듬해 12월에는 확장 수선하여 本願寺 釜山別院이라 칭하고 奧村圓心이 제1대 輪番(주지)에 취임하였다.110) 또한, 포교에 있어서도 면밀하게 준비하는 체제를 취하였다. 『朝鮮開教五十年誌』에는 다음과 같이 기술하고 있다.

> 조선동포에게 教를 전하기 위해서는 조선어를 이해함과 더불어 최우선 필요조건이 동포의 기분을 충분히 이해하는 것이다. 따라서 조선개교를 맡은 개교사(開教使)는 갑자기 내지(일본)에서 튀어나온 사람보다 조선에 오랫동안 거주하던 사람이 나으며, 또한 소년 시절부터 그 목적을 위해 조선에서 양육받은 자라면 더욱 좋을 것이다.111)

이러한 이유로 奧村圓心은 明治 12년(1879년) 부산에 조선어학사를 설립하고, 교토본산에서 온 유학생에게는 조선어와 불교학을 학습시켜 이후 전개될 포교확대를 준비하였다.112) 또한, 후에는 거류민 자제를 위한 소학교 교육, 중등교육 수준의 보습교육과 유치원 등의 교육사업 등도 실시하였다. 청일전쟁(갑오전쟁) 후에는 일본어를 학습하겠다는 조선인이 증가하였기 때문에 일본어학교를 설립하였다.113) 이 밖에도 明治 10년(1877년)에는 부산에 빈민구제, 행로병자 구호·구제를 목적으로 한 부산교사를 설립하여 사회사업에도 발을 내딛었다.114)

---

110) 大谷派本願寺朝鮮開教監督部 1927, pp. 22-24; 韓晳曦 1988, p. 14 참조.
111) 大谷派本願寺朝鮮開教監督部 1927, p. 25.
112) 大谷派本願寺朝鮮開教監督部 1927, pp. 25, 152; 韓晳曦 1988, p. 27 참조.

조선에서 眞宗大谷派가 개교를 시작한 1877년부터 1906년까지 13개의 別院・布敎所・出張所가 개설되었으며,「제3차 한일협약」(丁未七條約)이 체결된 1907년에는 7개, 1908년에는 11개, 1908년에는 10개, 한일병합이 체결된 1910년에는 순식간에 13개의 別院・布敎所가 개설되었다. 이러한 眞宗大谷派의 적극적인 포교에 의해 1877년부터 1920년까지 조선 내에 眞宗大谷派의 別院, 布敎所, 出張所는 조선 전체에 걸쳐 65곳에 이를 만큼 확산되었다.115) 일본정부와 협조하면서 조선에서의 포교를 개시한 眞宗大谷派는 일본정부와 보폭을 맞추어 김옥균 등과 같은 개화파를 지원하는 등 정치적으로도 조선에 큰 영향을 미쳤다.

明治 15년(1882년), 개화파들도 크게 관련된 임오군란을 계기로 일본이 일본인의 안전확보와 치안유지라는 이유로 한반도에 군대를 보내자 종주국이었던 청국도 한반도에 군대를 파견하였다. 조선에서 청국의 영향력을 없애고 싶었던 일본과 청의 대립이 결정적 원인이 되어 明治 27년(1894년)에 청일전쟁이 발발했다. 明治 28년(1895년)에 일본이 청국을 이기고「시모노세키조약」(下關條約)을 체결하였다. 이 조약으로 일본은 청국에 조선이 자주독립국임을 인정하게 하였다. 明治 30년(1897년)에 청국의 책봉체재(冊封體制)에서 벗어났음을 나타내는 의미에서 국호를 대한제국이라 하였다. 그 후, 일본의 한반도 간

---

113) 大谷派本願寺朝鮮開敎監督部 1927, pp. 148-152 참조. 보습교육에는 女學科・英語科・朝鮮語科가 설치되었다. 단, 직접 교육사업을 운영하던 시기는 짧았으며, 소학교는 정부로 이관, 또한 기타 교육사업도 본산의 재정난으로 인해 중지되기도 하였다. 일어학교도 재정난으로 인해 마산영사관에 양도되었다.

114) 大谷派本願寺朝鮮開敎監督部 1927, pp. 161-170 참조.

115) 韓晳曦 1988, p. 51 참조.

섭은 더욱 강화되어 明治 37년(1904년) 「제1차 한일협약」에서 조선의 재정과 외교 고문에 일본이 추천하는 사람을 두도록 하는 조항을 정하고, 明治 38년(1905년)에 「제2차 한일협약」(을미보호조약)에서 한국은 외교권을 일본에 빼앗기며 일본의 보호국이 되었다. 일본은 이듬해 통감부를 설치하여 한국을 보호국화하였다. 明治 40년(1907년) 「제3차 한일협약」(정미칠조약)에서 외교에서 내치에 이르기까지 모든 면에서 일본의 간섭을 받게 되어 대한제국은 실질적으로 일본의 식민지로 전락하였다.

조선을 식민지로 만들려는 일본의 계획이 착착 진행되는 가운데 明治 39년(1906년) 11월에는 통감부에 의해 통감부령 제45호 「宗敎의 宣布에 관한 規則」이 발포되었다.

> 제1조 帝國의 神道·佛敎 기타 종교에 관한 敎宗派로서 포교에 종사하고자 할 때는 해당 管長 또는 그에 준하는 자가 한국의 관리자를 선정하고 이력서를 첨부하여 다음 사항을 구비하여 統監의 인가를 받아야 한다.
> 　1. 포교방법
> 　2. 포교자 감독방법
> 제2조 前條의 경우를 제외하고 帝國 신민으로서 종교의 선포에 從事하고자 할 때는 종교의 명칭 및 포교의 방법에 관한 사항을 갖추어 이력서를 첨부하여 관할 이사관을 경유하여 통감의 인가를 받아야 한다.
> 제3조 종교의 용도로 제공하기 위한 寺院·堂字·會堂·說敎所 또는 강의소 類를 설립하고자 할 때는 교·종파의 관리자 또는 前條

의 布教者는 다음 사항을 구비하여 그 소재지 所轄 理事官의 인가를 받아야 한다.
   1. 명칭 및 소재지
   2. 종교의 명칭
   3. 관리 및 유지방법

제4조 敎宗派의 관리자 또는 제2조의 布敎者 기타 帝國 신민으로서 한국사원관리의 위촉에 응하고자 할 때는 필요한 서류를 첨부하고 그 사원 소재지의 所轄 理事官을 경유하여 통감의 인가를 받아야 한다.

제5조 前 각조의 인가사항을 변경하고자 할 때는 다시 인가를 받아야 한다.

제6조 敎宗派의 관리자 또는 제2조의 布敎者는 소속 布敎者의 氏名 및 자격을 所轄 理事官에게 屆出해야 하며, 그 布敎者의 異動이 있을 때도 역시 같다.

  부칙

제7조 이 규칙은 明治 39년 12월 1일부터 이를 시행한다.

제8조 이 규칙을 시행할 때 현재 布敎에 從事하거나 또는 제3조 혹은 제4조의 규정에 해당하는 자는 이 규칙 시행 후 3개월 이내에 각조의 認可事項을 제출하여야 한다. 116)

    위의 규칙 가운데 특히 제4조는 조선 사원의 관리를 원하는 일본 불교단체에 대해 그 수속절차를 명확히 하고 있다는 점에서 중요했다.

---

116) 韓晳曦 1988, pp. 76-77; 김경집 1998, pp. 239-240 참조.

이를 통해 한국 眞宗大谷派의 관리를 신청하는 곳이 다수 드러나게 되었다. 『朝鮮開敎五十年誌』에서는 통감부의 인가를 받은 北金山郡 直指寺・平北博川郡 深源寺・江原鐵原郡 四神庵・京畿果川郡 戀主庵의 4개 사원과 平南安州郡 大佛寺・平南安州郡 法興寺・平北寧邊郡 普賢寺・忠北永同郡 寧國寺・全北高山郡 花岩寺・慶南陜川郡 海印寺・東小門外 華溪寺・慶南晉州郡 大源寺・全北龍潭郡 天皇寺・江原淮陽郡 長安寺・全北全州郡 鶴井寺・東小門外 奉國寺・慶南東華郡 梵魚寺・全南求禮郡 華嚴寺・慶南東郡 雙磎寺 등의 15개 사원을 합한 19개 사원이 眞宗大谷派의 관리를 희망하고 있었다고 기재되어 있다.117)

이처럼 사원관리를 일본의 불교단체로 옮기려는 조선 사원의 움직임에는, 1907년에 한국 군대가 해산되자 각지에서 활발하게 일어나던 의병운동의 영향도 있었다. 근대적 무장을 갖춘 일본군에 비해 열세에 있던 의병이 산 속 사원을 항일운동의 근거지로 삼았기 때문에 산중 사원이 전쟁터가 되는 경우가 늘어갔다. 또한 의병의 이름을 빌어 불당을 부수고 물자를 약탈하는 이들도 나타났기 때문에 승려도 사원을 버리지 않을 수 없게 되어 주인 없는 사원도 발생했다. 더욱이, 사찰과 승려로부터 빌린 빚증서를 훼손하거나 사찰의 토지까지 훔치는 이들이 나타나면서 사원은 황폐화되었다. 타카하시 토오루(高橋亨)는 『李朝佛敎』에서 이러한 사원의 황폐화 상황을 "임진란 당시 일본군의 황략(荒掠)과 맞먹을 조선사찰의 2대 재액(災厄)"이라 표현하고 있다. 이러한 상황 하에서 상당수의 조선 사찰이 일본 불교 종파

---

117) 大谷派本願寺朝鮮開教監督部 1927, pp. 195-196 참조.

의 말사(末寺)로 예속화함으로써 전화에서 벗어나보려 했던 측면도 있었던 것이다.118)

그러나 眞宗大谷派 외에도 明治 14년(1881년)에는 日蓮宗이, 청일·러일 전쟁 후에는 일본 불교 각 종파가 차례차례로 조선포교를 시작하면서 교단의 신자 확보 및 사원 확보 경쟁은 격화되어 갔다. 조선불교를 일원적으로 관리하고자 했던 조선총독부는 이와 같이 조선불교가 일본의 불교 각 종파의 사원 확보 경쟁으로 인해 분열되어 가는 것을 내버려 두지 않았다. 이렇게 해서 조선에서는 明治 44년(1911년)에 「사찰령」이 시행되고 이로 인해 한반도에서 일본 불교 각 종파의 움직임이 억제되면서 식민지정책의 일환으로 조선불교를 분열시키지 않고 일원적으로 관리하는 정책을 취하게 되었다. 그 결과, 일본불교의 각 종파에 의한 조선인 포교는 급속도로 쇠퇴했다.

2) 佐野前勵와 「僧侶 都城出入禁止」 解禁

조선에서의 개교를 처음 실행한 것은 明治 10년(1877년)에 신정부로부터 조선개교를 명받은 眞宗大谷派였다. 그러나, 타 종파 등도 뒤를 이어 조선개교에 나섰다. 일련종(日蓮宗)은 明治 14년(1881년)에 와타나베 니치웅(渡辺日運)이 부산으로 건너와 日宗會堂(立正山妙覺寺)을 설립하고 조선포교를 시작하였다. 이듬해인 1882년에는 元山에 頂妙寺, 그 후에도 서울(漢城)에 護國寺·經王寺, 仁川에 妙覺寺,

---

118) 高橋亨 1973, pp. 912-913; 申昌浩 2002, p. 79 참조.

이 밖에도 鎭南浦에 最勝寺, 群山에 安國寺, 咸興에 日蓮寺 등과 같은 일련종 사찰을 설립하는 등 활발한 활동을 펼쳤다.[119]

이러한 가운데 청일전쟁에서 승리하여 조선포교 확대를 꾀하고자 1895년 3월 3일에 관장대리로서 일본 불교 일련종 본불사 주지(日蓮宗本佛寺住職)였던 사노 젠레이(佐野前勵)가 호리 니치옹(堀日溫), 시부야 붕에이(澁谷文英)를 거느리고 조선으로 건너왔다. 부산에 도착한 후 인천을 거쳐 서울에 입성한 후 일본공사관의 후원을 받아 포교 활동을 시작했다. 이러한 과정 속에서 일본공사관의 알선으로 3월 19일에 佐野前勵는 『법화경』, 안국론, 종조약전, 향로 등을 궁내부에 출두하여 헌상하고, 당시 섭정을 하고 있던 궁내부 대신 이재시(대원군의 아들)와 면담하였다.

후에 조선 국왕이 보낸 답례사절은 별조화로와 채석(彩席), 호피 등을 가지고 일련종의 고바야시(小林)관장에게 선물하였다. 같은 해 4월 22일부터는 총리, 내무, 외무, 도지, 학무, 궁내 등 여러 대신을 차례로 역방(歷訪)하였다. 이렇게 하여 1895년 4월 22일에 내각총리대신 김홍집에게 「僧侶 都城出入禁止」 해금을 요청하는 글을 올렸다. 이 건의서의 내용은 조선 승려들의 도성출입금지의 부당성을 지적하였을 뿐 아니라, 이 출입금지에 대한 해금을 요청하는 것이었다. 김홍집 내각은 다음날인 4월 23일에 이 건의서를 수용함으로써 「승려 도성출입금지」를 완화시켰다.[120]

『고종실록』 32년(1895년) 3월 29일(양력 4월 23일)조에 「총리대신 김홍집, 내무대신 박영효의 : "自今僧徒의 入城ᄒᆞᄂᆞᆫ 舊禁을 弛홈이

---

119) 韓晳曦 1988, p. 54; 申昌浩 2002, p. 79; 김경집, pp. 126-127 참조.
120) 高橋亨 1973, pp. 890-892; 韓晳曦 1988, pp. 54-55; 申昌浩 2002, p. 76 참조.

何如ᄒᆞ올지?" 윤허」121)라고 쓰여 있다. 이렇게 해서 1503년에 연산군이 승니들의 서울 4대문 안 도성 출입을 금했던「승려 도성출입금지」, 1623년에 다시금 승니도성출입이 엄격히 금지된 이래 270년이 지나 드디어 조선의 승려가 도성을 출입할 수 있게 된 것이다. 이것은 도성 내에서의 종교활동의 자유를 얻은 것과 같은 의미로 불교법회 등을 자유롭게 열 수 있게 되었음을 의미하는 것이었다.

당시의 조선불교는 조선왕조의 폐불숭유(廢佛崇儒) 정책으로 거의 빈사 상태에 있었다. 게다가 개국 후 일본인 승려는 도성을 출입하며 자유롭게 포교활동을 할 수 있는데도 조선 승려의 도성 출입이 금지되어 있던 점은 부조리한 부분이었다. 이러한 의미에서도 일본 승려에 의해 실행된「승려 도성출입금지」의 해금은 조선불교사에 있어서도 획기적인 사건이라 말할 수 있는 것이었다.

『李朝佛敎』에 따르면, 佐野前勵는 조선불교는 생기를 잃었고 승려 역시 속한 종파의 교의와 종지(宗旨)에 대한 신조를 잃은 상태이기 때문에 일본 불교의 종지(宗旨)로 개종함으로써 조선 교계를 일련종으로 통일하는 것은 그리 어려운 일이 아니라고 생각하고 있었다. 이를 위해 조선 승려에게 각별한 은혜를 제공함으로써 조선 승려를 일련종으로 유인하는 계기로 삼고자 이「승려 도성출입금지」의 해금을 요청한 것이라고 기재되어 있다.122) 그 한편,「승려 도성출입금지」는 당시 사회적인 분위기로 보아서 곧 해제될 상황이었다는 지적도 있다.123)

어떤 이유에서건「승려 도성출입금지」의 해금을 이루어낸 점은 조

---

121) 국사편찬위원회 2005.
122) 高橋亨 1973, p. 899; 韓晳曦 1988, p. 55 참조.

선불교계에 있어서도 갑자기 찾아온 큰 행운이었다는 점에는 틀림이 없으며, 입성 해금에 대한 조선불교 승려들의 기쁨이 대단한 것이었음을 짐작하는 것은 어려운 일이 아니다. 4월 29일 용주사 僧釋 尙順은 사노에게 다음과 같은 사례글을 보내왔다.

> 大朝鮮國京畿水原花山龍珠寺僧釋尙順謹拜賀于
> 大日本大尊師閣下. 吾道在本國至賤至卑不入市京, 今爲五百餘年, 恒所齊欝. 幸交隣成章,大尊師閣下濡此萬里之外普施慈悲大恩,使本國僧徒快伸五百年來寃屈, 始時今日獲睹王京. 此實一邦僧徒所共感賀. 今於入域敢曝淺誠拜于
> 大尊師閣下.124)

> 大朝鮮國 京畿道 水原市 花山 龍珠寺 僧釋 尙順은 삼가 大日本大尊師 閣下에게 축하의 절을 올립니다. 우리의 道는 이 나라에서는 지극

---

123) 김순석 2006, p. 52. 또 韓晳曦는 사노의 공적을 다음과 같이 평가하였다. "사노의 고관 및 대원군에 대한 주도면밀한 물밑작업과 함께, 친일파 김홍집 내각이었다는 것과 내무대신에 박영효는 기술한 바와 같이 이동인을 신임하여 스스로도 本願寺의 불제자를 청원했던 적이 있을 정도의 인물이었으며, 외무대신 김윤식도 유학자이면서 불교에 대한 이해가 깊었다. 게다가 해금의 뜻은 이미 전년 각의에 상정되어 결정 직전이었으며, 대원군의 간섭으로 성립되지 못했던 과정도 있었기 때문에, 기회는 이미 성숙되어 있었던 것이다. 그러나, 이 기회를 잡아 민첩하게 물밑작업을 추진하여 공사관을 배경으로 단행을 추진한 사노의 공적은 역시 컸다고 해야 한다"(1988, pp. 57-58). 이와는 반대로 김경집은 "解禁은 日本僧侶의 전격적인 활동이 아니라도 해결될 수 있었던 현안문제였다"라고 지적하였다. "爲政者들은 서학의 전교 활동을 견제할 수 있는 방안으로 지금까지 억압하였던 佛敎를 다소 緩和하여 西學에 대한 牽制政策으로 삼고자 하였다"는 점, 그런 분위기가 잡역면제 등에서도 드러난다는 점을 근거로 들어 해금은 언젠가는 이루어질 일이었다고 말한다(1998 , pp. 113-124 참조).

124) 高橋亨 1973, p. 898 참조.

히 천박하고 신분이 낮아 市京에 들어갈 수 없었던 것이 500여 년이나 되었으므로, 항상 울적하였습니다. 다행히 交隣의 조약이 이루어져 大尊師 閣下께서 널리 萬里 밖에까지 慈悲大恩을 베푸시어 우리나라의 僧徒들로 하여금 500년 이어진 원통함과 비굴함을 시원하게 풀어주시어 오늘 비로서 서울을 볼 수 있게 되었습니다. 이것은 실로 朝鮮僧 모두가 한결같은 마음으로 감사드리는 바입니다. 지금 입성하면서 大尊師閣下에게 감히 제 소견을 보여드리고 정성스레 절을 올립니다.

佐野前勵는 서울 도착 직후인 3월 19일 陽德坊注山洞에 일련종 교무소를 열어 澁谷文英에게 주임직을 맡겨 포교확대활동을 시작하였다. 4월 15일에는 북한산 중흥사를 찾아가 일련종 교의를 설파하고 일련종파로 들어올 것을 약속하게 하였으며, 중흥사의 주지에게는 일련종의 존호를 수여하기로 약속했다. 그 달 29일에는 澁谷가 입성해 금을 알리기 위해 찾아가 설교를 하고 매월 1회씩 대중을 위해 강의를 열기로 약속하였다. 이 밖에도 "日蓮宗敎會本部"라는 표찰을 내걸게 하는 등 짧은 체재기간에도 불구하고 포교의 발판을 착실하게 정비해 나갔다.[125]

그리고 佐野前勵는 「승려 도성출입금지」가 해금되자 이를 좋은 기회로 삼아 성내에서 조선 국왕의 성수(聖壽)와 중흥유신의 대업을 축원하며 해금을 허락한 황상의 은혜에 보답하는 대기도를 열기로 했다. 5월 2일부터 광고지를 성내 요소요소에 내걸고 많은 정부 고관들에게 안내장을 보내 5월 5일에 대기도회를 개최하였다. 여기에는 남

---

125) 高橋亨 1973, p. 899; 韓晳曦 1988, p. 56 참조.

북한산 승병 대장, 화계사, 용주사, 금강산 승려들 300여명과 김윤식 외무대신 등 정부고관 20여명, 일본인 명사 50명, 일반인 등까지 모두 15,000여명이 참가했다.126) 이능화는 그날의 감동을 다음과 같이 기술하고 있다.

> 이듬 해 丙申年 秋 7월 諸山의 승려들이 일본 승려와 함께 京城 苑洞의 北一營안에 法壇을 세우고는 수일에 걸쳐 무단 법회를 행하였다. 경성의 남녀가 다투듯이 몰려와서 구경하였다. 나 또한 군중들 속에서 함께 기뻐하였다. 크게 노하는 자가 있어 말하길 "승려의 입성이라니 말이 되는가? 왕궁 옆에서 법회를 열다니 무슨 일인가?"하였다. 크게 기뻐하는 자가 있어 말하길, "한국의 승려는 수백 년 간이나 門外漢이었다. 오늘에야 비로서 구름이 걷힌 하늘을 볼 수 있다. 이로부터 佛日이 다시 비출 것이다."하였다.127)

佐野前勵는 조선인 대상 한일학교 설립 계획에 근거하여 700여평의 토지를 구입하였으며, 조선인 학생들의 일본 일련종 학교 유학도 계획하여 김윤식에게 선발을 의뢰하는 등 더욱 적극적으로 조선 불교에 관여하였다. 그는 궁극적으로 조선불교를 일련종으로 통일시키려는 해외선교 구성을 가지고 있었다. 5월 11일, 佐野前勵는 당초의 사명을 완수했다며 일본으로 귀국하게 되었다. 佐野前勵는 조선국내에 있던 짧은 기간동안 큰 성공을 거두고 귀국한 것이었지만, 귀국 후 종파내에서 맹렬한 비판을 받게 되어 일련종으로 조선불교를 통일하려

---

126) 高橋亨 1973, p. 901 참조.
127) 韓晳曦 1988, p. 57 참조; 李能和 1918, p. 927 재인용.

는 계획은 수포로 돌아가 버렸다.[128]

3) 元興寺 創建·圓宗宗務院 設立과 光武 6年의 寺刹令

1895년에「都城出入禁止令」이 해금되었지만 보수반동내각에 의해 1898년(광무 2년)에 다시금 금지령이 내려졌다. 그러나, 이 시기 개화운동은 대중운동으로 발전되고 있었기에 수천에서 수만에 이르는 민중이 참가하는 가두대집회와 만민공동회가 뒤를 이어 개최되었으며, 구(舊)관습의 폐지와 자유를 부르짖는 시민의 시위가 연이어 일어났으므로 이 금지령은 유명무실화되어 있었다.

이러한 상황에서 이듬해인 1899년(光武 3년)에는 국가가 전국 사찰을 통제하는 정책에의 전환이 이루어졌다. 이는 전국 교단을 통일하려는 움직임으로서, 동대문 밖에 조선불교의 총종무소(總宗務所)를 둔 원홍사를 창건하고 이를 대법산(大法山)으로 삼았다. 총무원장인 都攝理와 경성 부근의 사찰감독 각 1명을 두고, 13道에는 각 도내 사찰의 사무를 총괄하는 중법산(中法山)인 수사(首寺)를 두었다. 이것은 조선 이전의 제도, 혹은 일본의 본산말사제도(本山末寺制度)와 비슷한 제도였다. 또한 1902년(光武 6년) 4월에는 궁내부(宮內府) 소속 관리서에 전국 산림성보사찰에 관한 모든 사무를 담당케하기로 하였다.[129]

그리고 1902년 7월에는 36조로 이루어진 「사찰령」이 발포되었

---

128) 高橋亨 1973, p. 893, pp. 901-902 참조.
129) 高橋亨 1973, pp. 866-867 참조.

다.[130] 이것은 1899년에 원흥사를 창건시켜 사찰을 통제하려던 흐름을 이어 이를 법문화함으로써 불교를 완전히 국가의 관리 아래 두려는 목적에서 나온 것이었다.[131] 즉 僧科 및 양종(兩宗)이 폐지된 이래로 일체 통제받지 않고 방임되던 국내 사찰 및 승려를 다시 그 이전으로 상태로 되돌려 국가 행정의 관리 아래 통제하려 했던 것이다.

「사찰령」의 제3조에서는 법회의 개최는 인정하지만 그 법회에서 정치적인 비판을 하는 것을 엄금하는 등 승려의 정치 관여 금지를 명문화하였다. 제4조에서는 승려의 법계(法階)가 규정되어 있어 이를 바탕으로 승려가 국가로부터 인정을 받았다. 제6조에서는 대법산 및 중법산 설치, 대본산 및 국내 首寺는 원흥사로 정하고 도내 首寺에 16개 사찰을 정하고 있으며, 이 밖에도 국내 일반사원의 등급을 정하여 불교사원 관리의 일원화를 꾀하였다. 제8조 이하에서는 사원의 사무를 지휘감독하는 자와 도내 首寺의 임원 등 사원의 운영에 관한 규칙이 상세하게 규정되었다. 또한 제13조에서는 사찰의 신축 수리를 규정하고, 제14조에서는 사찰과 승려의 재산 구분을 명확히 하여 사찰의 재산은 공유물로서 정부의 감독과 보호를 받으며 승려는 이를 지키고 보호할 의무가 있으나 그 대여 및 처분은 인정되지 않음이 규정되어있다. 제23조에서는 승려의 도첩을 재실시하여 합법적으로 출가하는 길을 열었다. 나아가 제29조에서는 학교의 설립을 인정하면서 승려의 육성을 가능케 했다.[132]

---

130) 우정상·김영태 1976, pp. 166-172 참조.
131) 高橋亨 1973, p. 867 참조.
132) 高橋亨 1973, pp. 867-878; 김경집 1998, pp. 215-225; 우정상·김영태 1976, pp. 166-172 참조.

김순석은 이 光武六年의 寺刹令을 "조선왕조 정부가 500여 년 동안 불교계에 취한 탄압정책을 생각하면 제한적이기는 하지만 불교계의 자율권을 보장하고, 발전을 지향할 수 있는 길을 열어주었다는 점에서 이 법령은 근대불교사에서 큰 의미를 지닌다."라고 평가하고 있다. 그러나 그는 동시에 이 법령이 "조선왕조 정부가 취했던 불교계 卑下를 그대로 답습하고 있으며 승려들을 어리석은 교화의 대상으로 파악하고 있다."고 비판적으로 지적하고 있다.133)

조선불교계 역시 불교의 복권과 조선총독부의 간섭을 받지 않고 자력으로 현상을 일신할 기회를 얻었으나, 이 획기적이었던 광무 6년의 「사찰령」도 도첩의 매매, 승려의 사알(私謁), 사찰의 뇌물증여, 관리서 주사의 관명 매매 등 조선왕조의 정치적 부패로 인해 그 효과를 발휘할 수 없었다. 1904년(光武 8년) 1월에 관리서는 폐지되고 불교계 관련 사무는 내무관방으로 이관되었다. 같은 해 2월 칙령 제15호에 의해 불교계 관련 내부지방국이 주관하게 되고 나아가 조선총독부 내무부 지방국으로 이관되어 大正(타이쇼) 8년(1919년)에는 학무국 종교과로 이관되게 되었다.134)

또한, 이 때 창건된 원흥사에서 1908년(융희2년, 明治 41년) 3월에는 각 도의 사찰대표 52명이 모여 조선불교의 통일기관이라 할 수 있는 원종종무원(圓宗宗務院)을 설립하고 불교연구회장 이회광(전 해인사 주지)를 大宗正으로, 김현암을 총무로 선출했다. "圓宗"이란 원융무애(圓融無碍)라는 의미에서 왔다고도 하며, 선교이종(禪敎二宗)이라는 의미에서 왔다고 하며, 禪이나 敎의 한쪽에 치우치지 않고 參禪·看

---

133) 김순석 2006, p. 52 참조.
134) 高橋亨 1973, pp. 879-880 참조.

經・念佛 내지 密敎에까지 圓修한다는 뜻에서 圓宗이라 하였다는 주장도 있다.[135]

조선불교는 1567년 이후 통제기구가 없었으며, 조선의 사원은 산중에서 조용하게 사원과 암자를 지으며 승단(僧團)보다는 사원을 유지하고 있었다. 이러한 상황에서 圓宗의 설립은 오랫동안 잃고 있었던 종단의 재건이라는 의미를 갖는 것이었으며, 더 나아가 宗正을 선정하는 등 조직적이고 근대적인 불교의 태동으로서 한국의 근대불교사에 있어서 매우 중요한 사건이었다.[136]

그러나, 종명(宗名)이 만들어지고 승단이 복원되었다고는 하지만 조직적이고 합리적인 종무 행정이 성립된 것은 아니었다. 왜냐하면, 圓宗이 성립되었다고는 해도 한국 불교계가 자립할 수 있는 경제력과 정치력은 없었으며 그 성립 초부터 일본 불교의 영향을 받아 예속화되는 상황에서 자주적인 행동은 부족했기 때문이다.[137]

한국 불교계도 근대적이고 새로운 교육기관의 설립을 모색하게 되면서 근대적 교육기관으로서 明進學校를 설립하였다. 이 명진학교는 1906년 2월에 신학문 연구・교육 목적으로 불교연구회를 창설하였다. 후에 명진학교는 고등학교로 승인받아 불교사범학교로 개명하고 3년제 사범과와 1년제 수의과(隨意科)를 개설하여 포교 전도를 위한 인재 양성 체재를 정비하였다. 이처럼 한국 불교계도 서서히 근대적인 시스템을 취하게 되었지만, 이 학교 설립에는 일본 정토종(淨土宗)

---

135) 高橋亨 1973, pp. 920-921; 김경집 1998, pp. 246-251 참조. 단 圓融無碍는 이능화, 禪敎二宗의 圓修는 이회광의 설명에 근거한다.
136) 申昌浩 2002, p. 76 참조.
137) 申昌浩 2002, p. 77; 김경집 1998, p. 251 참조.

의 개교사인 이노우에 겐신(井上玄眞) 등이 관련되어 있었다. 따라서, 이 역시 일본 불교의 경제력과 정치력으로부터 완전히 자유롭지는 못했다.138)

4) 武田範之와 李晦光
― 曹洞宗의 朝鮮佛敎「倂合」計劃

眞宗大谷派와 일련종에 이어 청일전쟁 승리 후인 1895년(明治 28년) 8월 眞宗本派(西)本願寺의 中山唯然이 익산에서 개교하였고, 1897년에는 정토종의 三隅田持門도 부산에서 개교하였다. 이듬해에는 대승정 野上海運이 경성에 개교원을 설립, 西本願寺도 1903년에는 嚴常円이 13道를 행각(行脚)하며 전도활동을 펼쳤으며, 1905년에 개교총감부의 일부를 용산으로 이전하였다. 같은 해에는 진언종(眞言宗)의 金武順道가 경성에 광운사를 설립하였으며, 1907년에는 조동종의 鶴田機雲이 大田에 大田寺를 설립하였다. 임제종(臨濟宗)은 가장 늦게 경성에 포교소를 설치하였다.139)

일본의 불교 각 종파는 기본적으로는 재조선일본인에 대한 포교를 취지로 삼고 있었으나, 일본 종파의 조선인 불교승까지도 배출하는 등 조선인에 대한 포교에도 힘을 기울여 조선사찰 승려와의 교류도 왕성하게 이루어졌다.

또한, 일본 정부와 일본 불교계는 조선 불교계의 일본사찰단 파견

---

138) 申昌浩 2002, p. 77; 김경집 1998, pp. 252-256 참조.
139) 韓晳曦 1988, p. 59 참조.

을 실시하였으며 1907년에는 韓國駐剳軍 사령관 하세가와 요시미치(長谷川好道) 인솔하에 이능화 등 30명을 3개월 간 일본에 체재시키면서 각 관청·학교·공장·사찰 명소를 견학시키기도 하였다. 1909년에는 洪月初, 金東宣 등 60여명을 파견한 이래로 총독부 시대에 들어서도 종종 파견이 이루어졌다. 이는 일본이 "근대"를 과시함으로써 선진국 일본에 대한 조선불교자의 관심과 일본 불교에 대한 의존도를 높이고자 하는 노력이었다.[140]

1906년의 「宗敎의 宣布에 관한 規則」 발령과 일본 시찰단 파견이라는 총감부의 회유정책, 그리고 폭도의 봉기로 인해 황폐된 사찰을 일본 유력사원의 말사(末寺)가 되게 함으로써 일본군대와 헌병의 보호를 요구하였다는 등의 다양한 이유에서 일본 각 종파에 사원관리를 요청한 조선 사찰은 다수에 이르렀다. 심지어 眞宗大谷派에는 海印寺·梵魚寺·華嚴寺·雙磎寺 등과 같은 대사찰까지도 포함될 정도였다.

이러한 분위기 속에서 圓宗宗務院 고문이었던 조동종의 타케다 한시(武田範之)는 『圓宗六諦論』에서 다음과 같이 기술하고 있다.

> 往歲統監府之初發宗敎宣布令也. 條目中有云. 日本僧管理韓寺則連署上請常受府允. 於是乎日本各宗派遣布敎僧者. 皆爭欲獲得其管理權. 或至乘其愚昧竊結私約. 其狀如樽俎折衝然. 當時論主在京城, 心私鄙我日僧之志歎曰. 我布敎僧爲憐朝鮮民族而來蘇乎. 抑爲攘奪朝鮮伽藍而來覘乎.[141]

---

140) 韓晳曦 1988, p. 62 참조.
141) 高橋亨 1973, pp. 919-920.

지난해 통감부에서 처음으로 「宗敎宣布令」을 발표했는데, 그 조목 가운데 "日本僧侶가 韓國의 寺院을 관리하면 연서하여 청을 올리는 경우 항상 통감부의 윤허를 받는다."는 말이 있다. 이에 布敎僧을 파견하고 있는 日本 各宗派는 다투어 관리권을 획득하고자 하여, 혹 朝鮮 僧侶의 우매를 틈타서 私約을 몰래 맺어 마치 외교 절충을 하는 듯하였다. 당시 나는 京城에 있었는데, 마음속으로 우리 日本人 僧侶의 뜻이 비루하다 여기고 개탄하여 말하였다. "저들은 朝鮮民族을 불쌍히 여겨 소생시키려 온 것인가? 아니면 朝鮮寺院을 掠奪하기 위해서 온 것인가?"

武田範之는 이처럼 조선민족을 걱정하거나 부흥시키려 하지 않고 마치 조선사원을 약탈하듯 앞다투어 사원관리권을 확보하려는 일본불교의 타 종파를 비난하고 있다. 그리고 타 종파에 대한 그의 비판은 조선불교에 대한 우려와 부흥을 이루기 위해서는 조선불교 전체를 병합해야 한다는 믿음으로 발전하여 일본 조동종과의 병합 활동을 전개하기에 이른다. 그러나 이러한 병합활동은 어떤 의미에서 타 종파의 사원관리권 쟁탈보다 한층 더 과격한 방법이라고 할 수 있겠다.

武田範之는 이용구, 송병산이 이끄는 일진회와 손을 잡고 우치다 료헤이(內田良平) 등과 함께 무대 뒤에서 한일병합을 추진하였으며, 갑오농민전쟁 때에는 청일 양국이 전쟁을 시작할 계기를 만들기 위해 천우협(天佑俠)을 조직하여 몰래 활동하였다. 또한, 명성황후 시해사건(乙未事變)에도 가담하여 히로시마 감옥으로 유배되는 등 불교 승려의 이미지와는 다른 경력을 가진 인물이었다. 그리고 출옥 후에는 顯聖寺 주지가 되어 조동종 쇄신운동을 일으켜 말파(末派) 총대의원에 선출되어 활약하였다. 그리고 黑龍會 조직과 함께 同人이 되어 이토 통감의 촉탁직원이 된 內田良平의 초청으로 조선에 건너와 이용구 등이 소속된 시천교(侍天教)의 고문, 일진회의 상담고문이 되었다. 뿐만 아니라, 그는 이용구의 추천으로 圓宗宗務院의 고문이 되었으며 용산의 서룡선사(瑞龍禪寺)를 건립하여 조동종 조선포교 관리자로 임명된 인물이었다.[142]

당시 한국에서의 종교 활동은 1906년의 「종교 선포에 관한 규칙」에 의해 통감부로부터 포교활동을 허가받지 않으면 안 되었다. 또한, 1907년 7월에 통감부는 종교 활동 그 자체를 통제하기 위해 「보안법」을 제정하여 공포하고 시행하였다. 이 법안은 한국인에게만 그 효력이 발생하는 법안이었다. 통감부는 교단을 일반사회결사로서 취급하고 있었기 때문에 이 보안법은 종교단체에도 그대로 적용되었다. 따라서 식민지 지배과정에서 일본이 원하는 질서안정과 그 방향성을 위해 일반결사와 같은 종교 활동은 엄격히 제한·금지되었고, 치안유지라는 명목 하에 종교 활동은 경찰의 손 아래서 관리되었다. 이처럼 종교 활동이 보장되기는 하였으나 일본 국내에서와 마찬가지로 정부의 엄중한 관리통제 하에서 이루어지지 않을 수 없는 상황이었다.[143]

1910년 8월 한일병합이 이루어지자 장차 존립기반을 확보하기 위해 圓宗宗務院 대종정인 이회광은 연합할 만한 일본의 불교 종파 및 그 방법과 조건 등에 대해 圓宗宗務院에서 각종 협의를 실시하였다. 이회광은 圓宗의 고문이었던 武田範之의 의견을 채용함으로써 조동종과 연합하기로 결정하고, 1910년 9월에 이회광은 圓宗宗務院을 대표하는 종정의 자격으로 72개 사찰의 위임장을 들고 일본에 건너가

---

142) 高橋亨 1973, pp. 930-941; 韓晳曦 1988, p. 64 참조.
143) 申昌浩 2002, p. 81 참조.

조동종관장인 이시카와 소도우(石川素童)와 교섭하였다. 그러나, 石川素童는 "귀 불교는 아직 우리 동종과 연합할 만한 정도에 이르지 못하였다. 지금 만약 무리해서 연합한다면 사회의 비난을 피할 길 없다. 그렇기에, 일정 기한 동안 조선불교가 조동종의 부속종이 된다고 하면 즉시 이를 허락하는 것이 좋다."고 하며, 연합이 아닌 부속종으로서 조선불교를 취급하려 하였다. 이회광은 연합에 대한 위임은 받았으나 부속에 대한 위임이 아니었다 하여 거절했기에 조동종 주무성은 이에 동의함으로써 10월 6일에 「연합조약 7조」를 체결하였다. 그러나, 그 내용은 명백하게 조동종으로 圓宗이 종속화되는 것이자 조동종이 圓宗을 병합하는 것에 지나지 않았다.144) 「연합조약 7조」의 내용은 아래와 같다.

- 一. 조선 전체의 圓宗寺院衆은 曹洞宗과 완전하고 영구히 聯合同盟하여 불교를 擴張할 것.
- 一. 조선 圓宗宗務院은 朝洞宗宗務院에 顧問을 依屬할 것.
- 一. 曹洞宗宗務院은 조선 圓宗宗務院의 設立認可를 得함에 斡旋의 勞를 取할 것.
- 一. 조선 圓宗宗務院은 曹洞宗의 포교에 대하여 相當한 便利를 圖할 것.
- 一. 조선 圓宗宗務院은 曹洞宗宗務院에서 布敎師 若干員을 招聘하여 각 首寺에 配置하여 一般布敎 및 靑年僧侶의 교육을 囑託하고 또는 曹洞宗宗務院이 필요로 인하여 布敎師를 派遣하는 時에는 조선 圓宗宗務院은 曹洞宗宗務院이 지정하는 地의 首寺나 혹 寺院

---

144) 高橋亨 1973, pp. 922-923 참조.

에 宿舍를 정하여 일반포교 및 청년승려 교육에 從事케 할 것.
一. 본 締盟은 雙方의 意가 不合하면 廢止變更 혹 改正을 爲할 것.
一. 본 締盟은 其管轄處의 承認을 인가하는 날로부터 效力을 발생함.[145]

제2조는 조동종에 의한 인가 취득에 대한 내용으로 圓宗이 조동종에 종속됨을 뜻한다. 제4조는 조동종으로부터만 고문을 둔다는 내용으로 조동종의 독점적인 지위를 인정하는 것이었다. 제5조는 일반포교 및 청년 승려의 교육은 조동종의 지시에 따라 종사함을 인정하는 것이었다. 이회광이 고사하여 예속이 아닌 연합이라는 형식을 취했다고는 하나 「연합조약 7조」의 조문을 보면 전적인 종속화라 할 수 있는 것이었다.

실제로, 이회광은 귀국하여 「연합조약 7조」의 전문(全文)을 발표하지 않고 다만 조동종과의 대등연합성립만을 보고하여 大寺刹의 찬성 날인을 받았다. 이와 같이 연합조약 7조의 전문을 보여주지 않은 것은 이회광이 「연합조약 7조」가 圓宗에게 매우 불리한 것이었음을 인식하고 있었기 때문이라고 생각된다.[146]

그러나 종무원서기로부터 7조 전문이 통도사에 누설되어 임제를 법통으로 하는 조선선종을 포함한 전불교를 일본 조동종에 파는 것으로 인식되면서, 한용운·박한영 등이 큰 반대 운동을 일으켰다. 그들은 全羅·慶尙兩道寺刹를 단결시켜 1911년 1월 15일에 임제종을 표방했다. 임시관장으로 한용운을 선택, 원종에 대해 격렬한 반대 운동을

---

145) 高橋亨 1973, pp. 923-924; 김경집 1998, pp. 259-260; 우정상·김영태 1976, pp. 173-174 참조.
146) 高橋亨 1973, pp. 924-925 참조.

전개했다. 이것이 이른바 임제종운동이다. 이렇게 한국 불교는 북쪽의 원종과 남쪽의 임제종 사이에 대립 구조가 나타나게 되었다.147)

일본 조동종은 와코우 코쿠에이(若生國榮)을 총독부에 파견하여 圓宗宗務院 설립 인가 신청서를 제출했다. 그러나 총독부는 허가도 각하도 하지 않은 채 이를 계속 보류하였다. 이러한 보류의 배경에는 다양한 이유가 잠복해 있었다. ① 일본 조동종만에 의한 연합을 허가할 경우, 타종파 특히 유력한 眞宗·淨土宗 등의 반발, 일본국내에서의 비판을 피할 수 없게 될 것을 우려했다. ② 통일교단으로 조직되어 통치하기 쉬운 조선불교를 분열·복잡화시키고 싶지 않았다. ③ 의병 등의 저항운동이 일어나고 있던 상황에서 청년중견승려들의 반대가 격화하여 민족적 저항운동과 연결·전환되는 것도 우려하고 있었다. ④ 조동종과 圓宗의 연합을 강력히 추진하였으며 정치적으로도 발언력이 강한 武田範之가 병으로 인해 귀국중인 관계로 활동 불가능한 상태였다. 이러한 까닭으로 총독부는 이 신청을 지켜만 보고 있었던 것이라고 생각된다.148)

武田範之는 병상에서도 『圓宗六諦論』을 집필하여, 조동종과 圓宗의 연합이 주는 이점을 주장하면서 宋秉畯와 조동종 수뇌들에게도 널리 이 책을 배포하여 조선 승려에게 연합에의 기운을 촉진시켜 갈 것을 부탁하였다. 그러나, 조선사원이 일본의 각 종파로 분할되는 것도, 어느 한 종파에 독점당하는 것도 원치 않던 조선총독부는 1911년(明治 44년) 6월 3일에 制令 제7호 「사찰령」을 발령하고 9월 1일에 시행함으로써 조선 사원을 모두 조선총독부가 직접 통제하고 지배하는 정

---

147) 김순석 2006, pp. 58-59 참조.
148) 高橋亨 1973, p. 925; 韓晳曦 1988, p. 65 참조.

책을 취했다. 이로 인해 圓宗, 圓宗과 조동종 간의 연합(지배)도, 한용운·박한영 등의 임제종 종명을 세우려는 움직임도 잠잠해져, 일본불교와의 본말사 관계도 모두 해제되었다. 이렇게 조선총독부는 조선불교계에서 자발적으로 성립된 원종과 임제종 양쪽 모두 부인하고, 「사찰령」체제에 의해 새로운 종명을 부여하여 "朝鮮佛敎禪敎兩宗"이라 명명했다. 이것은 조선불교계가 스스로 운영하는 자주적 조직체인 종단을 만들지 못하도록 한 것이었다.[149] 이 같은 배경에서 「三十本山聯合制規」를 제정하고, 경성 覺皇敎堂에 三十本山聯合事務所를 설치하여 연합위원장을 三十本山 주지 중에서 선거로 선출하였으며, 연합포교소 각황교당에 포교사를 주재토록 하여 설교강연을 하게 하였다. 또 동소문내에 日本佛敎 學林制를 참고로 한 朝鮮佛敎 中央學林을 설립하여 그 졸업생에게 포교사의 자격을 부여하도록 하였다. 이와 같이 조선국내에서 일본불교 각 종파의 포교활동에 큰 제한이 가해지자 일본불교 각 종파의 조선포교에 대한 열정도 빠르게 식어가게 되었다.[150]

---

149) 김광식 2010a, p. 15 참조.
150) 高橋亨 1973, pp. 925-930; 韓晳曦 1988, p. 66 참조.

5) 朝鮮總督府 制令 第7號「寺刹令」(1911年)
― 朝鮮佛敎界 受容과 對應

 1876년「朝日修好條約」(江華島條約) 조인을 계기로 일본인이 조선으로 유입되자 이에 발맞추어 일본 불교 각 종파도 조선개교를 목적으로 조선에 들어왔다. 일본의 영향은 정치적으로도 종교적으로도 확대되었으며, 1895년에는 일련승인 佐野前勵가 왕실에 영향을 미쳐「승려 도성출입금지」가 해금되었다. 국호까지도 조선에서 대한제국으로 바뀐 1898년에는 반동세력에 의해 다시금「승려 도성출입금지」가 내려졌지만 이 금지령을 지키는 이가 없어 사실상 유명무실화되었다. 그러자, 대한제국은 1899년에 전국 사찰을 국가가 통제하는 정책 전환을 꾀하여 동대문 밖에 원흥사를 창건하고 조선불교의 총종무소를 설치하여 대본산으로 삼아 전국 사찰의 통일을 시도했다. 이것이 후에 조선불교의 통일기관이라고도 할 수 있는 圓宗宗務院 설립의 모체가 된 것이다. 1902년에는 궁내부 소속 관리서에 전국 산림성보 사찰에 관한 모든 사무를 담당하게 되고 같은 해에 36조로 이루어진「사찰령」(광무6년「사찰령」)이 발포되었다. 이는 대한제국의 지도층에게 종교의 관리통제 문제야말로 급선무로 인식되고 있었음을 보여주는 것이다.
 그러나, 한반도에 대한 일본의 간섭은 더욱 강화되어 1904년「제1차 한일협약」, 1905년의「제2차 한일협약」(乙巳保護條約), 1907년「제3차 한일협약」(丁未七條約)이 체결되면서 대한제국은 실질적으로 일본의 식민지로 전락하였다. 이러한 상황하에서 한국에서의 모든 정책은 일본이 통감부, 나아가 통감부를 개조한 조선총독부가 담당해 가게 되었다. 그리고 종교정책 면에서는 「종교 선포에 관한 규칙」에 의해 통감부의 관리통제를 강화하고, 1907년 7월에는 「보안법」을 제정하여 일본의 통치에 순응하지 않는 한국인의 종교활동을 치안유지라는 명목 하에 경찰이 통제하게 되었다. 이 사이에도 조선 사원은 일본의 불교종파에 의해 末寺로 편입되어 갔다. 그리고, 1920년 8월에 한일병합이 이루어지자 圓宗宗務院은 일본 불교와의 연합의 길을 모색하다 조동종과의 연합을 요청하게 되었다. 그러나, 조동종은 圓宗宗務院에 대해 이름뿐인 연합, 실질적으로는 예속화를 강요하는 조건을 제시하고 이를 체결하였다. 조동종과 圓宗宗務院이 맺은 연합조약이 드러나자 한국 내에서 이에 반대하는 운동이 일어나고, 또한 일본의 타 종파와의 관계까지도 우려한 조선총독부는 1911년 6월 3일에 제령 제7호 「寺刹令」을 발령하였다. 이어 같은 해 7월 8일에 조선총독부령 제84호 「寺刹令施行規則」을 발령하고 「사찰령」, 「사찰령시행규칙」 양 법령을 9월 1일부터 시행함으로써 일본의 모든 불교종파가 조선불교교단에 간섭하는 것을 실질적으로 불가능하게 하였으며 조선총독부가 조선불교를 일원적으로 관리하는 정책을 취했다.

「사찰령」은 7조로 이루어져 있는데, 사찰의 병합·이전·폐지·명칭변경 및 사찰 소속의 일체의 재산처분은 총독의 허가를 필요로 하며(제1조), 지방장관의 허가 없이 전법·포교·법요집행·승려 거주 이외의 목적으로 사찰을 사용하는 일이 금지되며(제2조), 사찰은 본말사를 구분하여 각 본사는 사법(寺法)을 제정하여 총독의 허가를 받도록 하였으며(제3조), 사찰에 주지를 두어 사찰 소속의 일체의 재산 관리, 사무(寺務), 법요집행 책임자로서의 역할을 부여하며 사찰을 대표한다고 규정하였다(제4조).[151]

「사찰령시행규칙」은 전국 사찰에 三十本山(1924년, 화엄사가 더해져 三十一本山)을 규정하여 전국 1300여개의 사찰을 三十本山과 본말사 관계를 취하도록 30개로 구분하고, 총독은 三十本山 주지를 직접 조종하여 7,000명의 비구승을 가진 조선불교를 완전하게 통제하기에 이르렀다.152) 이것은 종단을 三十本山을 중심으로 한 三十区分으로 나누어 통합종단의 기능을 수행하지 못하도록 한 것이었다.

「사찰령」및「사찰령시행규칙」은 각각 다음과 같다.

「寺刹令」

寺刹令을 明治四十四年 法律第三十號 第一條와及 第二條에 依하야 勅裁를 得하고 玆에 公布하노라

明治四十四年六月三日 朝鮮總督 伯爵 寺內 正毅

制令 第七號 寺刹令

第一條 寺刹을 倂合, 移轉하거나 또는 廢止코자 하는 때는 朝鮮總督의 許可를 受함이 可함. 그 基地나 또는 名稱을 變更코자 하는 때도 亦同함.

第二條 寺刹의 基地 및 伽藍은 地方長官의 허가를 受함이 아니면 傳法, 布敎, 法要執行 및 僧尼止住의 目的 이외에 使用커나 또는 使用케 함을 得치 못함.

第三條 寺刹의 本末關係, 僧規, 法式, 其他의 必要한 寺法을 각 本寺에서 制定하여 朝鮮總督의 許可를 受함이 可함.

---

151) 朝鮮總督府學務局社會敎育課 1939, pp. 109-116; 韓晳曦 1988, pp. 77-81 참조.
152) 朝鮮總督府學務局社會敎育課 1939, pp. 109-116; 韓晳曦 1988, pp. 77-81 참조.

第四條 寺刹에는 住持를 置함을 要함. 住持는 其寺刹에 屬하는 一切
 의 財産을 管理하여 寺務와 法要執行의 責에 任하여 寺刹을
 代表함.
第五條 寺刹에 屬하는 土地, 森林, 建物, 佛像, 石物, 古文書, 古書畵,
 其他의 貴重品은 朝鮮總督의 許可를 受치 아니하면 處分함을
 得지 못함.
第六條 前條의 規定에 違反한 자는 二年 以下의 懲役이나 또는 五百
 圓 以下의 罰金에 處함.
第七條 本令에 規定하는 것 外에 寺刹에 관하여 必要한 事項은 朝鮮
 總督이 定함.
 附則
 本領을 施行하는 期日은 朝鮮總督이 定함.
 〈朝鮮總督府官報〉 제227호 明治 44년 3월 6일자

朝鮮總督府令 第八十三號
寺刹令은 明治 四十四年 九月一日부터 施行함
 明治四十四年七月八日 朝鮮總督 伯爵 寺内 正毅

朝鮮總督府令 第八四號
寺刹令施行規則은 左와 같이 定함
 明治四十四年七月八日 朝鮮總督 伯爵 寺内 正毅

「寺刹令施行規則」
第一條 住持를 定할 方法, 住持의 交替節次 및 그 任期중 死亡커나 其
 他의 事故로 인하여 缺員을 生한 경우에 寺務取扱方法은 寺法
 중에 此를 規定함.

第二條 左에 揭한 寺刹의 住持의 就職에 대하여는 朝鮮總督에게 申請
하여 認可를 受함이 可함.

京畿道	廣州郡	奉恩寺	同	聞慶郡	金龍寺
同	水原郡	龍珠寺	同	[長鬐郡]	祇林寺
同	揚州郡	奉先寺	慶尙南道	陜川郡	海印寺
同	江華郡	傳燈寺	同	梁山郡	通度寺
忠淸北道	報恩郡	法住寺	同	[釜山府]	梵魚寺
同 南道	公州郡	麻谷寺	黃海道	信川郡	貝葉寺
全羅北道	[全州郡]	威鳳寺	同	黃州郡	成佛寺
同	錦山郡	寶石寺	平安南道	平壤府	永明寺
全羅南道	海南郡	大興寺	同	[順安郡]	法興寺
同	長城郡	白羊寺	平安北道	寧邊郡	普賢寺
同	順天郡	松廣寺	江原道	[杆城郡]	乾鳳寺
同	同	仙巖寺	同	高城郡	楡岾寺
慶尙北道	[大邱府]	桐華寺	同	平昌郡	月精寺
同	永川郡	銀海寺	咸鏡南道	安邊郡	釋王寺
同	義城郡	孤雲寺	同	[咸興郡]	歸州寺

前項 이외의 寺의 住持의 就職에 대하여는 地方長官에게 申請하여 許
可를 受함이 可함.

第三條 前條 認可의 申請에는 住持가 될 者의 身分 年齡 및 修行履歷
書를 添附함이 可함.

第四條 住持의 任期는 三年으로 함. 但 任期가 滿了한 後 再任함도 妨
치 아니함.

第五條 住持가 犯罪 其他 不正한 行爲가 有한 時나 職務를 怠한 時는
其 就職의 認可를 取消함을 得함.

第六條 前條에 의하여 認可를 取消한 바가 된 者는 寺法에 定한 바에
의하여 一切寺務를 引繼하고 一週間 以內에 其 寺刹을 退去함
이 可함.

第七條 住持는 寺刹이 속한 土地, 森林, 建物, 佛像, 石物, 古文書, 古書
畵, 梵鐘, 經卷, 佛器, 佛具 其他 貴重品의 目錄書를 作하여 住
持就職한 후에 五月 以內에 此를 朝鮮總督에게 差出함이 可함.
前項의 財産에 增減移動이 有한 時는 五日 以內에 此를 朝鮮總督府에
申告함이 可함.
第八條 第七條의 申告를 아니한 者는 五○圓 이하의 罰金이나 또는 拘
留에 處함. 第六條의 規定에 違反한 者도 亦同함.

附 則

本領은 寺刹令 施行하는 날로부터 施行함. 각 本寺에서는 本領을 施
行한 五月 이내에 寺法의 認可를 申請함이 可함. 本領을 施行할 際에
住持없는 寺刹은 慣例를 從하여 本令을 施行한 後 三月 以內에 此를
定하고 其認可를 申請함이 可함.[153]

또한 「사찰령」 제3조를 이행하기 위해 1912년 초에 三十本山 주지 회의를 소집하여 사법(寺法)의 균일화에 대해 논의하였다. 여기에서는 총독부 학무국 종교과 주임 와타나베 아키라(渡辺彰)가 일본 승정(僧政)을 참고하여 이를 식민지통치에 적합하게 만든 초안을 기초로 7월에 해인사 주지 이회광의 최초 사법이 승인되었으며, 다른 사찰 역시 이를 좇았다. 따라서 각 본산의 사법은 각각 별개의 형식을 띠고 있으나 조문과 내용 모두 거의 동일한 것이 되었다. 전문 13장 100조로 이루어져 있으며, 제1장 총칙, 제2장 사격(寺格), 제3장 주지, 제4장 직사, 제5장 회계, 제6장 재산, 제7장 법식, 제8장 승규(僧規), 제9

---

153) 朝鮮總督府學務局社會敎育課 1939, pp. 109-116; 韓晳曦 1988, pp. 77-81; 우정상·김영태, pp. 175-177 참조.

장 포교, 제10장 포상, 제11장 징계, 제12장 섭중(攝衆), 제13장 잡칙으로 구성되어 있다. 총칙에서는 법맥이 서산대사 또는 부휴대사에서 시작되며 선교 양종을 겸용하여 불법(佛法)의 본취지의 실현을 기한다고 규정하고 있다. 주지는 본산에 승적을 두는 자 및 수반사(首班寺) 주지에 의한 것이라고 규정되어 있다. 법식은 사방배(四方拜), 기원절(紀元節), 천장절(天長節), 신상제(新嘗祭)를 축리법식일(祝釐法式日), 원시제(元始祭)와 춘계·추계황령제(春季·秋季皇靈祭), 신무(神武)·효명(孝明)(후에 明治)천황제, 신관제를 보은법식일(報恩法式日)이라 하고, 부처의 열반·탄생·성도일을 보본법식일(報本法式日), 역대 조사(祖師)의의 기일을 존조법식일(尊祖法式日), 총제·해제회식을 안거법식일(安居法式日)로 정했다. 또한「천황폐하 성수만세 존비」를 본존 앞에 봉안하고 매일 祝讚하도록 상정되었다.154)

이와 같이「사찰령」을 시행하고 조선 사원의 직접 통치에 나선 조선총독부는 주지 등 유력자에 대해 일본 시찰과 천황폐하 배알, 총독에 의한 신년 및 국경일연회 초대 등과 같은 우대정책을 취했다. 조선시대의 불교탄압으로 사원·교단 조직의 파괴, 천민 수준까지 전락하여 박해멸시받던 승려의 사회적 지위 등 약 500년이나 불우한 시대를 거쳐 온 조선 불교계 대부분은 포교활동의 자유, 사회적 지위의 상승을 가져다 준 조선총독부의 일련의 정책을 매우 호의적으로 받아들였다. 이처럼 조선총독부의 종교정책은 조선불교를 총독을 정점으로 하는 중앙집권적인 통제 하에 두면서도 그 한편에서는 불교의 지위를 향상시켜 우대토록 하는 "당근과 채찍 정책"으로 조선불교를 회유한

---

154) 韓晳曦 1988, p. 68; 우정상·김영태, pp. 177-189 참조.

것이었다.[155]

　김광식은 조선불교의 주류파를 이루는 대처승이 「사찰령」을 수용한 흐름을 "「사찰령」 등장 이전 불교운영의 혼란, 사찰재산 침탈 등 불교계 자체 내의 여러 모순이 많았지만, 「사찰령」 체제에 의해 그런 문제가 제거되었던 면도 간과할 수는 없다. 그러나 거기에는 기본적으로 일제의 고도의, 교묘한 정책을 불교발전으로 인식하였던 요인이 강력하게 있었다. 이런 측면에서 불교 내부에서 그를 지지한 것은 불교 근대화의 흐름으로 볼 수 있다. 비록 자생성, 논리성이 미약하고, 일제 정책이 관철되었지만 그러한 흐름이 근대 이전의 불교와는 다른 생존과 발전을 담보할 수 있다고 인정한 측면이 있었음을 부인하지 못한다."라고 평가하고 있다.[156] 또 "조선후기 이래 낙후된 불교의 사회적 위상을 만회하려던 불교인들은 생존경쟁, 우승열패, 적자생존의 논리를 갖고 당시 한국에 유입되었던 사회진화론에 영향"을 받아 "불교계에서는 진화론적인 현실인식하에 불교도 개혁, 개신, 진보하지 않으면 존립할 수 없다는 인식"을 갖게 되면서 "불교가 변화, 개혁하기 위해서는 자연 일본불교를 모델로 혁신하려는 흐름이 형성되었다."고 지적하고 있다.[157]

　「사찰령」으로 대표되는 일련의 종교정책에 의해 조선에 근대적인 종교체제가 정비되고 조선시대에 잃어버린 조직과 사회적 지위 등을

---

155) 韓晳曦 1988, p. 68; 申昌浩 2002, p. 82 참조.
156) 김광식 2010a, p. 15 참조.
157) 김광식 2007, p. 367. 김광식은 또한 「사찰령」을 다음과 같이 평가하였다. "사찰재산의 변동, 매각을 일제의 동의가 없으면 할 수없게 하였는바, 이는 한편으로는 사찰재산 보호를 가져왔다. 이로써 사찰령 시행 이전 지방의 토호 및 개신교에서 자행한 사찰재산 침범에 대한 저지의 역할을 하였다"(2007, p. 367 참조).

회복하여 조선불교가 조선 국내에서의 일대종교로서 "재생"된 점은 틀림없는 역사적 사실이다. 그러나, 많은 승려들이 사회적 신분의 안정, 사찰재산의 보호 등에 만족을 표하는 한편에서는「사찰령」에 반대하며 교단의 혁신을 도모하는 움직임도 눈에 띄게 되었다.

이와 같은「사찰령」제정 직후 1910년대에 나타난 저항의 흐름은 대략 3가지로 분류할 수 있다.

첫째,「사찰령」과 寺法의 성립에 의해 피해를 입은 승려의 소극적인 움직임이다. 이것은 대처식육(帶妻食肉)을 받아들여 "일본화"되어 있던 승려가「사찰령」과 寺法의 성립으로 주지가 비구승려로 한정되고 사찰에서 여성과 동거할 수 없게 되어 조선 불교와 일본 불교의 유대가 단절된 상황에서 생겨난 흐름이었다.158) 대처승은 寺法에 저항하는 조직을 만들어 조선총독부에 개선을 요구하는 등의 운동을 실시했다. 그러나 조선총독부는 반대로 대처승에게 사찰 내에서의 여인 기숙불가의 동의를 인정하게 하는 등 대처식육의 계율파괴를 저지하는 정책을 견지했다. 이러한 상황 중에 대처승은「사찰령」과 寺法에 소극적인 저항을 계속하게 되었다.159)

둘째, 末寺에 편입된 사찰 승려들의 불만으로부터 나온 저항이었다. 이것은 조선총독부가 寺格 등을 고려하지 않고 三十本山을 결정했기 때문에 本山에 선출되지 않은 사찰을 중심으로 일으킨 강한 반대와 저항이었다. 특히 華嚴寺는 주위 사찰인 선엄사의 寺格과 비교해 이것을 인정하지 않고 스스로 寺格의 동향을 요구하는 청원운동을 전개했다. 이 운동은 10년 이상 계속되어 1924년에는 本山에 포함되

---

158) 김광식 2007, pp. 368-369 참조.
159) 김광식 2007, p. 370 참조.

었다. 그러나 이 저항은 「사찰령」 자체에 대한 저항이 아니라 「사찰령」으로 정한 三十本山로부터 누락된 것에 대한 저항이었다.[160)]

셋째, 조선불교의 전통에 입각해서 보다 적극적으로 저항운동을 벌인 경우이다. 여기에는 조선불교의 전통을 수호하려는 鏡虛大師·申慧月·宋滿空, 조선인의 전통의식, 문화전통을 지키고자 한 불교학자 權相老·金映遂·李能和, 보다 적극적으로 사찰내부 혁신과 「사찰령」폐지, 식민지 정치에 대한 저항운동을 이끈 韓龍雲·朴漢永·白龍城 등의 주목할 만한 움직임도 있었다.[161)]

적극적인 저항활동을 벌인 인물 가운데 1919년의 3·1독립선언의 서명인이 된 한용운이 가장 주목할 만하다. 한용운은 本山제도와는 선을 긋는 독자노선을 선택했다. 한용운은 원종과 조동종의 합병 움직임에 반대해 일어난 1911년의 임제종운동이 「사찰령」에 의해 좌절되자 그 운동의 거점을 조선불교선종포교단으로 전환해 불교개혁운동을 추진해갔다. 그러나 「사찰령」을 시작으로 하는 일본의 불교정책에 강력하게 저항해 나가는 한용운의 운동도 1919년 3·1운동 이후까지 기다려야했다.[162)]

이와 같이 「사찰령」에 대한 저항의 흐름은 처음에는 아주 미약한 것으로 나타났다. 그것은 당초 「사찰령」에 대한 조선불교계의 태도가 우호적이었다는 것, 즉 불교근대회의 기대감이 조선불교계에 주류가 되어 있었음을 보여주는 예증이라고 이해할 수 있다.[163)]

---

160) 김광식 2007, pp. 370-371 참조.
161) 韓晳曦 1988, pp. 69-70 참조.
162) 김광식 2007, p. 371 참조.
163) 김광식 2007, p. 371 참조.

그러나 1919년 3·1운동 후에는「사찰령」체제로 불교개혁을 지향하는 근대불교노선을 지지해 불교 발전을 추진하려던 보수적인 노선, 그리고「사찰령」체제 자체를 비판하고 조선불교 독자의 불교개혁과 불교근대화를 추구하는 혁신적인 노선 사이의 대립구조가 나타났다. 이 혁신적인 노선을 주장한 인물이 바로 한용운이었다. 한용운은 조선불교청년회, 조선불교유신회를 조직해, 그것을 기반으로 1922년 1월에 실시한 三十本山주지총회에서 10개 남짓한 本山의 지지를 얻어 혁신적인 노선의 통일기관으로 총무원을 설립했다. 그곳에서는 교헌을 만들고, 本山중심 불교의 통일기관을 만들어 사찰자치를 실시할 것을 요구했다. 이 요구는 건백서로 조선총독부에 제출되어 사찰자치의 청원운동으로 전개되어 갔다. 그러나 통일기관으로서 총무원을 설립했음에도 건백서에서는 本末寺제도를 대체하는 대안을 제시하지 않고, 또 자치적인 통일기관을 스스로 조직·운영하는 자주성은 보이지 않고 조선총독부에 그와 같은 조직을 만들 것을 건의·요청하는 의존성이 보였다. 그래도 1910년대에 볼 수 없었던「사찰령」체제에 대한 비판과 저항이 보다 명확히 나타난 것은 주목할 만한 변화였다고 할 수 있다.[164]

또 총무원을 중심으로 전개된 불교교육, 포교운동, 사찰자치를 요구하는 청원운동에 대해 기득권을 갖고 있는 보수적인 주지들이 반발하고 반대했다. 또 조선총독부도 움직이지 않았다. 이러한 총무원측에 반발한 보수적인 本山은 새로운 중앙기관을 설치할 것을 결정하고 재단법인 조선불교중앙교무원(1922년 5월)을 설립했다. 이 총무원은

---

164) 김광식 2007, pp. 374-377; 2002, p. 23 참조.

기존의 불교교육과 포교사업의 未備點 등을 인하고 불교 사업을 적극적으로 추진하기 위한 사업체적인 성격을 갖는 것이지 진정한 의미의 중앙기관이나 종단은 아니었다. 그러나 조선총독부는「사찰령」체제의 범위를 벗어나지 않는 보수적인 교무원을 후원했다. 이와 같은 배경에서 교무원측은 당초의 10~16本山에서 점차 지지를 확대해 최종적으로는 26~28本山의 지지를 얻기에 이르러 1924년에 총무원은 교무원에 통합되었다. 이렇게 1919년 3・1운동 후에 나타난「사찰령」체제에 대한 저항도「사찰령」체제를 유지하려는 조선총독부와 보수파인 교무원의 결합에 의해 진압되었다.[165] 이러한 진압은 결국 일본의 근대적인 불교정책을 관철하려는 의사, 그리고 주지의 보수화・근대화 노선의 추인이라는 의미를 가졌다. 특히 이들 보수파 주지의 요망을 받아들여 1926년에 조선총독부가 대처승도 주지가 될 수 있다는 것을 인정하자 보다 한층 그 경향이 강해졌다.

다른 한편, 1929년 1월에 불교계의 대표 107명이 참가하여 개최된 조선불교선교양종의 승려대회에서는「사찰령」으로 규정한 테두리를 넘어 불교계 전체의 운영을 실시하는 조선불교의 중앙기관이 조직되어 종헌도 제정되었다. 이 승려대회의 움직임은「사찰령」체제의 범위 내였지만, "불교계 통일 운동의 차원에서는 기념비적인 산물"[166]이라고 할 수 있는 자주적인 통일종단을 지향하는 움직임으로 나타났다. 그러나「사찰령」체제를 대표하는 일련의 불교정책에 위협이 될 가능성이 있는 움직임에 대해 조선총독부는 허가해주지 않았다.[167]

---

165) 김광식 2007, pp. 379-380; 2002, p. 23 참조.
166) 김광식 2002, p. 51.
167) 김광식 2002, pp. 30-38, 50-55 참조.

「사찰령」 체제가 확립되는 과정에서 또 주목해야 할 대상은 朝鮮佛敎禪宗(禪學院)이라는 수좌(首座)계열의 움직임이다. 이들 움직임은 전통 불교의 변질, 禪風의 쇠퇴, 계율의 완화 등에 대해 위기감을 느낀 승려에 의해 주도되었다. 이러한 수좌세력은 1921년 11월에 禪學院을 창설해 「사찰령」 체제에 대한 저항, 조선불교의 수호, 전통적인 선수행으로의 회귀 등을 표방했다. 또 1922년 3월에는 선학원의 취지에 찬성한 수좌에 의해 鮮于共濟會를 조직했다. 선학원과 선우공제회는 선원과 360명의 수좌중심 기관으로 시작되었지만, 그 당초부터 재정적인 어려움에 직면해 곧 정체 상태에 빠졌다. 1923년 말에 사단법인 선우공제회의 설립허가를 조선총독부에 요구했지만 허가받지 못하고, 선학원도 1926년에는 범어사포교소로 전환되어 당초의 목적을 달성할 수는 없었다. 그러나 1931년 1월에는 재차 선학원이 재건, 3월에는 전선수좌대회를 개최해 선학원 창설 당초의 이념을 확인함과 동시에 재정확립과 불교의 대중화의 운동 방침이 확인되었다. 여기서는 선우공제회를 재단법인으로 전환시켜 재정적인 기반을 안정화시키는 것이 논의되어 1934년 12월에 선우공제회를 財團法人 朝鮮佛敎禪理參究院으로 전환했다. 1935년에는 수좌대회가 열려 75인의 수좌가 참가해 선종의 홍성에 의해 조선불교의 부흥을 도모하는 것이 확인되었다. 또 동시에 독자의 종규를 정해 전국의 선학원 45곳, 300명 남짓한 수좌를 기반으로 한 조선불교선종이라는 독자적인 종단을 성립, 중앙기관인 종무원을 설치했다. 이 선학원의 흐름은 교무원과는 다른 접근으로 「사찰령」 체제 하에서 존재했던 것이다. 즉 주류파였던 교무원이 「사찰령」 체제를 적극적으로 이용하면서 스스로의 지위를 확보한 것에 대해, 선학원의 흐름은 교무원이 주도하는 불교에 대해서는 비판적인 입장을 취하지만「사찰령」체제와 정면충돌을 피하면서 선종을 중심으로 한 전통적인 불교를 회복하려고 시도한 것이다.168)

이 외에도 적극적으로 진보적인 불교개혁을 표방한 한용운의 卍黨, 백용성의 大覺敎 등의 주목해야 할 흐름이 존재했다. 이 두 가지 흐름에 대해서는 나중에 그들의 사상과 함께 언급하기로 한다.

우리가 보았듯이,「사찰령」을 중심으로 한 조선총독부의 일련의 불교정책에 대해 조선불교계의 중심부에서 여러 가지 불교개혁, 불교계 통일운동이 제시되어왔다. 이와 같은 여러 가지 움직임을 받아들여 조선총독부는 주지전정의 억제를 일보 후퇴하지 않을 수 없어 1927년에는 山中公議會의 부활을 인정했다. 조선불교계의 불교통일운동은「사찰령」체제하에서 조선불교계가 주체적으로 해왔지만, 그 때에는 조선총독부의 불교정책에 반하는 것으로 인정할 수는 없었다. 그러나 조선불교계의 불교통일은 조선총독부의 방침 전환에 의해 달성하게 되었다. 조선총독부는 일본이 군국주의화·파시즘화해 나가는 시대에 맞추어 1935년 초부터 내선일체(內鮮一體)를 통해 황국신민화를 도모하는 정책으로 心田開發運動을 시작했다. 조선총독부는 심전개발운동을 실행하는 과정에서 불교계를 그 운동정책의 중심에 넣으려고 획책하여 불교계에 유기적인 기관의 창설을 요구했다. 이것을 받아들여 1935년 7월 28일에는 31本山주지회의를 갖고, 불교계의 대표기관인 조선불교선교양종 종무원을 설립하고, 심전개발기념사업으로 각황사의 재건을 실행하는 것 등이 결의되었다. 그러나 그것들이

---

168) 김광식 2010a, pp. 20-27 참조.

구체적으로 진척된 것은 아니었다.

　總本山의 건설 사업은 1937년 2월 경, 慶南 3本山종무협의회, 全南 5本山협의회, 慶北 불교협의회의 대표자가 불교발전을 위해 總本山건설을 결의해 그 결의가 주지총회에 올려져 가속화되었다. 이것을 조선총독부가 적극적으로 지원한다는 방침이 확인되는 가운데 總本山건설 운동은 본격화되었다. 그 결과 1938년 10월에는 總本山건설인 대웅전을 준공했다. 또 이 總本山의 寺格을 검토해서 1939년 5월 23일 조선총독부에 태고사(太古寺)로 신청을 했다. 그리고 1940년 7월 15일에는 조선총독부로부터 허가를 받았다. 그러나 이 시점에서 종명은 조선불교선교양종 그대로였다. 종명을 조계종으로 개칭할 것을 요구하는 목소리가 높아져, 1941년 4월 23일에 조선총독부령 125호로「寺刹令施行規則」을 개정해「朝鮮佛敎 曹溪宗總本寺太古寺法」이 허가되어, 조선의 사찰 및 승려를 통합하는 조선불교조계종이 발족되고, 여기에 조선불교조계종총본산제도가 성립되었다. 즉 태고사는 기존의 31本山와는 다른 本山(本寺)가 되어, 그 寺格은 하나의 本山(本寺)가 아닌 조선불교계전체를 통할하는 기능과 寺格을 부여한 총본사통일종단의 중앙기관이 된 것이다. 이것은 조선불교계에 있어 1920년대부터의 통일운동이라는 숙제가 성취된 역사적·불교사적 의의를 갖는 것이었다.[169] 그러나 이 새로운 제도에 의해 성립된 단체, 제도도 일본의 시대 추세를 반영한 황민화정책에 의한 皇道佛敎에 이용된 측면이 있다. 중일전쟁과 태평양전쟁으로 일본이 전시체제가 강화되어 군국주의적인 색채가 강해지자 불교계도 군용기 헌납, 전시실

---

169) 김광식 2002, pp. 55-63 참조.

천요목과 전승기도 축원문 낭독, 임전대책협의회 가담, 조선임전보국단 가입, 사찰의 금속류 헌납, 국방헌금, 일본어 보급운동, 시국 순회 강연회, 징병 권유 및 협조, 근로보국대 결성, 창씨개명 협조 등 이 시기에 대응하는 협력을 행했던 것이다.[170]

이와 같이 「사찰령」 체제 하에서 조선불교계는 번롱(翻弄)당하면서도 불교의 근대화를 요구해 여러 가지 불교개혁운동을 실시하고, 이것이 불교의 통일운동으로 이어져 우여곡절을 겪으면서도 조선불교조계종을 성립시켰다. 그러나 이 과정에서 생긴 조선불교계 내부의 대립, 즉 조선총독부에 의해 기득권을 부여받고 있던 보수파인 本山 주지와 개혁을 재촉하는 개혁파의 대립은 "친일"승과 "항일"승의 대립으로 인식되어 1945년 일제로부터 해방된 후에도 계속되어 갔다.

또한, 일본 내지의 상황과 마찬가지로 불교·신도·기독교 이외의 종교는 "유사종교"라 하여 공인 종교로 인정받지 못하고 종교유사단체의 결사로서 1907년의 「보안법」, 1910년의 경무총감부령 「집회단속에 관한 件」에 의해 엄중하게 단속되었다. 유교는 종교가 아닌 학사로 취급되어 사찰령과 같은 6월 15일의 부령 제73호 「경학원 규정」 등에 의해 유교관련 시설은 총독의 관리 통제 하에 놓이게 되었다.[171]

게다가 1915년 8월에는 「布敎規則」(朝鮮總督府令 제83호)가 발포, 같은 해 10월부터 시행되었다.[172] 제1조에는 "종교라 부르는 것은 神

---

170) 김광식 2002, pp. 36-37 참조.
171) 韓晳曦 1988, p. 71 참조. 유교의 최고학부인 성균관은 폐하고 경학원으로 하여 경학 연구 중심기관이 되었다. 향교·서원·서당은 「각 도의 장관에 대한 훈시」에 의해 총독의 관리통제 하에 놓이게 되었다.
172) 朝鮮總督府學務局社會敎育課 1939, pp. 128-132 참조.

道,佛道 및 基督敎를 말한다."라고 되어 있다. 이 「布敎規則」은 국내에서 당시 기독교를 대상으로 한 단속의 법령이 존재하지 않은 가운데 明治 이후 처음으로 "기독교"가 명기된 本法令이었다.[173] 또 종교라는 것은 神道・佛敎・基督敎라고 규정하지만, 그 외의 유사 종교, 종교 유사 단체라고 불리던 단체도 본령의 적용을 받도록 했다(제15조). 그리고 이 법령은 일본인 외의 외국인(歐美로부터의 기독교 선교단 등)과 조선인에게도 적용되었다(제6, 13조). 또 그때까지 적용되어 왔던 「종교의 선포에 관한 규칙」에서는 행정측에 관리자의 인가권이 존재했지만 그 관리자의 해임권은 존재하지 않았는데, 본령에서는 각 교단 조선주재의 포교관리자를 선정해 그 해임권을 장악했다(제3, 4, 5, 6, 7조). 그리고 1919년에는 유사 종교를 규제하기 위한 「宗敎局通牒」 등 많은 법령이 발표되었다. 이러한 「寺刹令」이나 「布敎規則」, 그 외의 관련 법령에 의해 모든 종교를 제도화하고 그 우두머리의 임면을 승인 또는 허가하는 방법으로 조선총독부는 종교 단체의 인사권을 장악하고 효율적인 관리를 시행하려고 한 것이었다.

　모든 종교의 일괄 통제라는 「포교규칙」의 특징은 그 이전의 내지 법령에도 또 식민지법령에도 없었다. 즉 「포교규칙」은 내용적으로는 내지에서 제정된 모든 종교관계법규에 모순되지 않으면서 세세하게 규정하는 대신 재량권을 감독에게 준 것이었다. 이와 같이 이 당시 종교정책의 목적은 조선 불교를 무력화하는 한편, 일본의 공인 종교에 편의를 도모해 서서히 "황민화"를 달성하는데 있었다. 즉 내지의 공인 종교를 조금씩 침투시켜 조선을 내지와 동일하게 하려고 하는 "內地

---

[173] 平山洋 1992, pp. 494-495; 川瀨貴也 2002, pp. 51-85 참조.

延長主義"적인 정책을 실행하였다.[174]

그러나「포교규칙」에 의한 통제에 관계없이 1919년, 종교인을 중심으로 3·1운동이 일어났다. 그래서 총독부는 그때까지의 "무단정치"의 방침을 "문화정치"로 변화시켰다. 이에 맞춰 종교정책도 변경되고 1919년, 종무국에 종교과를 설립해 종교행정에 관한 사무를 담당하게 하였다. 그러나 "문화정치"라고 해도 총독부는「정치에 관한 범죄 처벌의 件」(제령 제7호)등을 정해 독립운동에 관계한 다수의 종교인을 차례로 검거하는 등 더욱더 엄격하게 통제하였다.[175] 또 1920년에는「포교규칙」을 개정하고 종교단체에 관한 관리통제를 강화하였다. 당국은 "허가주의"에서 "신고주의"로 변경하고 마치 규제가 완화된 것처럼 선전했지만, 실제로는「대일본제국헌법」제28조 "信敎의 自由"와 같이 "안녕질서를 방해할 우려가 있다"고 간주될 때는 언제라도 제한할 수 있는 조항(제12조)을 추가하는 등 관리 통제가 강화된 것이었다. 여기서 흥미로운 점은, 내지에는 이와 같이 추가된 조문과 같은 내용을 갖는 종교 관련 법령이 없다는 사실이다. 이것은 총독부의 종교정책이 그때까지의 "內地延長主義"에서 벗어나 독자의 방향으로 나아가기 시작했다는 것을 의미한다.[176] 거듭 말하자면 조선에서 시행된「포교규칙」의 개정이 1920년이었던 것에 비해 내지 종교단체 통할의 일원화가 행해진「종교단체법」의 제정이 1939년이었던 것은 조선에서의 종교정책이 후에 내지의 정책에 영향을 미쳤다고도 볼 수 있는 것이다.

---

174) 平山洋 1992, pp. 495-497 참조.
175) 平山洋 1992, p. 498 참조.
176) 平山洋 1992, pp. 500-501 참조.

실제로 개정된「포교규칙」과「종교단체법」에는 많은 유사점이 있는데, 특히 ① 종파신도·불교·기독교·유사종교(종교결사)의 일괄 통제를 목적으로 하는 점, ② 관장·포교통리자(「종교단체법」), 포교관리자(포교규칙)의 취임에 대해서는 주무대신·총독의 인가제를 취하고 경우에 따라서는 그 해임도 가능하였다는 점, ③ 종교 활동이 안녕질서를 방해할 경우에는 활동이나 건물의 사용을 금지할 수 있었다는 점, ④ 종교단체 내부의 상황에 대해서 보고·의무를 지게 했다는 점 등은「포교규칙」과「종교단체법」에서만 볼 수 있는 유사점이었다.[177] 따라서「정치에 관한 범죄 처벌의 件」(1919)에 의해 독립 운동가들을 강압하는 한편, 종교를 보호한다는 명목으로「포교규칙」의 개정(1920년)에 의해 질서유지를 강력하게 추진한 것과 같은 방법이,「치안유지법」(1925년)에서 좌익운동이나 유사종교를 탄압하는 한편,「종교단체법」(1939년)에 의해 관리통제를 도모한 내지의 정책에 영향을 미치거나 혹은 조선에서의 종교정책이 내지의 정책의 원형이 되었다고 생각할 수 있는 것이다.

이와 같이 일본에 전시체제가 강화되자 황민화정책이 취한 식민지 통치 정책이 채용되었다. 그러나 동시에, 이것은 식민지 조선이 내지에 선행하고 엄격하게 관리통제를 받고 있었다는 것을 의미하는 것이다. 이와 같이 식민지 한국에 있어서 종교정책은 근대화·황민화라는 이름하에 실제로는 내지 이상의 관리 통제를 받고 있었다고 하는 사실, 그리고 효율 좋은 통치방법의 장대한 실험장이 되었다고 하는 사실을 지적해두어야 할 것이다.

---

177) 平山洋 1992, p. 506 참조.

6) 朝鮮佛敎의 日本化와 그 反應

(1) 帶妻僧 增加에 관한 問題와 白龍城의 建白書

타카하시 토오루(高橋亨)는 『李朝佛敎』에서 다음과 같이 기술하고 있다.

> 李朝時代에 불교도는 一世보다 淸淨自戒 생활을 보내야 함이 엄격하게 요구되고 있었기 때문에, 일개 승려의 체면을 가진 자는 妻帶하여 淫戒를 범하는 것은 꿈에도 생각할 수 없는 것이었다. …(중략)… 李朝의 名僧은 다른 점은 차치하고, 妻妾를 갖지 않는다는 한 가지에는 조금의 이의가 없는 사람들이었다. 실로 당시로써는 그 밖에 몇 가지의 미점·장점을 갖추고 있는 승려라 할지라도 젊은 여인계를 범하면 사회는 이를 보통 표준에 속한 승려라고는 인정하지 않았다. 그로 인해 李朝末年 승려의 戒行은 더욱더 시간이 내려가서 일본 승려와의 접촉 및 일본 승려계의 현상이 알려지게 됨에 따라 蓄妻에 대한 승려의 持戒的 價値觀念에 변화가 생겼고, 몰래 蓄妻하는 승려의 수가 증가하였으며 결국에는 공공연하게 妻帶解禁을 當路에게 청원하는 이들이 나타나게 되었다. 隆熙 4년 3월(明治 43년) 승려계의 신인 百潭寺의 한용운의 건의에 의해서 중추원에 건의하고 또 통감부에 建白하였다.[178]

조선이 개국하고 일본 불교 각 종파가 조선개교에 나서자 일본승려와 조선승려의 교류도 시작되었다. 특히, 조선개교를 가장 일찍 시작

---

178) 高橋亨 1973, p. 951.

한 것은 일본 불교 중에서도 대처육식(帶妻肉食)을 공인하던 眞宗大谷派였다. 또한, 일본의 통치정책의 일환으로 조선승려를 일본으로 일본시찰 및 유학하게 하는 등 일본 승려와의 교류가 활발해지자 일본의 승려가 부인을 두고 있는데도 사회적 지위를 확보하고 있다는 점을 알게 되었다.

또한, 여기서 주목해야 할 것은 3·1독립선언에도 이름을 올린 한용운도 1910년 4월과 9월에 중추원 의장이었던 김윤식과 통감부의 통감이었던 테라우치 마사타케(寺內正毅)에게 승려의 결혼을 인정하도록 요청하는 건의서와 건백서를 제출했다는 점이다. 이는 당시의 풍조를 반영하고 있음을 보여주는 것으로, 이것은 한용운이 1913년에 발표한 『朝鮮佛敎維新論』에도 반영되어 있다. 한용운은 불교의 발전과 포교를 위해서도 승려의 결혼을 인정해야 한다고 적극적으로 대처(帶妻)를 지지하는 주장을 펼쳤다.[179]

조선불교 승려의 일부 가운데 일본불교를 적극적으로 받아들여 불교의 지위를 향상시키고자 하는 운동이 대두하였다. 유학 등을 거쳐 거부감이 적은 승려를 중심으로 일본 승려의 대처를 본받아 수많은 조선불교의 승려가 처를 두면서 대처승의 증가가 현저히 눈에 띄게 되었다. 이처럼 일본 유학을 경험한 청년승려는 혁신적인 불교청년운동을 전개했다. 이로 인해 인사 문제 등에서 청년승려와 보수적 세력 사이에 갈등이 나타났으며, 보수적인 세력은 이러한 대처 청년승려를 기피하게 되었다. 또한, 반대로 대처 청년승려는 불교계의 개혁이라는 명분으로 보수적 세력을 교단의 중심부에서 배제시키려는 움직을

---

179) 김광식 1998, p. 543 참조.

보이게 되었다.180)

　일본의 「사찰령」이 발포되자 각 본산은 사법을 제정하고 허가를 받아 그 중에는 본말사 주지 피선거인 자격을 규정181)하였다. 당초 本寺 주지는 아래와 같은 조건을 갖춰야 했다.

　　1. 年齡이 滿40歲 以上되는 것.
　　2. 比丘戒를 具足하고 更히 菩薩戒를 受持한 것.
　　3. 法臘이 十夏 以上되는 것.
　　4. 修學이 大敎科 卒業 以上되는 것.

　그리고 末寺 주지 역시 일정한 자격을 구비해야 했으니, 그 내용은 다음과 같다.

　　1. 年齡이 滿25歲 以上되는 것.
　　2. 此丘戒를 具足하고 更히 菩薩戒를 受持한 것.
　　3. 法臘이 五夏 以上되는 것.
　　4. 修學이 四敎科 卒業 以上되는 것.

　이러한 주지 자격을 규정하였기 때문에 대처승은 본말사의 주지가 될 수 없었다. 그러나, 이 후, 대처금지 戒律인 比丘尼戒를 경시하여 승려들 중에서 老·壯·靑·少를 불구하고 比丘尼戒를 엄수하는 승려가 극소수에 이르러 본산 주지조차 처를 두고 이를 숨기는 이가 적지

---

180) 김광식 1998, pp. 179-180 참조.
181) 高橋亨 1973, p. 951; 우정상·김영태, pp. 175-177 참조.

않았다. 이렇게 대처승이 늘어가자 本末寺 주지 규정도 권위를 잃게 되어 조선총독부는 시대적 분위기에 맞지 않는다 하여 1926년에 이 조항의 삭제를 허가하는 지시를 내리게 된다. 이후 1929년까지 약 80%의 사찰이 寺法 개정을 신청하여 이 조항을 삭제하였다.[182]

이 대처(帶妻)는 比丘尼戒를 깨뜨리는 계율(戒律) 경시 문제 뿐만 아니라 사찰의 경제 문제까지도 일으키게 되었다. 대처가 해금되어 다수의 승려들이 사찰구역 내외에 공공연하게 처와 함께 거주하고 또한 자녀를 양육하기 위해 승려의 사유재산욕이 증가하였다. 이 때문에 생전에 사찰에 재물을 기부하는 이들이 없어지고 또한 사후에도 그 소유하는 토지를 사찰에 기부하는 이도 없어지면서 장래 사찰 공유재산의 증가도 바랄 수 없게 되었으며, 각 사찰의 포교흥학 시설의 발달 및 확장도 바랄 수 없게 되었다.[183]

불교청년운동의 주도자 중 한 사람이었던 이용조(李龍祚, 雅號 夢廷生)도 1932년에 "從來 禁慾主義的 僧侶가 帶妻問題 可否를 論할 餘暇도 없이 雨後竹筍처럼 一齊히 帶妻生活을 하기 되얏다. …(중략)… 實노 朝鮮에 佛敎가 들어온 後 처음보는 破戒生活이다."라며 당시 상황을 한탄하였다. 그리고 그는 "帶妻生活은 必然的으로 資本을 要하기 된다. 從來 一衣一鉢이면 生涯 是足이든 法徒는 數衣數鉢에다가 私有財産이 없으면 生活할 수 없게 되얏다."고 하여 대처 문제를 사유재산의 문제로 보고 비판하였다. 더 구체적으로 "帶妻 生活에는 不可避的 自己 私宅을 가저야 되얏다. 從來 獨身生活에 比하야 적어도 四五倍의 生活費를 必要로 하기 되얏다. 於是乎 寺院經濟의 危機

---

182) 高橋亨 1973, p. 953 참조.
183) 高橋亨 1973, p. 954 참조.

가 이 帶妻生活노붙어 始作"하였다면서 이용조는 대처생활의 문제가 사원경제의 위기까지도 초래하였음을 지적하면서 대처에 대해 비판하고 있다.[184]

실제로 해방되기까지 대처승려가 80%을 넘을 정도였는데, 이에 맞서 比丘尼戒를 지키고 대처를 금지하려는 승려도 적지 않았다. 그 중심인물은 바로 1919년 3·1독립선언에도 그 이름을 연명했던 백용성이었다. 백용성은 1926년 5월과 9월에 조선총독부에 대처식육금지를 요구하는 건백서를 제출했다. 1926년 5월에 제출한 제1차 건백서에는 다음과 같이 기술하고 있다.

> 我佛 世尊이 出世以來로 佛子 大衆이 各各 法輪을 轉하야 三千年이 近하도록 比丘의 帶妻食肉의 說을 不聞하엿더니 近者 無恥權屬의 輩가 心을 汚辱에 染하고 佛의 正法을 滅하야 敢히 帶妻食肉을 行하며 清淨한 寺院을 魔窟로 化하야 參禪 念佛 看經 等을 全廢하니 諸天이 泣淚하고 土地 神祇가 皆 發怒케 하는도다.[185]

> 僧된 者의 持戒 修道함은 當然한 本分事이어늘 엇지 寺法을 改定하야 帶妻者로써 住持되기를 當局에 希望하리요. 其羞恥됨은 舌端으로 掛키 不能하도다. 當然히 斷却할 것을 斷却치 아니하면 反히 其 亂을 招하나니 맛당히 絶對로 帶妻僧侶와 帶妻住持를 嚴禁하야 現今에 弊害를 察하여 後日의 歎이 無하도록 할 것이요.[186]

---

184) 김광식 1998, pp. 181-182 참조.
185) 동산혜일(東山慧日) 撰集 1941. 김광식 1998, p. 195에서 재인용.
186) 동산혜일 찬집 1941. 김광식 1998, p. 197에서 재인용.

백용성은 대처육식하는 자는 불교의 正法을 멸하는 것이라고 비판한 뒤, 계율(戒律)을 지켜야 할 승려가 사법을 개정하여 대처자의 주지 당직 인가를 요구하는 것은 매우 부끄러워해야 할 일이며, 대처승려와 대처주지는 폐해가 될 것임이 분명하므로 장차를 위해서라도 엄금해야 한다고 주장하였던 것이다.

같은 해 9월에 제출한 제2차 건백서는 조선총독부가 기본적으로 대처허가 방침을 취하고 있었음이 더욱 분명해졌기 때문에 제1차때 보다 더욱 구체적인 성격을 가진 것이었을 뿐 아니라 조금은 타협적인 것이었다.[187] 그러나, 제1차와 마찬가지로 대처 엄금을 강하게 요구하는 것이었다.

> 現今 朝鮮僧侶가 帶妻食肉을 敢行하야 淸淨寺院을 汚積不淨한 魔窟營을 作하고 僧體를 不顧하니 泣血痛歎이외다. 僧侶의 帶妻食肉을 許可할진대 別노히 在家 二衆을 置할 必要가 無할 것이외다. 帶妻食肉을 嚴禁하여 주시기를 千萬仰祝하옵나이다. 若不然이시면 帶妻僧侶는 比丘戒를 取消하고 還俗하야 在家二衆의 地位에 處케 하여 주시옵소서.[188]

대처승려는 사원에 있어서 문제가 되므로, 대처육식은 엄금할 것을 다시 한 번 요구함과 동시에 만약 대처육식 금지가 불가능하다면 대처승려의 비구계(比丘戒)를 취소하여 환속시키고 재가 취급한다는 구체적인 타협안을 제시하면서 이를 실현해 주도록 요청하였다.

---

187) 김광식 1998, p. 197 참조
188) 동산혜일 찬집 1941. 김광식 1998, p. 198에서 재인용.

또한, 백용성은 본산 관리에 관해 구체적인 타협안도 제시하였다.

> 現今 朝鮮僧侶의 蓄妻啖肉者가 寺院을 掌理함으로 修行 衲子와 年高 納僧은 自然 驅逐되여 泣浪彷徨케 되니 此 數千大衆이 何處에 安住乎닛가. 自然 安心되지 못하외다. 蓄妻啖肉을 嚴禁하시던지 不然이면 持戒 衲僧의게 幾箇 本山을 割給하야 淸淨寺院을 復舊하야 持戒僧侶로 安心 修道케 하여 주시고 有妻僧侶와 無妻僧侶의 區別을 朝鮮 大衆이 共知케 하야 주심을 全心 建白하나이다.[189]

백용성은 이처럼 지계(持戒)의 比丘尼僧侶에게 몇 곳의 본산을 할당하여 관리하도록 하고 청정사원을 복구시켜 지계승려(持戒僧侶)가 안심하고 수행할 수 있는 환경을 제공해야 한다고 요청하였다. 또한, 대처승려와의 구별을 명확히 하여 일반 대중에게 알릴 것을 건백한 것이었다. 하지만 1926년 조선총독부가 대처승은 본말주지(本末住持)가 될 수 없었던 조항을 삭제하는 방향으로 나왔기 때문에 1927년에는 대처육식 금지 논쟁 자체가 소멸되어 버렸다.[190]

그리고 이와 같은 건백서도 조선총독부에 대한 요망에 불과한 것으로, 대처육식 자체는 승려개인의 문제로 법률로 강제하여 처를 두게 하거나 육식을 하도록 하는 것은 아니기 때문에 건백서 제출 자체의 의미도 미미했다고 말할 수 있다. 조선총독부로서는 일본화된 조선불교를 바라면서도 법률적으로는 조선승려의 요망에 따라 본말사 주지 규정의 변경을 인가한 것에 지나지 않았다.

---

189) 동산혜일 찬집 1941. 김광식 1998, p. 199에서 재인용.
190) 김광식 1998, p. 199 참조.

대처(帶妻)는 흔히 일본불교의 특색 중 하나라고 일컬어지는데, 眞宗 이외 종파로까지 확대되어 정부에서도 공인하게 된 것은 1872년 (明治 5년)의 태정관포고 제133호부터였다. 곧 이것은 「自今僧侶肉食妻帶蓄髮等可爲勝手事」라는 육식과 대처, 蓄髮을 인정하는 포고를 발표함으로써 출가자를 세속법으로 규제하지 않는다는 입장을 취한 것으로서, 조선개교 직전에 겨우 인정된 것이었다. 뿐만 아니라, 眞宗 외에는 이 포고에 대해 백용성의 건백서와 마찬가지로 불교의 본률(本律)을 어지럽힌다는 이유 등을 들어 교부성(敎部省)에 취소를 요청하는 반대운동이 일어나고 있었다.[191] 그러나, 일본에서는 眞宗 뿐 아니라 거의 모든 종파에서도 대처승려가 대다수를 차지하게 되어 지금에 이르고 있다.

한편, 조선에서 대처승려가 80%을 넘는 상태가 된 가운데 전통적인 계율을 지켜 그에 저항하려고 한 비구승려의 존재가 禪學院(朝鮮佛敎禪宗)계의 수좌 등에 계승된 것은 앞에서 이미 언급하였다. 백용성도 전통적인 계율을 지켜 대처에 저항하려는 입장에 서있었지만, 그는 이들 선학원계 수좌와는 달리 단순히 선의 전통을 수호해 산속의 선원에서 수행만 하는 노선이 아니라 대중이 살고 있는 세속과의 연결을 중시했다. 백용성은 1926년 5월, 9월에 제출한 대처식육반대 건백서가 조선총독부에 의해 거부되자 대처식육의 공인, 사찰재산의 망실을 방치하는 기존 교단을 떠날 수밖에 없었기에 자신의 승적을 제거하였다.

그리고 백용성은 1927년에 大覺敎를 표방하고 자신이 생각하는 새

---

[191] 箕輪顯量 2008, p. 349; 池田英俊 1988, pp. 779-780; 有安道人 1879, pp. 171-174 참조.

로운 불교를 내세웠다. 그가 세운 대각교는 승려 중심의 고전적인 불교가 아니라 민중을 위한 불교였다. 백용성은 승려의 노동을 통해 자작자급의 실천인 선농(禪農) 불교를 실천하는 것으로 불교개혁을 추진하였다. 그는 실제로 중국 길림성의 연변과 경남 함양군의 백운산 토지에서 반농반선의 생활을 했다. 이와 같이 백용성은 기존의 불교 교단을 거부하고 불교의 근본과 전통을 지켜 선농불교, 자립불교, 민중불교를 실천해 승려의 자립을 촉진했던 것이다. 그러나 대각교는 기존 불교, 즉「사찰령」체제하 불교로부터 분리되어 독자 노선을 걸으려 했지만, 자기 한계와 일본의 간섭 등에 의해 그 조직체를 유지하는 것이 어렵게 되어 禪宗(禪理參究院)에 부속되었다. 이렇게 백용성의 불교개혁도 중간에 좌절되어 버렸다.[192]

그러나 이 대처식육의 계율파괴에 대한 대응으로 당시 주류가 아닌 채 조선불교의 전통을 수호하려 했던 백용성이나 수좌계 선종의 주요한 구성원이었던 비구승려가, 해방 후에는 대처승려="친일"승려, 비구승려="항일"승려라는 이분법이 正式化되면서 한국불교의 중심으로 확고한 지위를 확보하게 된다.

(2) 韓龍雲의 『朝鮮佛敎維新論』

韓龍雲은 임제종운동에 참가해, 단종과 조계종의 합병에 대해 강력히 반대했다. 그러나 임제종운동이 일본의 개입에 의해「사찰령」제정, 조선불교선교양존의 성립이라는 형태로 수습이 되자, 한용운은「사찰령」에 대해 정교분립의 원칙에 위반되고 조선

---

192) 김광식 2010a, pp. 33-41 참조.

불교의 장해가 되므로 이를 폐지해야 한다고 주장했다. 이것은 1910년에 탈고하고 1913년에 발표한 『朝鮮佛教維新論』에서 명확히 나타나 있다. 한용운은 『조선불교유신론』에서 조선불교의 자각을 촉구하며 개혁을 요구했다. 그리고 이 『조선불교유신론』은 "개혁운동의 추진과 민족사회에 끼친 공적 등에 의하여, 최근세기간중 불교계는 물론 한국사회의 변혁에 가장 큰 영향을 준 작품의 하나이다."193)라고 평가받고 있다.

우리는 그 당시 조선불교계가 구체적으로 어떠한 문제를 안고 있었는가를 알기 위해서라도 한용운의 『조선불교유신론』를 상세히 살펴볼 필요가 있다. 『조선불교유신론』은 서론과 결론을 포함해 17장으로 구성되어 있다. 곧 「서론」, 「불교의 성질」, 「불교의 주의」, 「불교의 유신은 마땅히 파괴로부터」, 「승려의 교육」, 「참선」, 「염불당의 폐지」, 「포교」, 「사원의 위치」, 「불가에서 숭배하는 소회」, 「불가의 각종의식」, 「승려의 인권회복은 반드시 생산에서」, 「불교의 장래와 승니의 결혼문제」, 「사원주지의 선거법」, 「승려의 단결」, 「사원의 통할」, 「결론」이 그 구성이다.194)

우선, 「서론」에서는 당시의 조선불교계의 문제점을 다음과 같이 지적하고, 이를 극복해 나갈 필요가 있음을 강력히 주장하였다. 또한 조선불교 유신의 책임이 자신들에게 있음을 자각하여 스스로의 책임을 다하고자 하는 결의를 다음과 같이 서술하고 있다.

---

193) 박경훈 1994, p. 405.
194) 한용운 2007 참조.

조선 불교는 유신할 것이 없는 탓일까, 아니면 유신할 만한 것이 못 되는 까닭일까. 곰곰이 생각해 보나 그 이유를 알지 못하겠다. 아, 그러나 이것은 역시 알 수 있는 일이다. 어디까지나 책임은 나에게 있을 것임이 틀림없다. 조선 불교의 유신에 뜻을 둔 이가 없지 않으나 지금까지 드러남이 없는 것은 유독 무엇 때문인가. 하나는 천운에 돌리고, 하나는 남을 탓함이 그 원인일 것이 분명하다. 나는 "일을 이룸이 하늘에 있다"는 주장에 의혹을 품게 된 후에 비로소 조선 불교 유신의 책임이 천운이나 남에게 있는 것이 아니라 나에게 있는 것임을 알았다. 그리고 그런 후에 책임을 회피할 수 없음을 문득 깨닫고 유신해야 할 까닭을 생각하기에 이르렀다. 그리하여 이 유신론을 써서 스스로 경계하는 동시에 이를 승려 형제들에게 알리는 터이다. 이 유신론이 문명국 사람의 처지에서 보기에는 실로 무용지장물(無用之長物)로 비칠 것이다. 그러나 조선 승려의 전도를 생각하는 처지에 선다면 반드시 조금은 채택할 것이 없지도 않으리라 생각된다. 무릇 거짓 유신이 있은 후에 참다운 유신이 비로소 나타나는 것이니, 이 유신론이 후일에 가서 거짓 유신의 구실을 하게 된다면 필자의 영광이 이보다 더함이 없겠다.[195]

「불교의 성질, 불교의 주의」에서는 "불교 유신을 논하고자 하는 사람은 마땅히 먼저 불교의 성질이 어떤지를 살피고, 이것을 현재의 상태와 미래의 상황에 비추어 검토해야 하며, 그런 다음에야 이 문제를 다룰 수 있다"라고 기술하면서, "종교적인 성질"과 "철학적인 성질"이라는 두가지 면을 들어 불교의 성질을 분석하고 있다. "종교적인 성

---

[195] 한용운 2007, pp. 11-12(초간본 영인 pp. 2-3) 참조.

질"에서는 타 종교가 갖는 미신을 "사람으로 미신에 한 가닥의 희망을 걸 수밖에 없다는 것은 비애 중의 비애임이 틀림없다. 미신은 인류에 공이 있는 듯도 보이지만, 기실 폐해가 너무나 큰 것이다."라고 비판하면서, "불교는 지혜로 믿는 종교요, 미신의 종교가 아님을 알아야한다."고 불교를 평가한다. 또한, "철학적인 성질"에서는 불교이론을 중국의 梁啓超, 독일의 칸트, 영국의 베이컨, 프랑스의 데카르트 등의 학자, 철학자의 철학이론과 비교하면서, "종교요 철학인 불교는 미래의 도덕·문명의 原料品 구실을 착실히 하게 될 것이다."라고 하면서 불교가 도덕·문명에 거대한 역할을 담당한다고 평가했다.[196]

「불교의 주의」에서는 불교의 주의는 평등주의와 구세주의라고 분석했다. 한용운은 "평등주의는 불평등에 반대되는 주의"라고 한다. 그리고 부처님은 중생들을 불평등한 거짓된 현상에 미혹하여 해탈하지 못함을 불쌍히 생각하여 평등한 진리를 들어 가르쳤다고 하였다. 그리고 근세의 자유주의와 세계주의는 그 부처님의 평등의 진리에서 나온 것이라 할 수 있다고 한다. 또 평등의 진리가 오늘에 있어서는 비록 실현성 없는 공론에 지나지 않는다 해도 장래에는 천하에 시행된다고 했다. 또 한용운은 "구세주의는 이기주의의 반대 개념"이라고 한다. 그리고 불교는 중생들을 구제하고자 하는 뜻에서 벗어남이 없는 구세주의적인 가르침이고, 부처님은 유일무이한 구세주라고 했다.[197]

한용운은 「불교의 유신은 마땅히 파괴로부터」에서 다음과 같이 서술하고 있다.

---

196) 한용운 2007, pp. 13-27(초간본 영인 pp. 3-12) 참조.
197) 한용운 2007, pp. 30-33(초간본 영인 pp. 12-15) 참조.

維新이란 무엇인가, 파괴의 자손이요, 파괴란 무엇인가, 유신의 어머니다. 세상에 어머니 없는 자식이 없다는 것은 능히 말할 줄 알지만, 파괴 없는 유신이 없다는 점에 이르러서는 아는 사람이 없다. 어찌 比例의 학문에 있어서 推理해서 이해함이 이리도 멀어지는 것일까. 그러나 파괴라고 해서 모두를 무너뜨려 없애 버리는 것을 뜻하지 않는다. 다만 구습 중에서 시대에 맞지 않는 것을 고쳐서 이를 새로운 방향으로 나아가게 한다는 것뿐이다. 그러므로 이름은 파괴지만 사실은 파괴가 아니다. 그래서 좀더 유신을 잘하는 사람은 좀더 파괴도 잘하게 마련이다. 파괴가 느린 사람은 유신도 느리고, 파괴가 빠른 사람은 유신도 빠르며, 파괴가 작은 사람은 유신도 작고, 파괴가 큰 사람은 유신도 큰 것이니, 유신의 정도는 파괴의 정도와 정비례한다고 할 수 있다. 유신에 있어서 가장 먼저 손대야 하는 것은 파괴임이 확실하다.[198]

먼저 유신, 즉 개혁을 수행하기 위해서는 구습 중에서 시대에 맞지 않는 것을 용기있게 파괴하고 새로운 것을 창조해야 한다고 강하게 주장했다. 그리고, "불교의 유신에 뜻을 둔 이라면 유신하지 못함을 걱정할 것이 아니라, 파괴하지 못함을 걱정해야 할 것이다."[199]라고 서술하여, 피상적인 개량만을 생각하고 있는 당시 상황을 비판하면서 유신을 위한 행동, 즉 파괴를 주저해서는 안 된다는 의사를 표명했다.

「승려의 교육」에서는 "교육이 보급되면 문명이 발달하고, 교육이 보급되지 못하면 문명은 쇠미해지는 것이니, 교육이 없다는 것은 야

---

198) 한용운 2007, pp. 34-35(초간본 영인 pp. 15-16) 참조.
199) 한용운 2007, p. 36(초간본 영인 p. 17) 참조.

만 금수가 되는 길이다."라고 말하면서 승려 교육의 중요성을 강조하였다. 구체적으로는, ① 보통학(보통교육)을 실시할 것, ② 사범학을 확립하기 위해 사범학교를 설립하여 적절한 자를 선발하여 면학케 할 것, ③ 외국 유학을 실시할 것 등 3가지를 제언을 하였다.[200] 그리고 한용운은 승려교육의 절실한 필요성을 아래와 같이 외쳤다.

> 오늘날 교육을 더 늦출 수 없는 사정이 이 같이 그 극에 달해 있는데도 저 노후 부패하고 완고 비열한 무리가 백방으로 저지하고 구습을 고수할 뿐 새로운 진전이 없어서, 청년들로 하여금 머물러 주지 않는 시간을 무위無爲 속에서 허송케 하니, 아, 저들이 이미 배우지 못하여 그 몸을 망치고 그 종교를 쇠미케 하고도 모자랐던 모양이다. 청년들이 저들에게 무슨 원한 살 일을 했기에 이들로 하여금 배우지 못하여 같이 멸망의 길로 들어가게 하는 것이랴. 마음가짐의 악함이 어찌 이런 극단에 이른 것인가. 문명의 조류가 그 힘이 매우 커서 결코 이 무리가 저항하여 이루지 못하게 할 수 있는 것이 아니니, 교육이 장차 보급 향상될 것은 손바닥을 들여다보는 듯 명백한 터이다. 그러나 지금의 문명은 날로 발달이 빨라서 네 필의 말이 끄는 마차로도 쫓기 힘든 형편이다. 그러므로 조금이라도 속도를 늦추든지 급히 하면 그 차이가 급시에 현격해 지기에, 서둘지 않으려 하나 어찌 서둘지 않을수 있겠는가. 승려 형제들에게 나는 큰소리로 이렇게 절규한다. "교육을 방해하는 자는 반드시 지옥에 떨어지고, 교육을 진흥시키는 자는 마땅히 불도를 이루리라."[201]

---

200) 한용운 2007, pp. 37-43(초간본 영인 pp. 17-23) 참조.
201) 한용운 2007, pp. 45-46(초간본 영인 p. 23) 참조.

인용문에서 볼 수 있듯이, 한용운은 구습을 고수하고 교육을 방해하는 세력을 매섭게 비판하고 교육의 진흥이 바로 불로를 이루는 길이라는 확고한 신념으로 승려교육의 시급함을 절실하게 웅변하려 했던 것이다.

「참선」에서는 당시 선의 실태를 비판하고 대안을 제시한다. 그에 따르면, 선실(禪室)을 갖추고 있지 않은 사찰은 거의 없을 정도로 禪이 발달하였지만, 이는 반드시 禪의 진흥을 목적으로 해서 생겨난 것은 아니다. 왜냐하면 선실을 갖추는 것은 사찰의 명예, 선실을 통해 이익을 얻기 위한 것인 경우가 많기 때문이다. 나아가, 진정한 禪客은 전체의 1할에 불과하였으며 먹기 위해 들어온 자가 2할, 어리석고 게으른 데다 먹기 위해 들어온 자 7할인 상태였다. 따라서 이러한 상태를 재정립하기 위해 그는 조선각지의 선실 재산을 포함해서, 먼저 규모가 큰 선학관(禪學館)을 세우고 그 곳에서 매일 1~2시간, 좌선토록 하는 것이 바람직하다고 제언했다.[202]

「염불당의 폐지」에서는 "조선에서 소위 염불이라 하는 것은 부처님을 부르는 것일지언정 부처님을 念하는 것이라고는 볼 수 없다."고 서술하고, "중생들의 거짓 염불을 폐지하고 참다운 염불을 닦게 하겠다."고 공염불의 폐지를 촉구했다.[203]

「포교」에서는 "조선 불교가 유린된 원인은 세력이 부진한 탓이며, 세력의 부진은 가르침이 포교되지 않은 데 원인이 있다."고 하면서 조선불교의 포교 문제를 지적했다.[204] 또한, 현재의 조선불교 상황을 다

---

202) 한용운 2007, pp. 47-54(초간본 영인 pp. 23-27) 참조.
203) 한용운 2007, pp. 55-61(초간본 영인 pp. 27-31) 참조.
204) 한용운 2007, p. 64(초간본 영인 p. 33) 참조.

음과 같이 서술한다.

> 승려의 총수는 겨우 조선인의 3천분의 1에 불과하다. 이는 3천명 중에 승려 되는 자가 겨우 한 사람이라는 소리니, 승려가 되는 자는 어떤 사람들인가. 빈천에 시달리지 않으면 미신에 혹한 무리들이어서, 게으른 데다가 어리석고 나약하여 흩어진 정신을 집중할 줄 몰라서 처음부터 불교의 眞相이 무엇인지 깜깜한 형편이다. 이런 사람들이야 인류의 하등이 아니고 무엇인가. 이 같이 3천명 중에서 가장 하등에 속하는 한 사람만을 모아 불교계 전체를 구성하고, 또 신도로 말하면 소수의 여인뿐이며 남자는 …(중략)… 아주 드물다.[205]

이러한 상황에서는 포교할 수 있는 인재가 부족하다고 생각하여 포교의 중요성을 지적했다. 그리고 포교사는 열의·인내·자애를 가질 필요가 있으며, 포교는 연설, 신문·잡지, 경전의 번역, 자선사업 등의 방법을 통해 전개해 나가야 한다고 하였다.[206]

「사원의 위치」에서는 사원이 산중에 있을 경우에는 진보의 사상, 모험적인 사상, 救世의 사상, 경쟁하는 사상(생각)을 잃게 된다고 지적하면서 사원은 각 도시로 진출하여 포교·교육 등에 정진할 것을 촉구했다.[207]

「불가에서 숭배하는 소회」에서는 다음과 같이 서술한다.

---

205) 한용운 2007, pp. 55-61(초간본 영인 pp. 27-31) 참조.
206) 한용운 2007, pp. 66-68(초간본 영인 pp. 34-35) 참조.
207) 한용운 2007, pp. 69-81(초간본 영인 pp. 36-43) 참조.

논객들이 생각하기를 "소회는 미신에서 나온 거짓된 모습이니 전부를 들어 소각함이 상책이다. 그리하여 절을 깨끗이 해서 암흑시대의 미신을 일소하고 진리를 배양하여 불교의 새 나라를 고쳐 세워야 한다."고 주장하고 있다. 이 말이 시원스럽기는 하다. 그러나 이것은 병든 사람의 지식이 우매해서 스스로 미혹을 버리고 새 진리를 받아들일 만하지 못하다고 하여, 큰 칼이나 넓은 도끼로 대번에 내리쳐 길을 열려고 하는 태도다. 그러므로 말에 일사천리의 기세가 있어서 꺼리는 것이 없고, 인정을 조금도 고려하지 않으니 시원하고 장하지 않은 것은 아니나, 지나침이 있을까 두렵다. 그래서 약간 한마디 내 의견을 말해 지혜로운 이의 판단을 기다릴까 한다.[208]

그리고, 한용운은 사원의 회화와 조각은 소각할 필요는 없지만 미신적인 것으로 복을 비는 것이 아니라고 하여 그에 대한 숭배가 폐지되어야 한다고 주장하였다.[209]

「불가의 각종의식」에서는 다음과 같이 서술하고 있다.

조선 불가의 백 가지 법도가 신통치 않아서 하나도 볼 것이 없거니와, 그 중에서도 齋供養의 의식(梵唄四物·作法體懺 등)이라든지 제사 때의 예절 따위의 일(對靈·施食 등)에 이르러서는 매우 번잡 혼란하여 질서가 없고 비열·雜駁해서 끝이 없는 상태다. 이것을 모두어 도깨비의 연극이라고나 이름 붙이면 거의 사실에 가까울 듯하니, 지금은 발하는 것도 부끄러운 까닭에 가리어 논하지는 않으련다. 그리고 기타의 평시의

---

208) 한용운 2007, pp. 82-83(초간본 영인 pp. 43-44) 참조.
209) 한용운 2007, pp. 82-93(초간본 영인 pp. 43-50) 참조.

예식(已時供佛·朝夕拜佛·念誦·言馬呪 등)도 혼란 해 진실성을 잃고 있는 터인즉, 대소의 어떤 예식을 막론하고 일체를 소탕한 다음에 하나의 간결한 예식을 정해 시행하면 될 것이다.210)

한용운은 이처럼 복잡하고 여러 가지에 걸쳐있던 의식을 한 번의 정제의 시기를 거쳐 간결한 의식을 만들어 내어 이를 실행할 것을 제안했던 것이다.

「승려의 인권회복은 반드시 생산에서」에서는 "수백 년이래 승려들은 대단한 압박을 받아 사람이면서 사람 취급을 못 받았는데, 놀면서 입고 놀면서 먹은 것도 그 한 대원인이 되었음을 부정할 길이 없다."라고 말하고 있다. 그는 조선승려 가운데 교활한 자들이 화복·보시 따위의 말로 우매한 부녀자를 꾀어 생활하는 欺取 生活이나 남의 집 대문에 이르러 절을 하면서 한 푼의 돈이나 몇 알의 곡식을 구하는 丐乞 生活을 비판하고 승려가 자활할 수 있는 노동을 함으로써 생활해야 한다고 주장하였다. 특히 사원에서 공동 생활하는 승려라는 조건에서는 造林事業(과일·차·뽕나무·도토리 따위), 共同經營(주식·합자·합명 등의 회사)이 적합하다고 지적했다.211)

「불교의 장래와 승니의 결혼문제」에서는 한용운은 다음과 같은 언어로 논의를 시작한다.

나에게 "불교를 무슨 방법으로 장차 부흥시킬 것인가."라고 묻는다면, 나는 반드시 이렇게 말하겠다. "승려의 결혼 금지를 푸는 것도 중요하고

---

210) 한용운 2007, p. 94(초간본 영인 p. 50) 참조.
211) 한용운 2007, pp. 100-107(초간본 영인 pp. 53-58) 참조.

시급한 대책의 하나일 것이다."라고. 그러면 아마 나를 비난할 것이다. "당신은 왜 이런 옳지 않은 말을 해서 부처님의 계율을 더럽히는가?"[212]

한용운은 비판을 각오하고 승려의 혼인을 금하는 것은 현실에 맞지 않는다고 서술하면서, 혼인을 금하는 것은 윤리에 대한 害, 국가에 대한 害, 포교에 대한 害, 교화에 대한 害 등이 있다고 하면서 그 해금을 요구했다. 그리고, 한용운은 다시금 정부에 청원서(대한제국의 중추원에 건의서, 통감부에 건백서)를 제출했다.[213]

「사원주지의 선거법」에서 한용운은 주지가 "한 사찰의 서무를 통치하는 직책"이고, "그러므로 훌륭한 사람이 주지가 되면 사찰의 사업이 잘되고 반대로 자격 없는 자가 주지가 되는 경우에는 사찰의 사업이 위축되게 마련이다."라는 하여 주지가 중요한 역할을 담당하는 직책이라고 서술한다. 그러나, 지금까지 주지의 자리는 輪回住職·依賴住職·武斷住職의 방법으로 선출되어 왔다. 이들 방법은 순환·뇌물·약육강식이라는 폐해가 내재된 선출방법이므로 문제가 많았다. 이 때문에 그는 선거를 통해 주지를 선출하여야 한다고 주장했다.[214]

「승려의 단결」에서는 "한 승려 중에 어떤 사람이 무슨 일이라도 하려고 들면, 그 일의 가부와 도리의 득실을 논하지 않은 채 서로 시기하고 의심하며 서로서로 배척해서 일이 동쪽에서 생기면 비방이 서쪽에서 일어나고, 의론이 아침에 합치하면 취지를 저녁에 달리하여, 개가 이빨을 드러내고 덤비듯 거역해서 하나도 이루는 것이 없는 실정이

---

212) 한용운 2007, p. 108(초간본 영인 p. 58) 참조.
213) 한용운 2007, pp. 108-122(초간본 영인 pp. 58-66) 참조.
214) 한용운 2007, pp. 123-126(초간본 영인 pp. 66-68) 참조.

다."라고 당시 승려들의 상황을 비판하고 승려의 단결을 주장했다.215)

「사원의 통할」에서는 통할이 결여되어 불가에서 시행되는 것은 어느것 하나 통일·정비된 것이 없다고 상황을 분석하고 이를 해결하기 위해서는 사원을 통할할 필요가 있다고 서술한다. 통할(統轄)에는 혼합통할과 구분통할의 2가지 방법이 있는데 각각 장단점이 있다. 이상적인 통할방법은 혼합통할이지만, 당시 조선은 "통할이 무엇인지 조차도 모르는 형편"이므로 현실적으로 무리가 있다고 서술하였다. 또한 구분통할 역시 불교계의 분열로 이어질 우려가 있다고 하면서 불교통할의 방법을 도출할 수 없다는 고뇌를 보이고 있다.216)

「결론」에서 한용운은 "대개 말하고 싶지 않건만 내면의 충동을 못이겨 저절로 말하게 된 것이 이 논문"이라고 하여『조선불교유신론』을 쓴 이유를 서술한다. 그리고, "이 논설이 다 옳다는 것인가, 다 옳지 않다는 것인가. 옳고 그른 것은 내가 함부로 변별할 바가 아니다."고 하면서, 이 논문의 비판은 다른 이들에게 맡긴다고 하였다. 또한, "다시 한마디를 우리 승려 동지들에게 보낼 것이 있다. 이 논설이 조금이라도 채택할 것이 있을 경우에는 그 취지를 따라 우리 동지와 내가 함께 실천했으면 한다."고 하여 불교계의 유신을 함께 추진해 나갈 것을 촉구하는 것이었다.217)

이와 같이 한용운은『조선불교유신론』을 통해 조선불교의 개혁운동을 주도해 나갔던 것이다. 그리고 그의『조선불교유신론』은 "당시에는 구체적인 성과를 올릴 수 없었으나 많은 불교자에게 용기와 희

---

215) 한용운 2007, pp. 127-137(초간본 영인 pp. 68-75) 참조.
216) 한용운 2007, pp. 137-141(초간본 영인 pp. 75-77) 참조.
217) 한용운 2007, pp. 142-145(초간본 영인 pp. 77-79) 참조.

망을 주었던 행동지침서였다."218)는 평가를 받고 있다.

한용운은 1913년 『조선불교유신론』을 발행한 이 후에도 지속적으로 불교 개혁의 논리를 전개했다. 한용운의 불교개혁운동에 찬동한 청년 승려들은 기존 불교 제도의 타파, 조선총독부 불교정책의 근간인 「사찰령」 철폐 운동을 강력히 전개했다. 그러나 1910년대 「사찰령」 철폐 운동이 단순히 조선 불교의 전통을 지킨다고 하는 점에서 시작한 것이 아니라는 점은, 한용운이 대처의 인정을 주장한 것이나, 山間불교로부터 민중 불교로의 전환을 요구한 것에서도 알 수 있다. 『조선불교유신론』에서 주장한 불교개혁추진의 방해가 되는 「사찰령」의 철폐를 요구하고 있었던 것이었다. 한용운은 「사찰령」에 의해 30本山가 설정되어 각각 30의 本末寺관게로 분단된 조선불교계가 자주적인 통일 기관을 만들어 자주적인 종교 운영을 할 수 있기를 주장했다. 그러나 현실적으로 한용운과 청년 승려들의 이런 주장은 실현될 수 없었다. 한용운은 1919년의 3·1운동, 1929년의 조선불교선교양종승려대회에도 크게 관여해 역사적으로 의미 있는 활동을 했지만, 조선총독부의 집요한 개입·간섭에 의해 그들 활동에서 요구하고 있던 이상은 현실화될 수 없었다. 이렇게 한용운의 활동은 잠시 정체·잠복하게 되었다. 그러나 1930년 5월에 승려의 비밀 결사인 만당을 결성, 1931년에는 『佛敎』지에 「조선불교개혁안」을 기고하여, 승려는 山間불교에 머물지 말고 거리로 나와 대중 속으로 들어가는 대중 불교를 지향해야 한다고 강력히 주장했다. 한용운의 대중불교론은 『조선불교유신론』에 서술된 불교개혁론, 민족운동, 계몽운동의 흐름이라고

---

218) 申昌浩 2002, p. 83 참조.

이해할 수 있다. 만당은 일본의 식민지체제에 저항해 독자적으로 불교의 근대화, 불교통일운동을 추구, 일정 부분은 목적을 달성했다. 그러나 그들은「사찰령」체제 하의 주류 불교와의 부조화나 내분 등에 의해 운동의 일선에서 물러나야 했다. 또 한용운도 그 지지자인 청년 승려의 대부분이 대처승이며, 일본불교의 영향을 받아 불교근대화를 지향했다고 하는 시대적 한계도 있었다.[219]

우리는 지금까지 3·1독립선언에도 이름을 올린 항일승려로서 알려진 백용성과 한용운의 기본적인 사상과 그 운동을 살펴보았다. 조선불교는 일본의 식민지 지배와 함께 취해진 종교정책의 일환으로 조선불교의 일본화가 추진되었다. 이 과정에서 그에 저항하는 승려를 대표한 인물이 백용성과 한용운이었다. 그러나, 후에 "친일불교"로 비판받게 되는 가장 상징적인 대처(帶妻) 문제에 관해서는 백용성이 반대 입장이었던 것과 달리 한용운은 이를 적극적으로 추진하여 2번에 걸쳐 건백서를 제출하는 등 두 사람은 입장을 크게 달리했다. 또한 그 활동도 통치기관에 대한 의뢰·요청 수준에 지나지 않는 한계도 있었다.

더욱 주목하지 않으면 안되는 점은 백용성도 대처는 기본적으로 반대였으나, 比丘尼僧侶에게 어느 정도의 사찰을 할양하여 관리케 한다면 대처승려의 존재도 인정하겠다는 유연한 자세를 보이고 있었으며, 조선불교계의 항일운동을 짊어진 중심인물 사이에서 조차도 대처="친일"(왜색)이라는 구도는 아직 완전하게 성립되어 있지 않았다는 사실이다. 물론, 그후 조선불교계 승려의 약 80%가 대처가 된 것을 생각하면 〈대처="친일"(왜색)불교〉라기 보다는 〈대처=진보·근대적

---

[219] 김광식 2010a, pp. 27-33 참조.

불교)라는 구도로 다루어졌다는 점을 알 수 있다.

백용성, 한용운이 이 시대에 행한 불교개혁운동에서의 입장은 反「사찰령」, 反원종, 反일본통치였다. 하지만, 한용운이 『조선불교유신론』에서 몇 번씩이나 언급하고 있는 것처럼 당시 조선불교는 기득권층의 부패, 결단력·실행력의 결여라는 문제가 명백히 존재하고 있었다. 게다가 승려가 되는 자는 "빈천에 시달리지 않으면 미신에 혹한 무리들이어서, 게으른데다가 어리석고 나약하여 흩어진 정신을 집중할 줄 몰라서 처음부터 불교의 眞相이 무엇인지 깜깜한" 사람으로서 "인류의 하등이 아니고 무엇인가"[220]라고 말할 정도로 낮은 수준이었다. 이를 조선불교계 스스로의 힘으로 개혁해 나가자는 것이 백용성, 한용운의 의도였다.

그러나, 조선시대의 불교, 산중불교 시대는 끝나고 신시대의 불교는 시대의 요청이었다. 이는 지배자가 된 일본의 요청이었을 뿐 아니라 백용성, 한용운 등과 같은 혁신개혁운동을 주도한 조선불교계 내부로부터의 요청이기도 했다. 예를 들어, 대한제국정부가 시행한 1902년의 「사찰령」에서 대법산으로 원흥사, 중법산으로 16개 사찰을 설치하여 일원적인 통할관리를 목표로 삼았을 때, 조선총독부가 시행한 1911년의 「사찰령」 및 「사찰령시행규칙」에서 전국 사찰에 30본산(1924년에 화엄사가 더해져 31본산이 된다)을 규정하였을 때, 그리고 한용운이 사원의 통할을 제언하였을 때, 이들의 주체는 대한제국정부, 조선총독부, 그리고 조선불교계와 각각의 통할을 주관하는 주체는 달랐으며, 또한 의도도 달랐다. 하지만 3자가 추구하고 있던 것이 근대적인 불교

---

[220] 한용운 2007, pp. 55-61(초간본 영인 pp. 27-31) 참조.

조직의 성립이었다는 점에서는 큰 차이가 없었다.221)

그러나, 조선왕조시대라는 긴 세월 동안 조선불교계의 종단은 파괴되었고, 승려의 양성도 제대로 이루어지지 않던 상황이었다. 이로 인해, 당시의 조선불교계가 자기의 노력만으로는 개혁을 실행할 힘을 잃었던 것은 사실이며, 나아가 급격한 시대의 변화에 대응하기 위한 시간적 여유도 주어지지 않았다. 이로 인해 조선불교계의 개혁은 일본의 정책 속에 실시될 수 밖에 없었다. 그리고 이와 같은 상황 하에서 불교의 근대화가 추진된 것은 틀림없는 사실이었다.

조선불교는 확실히 다른 종교와 비교했을 때 "친일"적이며 "반민족"적인 경향이 있었다. 그러나, 불교라는 종교가 동일민족의 독립을 유지하기 위해 기능하지 않으면 안 될 이유는 없다.222) 왜냐하면, 조선불교는 같은 민족에게 탄압을 받아 사실상 말살 직전에 놓여있었으며, 계율이 아니라 불법을 수호한다는 의미에서는 일본의 불교에 접근하여 불법의 가르침을 확산시키는 방향으로 키를 잡은 이 시대 불교의 존재양상은 바른 선택이었다고도 판단할 수 있기 때문이다.

따라서, 이 시대의 조선불교에 붙여진 "친일불교", "반민족적 불교"

---

221) 김광식은 "사찰령으로 인하여 본말사 체제 및 30본산의 구도가 정립되었는데, 이는 한국불교에 갑자기 등장한 것이라고 보기는 어려운 측면이 있다"고 주장하였다. 「사찰령」 체제는 "사찰령 이전인 1902년 사사관리서가 등장하면서 나온 국내사찰현행세칙에서 규정한 중법산(16개 처 사찰) 제도, 그리고 준교단의 역할을 지향한 불교연구회에서 행정적 편의를 위해 정한 27사찰을 수사찰로 지정한 것의 변용"이며 "원종이 요청한 종단 승인과 구한국정부 차원에서 수립한 사찰재산 보호를 위한 제도적 장치의 지속"이라고 지적하며, "일제가 나라를 강탈하여 갑자기 등장시킨 제도라기보다는 구한국 정부 시절부터 강구한 불교제도로 인식될 수 있었다"고 본다. 즉 「사찰령」의 기본적인 틀은 조선 말기의 한국 국내의 자발적인 제도까지 거슬러 올라갈 수 있을 가능성을 지적하고 있다. 김광식 2007, pp. 366-367 참조.
222) 종교가 민족 국가의 성립을 위해서 기능하는 것과 같이, 종교적인 결합이나 대립에 의해서 국가가 분열, 통합, 성립하는 예도 많다.

라는 이름은, 동시에 "反朝鮮王朝"불교, "反崇儒"불교라는 성질을 띄고 있었다는 점을 잊어서는 안 되며, 나아가서는 조선불교계 내부에서 일던 권력투쟁의 표출이었다는 점도 잊어서는 안 될 것이다. 또한, 이들의 대립은 해방후 한국불교에서도 큰 상처를 남기게 된 것이다.

이상과 같이 우리는 「근대의 한일 종교정책과 불교」("합병기의 종교정책과 불교교단")를 개관해 왔다. 이것을 정리해 보면, 일본에서는 정치기반이 불안정한 明治政府가 祭政一致를 실시하고 신도를 국교화하기 위해서 廢佛的인 정책을 실시했다. 그러나, 실질적으로 국교의 지위에 있던 강대한 불교세력의 저항에 의해서 좌절되었다. 또, 서구제국으로부터의 기독교 포교의 용인을 요구하는 압력에 의하여 신교자유의 확립이 요구되면서 「대일본제국헌법」에서는 제한적이지만 신교의 자유가 명기되었다. 이러한 현실에 직면한 메이지 정부는 불교교단의 힘을 배제하는 것이 아니라 이용하는 정책으로 크게 전환한다. 이것은 식민지가 된 한국 국내("외지")에서도 마찬가지였다. 일본 정부는 일본불교와 조선불교의 각 교단을 자신의 정책을 실행하기 위해서 이용하려고 했다. 조선의 식민지 통치를 실시하는 주체인 조선총독부는 불교의 근대화라는 명분을 내걸어 조선불교에 간섭하여 「사찰령」체제가 확립되면서 조선불교를 거의 완전하게 일본의 통제 하에 두었다. 이러한 종교정책은 모두 일본에 최대의 이익을 주는 것을 전제로 시행되었다. 이러한 상황에서도, 조선불교계 안에서는 여러 가지 저항운동이 시도되었지만 일본의 엄격한 「사찰령」 체제 안에서 그러한 운동이 정신적인 성과와는 별개로 실질적인 성과를 남길 수는 없었다. 또, 식민지하의 한국에서 행해진 종교정책은, 당초 "內地(일본 본토)"의 공인 종교를 완만하게 침투시켜 외지인 조선을 내지인 일본과 동일하게 하려고 한 "內地延長主義"적인 정책이었지만, 점차 "內地延長主義"적인 정책이 "內地"보다 훨씬 더 강력한 정책으로 시행되었다. 그리고, 「사찰령」 체제하에서 실행된 정책은 후에 「종교단체법」(1939년)에 볼 수 있듯이 "內地" 즉 일본에도 영향을 미쳤다.

우리가 지금까지 보았듯이, 「근대의 한일 종교정책과 불교교단」의 특색은 근대적인 종교정책, 즉 어느 정도 신교 자유를 인정하면서도 국가의 근대 법규로 종교를 관리·통제하는 정책에 대해, 불교교단도 거기에 대응해서 효율적인 형태로 변경될 것이 요구되었다는 점에 있다. 근대 한일의 종교정책은 최종적으로 내지(일본)와 외지(한국) 모두 일본의 국수주의적·군국주의적인 체제의 유지·강화라는 점에 수렴되었으며, 불교교단은 국가의 관리와 통제를 위해 효율적인 구단 운영이 요구됨에 따라 종파나 주지의 법적인 책임자를 명확화하였다. 또, 국가의 관리·통제가 강한 종교정책에 의해 불교교단의 성격도 皇民化政策(敎育)의 일환으로 天皇崇拜에 협력하는 皇道佛敎의 佛敎가 되었다.

그러나, 그것을 받아들이지 않으면, 곧바로 강력한 탄압을 받아 교단의 유지조차 보증되지 않을 가능성도 있었다. 이 때문에 한일 양국, 또 각 불교교단들은 적극적이든 소극적이든 정도의 차이는 있어도, 황도불교적인 성격을 거부하는 것은 사실상 불가능하였고, 받아들일 수 밖에 없는 처지였다. 당시의 초국가주의적·군국주의적 상황하의 가혹한 정책 안에서, 이러한 처지를 현실에 대한 불교교단의 타협으로만 해석하는 것은 불평등한 평가가 아닐까 하고 생각한다.

IV

1945年 以後
韓日 宗敎政策과 佛敎

近現代 韓日 宗教政策 比較研究
-佛敎敎團의 變遷을 中心으로-

1. 日本의 宗敎政策과 佛敎

1) GHQ(General Headquarters, 連合國軍最高司令官總司令部)의 宗敎政策

근대국가로서 첫 발을 내 딛기 시작한 明治 이후 일본은 천황을 중심으로 神道를 천황에게 결부시키는 제정일치 체제를 취해, 강력한 중앙집권국가를 만들려고 시도했다. 이제까지 국교 역할을 해온 불교는 神佛분리에 의해 각지에서 일어난 廢佛毁釋나 토지를 정부에 반환하는 「上知令」 등의 영향으로 정치력과 경제력이 크게 훼손되었다.

그러나 여전히 영향력을 갖고 있는 최대의 종교 세력인 불교를 무시하고 종교정책을 실행하는 것은 불가능하였으므로 그 종교정책은 곧 한계를 보였다. 신도만으로 실시하려고 했던 국민의 교화운동인 大敎宣布運動은 신불의 합동선포가 되고, 게다가 후에는 불교계의 불만에 의한 이탈에 의해 大敎宣布運動 자체가 무산되었다.

이러한 가운데 信敎의 자유가 요구되면서 종교 활동의 자유를 인정하는 움직임이 나타난다. 정부도 서구의 그리스도교 국가로부터 불평등조약을 개정하기 위해 근대국가로서 信敎의 자유(기독교 해금) 확립이 요구되고 있는 국제 상황도 있었기 때문에, 1889년에 발포(1890년 시행)한 「大日本帝國憲法」 제28조에 "日本臣民은 安寧秩序를 방해하지 않고 또한 臣民으로서의 義務를 위배하지 않는 한 信敎의 자유를 갖는다."고 명기해, 제한적이지만 信敎의 자유를 인정하게 되었다. 또 1940년에는 마침내 「宗敎團體法」이 시행되어 종교법규가 정비·

통일되면서, 종교행정의 원활한 운영, 종교단체의 건전한 발전, 종교 단체의 지위 확립 등을 도모하는 동시에 공안을 방해하거나 공익을 해친다고 판단되는 경우에는 엄중히 단속할 수 있게 되었다. 日中戰爭, 太平洋戰爭과 戰時體制가 강화되면서는, 「宗敎團體法」의 시행 뿐만 아니라 神祇院의 부활이라는 國家神道體制가 보다 더 강화되는 종교정책이 시행되었다.

이러한 상황에서 神道儀式·神社參拜·天皇崇拜로의 복종이 강요되고, 이러한 복종에 의문을 품거나 따르지 않는 자는 非國民이라고 의심받았다. 또 모든 교단이 빠져있는 제도의 정점에 文部大臣을 회장으로 佛敎·神道·基督敎의 각 연합을 구성원으로 하는 통제조직 「大日本戰時宗敎報國會」을 조직했다. 각 연합은 각각 종교의 모든 교단을 포함하고, 그것은 사실상 모든 지방의 불교사원과 불교, 신도, 기독교의 교회로부터 구성되었다. 종교결사로 등록되어 경찰의 감시를 받고 있는 지방 조직은 예외였지만, 지방에서는 지방장관이 같은 피라미드형 관리조직의 장이되었다. 이렇게 정부는 거대한 종교통제 조직을 확립하고 있었던 것이다.[1]

그러나 전쟁이 끝나자 이러한 宗敎정책, 宗敎行政은 連合國軍最高司令官總司令部(General Headquarters, the Supreme Commander for the Allied Powers [GHQ/SCAP])의 점령정책(실질적으로 미국의 점령정책)에 의해 일대 개혁을 맞이하게 된 것이었다.

---

1) ウッダード 1990, pp. 116-117 참조.

(1) 人權指令과 神道指令

일본은 1945년 7월 26일 「포츠담선언」(the Potsdam Declaration)을 받아들여 1945년 8월 15일에 연합국에 무조건 항복했다. 그러나 그러한 결정을 하기까지 廣島・長崎에는 2발의 원자력 폭탄이 투하되었다. 일본의 항복으로 연합국과의 전쟁에 의한 생명의 위험은 지나갔지만, 일본 전체는 초토화되고 살아남은 사람들의 일상생활도 대단히 심각한 문제가 되었다. 일본 도시의 반 이상, 50개 이상의 도시가 폐허가 되어 있었다. 전국의 종교시설도 신도 1,374神社(1%), 불교 4,609寺院(6%), 교파신도 2,540敎會(15%), 기독교 446敎會(23%)가 파괴되었다. 檀徒・信徒도 재해를 당해 재산을 잃고 각지에 흩어져 있었다. 이러한 상황에서 社・寺・敎會는 재정난을 겪고 더 나아가 인플레이션에 의해 재산도 없어지게 되었다. 보시나 헌금도 없어서 승려나 神職도 직업을 찾아야 하는 상태였다. 그리고 전쟁이 끝나자 그리스도교도인 "侵略者"의 점령을 받게 되었다.

승려와 神職 중에는, 점령군이 그리스도교를 촉진하기 위해 고의로 旣成宗敎, 즉 불교와 신도를 약화시켜 국가와 사회를 세속화하려는 것은 아닌가 하고 의심하는 자도 있었다.[2] 그러나 윌리엄 P. 우다드(William P. Woodard)가 "대부분의 종교지도자가 강제적으로 복종당한 제2차 대전 중의 통제가 지나친 방법이라고 본다면, 점령에 의해 종교의 자유가 확립된 것이 열광적으로 환영받는 것은 놀랄만한 일이 아니다."[3]라고 기술했듯이, 미국의 점령정책은 대체로 일본 종교계에 호의적으로 받아들여졌다.

---
2) ウッタード 1988, pp. 3-4; 1990, pp. 116-117 참조.
3) ウッタード 1990, p. 118 참조.

연합국의 대일점령정책에서 종교정책은 대단히 중요한 것이었다. 포츠담선언에 "언론, 종교 및 사상의 자유와 같은 기본적인 인권의 존중은 확립되어야한다."고 쓰여 있는 사실에서도 그 중요성을 알 수 있다.[4] 그리고 종교정책으로 나타난 것은 信敎의 자유확립, 政敎分離, 종교계로부터의 超國家主義·軍國主義的 思想의 제거라는 三大原則이었다.[5]

전후, 포츠담선언의 이행을 위해 연합국군최고사령부가 정부에 보낸 각서에는 보다 더 구체적인 정책방침이 나타난다. 따라서, 이러한 정책방침을 자세히 살펴볼 필요가 있다.

첫째, 1945년 10월 4일의 지령(SCAPIN-93) 「정치적, 사회적 또는 종교적 자유에 대한 제한을 제거하는 것」(연합국군 최고사령부발 일본제국정부에 대한 각서), 이른바 「人權指令」이라 불리는 것이다.[6] GHQ

---

4) 国立国会図書館 1945b; 梅田義彦 1971, pp. 576-577 등 참조.

5) 3대 원칙 중 政敎分離에 관해서는 당초 연합국 또는 미국의 정식 점령정책문서에 명기되어 있지 않고, 神道指令 이전에는 볼 수 없었다고 한다. 高橋史郞에 의하면 이는 國家神道를 종교로 인정하지 않는다는 미국무성과 GHQ의 딜레마를 해결하기 위해 CIE宗敎資源課의 종교문제 상담 스텝이었던 W. K. 번즈(Wiliam Kenneth Bunce) 대위가 미국무성의 방침에 포함되지 않은 절대적 政敎分離 원칙을 현장에서 채택하고, "個人의 宗敎"로서의 神道에는 간섭하지 않지만 국가와 종교(神道)를 완전히 분리한다는 방책을 생각해 낸 것이라는 견해가 있다. 또 이러한 과정에 의해 채택된 神道指令의 절대적 政敎分離 原則의 정신에서 일본국헌법을 해석하려고 하는 경향에 대해 비판을 가하고 있다. 中野毅는 高橋의 이러한 견해를 소개하면서, 국가와 神道라는 특정 종교의 분리만이 아니라 일반 종교와 국가의 분리라는 보편적인 절대적 政敎分離 원칙을 도입한 번즈를 높게 평가하고, 일부 연구가나 종교가가 비판하는 현장의 고육지책, 恣意的 施策이라는 견해를 비판하고 있다. 어쨌든 현실적으로 神道指令에서는 政敎分離 원칙의 확립이 요구되고 그 취지가 일본국 헌법의 기본 원칙으로 반영되고 있다는 점만은 틀림없는 사실이다. ウッダード 1988, pp. 53-80; 中野毅 2003, pp. 52-53, 84-85, 102-105, 216-218 참조.

6) 国立国会図書館 1945a; 梅田義彦 1971, p.577 등 참조.

는 이 지령에서 일본 정부에게 "종교의 자유에 대한 제한 및 신앙을 이유로 하는 차별을 철폐하는 것"과 "종교의 자유에 대한 제한을 확립 또는 유지"하여 "법령의 조문 또는 그 적용에 있어 신앙을 이유로 특정한 사람에 대해 불평등한 혜택이나 불이익"을 주는 "일체의 법률, 칙령, 성령, 명령 및 규칙을 폐지해 그 적용을 즉시 정지할 것"을 명령했다. 이것에 의해 종교적인 신조를 이유로 투옥되고, 또 치안유지의 명목 등으로 자유를 구속받고 있던 모든 사람들의 해방을 명령했다. 이와 같은 법률을 실시하기 위해 설립된 정부의 조직이나 기관은 모두 폐지를 명령하고, 유치인의 고문은 명문으로 금지되고 폐지조직의 모든 기록의 보존을 명령했다. 또 본 지령의 조항에 관한 일본정부의 모든 관리와 하급 관리는 개인으로서 본 지령의 서면 및 정신을 준수하는 의무와 책임을 지게 되었다. 또 이 지령은 10월 15일 까지 지령의 실행에 대해 포괄적이고 상세한 보고서를 제출하도록 명령하는 등 구체적인 동시에 시급한 대응이 요구되었다. 특히 전쟁수행에 즈음하여 종교를 효과적으로 통제·동원하기 위해 채택된 「종교단체법」과 치안유지를 명목으로 단속을 거의 무제한으로 인정하는 원천이 된 악명 높은 「치안유지법」을 포함해 16개의 많은 법령이 본 지령 안에서 명기되고 폐지의 주요한 대상으로 지정되었다. 「종교단체법」은 총사령부와의 연락 결과, 폐지에 따른 관계법령의 정비로 폐지하게 되고, 결국 1945년 12월 28일「종교단체법」의 폐지와 「宗敎法人令」의 공포시행을 겪게 되었다.[7]

둘째, 1945년 12월 15일의 지령(SCAPIN-448)「국가신도, 신사신도

---

7) ウッダード 1988, pp. 50-51; ウッダード 1990, pp. 124-125; 文化庁編 1983, p. 281 참조.

에 대한정부의 보증, 지원, 보전, 감독 및 弘布의 폐지에 관한 件」(연합국군 최고사령관 총사령부참과부관발 제3호 일본 정부에 대한 각서), 이른바「神道指令」이다.8)「神道指令」이 직접 대상이 된 것은 神社神道이지만, 그 지령은 그것만으로 끝나지 않았다. 교파신도, 불교, 기독교, 그 외 모든 신조, 사상, 철학의 신봉자에 대해서도 적용되는 내용을 갖고 있는 것이며, 정교분리의 관철을 요구하는 정신이었다. 신사신도가 국가제사라는 특별한 지위를 계속 유지한다면 정교분리는 달성할 수 없다. 따라서 이것을 배제하기위한 지령이 바로「신도지령」이었던 것이다.

「神道指令」은 그 서두에 "국가지정 종교 내지 제사 의식에 대한 신앙 또는 신앙고백의(직접적 또는 간접적) 강제로부터 일본을 해방하기 위해 전쟁범죄, 패배, 고뇌, 곤궁 및 현재의 비참한 상태를 초래하는 '이데올로기'에 대한 강제적 재정 원조에서 발생하는 일본국민의 경제적 부담을 없애기 위해, 신도의 교리 및 신앙을 왜곡하고 일본국민을 속여 침략 전쟁에 유도하기 위해 의도된 군국주의적 및 과격한 국가주의적 선전에 이용하는 것과 같은 일이 다시 일어나는 것을 방지하기 위해, 재교육에 의해 국민 생활을 갱신해 영구적인 평화 및 민주주의의 이상에 기초를 두는 신일본 건설을 실현시키는 계획에 대해 일본국민을 원조하기 위해"시작되었다고 신도지령의 기본적 정신을 명확히 나타내고 있다. 신도 지령은 4개의 섹션(section)으로 나누어져 있는데, 제1섹션(section)의 내용은 다음과 같이 요약할 수 있다.

---

8) 文部科学省 1945a; 梅田義彦 1971, pp. 189-192 등 참조.

① "일본정부, 都道府縣廳, 市町村 또는 官公吏,属官,雇員 등은 공적 자격에 있어 神道의 보증, 지원, 보전, 감독 및 弘布를 금지하는, 그리고 이와 같은 행위의 즉각 정지"를 명했다.

② "신도 또는 신사에 대한 공적 재원에서부터 모든 재정적 원조 및 모든 공적 요소의 도입은 이것을 금지하는, 그리고 이와 같은 행위의 즉각 정지"를 명했다. 그러나 (1) 공공의 땅 또는 공원에 설치된 신사에 대해서 공적인 재원으로부터의 재정적 원조가 허용되지 않는 것, (2) 신사가 설치된 지역에 공적 재원의 원조를 계속함을 방해하지 않고, 또 강제나 불의가 아니라 개인이 자발적으로 신사에 재정적인 원조를 하는 것은 인정되었다.

③ "신도의 교의, 관례, 제사 의식, 의식 혹은 예식에 있어 군국주의 내지 과격한 국가주의적 '이데올로기'의 어떤 선전, 弘布도 이것을 금지하는, 그리고 관계된 행위의 즉각 정지"가 명해지고, 그것은 "신도에 한하지 않고 다른 어떤 종교, 신앙, 종파, 신조 혹은 철학에 있어서도" 다름없다는 것이 명기되었다.

④ "伊勢의 大廟에 관한 宗教的 式典의 지령과 같은 官國幣社 그 외의 신사에 관한 宗教的 式典의 지령은 이것을 철폐"하는 것으로 社格의 철폐와 신궁·신사제사에 있어 국가 제사의 폐지가 요구되었다.

⑤ "내무성의 신기원은 이것을 폐지"하고 "정부의 다른 어떤 기관, 혹은 조세에 의해 유지되는 어떤 기관도 신기원의 현재의 기능, 임무, 행정적 책무를 대행하는 것은 허용할 수 없다."고 하여 공적 기관인 신기원이 현재까지 해오고 있던 기능을 계승하는 것을 금지하였다.

⑥ "모든 공적 교육기관이 그 주요한 기능이 신도의 조사연구 및 弘布에 있는지 혹은 신관의 양성에 있는 것은 이것을 폐지"하고 "물적

소유물은 다른 곳에 전용한다."는 것이 요구되었다. 그러나 공적기관에 의해 이것을 유지해서는 안 된다고 했다.

　⑦ "신도의 조사 연구와 같은 弘布를 목적으로 하는 혹은 신관 양성을 목적으로 하는 사립 교육 기관은 이것을 인정한다"고 했다. 단, 다른 사립기관과 같은 감독 제한, 같은 특전을 받아 경영하는 것이 요구되고, 어떤 경우에 있어서도 공적 재원의 지원을 받아서는 안 되며, 군국주의적 내지 과격한 국가주의적 '이데올로기'를 선전하거나 弘布해서는 안 된다고 했다.

　⑧ "전면적으로 혹은 부분적으로 공적 재원에 의해 유지되고 있는 어떤 교육 기관에 있어서도 신도의 교육 홍포는 그 방법 양식을 불문하고 금지"되고, "그리고 그와 같은 행위는 즉각 정지"할 것이 요구되었다. 또 어떤 교육 기관에 사용되고 있는 교관용 참고서 및 교과서를 검열하고, 그 중에서 더욱이 神道教義를 삭제할 것과 이후 출판되는 것에 대해서도 神道教義를 포함해서는 안 된다고 했다. 또 어떤 교육 기관도 神道神社參拜 내지 神道에 관련한 제사의식, 관례, 혹은 의식을 행하거나 후원을 해서는 안 된다고 했다.

　⑨ "'국체의 본의', '신민의 길' 내지 같은 종류의 官發行의 서적논평, 평석 내지 신도에 관한 訓令 등의 반포는 이것을 금지"하는 것으로 했다.

　⑩ "공문서에 있어 '大東亞戰爭', '八紘一宇'라는 용어 내지 그 외의 용어가 일본어로서 그 의미의 연상이 국가신도, 군국주의, 과격한 국가주의와 분리할 수 없는 것은 이것을 사용하는 것을 금지한다, 그리고 그 용어의 각각정지를 명령한다."고 하여 국가신도, 군국주의, 과격한 국가주의를 연상시키는 용어는 엄격히 단속할 것을 명확하게 나

타냈다.

⑪ "전면적 내지 부분적으로 공적 재원에 의해 유지되는 관청, 학교, 기관, 협회 내지 건조물 중에 神棚 그 외 국가신도의 물적 상징이 되는 모든 것을 설치하는 것을 금지하는, 그리고 이것들을 즉시 제거할 것을 명령한다."고 하여, 공적재원에 의해 神棚 등 신도의 상징물을 설치하는 것을 엄하게 금지했다.

⑫ "관공리, 하급 관리, 고용인, 학생, 일반 국민 내지 일본 거주자가 국가신도 그 외 어떤 종교를 불문하고 이것을 믿지 않는 이유로 혹은 신앙고백을 하지 않는 이유로, 그 특정 종교의 관례, 제사의식, 의식, 예식에 참여하지 않는 이유로 그들을 차별 대우 하지 않을 것"이 요구되었다.

⑬ "일본 정부, 都道府縣청, 市町村의 관공리는 그 공적 자격에 있어 임명을 알리기 위해 혹은 정치 현상을 알리기 위해 혹은 정부 내지 관청의 대표로서 신도의 어떤 의식 또는 예식을 불문하고 이것을 참례하기 위해 어떤 신사에도 참배하지 않을 것"이라고 하여, 관공리가 神道式의 新任奉告, 儀式, 行事 등에 참례하는 것을 금지하였다.

제2섹션(section)은 다음과 같은 내용으로 되어 있다.

① "본 지령의 목적은 종교를 국가로부터 분리하는데 있다. 또 종교를 정치적 목적으로 오용하는 것을 방지하고, 정확히 같은 기회와 보호를 받을 권리를 갖고 있는 모든 종교, 신앙, 신조를 정확히 같은 법적근거 위에 세우는 것에 있다. 본 지령은 단지 신도에 대해서 뿐만 아니라 모든 종교, 신앙, 종파, 신조 내지 철학의 신봉자에 대해서도 정부와 특수한 관계를 갖는 것을 금지, 또 군국주의적 내지 과격한 국가주의적 '이데올로기'의 선전, 홍포를 금지하는 것이다."라고 하여,

정교분리의 확립과 과격한 이데올로기의 선전이나 홍포의 금지를 명확히 하였다.

② "본 지령의 각 조항은 같은 효력으로써 신도에 관련한 모든 제사 의식, 관례, 의식, 예식, 신앙, 가르침, 신화, 전설, 철학, 신사, 물적 상징에 적용되는 것이다."라고 하여, 지령의 효력이 모든 신도에게 적용된다는 점을 분명하게 밝혔다.

③ "본 지령 안에서 의미하는 국가신도라는 용어는, 일본 정부의 법령에 의해 종파신도 혹은 교파신도와 구별되는 신도의 일파 즉, 국가신도 내지 신사신도로써 일반에게 알려진 비종교적인 국가적 제사로써 구별되는 신도의 일파(國家神道 혹은 神社神道)를 가리키는 것이다."라고 국가신도 개념의 정의를 명확히 하였다.

④ "종파신도 혹은 교파신도라는 용어는 일반 민간인에게 있어서도 법률상의 해석에 의해서도 또 일본정부의 법령에 의해서도 종교로서 인정 받아온(13개 公認宗派)신도의 일파를 가리키는 것이다."라고 교파신도(敎派神道) 개념의 정의를 명확히 하였다.

⑤ 1945년 10월 4일에 시작된「정치적, 사회적 및 종교적 자유속박의 해방」에 의해 일본국민은 완전한 종교적 자유를 보증 받았는데, 그에 따라 (1) 종파신도는 다른 종교와 같은 보호를 받을 수 있다. (2) 신사신도는 국가로부터 분리되어 군국주의적 내지 과격한 국가주의적 요소가 박탈된 후, 만약 그 신봉자가 바라는 경우에는 한 종교로서 인정할 것, 일본인 개인의 종교나 철학이라면 다른 종교와 같은 보호를 허용하는 것이 명시되었다.

⑥ "본 지령에 사용되고 있는 군국주의 내지 과격한 국가주의적 '이데올로기'라는 단어는, 일본의 지배를 아래와 같은 이유로 타 국민 내

지 타 민족에게 미치려고 하는 일본인의 사명을 옹호하고 혹은 정당화하는 가르침, 신앙, 이론을 포함하는 것이다."라는 것으로 "(1) 일본 천황은 그 가계, 혈통 혹은 특수한 기원 때문에 타국의 원수보다 우수하다는 주의, (2) 일본 국민은 그 가계, 혈통 혹은 특수한 기원 때문에 타국민보다 우수하다는 주의, (3) 일본의 제도는 神에 기원을 두기 때문에 혹은 특수한 기원을 가지기 때문에 타국보다 우수하다는 주의, (4) 그 밖에 일본 국민을 속여 침략전쟁에 동원하지 않고, 혹은 타국민의 논쟁 해결의 수단으로 무력행사를 謳歌하게 하는 것과 같은 주의"라고 하였다.

제3섹션(section)은 "일본 제국 정부는 1946년 3월 15일까지 본 사령부에 대해 본 지령의 각 조항에 따라 취한 모든 조치를 상세히 기술한 총괄적 보고를 제출"할 것을 요구하였다.

일본 정부는 이와 같이 3개월이라는 지극히 단시간에 이 지령의 이행의무를 맡게 되었다.

제4섹션(section)은 "일본의 정부, 현청, 市町村의 모든 관공리, 하급 관리, 고용인과 같은 모든 교사, 교육 관계 직원, 국민, 일본 국내 거주자는 본 지령 각 조항의 문언 및 그 정신을 준수하는 것에 대해 각각 개인적 책임을 질 것"이라고 하여, 일본인 및 일본 국내 거주자는 이 지령의 정신을 준수할 것을 요구하였다.

이상과 같이 신도지령은 대단히 짧은 기간에 구체적인 성과를 거두기 위해, 조항에 따라 시급한 이행을 요구하였던 것이었다. 일본 정부는 이것을 받아들여 먼저, 신사제도에 대해서, 이제까지의 국가 관리에서 벗어나 신관, 신사, 호국 신사 등을 다른 종교와 같은 법적 기반에 둘 수밖에 없다고 하는 결론에 이르렀다. 그리고 1946년 2월 2일,

이제까지의 신사신도에 관한 모든 법령의 개발을 행함과 함께, 「종교법인령」을 개정해 신관, 신사, 호국신사 등이 종교 법인이 되는 길을 열었다. 당시 이들 신사는 모두 11만 남짓이었는데, 일단 전부 종교법인으로 간주하고, 그 후 6개월 이내에 규칙을 지방장관에게 신고하는 것에 의해 이후의 법인격을 인정, 신고하지 않은 것에 대해서는 해산했다고 간주하기로 하였다. 이에 의해 나머지 9만은 계속해서 법인이 되었다. 그리고 1946년 2월 14일에는 신사의 집합조직으로서 종교법인 신사본청이 설립되었다.[9]

이렇게 해서 신사신도의 법인인격을 중심으로 하는 신사제도의 관제는 다른 종교와 동등한 지위가 되는 것으로 해결되었다. 그러나 다른 한편으로, 신사에 대한 세간의 오랜 관습은 쉽게 개선되지 않았기 때문에, 신도지령의 취지에 저촉될 우려가 있는 행위가 자주 지적되는 문제가 끊이지 않았다. 그 대부분은 신사의 봉납금, 기부금, 제례비 등의 모집이나 신부 등의 반포를 町內會, 部落會 등의 조직을 통해 행하거나, 관행의 氏子區域內의 거주자에게 신사경비를 배당하고 혹은 町內會, 部落會의 경비중에서 신사의 제전비, 기부금 등을 지출하거나, 또는 공적 시설의 준공식을 신도식으로 집행하고, 공직자가 공적 자격으로 참례할 것, 일상생활과 결부되는 것 등이었다.[10]

그러나 이 신도지령에 의해 강력한 이데올로기 장치로서 작용하고 있던 국가신도가 점령 후 불과 수개월만에 해체되게 되었던 것은 큰 의의를 갖는 것이었다. 또 동시에 국가신도의 해체가 본래 있어야 할 형태의 정교분리와 신교의 자유가 초래하는데 대단히 중요한 역할을

---

9) 文化庁 編 1983, pp. 284-285 참조.
10) 文化庁 編 1983, pp. 285-286 참조.

했다는 점에서도 대단한 의미를 갖는다고 말할 수 있다.

(2) 宗敎法人令

1945년 10월 4일의 인권지령에 의해, 치안유지법 그 외의 법령과 함께 「종교단체법」과 그 관계법규도 폐지 지령을 받았다. 그 법령의 대부분은 같은 달 중반까지 처리되었지만, 「종교단체법」과 그 관계법규의 폐지는 바로는 실행할 수 없었다. 「종교단체법」에 의한 법인이 사원 그 외의 종교단체를 합해 약 8만개 정도 있어, 이들 종교법인은 「종교단체법」의 폐지와 함께 해산・청산 절차를 행해야 했고, 게다가 종래 향유하고 있던 면세 그 외의 보호를 잃는 등 종교계에 큰 변화를 가져와 큰 혼란이 예상되었다. 단순히 「종교단체법」을 폐지할 수는 없고, 종교법인의 재산보전 등을 위해 「종교단체법」을 대신할 법령을 만드는 것이 필요하게 되었기 때문이었다.[11]

문부성의 종무과[12]는 이 「인권지령」을 받아 신속히 대응해 칙령을 기초해 교부의 재가를 얻는 작업을 진행했다. 그리고 「1945년 10월 4일 부연합국군사령관각서에 따라 준비된 종교 관계업무보고」라고 일컬어지는 각서가 완성되어, 1945년 10월 15일에 점령군에게 보여지

---

11) 文化庁 編 1983, p. 287; 井上惠行 1969, p. 263 참조.
12) 宗務課는 文部省 敎學局 宗敎課의 후신. 1945년 10월 15일에 敎學局가 폐지되고, 新設인 社會敎育局으로 옮겨져 宗務課라고 개칭되었다. 이 配置轉換은 宗務課가 정책작성이나 교화로부터 철퇴한 것을 분명히 하기 위해서였다. 1948년 1월에는 民間情報敎育局 宗敎課長인 W. K. 번즈 대위가 文部省 宗務課는 폐지되어야 한다는 견해를 표명하고, 5월에는 종교에 관한 임무를 전관하는 정부기관이 필요 없다고 선언했다. 文部省 宗務課의 廢止는 확정적이라고 생각했지만 종교관계자들의 강한 요망 등에 의해 존속하게 되었다. 古賀和則 1993, pp. 215-216, 222-223 참조. 宗務課廢止 問題에 관해서는 福田繁 1993, pp. 545-548도 참조.

고, 10월 19일에 수령, 다음 날 종무과는 영역문과 그 밖의 관련 자료를 제출했다. 이것은 칙령·훈령의 3안으로 구성되어 있었는데, 이것들은 점령군과 상담하지 않고 진행되었기 때문에, 민간정보교육국(Civil Information and Educational Section [CIE])은 대단히 놀랐다고 한다. 또 이들은 천황의 재가를 받아 번호와 발포일을 결정하는 것으로 되었고, 東京築地 本願寺別院에 종교파 교단의 대표를 초빙해 설명회까지 열었다. 천황의 재가를 받고 있었다는 것은 지금까지라면 변경이 불가능한 것이었다. 그러나 민간정보교육국은 신앙의 자유를 제약하는 모든 규제가 폐지되는 것이 필요하다고 생각하고 있었기 때문에 연합국군최고사령관의 정신을 충족시키기 위한 노력을 평가하면서도 이 칙령안은 폐안되었다.[13]

조금 더 상세히 서술하자면, 이 문부성 종무과의 안은 「종교단체법」과 같은 保護助長 정책적이었고, 「종교단체법」의 폐지에 의해 상실하는 동성의 권한을 유지하려고 하는 경향이 보여 동성이 유지하고 있던 종교에 대한 통제기능을 종교계 측에 완전히 맡기고, 신도·신교·기독교 3교에 각각 통제기관을 설치해 이 기능을 유지하도록 요구하는 것이며, 문부성이 최소한의 권한의 보유를 금지한 것이었다.[14] 즉, 종교에 대한 공권력의 관여를 계속 유지하려고 하는 것이었다. 그러

---

13) ウッダード 1988, pp. 91-92; 1990, pp. 125-126; 井上惠行 1969, pp. 265-269 참조. 井上에 의하면 명령안은 民間情報教育局의 승낙 하에 시행할 수 있는데, 총사령부로부터 폐지의 엄령을 받았다고 한다. 윌리엄 P. 우다드(ウッダード)는 文部省은 그저 참고할 생각으로 명령안을 제출했을지 모르지만 교파·교단의 대표들을 초빙해 설명회도 열었기 때문에 실제 시행을 염두에 둔 것으로 보아야 한다고 서술하고 있다. 아무튼 文部省 宗務課가 1945년 10월에 제출한 명령안은 재고되고 결국 폐지되었다.
14) 古賀和則 1993, p. 216, pp. 222-223 참조. 古賀는 우다드와 마찬가지로 文部省宗務課의 案은 民間情報教育局에 의해 폐지되었다고 서술하고 있다.

나 민간정보교육국은 공권력의 認許可가 남아 있었는데, 이것이 신교의 자유·정교분리를 제약하고 공권력의 종교통제 부활의 가능성이라 생각해 이 안은 거절되고 재차 입안해 제출할 것을 요구했던 것이었다.15)

민간정보교육국장인 케네스 W. 다이크(Kenneth W. Dyke) 大佐는 文部省, 종교관계자, 법률가등에게 의견을 요구「宗敎法人令草案」의 작성이 진행되었다. 1945년 12월에는 초안이 民間情報敎育局宗敎課(후에 宗敎文化資源課로 개칭)에 신고하여 신중히 검토하였다. 이렇게 하여 작성된 최종안의사본을 의론과 의견표명을 위해 불교·신도·기독교 등 약 70개의 종파와 교단에 송부하였다. 이 중 59개의 교단이 회답하였다. 그 중 35교단은 초안에 완전한 찬의를 나타내고, 9개 교단(기독교 6교단을 포함)은 불건전하고 유해한 종교, 迷信邪敎에 대한 방위수단을 한층 더 요구하였다. 그와 같은 종교에 대한 방위수단은 지나치다는 의사를 표명했다. 기독교 교단의 하나는 세금의 면제를 보다 더 요구하였다. 불교의 한 종파는 재산 또는 자금의 관리가 소홀할 경우, 관리자 개인의 책임 규정의 제거를 요구했다. 그 외의 사소한 비판이 몇인가 표명되었지만 종교지도자는 이의를 주장할 때조차 거의 전원 일치로 초안은 만족할 수 있는 것이라고 말해 다수는 「종교단체법」을 대신할 새로운 법령의 제정을 희망하고 文部省의 초안에 찬의를 나타냈다.16)

「종교단체법」은 1945년 12월 28일 칙령 제718호에 의해 폐지되고, 동일 칙령 제719호에 의해 「종교법인령」이 교부, 당일 시행되었

---

15) 古賀和則 1993, p. 220 참조.
16) ウッタード 1990, pp. 126-127; 文化庁 編 1983, pp. 287-288 참조.

다. 또 1945년 12월 15일「신도지령」에 의해, 神社神道도 종교로서 발족한다면 신사에 대해서도「종교법인령」과 그 관계법령에 의해 법상의 보호를 받을 수 있는 길을 연다는 것이 명기되었다. 따라서, 신사도「종교법인령」의 대상에 추가하게 되고, 1946년 2월 2일「宗教法人令 중 개정의 件」(勅令70號)으로 같은 령을 개정하고 "신사"를 각각 필요한 곳에 삽입하였다. 또 동일「明治 39年 法律 第24號 官國幣社經費에 관한 廢止等의 法律廢止等의 件」(勅令71號), 內務省令 제5호, 內務省訓令 제7호부터 제13호까지, 內務省告示 제14호로써 종래 신사의 국가 관리 제도를 지탱하고 있던 주요한 모든 법규를 개폐해 실질적으로 국가신도가 폐지되었다.[17]

「宗教法人令」은「종교단체법」의 원칙 제28조에 비해 10조 적은, 18조에 의해 구성되어있다.[18] 이것은 주로, 信教의 自由와 政教分離의 원칙에 비추어 조금이라도 방해가 되는 규정을 삭제했기 때문이다.

「宗教法人令」의 내용을「종교단체법」과 비교하면서「宗教法人令」의 내용을 요약하면 대체로 다음과 같다.

① 「宗教法人令」에 의해 법인이 될 수 있는 것은 포괄단체인 "神道教派", "佛教宗派", "基督教 기타 宗教의 教團"과 단위단체인 "신사", "사원", "교회"이다(제1조 제1항). 사원은 당연히 법인이 아니지만,

---

17) 神社의 국가관리제도를 형성하고 있는 모든 법규는 1946년 2월 2일 이전부터 단계적으로 폐지되었다. 예를 들어 1945년 11월에는 外務省告示 264호에 의해 外地가 統治權外가 되면서 官幣大社朝鮮神宮 이하 16社(樺太・朝鮮・台灣의 官國幣社)가 폐지되었다. 1946년 1월 神饌幣帛料供進에 관한 칙령을 시작으로 많은 칙령이 폐지되었고, 2월 2일이 되어 주요한 13건의 법규가 개폐되기에 이르렀다. 그 후에도 수시로 관련 법규가 개폐되었다. 文化廳 編 1983, pp. 288, 294-298 참조.

18) 文部科学省 1945b; 井上惠行 1969, pp. 564-569 등 참조.

단위사원도 인정되는 것이 규정되어 있다(제1조 제1항·제2항, 제6조 후단, 제11조 제1항 후단, 제12조 제2항 후단). 「종교단체법」에 비해 "신사"가 새로 추가한 점이 가장 큰 변화라고 말할 수 있다. 또 이제까지 공인 되어 있던 단체뿐만 아니라 비공인이었던 단체도 넓게는 법인으로 인정되게 되었다.[19]

② 종교법인의 자치규칙은 "敎規", "宗制", "敎團規則", "寺院規則", "敎會規則"라고 각각 별개의 명칭을 사용하지 않고 "규칙"으로 통일한다(제2조, 제3조). 또 종교법인을 주관하고 대표하는 자의 명칭도 "管長", "敎團統理者", "住職", "敎會主管者"라고 하지 않고 "주관자"만으로 하고(제8조), 그 員數는 "한 명으로 함"(「종교단체법시행령」 제2조 제1항, 제3조)이라고 되어 있는 것을 "종교법인은 1인 또는 몇 사람의 주관자를 두도록"(제8조 제1항) 하였다.

③ 포괄단체인 종교법인 설립에는 文部大臣, 단위단체인 종교법인 설립에는 지방장관의 인가를 필요로 하지 않는다. 규칙을 작성하고 (제2조, 제3조) 설립 하는 것에 의해 성립한다(제4조). 主務官廳에 대해서는 법인 성립 후에 규칙과 주관자의 성명·주소를 신고만 하면 된다(제7조 제1항). 그 屆出事項에 변경을 했을 때도 같다고 하였다(동조 제2항). 이와 같이 「종교단체법」이 認可主義에 의거해 허가제가 채용된 것에 대해, 「종교법인령」은 규정으로 결정한 법인설립의 요건이 충족되었을 경우 법인이 당연히 성립하는 準則主義에 의거한 屆出制를 채택하였다.[20]

---

19) 공동의 信條와 儀禮로 공동의 집합장소를 갖고 종교 활동을 하는 單位團體에 대해, 이 單位團體가 조직화된 것이 包括團體이다. 또 包括團體에 대해 單位團體를 被包括團體라고도 한다.

④ 신사·사원·교회 등의 규칙을 변경하려는 경우는 총대표의 동의가, 포괄단체에 포함될 때는 그 포괄단체 주관자의 승인이 필요하게 된다. 그러나 그 포괄단체가 비종교법인일 경우 또는, 그 포괄단체가 종교법인이라도 단위단체가 거기서 이탈하려고 하는 경우의 규칙의 변화에 대해서는 포괄단체 주관자의 승인을 필요로 하지 않는다고 하였다(제6조). 이것은 信敎의 自由를 중시하는 자세이며 포괄단체로부터의 이탈 등을 손쉽게 하는 결과가 되었다.

⑤ 단위단체에 3인 이상의 총 대표를 두어야 하는 것은 「종교단체법」과 같지만, 그 선임·해임을 市町村長 등에 신고할 필요가 없어졌다(제9조).

⑥ 단위단체의 중요재산의 처분·부채 등에도 행정기관으로부터의 인가를 필요로 하지 않는다(제11조 제1항). 또 총 대표의 동의 혹은 교단 주관자의 승인을 받지 않는 행위는 이것을 무효하고(제11조 제2항), 상대측이 善意無過失인 경우에 있어서는 행위를 행한 주관자가 상대측의 선택에 따라 이행 또는 손해배상의 책임을 져야한다(제11조 제3항).

⑦ 종교법인의 해산은 총 대표의 동의가 필요, 포괄단체의 경우 그 포괄단체 주관자의 승인은 필요하게 되지만, 행정기관으로부터의 인가는 필요로 하지 않는다(제12조). 「종교단체법」에서는 존재하던 종교법인의 합병은 인정하지 않게 되었다.

⑧ 법령위반 공익 침해 등의 경우에 종교법인의 해산을 명하는 權能도, 규칙에 처분의 규정이 없는 경우에 종교법인의 잔여재산의 처

---

20) "認可"는 "許可"와 달라, 행정이 의도적으로 認可하지 않는 것은 인정되지 않는다. 「종교단체법」에서는 행정이 의도적으로 인가를 주지 않을 경우가 많이 있었다.

분을 허가하는 權能도 재판소에 있다(제13조, 제14조 제1항). 처분할 수 없는 재산은 國庫에 귀속한다(제14조 제2항).

⑨ 세금의 부과 감면(제16조, 부칙 제6항·제7항)·차압금지(제15조)는 대부분 종전 그대로였다. 단 1947년의 세법개정 때 본령을 일부 개정해, 세법안의 규정에 의해 다루어지게 되고 제16조는 전문 삭제되었다.[21]

⑩ 벌칙은 형벌이 아닌 秩序罰인 과료(二百円以下)뿐(제18조).

⑪ 법인령에는 1945년 同令制定때의 부칙과 그 다음 해 개정 때의 부칙이 있다. 양쪽 모두 7항으로 구성되어 있다. 전의 부칙에는 시행기일에 관한 규정(제1항)외, a)「종교단체법」에 의한 법인인 교파·종파·교단·사원·교회, b) 그 敎規·宗制·敎團規則·寺院·敎會規則, c) 管長·敎團統理者·住職·敎會主管者, d) 代務者, e) 總代, f) 寺院財産台帳·敎會財産台帳은 宗敎法人令에 있어서 각각 a') 宗敎法人, b') 規則, c') 主管者, d') 代務者, e') 總代, f') 寺院敎會財産登記簿(後「神社寺院敎會財産登記簿」로 변경)로 간주되는 등 단순한 經過規定(제2항-제4항)과 세법개정규정(제5항-제7항)으로 구성되어 있다. 후의 階則에는 시행기일에 관한 규정(제1항) 외에 모두 神道指令을 받아 "신사는 종교"라는 전제로 한 經過規定이다. 그것들은 神宮(伊勢神宮)·神社明細帳所載의 神社(官國幣社以下神社·護國神社)·別格官幣社靖國神社을 시작으로 하는 계약11만개의 신사가 종교법인이라고 간주되는 것을 기재하였다(제2항). 前項에 의해 성립한 종교법인은 신사의 규칙을 만들고, 그것을 주관자의 성명·주소와 함께 6개월 이내에 지

---

21) 梅田義彦 1971, p. 203 참조.

방장관에게 신고하도록 한다(제3항). 그러나 그때까지 신고하지 않으면 同項의 기간 만료 때(1946년 2월 2일부터 6개월간이므로, 1946년 8월 1일까지)에 해산한 것이라고 간주되었다(제4항). 지방장관이 신사로부터 신고한 규칙 등을 수리 했을 때, 등기소에 등기의 촉탁을 해야 한다고 하였다(제5항). 보통은 규칙을 만들고 등기를 하고 종교법인이 되고 법인이 되고나서 규칙을 신고하는 것이지만, 신사는 먼저 일괄하여 종교법인이 되었기 때문에(그 때문에 신고하지 않은 경우는, 제4항의 규정에 의해 해산했다고 간주된다), 규정을 만들고 규칙을 신고한 후 등기를 한다고 하는 변칙적인 방식이 취해졌다. 즉 법인성립을 위한 설립등기는 필요하지 않지만, 제3자로의 對抗要件으로써 설립등기가 필요하게 되었던 것이었다. 다음 항목에서는 법인령시행 때에 大宮司(神宮), 宮司(官國幣社), 社司(府縣社・鄕社・村社・護國神社), 府縣社以下神社職制 제2조의 神社(無格社)의 社掌(2인 이상일 때는 上席社掌)의 職에 있는 자(그 사람이 없을 때, 또는 그 사람이 사고를 당했을 때는 시행 때 이것을 대리해야할 職에 있는 자)는 상기의 규칙에 의한 주관자가 준비되기 전까지 代務者로 간주된다. 또 그 시행 때 氏子總代인 자, 崇敬者總代인 자(시행 때 氏子總代도 氏子總代도 준비되지 않은 경우에는 그 代務者에 있어 氏子 또는 崇敬者 중에서 위촉하는 3인 이상의 總代인 자)는 앞의 규칙에 의한 總代가 준비될 때까지 總代인 것으로 간주하기로 하였다(제6조, 1946년 2월 2일 司法文部省令 제1호 부칙 제2항). 끝으로 이 代務者・總代는 그 규칙에 서명한다고 했다(제7항).

위에서도 서술한 것과 같이 宗敎法人令은 信敎의 自由, 政敎分離의 원칙에 입각해 방해가 되는 조항을 배제하고 간소화・자유화시키고 행정관청에 의한 통제・감독이 폐지된 상태에 가까웠기 때문에 각종

문제가 나타났다. 특히 문제가 된 것은「종교단체법」이 認可主義에 의거해 허가제를 취하고 있던 것에 비해,「宗敎法人令」은 규정으로 정한 법인 설립 요건이 충족될 경우에 법인이 당연히 성립하는 準則主義에 의거한 屆出制를 취했기 때문에 아주 쉽게 종교법인을 설립하는 것이 가능하게 되었다는 것과 單立團體가 包括團體로부터 이탈하려고 하는 경우의 규칙 변경에 대해서는 包括團體 주관자의 승인을 필요로 하지 않게 되고 이탈을 쉽게 할 수 있게 되었다는 것이었다.

그리고 쉽게 종교법인이 될 수 있었기 때문에 종교법인의 수가 격증하게 되었다. 그 중에는 敎義나 組織의 점에서 의심스러운 단체가 이것을 濫用·惡用하는 것이 사회 문제가 되었다. 또 종교법인은 세금 감면 등의 保護特典등을 부여받는데, 요건이 충족되었을 경우에는 체크(check)기능이 작용하지 않기 때문에 종교법인을 방패로 삼아 탈세 등을 행하는 단체가 나타나기도 했다. 또 單立團體가 包括團體로부터 이탈이 쉽게 된 것을 들 수 있다. 이것은 표면상으로 信敎의 自由에 의한 이탈이지만, 실제는 교단내부의 인사문제나 재산 문제 등 사적인 이해관계나 갈등에 의한 分派活動 등도 왕성하게 행해졌으며 이것도 종교법인의 수가 격증하는 요인이 되었다. 따라서, 당초 信敎의 自由, 政敎分離의 원칙에 입각해 숭고한 이상 실현을 위한 법률로 제시되었지만 실제로는 이런 이상과 동떨어진 문제가 속출하자 점차「종교법인령」의 개정을 바라는 소리가 높아지게 되었다.

윌리엄 P. 우다드는 이 상황을 다음과 같이 기술하였다.

> 법인이 되는 자격을 결정하는 기준이나「宗敎法人令」을 집행하는 官吏를 위한 지침은 무엇 하나 만들 수 없었기 때문에, 의심스러운 사

람들에 의한 宗敎法人化의 악용이 가능하게 되고, 스캔들라스 (scandalous)한 상황이 전개되었다.

「宗敎法人令」의 부산물 가운데 다른 무엇보다 더 종교계의 불만의 씨앗이 된 것이 두 가지 있다. 그 하나는 이전부터 성립해 있던 종교단체에 즉시 猖獗하기 시작한 "분열"이었고, 그것이 그 종교단체를 轉覆시킨다는 것은 말할 것 까지도 없고, 머지않아 심각하게 弱體化시킬 우려가 있었다. 두 번째는 새로운 섹트(sect)의 속출이었고, 그들은 종교계뿐만 아니라 일반 시민에게서도 의심스러운 것이라고 간주되고 있었다. …(중략)… 「宗敎法人令」의 운용이 대단히 엉성한 방법으로 행해졌다고 하는 것이다. 법인화는 신고에 의한 것이어서 文部省이 무심사로 신청을 접수하는 방침을 채택하였다. 몇 백 명이라는 수상한 사람들이 잘해도 일반 기업이나, 나쁘게 하면 초국가주의적인 집단이나 의심스러운 집단이 "인류에 행복을 주고 세계에 평화를 가져온다."는 형식적인 모습을 걸고 법인을 만들어 조세 면제의 특권을 받을 수 있었던 것이다.

처음부터 이와 같은 남용을 피하기 위한 대책은 세웠을 것이고, 세워두어야 했다. 그러나 실제로는 4년 이상 걸쳐 방치되어 있었고, 1951년이 되고나서 겨우 「宗敎法人令」은 永續적인 법률에 의해 바뀌어진 것이다.22)

이 종교법인의 난립은 후에 "神들의 러시아워(rush hour)"라고 불리게 되었다. 실제 「종교법인령」의 시행을 계기로 한 종교 관계의 분파 독립, 신설에는 놀라운 사실이 있었다. 「종교단체법」에 의해 허가된

---

22) ウッダード 1988, p. 103.

교파, 종파, 교단은 神道敎派 13, 佛敎宗派 28, 基督敎敎團 2의 48 단체였는데, 각각 1946년에는 분파 88, 신설 40의 합계 128단체, 1947년에는 분파 28, 신설 24, 합계 52단체, 1948년에는 분파 39, 신설 49, 합계 88단체, 1949년에는 분파 40, 신설 78, 합계 118단체로 증가되었다. 계통별로 보면 神道系에는 분파 74, 신설 82, 합계 156 단체, 불교계에는 분파 103, 신설 32, 합계 135단체, 기독교계에는 분파 18, 신설 13, 합계 31단체, 그 외에는 신설 64, 합계 64단체였다. 이렇게 1949년 말에는 敎宗派敎團數가 430에 달하고, 종교법인법 공포 당시의 敎宗派敎團수는 742에 달했다. 사원, 교회등에 소속된 종파등을 이탈해 독립 법인이 된 것은 1949년 말로 1,546이었다.[23]

神道系에서는 敎派神道十三派로부터 많은 분파가 나왔다. 또 전국 약 10만 신사 내의 8만 7천을 포괄하는 종교법인 으로써 神社本廳이 등기되었지만, 神社本廳소속이 아니라 包括團體 또는 單立團體로써 등기된 신사도 많았다. 또 神社・敎派系이외에서는 신교파도 많이 설립되었다. 불교계에서는 13종 56파가「종교단체법」에 의해 13종 28파에 통합되었지만,「宗敎法人令」에 의해 환원・분파・신설되어 270에 달했다. 분파는 日蓮系, 天台系, 眞言系에서 많이 볼 수 있고, 신설은 眞言系, 특히 日蓮系에 현저했다. 기독교계에서는 가톨릭이 세계석 공통기반 위에서 활동하고 운영한다는 교단의 성질상, 분파는 일어나지 않았었지만 각 교구나 수도회는 독립의 행정권을 갖고 있다. 따라서 분파의 대부분이 프로테스탄트의 일본기독교단이다.「종교단체법」의 시행 때 정치적인 압력에 의해 통합되었기 때문에 같은

---

23) 文化庁 編 1983, pp. 312-313 참조.

교단 성립전의 교단으로 바뀌었는데, 원래 교단이 변형된 것으로 나타났다.24)

이 종교법인의 격증, 특히 包括團體로부터의 이탈에 대해서는 후에 상세히 검토하기로 한다.

2) 日本國憲法의 成立과 宗教法人法까지의 宗教政策

(1) 日本國憲法

「大日本帝國憲法」을 대신해 1946년 11월 3일 공포되어 1947년 5월 3일 시행된「日本國憲法」25)에도 종교정책에 관한 기본적 정신이 명기되어있다. 전후 일본의 종교정책은 포츠담선언,「人權指令」,「神道指令」을 거쳐「宗教法人令」과 信教의 自由・政教分離・종교계로부터의 초국가주의・군국주의적 사상의 제거라는 기본적인 원칙에 의거해 행해져 왔다.

「일본국헌법」의 초안이 당초「대일본제국헌법」과 같이 천황의 지위 등에 관해, 천황이 통치권을 총람한다는 매우 보수적인「대일본제국헌법」의 기본 원칙을 유지하는 것이었기 때문에 GHQ에 의해 거부되는 등 우여곡절은 있었지만, 최종적으로는 信教의 自由・政教分離・宗教界로부터의 초국가주의・군국주의적 사상의 제거라는 기본적 원

---

24) 文化庁 編 1983, pp. 313-314 참조.
25) 国立国会図書館 1946. 일본의 통치는 일본국헌법 시행 이후 동 헌법에 의해 행해졌지만, 연합국군총사령부의 지령은 헌법 외의 효력을 갖고 있어 일본국헌법이 완전히 그 효력을 갖게 된 것은 1952년 4월 28일의 샌프란시스코 평화조약의 발효(署名은 1951년 9월 8일)에 의해 일본이 독립국으로서의 지위를 회복한 시점부터라는 견해도 있다.

칙에 의거해 헌법이 성립되었다.
「일본국헌법」에 종교 관련의 조문은 제3장 "국민의 권리와 의무"에 있어서의 信敎의 自由에 관한 조문인 제20조와 제7장 "財政"에 있어서 공적 재산의 용도제한에 관한 조문인 제89조이다.

> 제20조 신교의 자유는, 누구나 이것을 보장한다. 어떠한 종교 단체도, 국가로부터 특권을 받거나, 정치상의 권력을 행사해서는 안 된다.
> 2 누구도 종교상의 행위, 축전, 의식 또는 행사에 참가하는 것을 강제 받지 않는다.
> 3 국가 및 어떤 국가 기관도, 종교 교육 기타 어떠한 종교적 활동도 할 수 없다.
> 제89조 공금 기타 공공의 재산은 종교상의 조직 내지는 단체의 사용, 편익 또는 유지를 위하여 또는 공공의 지배에 속하지 않는 자선, 교육 또는 박애의 사업에 대하여 이것을 지출하거나 또는 그 이용에 제공할 수 없다.

제20조에 규정되어 있는 信敎의 自由는 정신적 자유권에 속하고 국가나 공권력의 침해로부터의 자유를 보장하고 있는 것이라고 생각된다. 信敎의 自由는 일반적으로 말하면 종교의 자유이며, 크게 3개의 자유로 나눌 수 있다. 그 3개는 ① 신앙의 자유, ② 종교 행사의 자유, ③ 종교적 집회·결사의 자유이다.
① 신앙의 자유라는 것은, 신앙을 선택하고 이것을 유지 또는 변경하는 자유를 의미한다. 또 신앙을 고백하는 자유도 포함된다. 물론 신앙을 유지하지 않을 자유, 무신앙의 자유도 그 안에 포함되고 그 발표

의 자유도 보장된다고 생각된다. 또 신앙의 묵비나 종교 단체의 소속에 대해서의 자유, 나아가 자신이 믿는 종교를 선전하고 그 종교를 널리 알리는 자유, 즉 布教의 自由, 無宗教, 反宗教的宣伝의 自由 등도 보장된다고 이해할 필요가 있다. 국가나 공권력은 국민에게 신앙을 가지는 것 또는 가지지 않는 것, 그 내용들을 고백하거나 발표하는 것을 강요하는 것은 허용되지 않고, 또 그것들에 의해 이익을 주거나 불이익을 주거나하는 것도 금지된다. 또 자신이 믿는 종교에 의한 교육을 할 자유, 종교 교육을 받을 자유, 받지 않을 자유, 자신의 자제에게 종교 교육을 받게 할 자유, 받게 하지 않을 자유라는 종교 교육의 자유도 신앙의 자유의 일부분이라고 생각된다. 그리고 국민은 상기와 같은 각자의 신앙의 태도에 의해 국가, 공공 단체로부터 불평등한 취급을 받지 않는다.[26]

② 종교 행사의 자유라는 것은 종교의 의식, 행사 등 종교 행위에 관해 몇 명이든 자신이 믿는 종교상의 행위, 축전, 의식, 행사를 행할 자유, 몇 명이든 이들 의식, 행사에 참가할 자유, 참가 하지 않을 자유를 갖는다고 하는 것이다. 누구도 종교행사에 참가하는 것을 강요받지 않고, 참가하는 것이 금지되지 않는다. 또 이들 종교상의 행사에 참가하는, 또는 참가하지 않는 것에 의해 불이익을 받지 않는다.[27]

③ 종교적 집회·결사의 자유라는 것은, 종교를 믿는 자가 그 공통의 信條·信仰을 기초로 자유롭게 집회하고 단체를 조직할 수 있는 자유, 몇 명이든 종교상의 집회를 주최하고 이것에 참가할 자유, 또 종교적인 단체를 결성하고 이것에 참가할 자유를 의미한다. 그리고

---

26) 平野武 1996, pp. 59-60 참조.
27) 平野武 1996, p. 60 참조.

이 자유는 종교적인 집회를 하고 종교적 결사를 조직하는 것에 공권력이 개입하거나 금지하는 것이 금지되어 있다고 생각된다. 또 이들 집회·결사 때 특별 허가를 요구할 수 없다. 이것은 헌법 제21조의 집회·결사의 자유 ("집회, 결사 및 언론, 출판 기타 일체의 표현의 자유는 보장 된다")와도 매우 밀접한 관계에 있다고 생각된다. 게다가 상기 2개의 자유와 같이 몇 명이든 종교적 집회·결사에 참가하거나 주최하는 것을 강요받지 않고, 또 참가하거나 주최했다는 것으로 불이익을 받지 않는다.[28]

이와 같이 信敎의 自由는 상기 3개의 자유가 서로 결부되어 구성되어 있다고 생각된다. 이 외에도 일본국헌법은 제19조의 사상·양심의 자유("사상과 양심의 자유는 침해할 수 없다"), 제21조의 집회·결사·표현의 자유(上記), 제23조의 학문의 자유("학문의 자유는 보장된다") 등을 보장하고 있는데, 이들은 부분적으로 信敎의 自由와 겹치는 경우가 있어, 信敎의 自由는 이들 자유와도 서로 결부되어 상호 보강하고 있다고 생각된다.

또 제14조의 법아래 평등을 보장("모든 국민은 법 앞에 평등하며, 인종, 신조, 성별, 사회적 신분 또는 문벌에 의하여 정치적, 경제적 또는 사회적 관계에서 차별받지 아니한다")와 제44조의 국회의원 및 그 선거인의 자격 ("양 의원의 의원 및 그 선거인의 자격은 법률로 정한다. 단 인종, 신조, 성별, 사회적 신분, 문벌, 교육, 재산 또는 수입에 의해 차별할 수 없다")에 있어서 信條는 信仰·信心을 포함하고, 이것도 信敎의 自由와 관련 있는 규정이라고 말할 수 있다.[29]

---

28) 平野武 1996, pp. 60-61 참조.
29) 平野武 1996, pp. 58-59 참조.

그리고 "信敎의 自由"라는 말은 「대일본제국헌법」(제28조)에도, 「일본국헌법」(제20조 제1항)에도, 또 「종교법인법」(제1조 제2항·제84조)에 명기되어 있는데, "政敎分離"라는 말은 구헌법·신헌법에도 「종교법인법」에도 그 기재가 없다. 그러나 일반적으로 신헌법은 政敎分離의 원칙을 채용하고 있다고 생각된다. 그리고 「일본국헌법」에 있어 이 원칙을 나타낸 규정은 "어떠한 종교 단체도, 국가로부터 특권을 받거나, 정치상의 권력을 행사해서는 안 된다.(제20조 제1항 후단)", "국가 및 어떤 국가 기관도, 종교 교육 기타 어떠한 종교적 활동도 할 수 없다(同條 제3항)", "공금 기타 공공의 재산은 종교상의 조직 내지는 단체의 사용, 편익 또는 유지를 위하여 …(중략)… 이것을 지출하거나 또는 그 이용에 제공할 수 없다.(제89조)"고 생각된다. 따라서 政敎分離라는 말은 헌법조문에는 명기되어 있지 않지만, ① 국가가 종교단체로의 특권 부여 금지, ② 종교단체가 정치상의 권력 행사 금지, ③ 국가 및 그 기관이 종교적 활동을 하는 것을 금지한다고 명확한 금지 사항에 의해 받아들여지고 있다고 생각된다.[30] 이것은 포츠담선언, 人權指令, 神道指令이라는 일련의 점령정책이 神權天皇制와 軍國主義로부터 國家神道體制를 부정하는 것에서 시작되어, 민주주의, 평화주의, 기본적 인권의 존중이라는 새로운 민주국가의 성립을 기도한 것이었기 때문에, 당연한 귀결로 엄격한 政敎分離의 원칙이 채택된 것이라고 생각해야 할 것이다.

윌리엄 P. 우다드는 제86조 해당부분의 기초를 담당한 장교 한 명이 "단 종교를 국가로부터 분리하고 싶다고 생각했을 뿐이다. 그것 밖

---

30) 文化庁 編 1983, pp. 299-300 참조.

에 없었던 것이다. 우리는 교회와 국가의 관계에 대한 어떤 학설에도 관련되지 않았다."라고 술회하고 있다고 말하고 있다.[31] 즉 政敎分離의 원칙의 본질은 國家神道體制와 같은 국가와 종교의 불건전한 결합의 부활을 방지하기 위해 설치되었던 것이었다고 생각할 수 있다.

이와 같이「일본국헌법」은 信敎의 自由·政敎分離·宗敎界로부터의 초국가주의·군국주의적 사상의 제거라는 원칙이 관철된 헌법이라고 말할 수 있는 것이다.

(2) 社寺國有境內地處分

토지에 관한 종교정책도 일본의 종교단체에 큰 영향을 미쳤다. 여기서는 근대의 토지에 관련한 종교정책을 정리해보고자 한다.

근대의 토지에 관련한 주요한 종교정책은 江戶時代에 인정되었던 사원과 신사의 영지(社寺領)가 1871년(明治 4년)에 明治정부에 의해 몰수된「社寺領上知令」(太政官布告 제4호)[32], 1939년의「종교단체법」에 맞추어 행해진 제1차 國有境內地處分(「사원에 무상으로 임대하고 있는 국유재산의 처분에 관한 법률」(법률 제78호)[33]), 또 戰後 1947년의 제2차 國有境內地處分(「社寺 등에 무상으로 빌려주고 있는 국유재산의 처분에 관한 법률」(법률 제53호)[34])이 있다.

社寺國有地라는 것은 이전에 社寺領이었던 토지가 明治초두의「社寺領上知令」,「地租改正條例」에 의한 사업추진에 의해 토지가 결정

---

31) ウッタード 1988, p. 86 참조.
32) 梅田義彦 1971, p. 353 참조.
33) 梅田義彦 1971, p. 543 참조.
34) 梅田義彦 1971, p. 600 참조.

되어 국가가 소유하게 된 토지이다. 社寺領 국유화는 1871년(明治 4년), 「社寺領上知令」(太政官布告 제4호)으로 시작된다. 1867년 10월에 大政奉還이 실시되어 王政復古가 성립되고, 1869년(明治2년) 7월에는 諸藩諸候가 版籍奉還을 실시하여 德川幕藩體制는 여기서 막을 내린다. 將軍諸候가 영지를 奉還했기 때문에, 막대한 영지를 가진 社寺도 그것을 반환하는 것이 당연하다는 소리가 높아지는 등 社寺의 국가로의 반환은 어쩔 수 없는 상황이 되었다.[35] 이것은 근대의 토지제도, 조세제도의 확립이라는 측면도 있었지만, 정권기반이 약한 明治政府가 천황을 중심으로 한 제정일치의 중앙집권국가를 목표로 할 즈음 神道세력을 손에 넣고 강대한 힘을 갖는 불교단체의 영향력을 배제한다는 목적을 실현하기 위한 측면도 있었다.

당시 일반에게 토지 관념이 발달해 있었다고는 말할 수 없고, 境內外의 구별을 하는 기준조차 확실하지 않았다. 당초 境內地를 제외한 토지는 모두 上地하라는 포고에 社寺는 혼란에 빠졌다. 이 때문에 포고 후의 上地는 거듭되는 督勵에 반해 遲滯氣味로 周知徹底의 방책을 필요로 하게 되었다. 정부는 1871년 5월에 太政官達 「寺院境內의 구별을 일정 시키는 건」을 발령해 上地의 문제로 되어 있는 境內外의 구별을 조급히 붙이려는 의도를 나타내고, 神社에 대해서도 1873년 8월에 같은 太政官布告 「神社境內의 구별을 査核祿上시키는 件」을 발포하였다.[36]

또 이 토지정책과 함께 1873년 7월에 「地租改正條例」(太政官布告 제272호)에 의해 근대의 조세제도를 확립하는 정책이 社寺領上地

---

35) 戶上宗賢 1993, p. 246 참조.
36) 戶上宗賢 1993, pp. 246-247 참조.

와 함께 실시된다고 하여, 明治政府는 社寺領의 정의를 명확히 한 기준에 따라 境內地 이외의 토지를 上地시켰다. 上地의 대상 밖의 토지는 종전부터 社寺가 구입한 토지, 기부를 받아 境內의 일부로 한 토지, 자비로 개간한 토지, 단 증명 가능한 토지 등에 한정되었다.[37]

1921년(大正 10년)이 되어「국유재산법」(법률 제43호)이 제정되고 다음 해부터 시행되었다.「국유재산법」은, 神社의 境內地에 바치는 것은 공용재산으로 하고 寺院・佛堂의 境內地는 잡종재산으로 했지만, 그 변천을 고려하여 그 용도로 사용하는 동안 무상대부할 수 있는 것이 규정되었다.[38] 이와 같이 神社의 境內地와 寺院・佛堂의 境內地의 처리는 다르고, 이미 국가 제사가 된 神社는 神社의 모든 행사, 社殿의 수리・조영, 神職의 任免, 제정원조 등에 대해서 국가의 완전한 지원을 받게 되어 있었던 것이 이 토지정책・稅制정책에도 나타나 있고, 종교정책과 밀접한 관계가 있었던 것을 알 수 있다.

이 社寺領을 한 번에 국유화한「社寺領上知令」에 의해, 불교교단의 경제적 기반은 큰 타격을 받았기 때문에 큰 불만을 안게 되었다. 또 地租改正 때의 처분에 의해 부당하게 國有境內地를 官沒한 부분이 있어 그 환부를 바라는 사원도 많아 帝國議會에 國有境內地의 환부 제언도 행해졌다. 그러나 정부는 사원・불당의 재산 관리에 관한 규정을 아직 갖추지 못해 쉽게 움직이지 않았다.[39]

1939년 4월에「종교단체법」(법률 제77호)이 제정되어 사원・교회・

---

37) 戶上宗賢 1993, p. 247 참조.
38) 梅田義彦 1971, p. 274 참조.
39) 戶上宗賢 1993, p. 251; 梅田義彦 1971, pp. 274-275; 文化廳 編 1983, pp. 31-41 참조.

불당 등의 재산이 재산대장에 등록되고 그 관리보전에 대한 감독제도가 확립되자, 각 종교단체가 재산 관리 제도를 완비해 國有境內地의 처분을 받아도 그것을「종교단체법」이 규정하는 목적에 일치하도록 사용하는 것을 기대할 수 있게 되었다. 이러한 체제의 정비에 맞추어 제1차 國有境內地處分「寺院에 무상으로 대부하고 있는 국유재산의 처분에 관한 법률」(법률 제78호)을 1939년 4월 8일에 공포하고, 같은 해 12월 칙령 제891호에 의해 1940년 4월 1일 시행하기로 하였다. 이 법률의 대상은 사원이며, 神社는 당시 공적 법인의 취급으로 神社의 國有境內地와 특수법인으로서의 "營造物法人"으로 취급되어 공용재산이 되어 있었기 때문에 이 법률의 처분대상은 아니었다. 이렇게 불교단체가 다년 간 염원하고 있던 문제의 일부는 해결을 향하여 빠르게 움직이고 있던 것이었다.[40]

양도해야 할 국유재산(境內地)의 범위는 1939년 12월 칙령 제892호「寺院 등에 무상으로 대부하고 있는 국유재산 처분에 관한 법률시행의 건」에 의해 정해졌다. 이 國有境內地 처분은 1941년부터 10년간에 걸쳐 완료할 계획이었지만, 처분사무가 태평양전쟁으로 1943년 말까지 정지되고 그대로 종전을 맞이하였다. 또 종전 후 GHQ의 점령정책의 인권지령, 神道指令에 의해 神社의 국가관리가 폐지되고 1946년 2월 2일 칙령 제71호등에 의해 國家神道를 이루고 있던 많은 법률·칙령·성령 등이 개폐되었지만, 神社의 國有境內地에 관해서는「국유재산법」제3조 및 제24조를 개정해 종전의 공용재산 처리를 폐지하고, 사원의 國有境內地의 경유와 같이 神社의 용도로 제공하

---

40) 戶上宗賢 1993, p. 251; 梅田義彦 1971, pp. 274-275; 文化庁 編 1983, pp. 218-220 참조.

는 동안 무상대부하는 것으로 하고 이것을 雜種재산으로 하였다.[41]

전후가 되자 GHQ의 점령정책 아래 「대일본제국헌법」의 개정문제가 급속히 대두되고, 신헌법에는 政敎分離의 원칙(제20조·제89조)이 규정되어 그 시행까지 社寺에 국유지를 무상대부하고 있는 것을 청산해야 했다. 신헌법은 1946년 11월 3일 공포, 1947년 5월 3일부터 실행하기로 되었기 때문에 1947년 4월 8일에 제2차 國有境內地處分 「社寺 등에 무상으로 대부하고 있는 국유재산의 처분에 관한 법률」(법률 제53호)이 공포되고, 4월 30일 칙령 제189호로 신헌법시행의 직전인 5월2일 시행하여 국유재산(境內地)의 청산이 행해졌다. 옛 법은 사원 등의 보호책의 의미를 갖고 있는 것이었던 것에 대해, 신법은 "社寺 等"이라고 법률명에 나타나 있는 대로 神社도 포함해 종교단체와 국가와의 관계를 분리하는 것에 목적이 있었다. 그러나 무상으로 대부하고 있는 國有境內地를 처분한다고 하는 목적은 제1차, 제2차로도 전혀 변함이 없기 때문에 신법제정의 형식을 채용하지 않고, 이 법률은 1939년 「사원에 무상으로 대부하고 있는 국유재산 처분에 관한 법률」을 전문 개정하는 형식이 취해졌다. 이 법률에 있어서의 양도 조건 등에 대해서는, 해당 社寺 등이 종교법인이며, ① 社寺領上知·地租改正 또는 기부 등에 의해 국유가 되었던 것이라는 점, ② 本法시행 때 실제로 국유재산에 의한 무상대부를 받고 있는 점, ③ 종교 활동을 행하는데 필요한 것이라는 점이었다. 그러나 社寺上知 등에 의해 국유가 된 것이 아니더라도, 예를 들어 국비로 구입한 것이었어도, 실제로 「국유재산법」에 의해 社寺 등에 무상으로 대부하고 그 社寺

---

41) 戶上宗賢 1993, pp. 252-254; 梅田義彦 1971, p. 275; 文化庁 編 1983, pp. 337-341 참조.

등의 종교 활동을 행하는데 필요한 것은 그 社寺로부터 신청이 있으면 시가의 반액에 불하하기로 규정되었다. 또 本法에서는 社寺保管林도 양도 대상에 추가되었다. 이것은 政教分離의 관점에서 특혜적인 제도도 폐지해야 했기 때문이다. 종교 활동을 행하는데 필요한 것의 범위는 법 제3조의 위임규정에 의해 「동법시행령」(1946년 4월 30일 칙령 제190호)에 의해 정해졌다.[42]

이 외에 전후의 농지 개방도 社寺의 토지제도에 큰 영향을 주었다 (社寺農地開放). 전쟁 전까지의 大地主制度를 고쳐, 자작농을 중심으로 한 민주적인 농촌사회 형식을 촉진하기 위해 「자작농창설특별조치법」(1946년 10월 21일 공포, 同年 12월 29일 시행)과 「농지조정법개정법」(1946년 11월 22일 시행)이 시행되었다. 이것은 不在地主의 小作地 전부와 不在地主의 小作地 중 일정의 보유한도를 넘는 부분은 국가가 강제 매수하고, 실제 경작하고 있는 소작인에게 우선적으로 낮은 가격으로 매도하게 한 것이었다. 당시 종교법인이었던 社寺, 비법인인 社寺가 소유한 농지도 모두 개방 대상이 되고 社寺·교회 그 외의 종교단체가 소유한 농지는 자작지·소유지의 구별없이 원칙상 정부가 매수하기로 되었다. 이렇게 社寺 소유의 자작·소작의 농지는 모두 개방되고 정부가 매수하게 되어, 특히 농촌지대의 社寺는 큰 경제적 타격을 받게 되었다.[43]

이와 같이 실행된 社寺에 대한 토지정책은 수많은 문제를 일으켰다. 토가미 무네요시(戶上宗賢)는 國有境內地의 양도에 대해 "종교

---

42) 戶上宗賢 1993, pp. 255-260; 梅田義彦 1971, pp. 276-278; 文化庁 編 1983, pp. 337-341 참조.
43) 梅田義彦 1971, pp. 278-279 참조.

활동과는 관계없는 활동으로 이용되고 또는 수익을 목적으로 한 사업으로 이용하거나, 심한 경우 그것을 매각하는 것 등"이 있었다. 그 부정행위에 대해 "제2차 境內地處分法의 취지에 반하는 행위는 엄중히 삼가야 하고, 自戒專一이어야 한다."라고 비판하고 있다.[44]

(3) 宗敎法人法

「종교단체법」은 GHQ의 점령정책에 따라 전후 「인권지령」에 의해 「치안유지법」 등과 함께 폐지 지시를 받았다. 또 神道指令에 의해 國家神道體制를 해체하고, 이제까지 국가의 神社神道로의 지원·감독을 완전히 배제하게 되었다. 그러나 「종교단체법」과 그 관계법칙은 법규의 성질상 즉시 행한다면 많은 문제를 일으키기 때문에 바로 폐지 할 수 없었다. 「종교법인령」은 이와 같은 상황 속에서 점령군의 주도 하에 종교단체에 대한 규제를 철폐해 자치와 자유를 존중하는 법령으로 정해졌다. 이 「종교법인령」은 信敎의 自由, 政敎分離의 원칙에 입각해 그것을 실현 했다는 점에서 높게 평가할 수 있는 것이었다.

하지만 信敎의 自由, 政敎分離의 원칙에 방해되는 조항을 배제해 간소화·자유화하면서 행정관청에 의한 통제·감독이 폐지된 상태에 가까웠기 때문에, 다양한 문제가 표면화 되었다. 「종교단체법」이 認可主義에 의거해 허가제가 채택된 것에 대해, 「종교법인령」은 이른바 준칙주의를 채택했고, 종교법인의 설립 등기 후 2주간 이내에 규칙, 주관자의 성명 및 주소를 所轄廳에 신고하면 종교법인의 설립이

---

44) 戶上宗賢 1993, p. 260 참조.

완료하는 신고제를 채용하였다. 「종교법인령」은 單立團體가 包括團體로부터 이탈하려고 하는 경우의 규칙 변경에 대해서는, 包括團體 주관자의 승인을 필요로 하지 않고 이탈을 쉽게 할 수 있게 되었다. 이 때문에 "神들의 러시아워(rush hour)"라 불리는 종교단체의 난립, 실태가 없는 종교단체가 종교법인으로서 성립하는 등의 폐해가 표면화되고 또 이탈 문제에 의한 분쟁도 속출했다.

이와 같은 미비를 시정하기 위해서도 새로운 법률을 요구하는 소리가 종교계 지도자나 文部省 宗務課안에서도 높아지게 되었다. 1951년 4월 3일 「종교법인령」을 대신해 새롭게 「종교법인법」이 제정되었는데, 이 「종교법인법」은 점령기간 중에 종교 내지 종교단체를 직접적인 대상으로 국회에서 제정한 유일한 법률이었다. 그리고 이 법률이 연합국군총사령관의 주도하에 행해진 입법조치가 아니었던 점도 중요하다. 당시는 연합국군최고사령관의 허가가 없으면 종교관계의 어떤 법률도 제정할 수 없는 상황이었다. 그러나 이 법률은 일본 종교계의 지도자와 文部省 宗務課 담당자의 요청에 응해 原案이 정부에 의해 기초되고 그것이 무수정으로 가결된 것이었다.[45]

「종교법인령」의 개정에 대해서 점령군은 당초 소극적이었다. 그러나 1949년경 평화조약체결에 의해 점령정책 종료를 앞두고 새로운 법률의 성립을 바라는 소리가 높아지고 있었다. 이것은 종교계의 지도자와 文部省 宗務課의 담당자를 중심으로 평화조약이 체결되어 점령정책이 끝나면 새롭게 열리는 국회에 종교정책이 어떻게 변경될지 불안했다는 것, 즉 점령이 끝나고 문제가 국회의 손에 맡겨지면

---

45) ウッダード 1988, p. 104 참조.

지배정당이 행하는 대로 되는 것을 염려하고 있던 것도 하나의 요인이었다.⁴⁶⁾

「종교법인령」은 점령정책의 하나였기 때문에 일본 국회에 의해 연장하든가 혹은 법률로서 제정하든가 아니면 새로운 법률로 대치하든가 하지 않으면, 점령정책완료 후에는 그 밖의 모든 포츠담칙령과 같이 자동적으로 소멸되기로 되어 있었다. 文部省이 1947년을 시작으로 새 법률의 기초에 대해 타진해 왔을 때, 민간정보교육국 종교과장인 W.K. 바운스(Lt. William Kenneth Bunce) 大尉는 종교단체는 민법을 사용할 수 있고 민법에 의해 규정해야 한다고 생각하고 있었기 때문에 새로운 법률에는 큰 관심을 보이지 않았다. 그러나 1949년 종교계 지도자가 직접적으로 새로운 법률을 제정하기 위해 GHQ의 민간정보교육국 종교과에 협력요청을 하고, 민간정보교육국 종교과에는 법안의 기초를 스스로 행한다고 하는 의도는 없었지만 법률제정을 향해 토의에 응한다는 것을 합의했다. 이렇게 최종초안을 준비하기까지 일본 종교계 지도자의 의견을 폭넓게 모아가며 宗敎法人法초안 작성 프로젝트는 진행되어 갔다. 이 사이 日蓮宗, 日本基督敎敎團, 가톨릭敎會, 日本宗敎連盟, 西本願寺派 등에 속하는 법률전문가 등도 일본인 고문으로서 프로젝트에 관여했다.⁴⁷⁾

그리고 1951년 4월 3일「종교법인령」은 폐지되고 동시에「종교법인법」(법률 제126호)⁴⁸⁾이 공포·시행되었다. 「종교법인법」은 민법 제

---

46) ウッタード 1988, pp. 104-105 참조.
47) ウッタード 1988, pp. 104-109 참조.
48) 総務省 e-Gov 1951; 梅田義彦 1971, pp. 214-252; 井上恵行 1969, pp. 569-604 등 참조.

33조 "법인 설립의 준칙"에 "법인은 本法 그 외의 법률 규정에 의하지 않으면 성립할 수 없다."고 되어있는 것처럼 법인의 설립(법인으로서의 권리능력의 설정)을 규정하기 위해서는 법률로써 해야 한다고 하는 규정에 맞추어 만들어진 면도 있다고 생각된다. 「종교법인령」은 포츠담칙령 때문에 법률과 동등한 효력을 갖는 것이었는데, 전후 직후의 변칙적인 입법형식을 청산하고 민법 제33조의 법의에 따라 변경해야 한다고 하는 의견이 점점 강해져 법체계의 정비를 요구하게 되었다. 이렇게 민법에서 법인설립 조항과 정합성을 꾀하기 위해서도 「종교법인령」의 개정은 불가피하게 되었던 것이다. 또 위에서 기술한 「종교법인령」의 문제점을 해소하기 위해 信敎의 自由와 政敎分離의 원칙 등 기본적 성격은 「종교법인령」을 답습하면서도, 종교단체의 난립을 일으킨 법인설립의 신고제를 인증제로 변경하였다.[49]

「종교법인법」은 本則 10장 89조, 부칙 28항에 이르는 법전으로 성립되었다. 제1장 총칙(제1조-제11조), 제2장 설립(제12조-제17조), 제3장 관리(제18조-제25조), 제4장 규칙의 변경(제26조-제31조), 제5장 합병(제32조-제42조), 제6장 해산(제43조-제51조), 제7장 등기 제1절 종교법인의 등기(제52조-제65조), 제2절 예배용 건물 및 부지의 등기(제66조-제70조), 제8장 종교법인심의회(제71조-제77조), 제9장 보칙(제78조-제87조), 제10장 벌칙(제88조·제89조), 부칙으로 구성되어 있다.

「종교단체법」은 本則 28조였지만, 「종교법인령」은 信敎의 自由, 政敎分離의 원칙에 비추어 조금이라도 방해가 되는 규정을 삭제했기 때문에 本則 18조로 구성되어 있다. 이에 대해 「종교법인법」은 本則

---

49) 梅田義彦 1971, pp. 213-214; 文化庁 編 1983, p. 293 참조.

89조로서 법규가 큰 폭으로 늘었다. 이 법률의 입법 취지나 규정의 내용이 착오 없이 이해되어 행정상의 운영을 원활히 행하기 위해, 민법 그 외의 법령 규정을 준용하는 방법을 가급적 피하고 상세히 이 법률의 규정으로 고치거나 (제7조, 제10조, 제11조, 제19조, 제22조, 제25조, 제49조 제3항 등), 법의 해석 그 외의 주의 규정을 만들거나(제1조 제2항, 제18조 제5항·6항, 제71조 제3항, 제84조, 제87조 등), 또 政令 그 외의 명령에 위임해야할 수속 등에 관한 사항을 가능한 한 법률안에 도입하거나 (제3조, 제13조, 제27조, 제38조, 제45조, 제7장의 제72조-제77조, 제81조 제2항 등)하였다. 이런 것이「종교단체법」,「종교법인령」의 간소화와 대조적인 조수 증가의 큰 원인이 되었다.[50]

「종교법인법」과「종교법인령」의 상이점을 들자면, 이하의 점을 지적할 수 있다.[51]

① 「종교법인령」은 18조 였지만 宗敎法人法은 89조에 이르고, 또 「종교법인령」에는 시행규칙이 있었지만 法人法에서는 법률 하나로 정리하였다.

② 「종교법인법」에서는 인증·공고라는 규정을 만들었다. 또「종교단체법」에는 존재했지만「종교법인령」에서는 삭제된 합병에 관한 규정을 부활하고, 나아가 해산에 대해 그 사유를 증가시켰다.

③ 「종교법인령」에서는 등기 후 신고하는 신고제를 채택하고 있었지만,「宗敎法人法」에서는 인증을 받고나서 등기하는 인증제를 채택하였다.

④ 「종교법인령」에서 총대표는 종교단체법의 경우와 같이 주관자

---

50) 文化庁 編 1983, pp. 346-347; 井上恵行 1969, pp. 280-281 참조.
51) 梅田義彦 1971, pp. 257-259 참조.

의 보조자로 동의권이 있을 뿐이었지만, 「종교법인법」의 책임 임원은 종교법인의 사무결정기관으로 규정되었다.

⑤ 「종교법인법」에서는 재산관계의 등기로서 예배용 건물 및 부지만으로 그치고, 「종교법인령」의 보물 등의 등기를 폐지하였다.

⑥ 「종교법인법」에서는 법인이 해산한 경우 잔여재산의 처분에 대해 재판소의 허가를 받는 것을 폐지하였다.

⑦ 「종교법인법」에서는 인증의 취소처분, 수익사업에 대한 정지명령의 규정을 만들었다.

⑧ 「종교법인법」에서는 종교법인심의회를 만들어 종교단체에 대한 행정 운용의 원활을 꾀했다.

그러나 「종교법인법」에 있어서도 종교 의식 등의 성스러운 방면의 기재를 규칙상으로 나타내는 것을 요구하지 않는 것은 「종교법인령」의 경우와 같았다.[52] 「종교법인법」과 「종교법인령」의 공통점은 대체로 다음과 같이 요약할 수 있다.

「종교법인법」이 종교법인이라는 것만을 법의 대상으로 하는 것은 「종교법인령」과 같고, 단립의 단위단체를 인정하는 것도 「종교단체법」, 「종교법인령」과 같다. 또 「종교법인법」이 조문을 늘리고, 종교행정을 동법에 의해 일원적으로 운용하려고 시도했다고 해도, 동법만으로 종교행정이 완수되는 것은 아니다. 넓은 의미의 종교행정법으로서는 신헌법을 정점으로 해 「종교법인법」은 물론 「민법」, 각종 「세법」, 「비송사건수송법」, 「법인등기규칙」, 「부동산등기법」, 「묘지·매장등에

---

[52] 단, 기재된 '목적'을 통해서 행정관청이 그 내용을 파악하는 것은 가능하다. 또 규칙의 인증신청에 첨부한 '해당단체가 종교단체인 것을 증명하는 서류의 내용'에 由緖·沿革·教義의大要(奉齋對象 教典을 포함), 儀式 行事, 教師, 信徒, 施設 등을 기재하는 항목이 있기 때문에 그 단체의 종교성 여부를 행정관청이 알 수 있다.

관한 법률」,「상업등기규칙」,「조수보호 및 수렵에 관한 법률」,「자연공원법」,「삼림법」,「국유임야법」,「문화재보호법」, 또 「행정사건소송법」,「행정불복심사법」,「상업등기법」 등 그 외 지방공공단체의 조례, 文部省의 통달, 회답 등 많은 법령을 그 아래 거느리고, 종합적으로 구성되어 종교행정이 행해진다는 것은 이제까지의 「종교단체법」,「종교법인령」 등과 같다.53)

「종교법인법」부칙에 의하면,「종교법인령」에 의한 법인(舊法人)이 「종교법인법」에 의한 법인(新法人)이 되기 위해서는 1951년 4월 3일 「종교법인법」시행의 날로부터 1년6개월 이내에 신규칙을 작성하고, 관할청에 대해서 그 인증을 신청할 필요가 있다. 그러나 「종교법인법」의 시행직전 문부대신 관할의 포괄법인은 742개였지만, 신청 기한인 1952년 10월 2일까지 신청한 법인은 556개이었고, 그 중 신청을 취하한 법인이 107개이며, 결국 인증 기한 만료인 19543년 4월 2일까지 인증된 법인이 356개(재심사청구를 포함), 불인증이 된 단체가 93개이었다. 그 외에 신설법인이 17개이고, 인증된 것은 모두 373법인(神道계 141, 佛敎계 168, 基督敎계 36, 諸派 28)이었다. 또 지방청관할의 단위법인은 「宗敎法人法」시행직전 184,842개로, 1952년 10월 2일까지 인증신청을 한 것은, 178,453(그중 신설 5,938)개로 1954년 4월 2일까지 인증된 것은 177,401(그중 신설 5,486)개였다.54)

文化廳의 『宗敎年鑑』(2008년도 판)에 의하면 2007년 12월 31일 현재의 문부과학대신관할의 포괄법인의 수는 373(神道계 128, 佛敎계 154, 基督敎계 60, 諸派 31), 都道府縣知事의 포괄법인의 수는 26(신도

---

53) 梅田義彦 1971, p. 258 참조.
54) 梅田義彦 1971, pp. 259-260 참조.

계 6, 불교계 11, 기독교계 8, 제파 1)으로 포괄법인의 합계는 399가 되었다. 문부과학대신 관할의 單位法人수는 663(신도계 85, 불교계 262, 기독교계 239, 제파 77), 都道府縣知事관할의 단위법인 수는 181,647(신도계 85,228, 불교계 77,282, 기독교계 4,108, 제파 15,029)으로, 단위법인의 합계는 182,310이고, 총계가 182,709이며, 약 18만3천의 종교단체가「종교법인법」에 의거해 법인이 되었다.[55]

「종교법인법」은 이제까지도 文部省 조직의 변경에 따른 개정, 행정청처분에 관한 불복제기에 대한 법체계의 정비에 따른 개정, 법인등기의 정비에 따른 개정 등 몇 번이나 개정되고, 최종개정은 2006년에 실행되었다(2010년 8월 현재). 이 중 제일 큰 개정은 옴진리교(オウム眞理敎)의 사건에 영향을 받아 종교법인으로의 규제가 강화되는 방향으로 행해진 1995년의 개정이었다. 1995년의 이 개정은 전쟁 전 종교 탄압의 가슴 아픈 역사도 있었기 때문에, 종교계나 법조계뿐만 아니라 일본 사회 전체에서 큰 논란거리가 되었다.[56]

3) 戰後 宗敎政策의 問題의 表出

(1) 宗敎團體의 紛爭의 顯在化 ― 宗派離脫을 中心으로

우리가 앞에서 보았듯이, 전후 일본의 종교정책이 信敎自由의 確立, 政敎分離, 종교계로부터의 超國家主義·軍國主義적 사상의 제거

---

55) 文化庁長官官房政策課 監修 2010, p. 61 참조.
56) 이는 대단히 중요한 문제지만 本稿에서 다루고 있는 범위를 넘기 때문에 이 문제에 대한 더 이상의 상세한 서술은 피한다.

라는 三大原則 아래 진행되어 왔다. 「인권지령」, 「신도지령」, 「종교법인령」, 「일본국헌법」, 「종교법인법」안에서 이러한 종교정책을 간파할 수 있다.

그러나 전후의 종교정책에도 문제점이 나타났다. 그것은 "神들의 러시아워(rush hour)"로 일컬어지는 종교단체의 난립, 실태 없는 종교단체의 종교법인화 등의 폐해가 표면화되고, 이탈문제에 의한 분쟁이 빈발하게 되었다는 것이다. 이것은 전시중의 강제적인 통합이 「종교법인령」에 의해 해방되고, 또 종교단체의 자율적 기운의 표출인 분파독립이 왕성하게 된 현상이라고 할 수 있다. 그러나 이러한 분파독립의 이유는 표면적인 것으로, 진짜 이유는 다른 곳에 있었다고 많은 학자가 지적하고 있다. 이러한 분파독립의 진짜 이유는 ① 「종교법인령」에 의한 「종교단체법」의 통제배제, ② 本寺와 末寺 관계의 해소 또는 절충, ③ 교단의 역사적 배경을 갖는 특권분쟁의 격화, ④ 특정 대사원의 수입에 의한 교단유지에 대한 불만(교단유지를 위해 出捐[기부·재산의 제공하고 있는 비율에서 給付가 적다), ⑤ 이 모든 조건을 포함하는 표면상 敎學의 해석·신앙의 다른 점 등을 들 수 있다. 즉 전쟁 후 사원·교단의 재정으로 인한 장래에 대한 불안에서 오는 세력다툼과 재산문제가 원인이라는 것이다.[57] 이노우에 에교우(井上惠行)는 "오늘까지 被包括關係의 설정·폐지를 실시한 것은 모두 참된 信敎의 自由를 얻기 위한 어쩔 수 없는 결과였던 것인가. 전부라고까지는 말할 수 없다고 해도, 宗費의 賦課徵收·宗政上의 감정·사유재산처분의 자유화·住職의 세습화 등이 동기가 되는 경우도 적지 않고, 애석하게도

---

57) 濱田源治郞 1978, p. 101 참조.

信敎自由 保護를 위한 제도도 다른 목적을 위해 악용되어 남용되고 있는 결과를 초래하고 있다."58)고 말하고 있다. 또 변호사인 하마다 겐지로(濱田源治郞)는 "종교법인 조직상의 분쟁에 관여해 얻게 된 것은, 진정한 분쟁의 원인은 세력분쟁과 재산문제이며, 신앙상에 의한 것은 적다는 느낌이다."59)라는 감상을 말하고 있다. 코바야시 타카스케(小林孝輔)도 오오노 마사오(大野正男)의 기술을 인용하면서 "종교단체에 관한 분쟁이라 해도 그 실질은 상속인 분쟁, 재산 분쟁이라는 세속적 분쟁을 수반하는 것이 많다."60)고 하며 교단이 상속인 상속권이라는 세속적인 것을 주장하는 것이 유익하기 때문에 "고의로 교의적인 粉飾을 하고 있는" 경우가 있다고 말하고 있다. 타니구치 토모헤이(谷口知平)는 "최근 불교사원간에 종파로부터 피포괄사원인 末寺의 이탈, 포괄종파인 本山寺院이 末寺를 부담스럽게 여겨 종파를 이탈해 單立法人이 되려고 하는 경향이 있어, 종파 측에서는 이 방지대책이 문제가 되고 있다. 末寺의 이탈 원인은 包括團體로의 책임 회피, 예를 들면 번화가 안에 있는 寺院境內地를 처분한 거액의 대금의 몇 %가를 包括團體에 납입할 의무를 피하려 하거나, 本山종파로부터 特任받은 住職不信任 때문에 종파의 이탈을 꾀하거나, 때로는 재산처분 하는 것에 宗派本山의 동의를 얻을 수 없기 때문에 被包括關係를 폐지하게 되는 것이다."61)라고 말해, 역시 종파 이탈이 재산에 관한 문제에 의해 행해지고 있는 현상을 지적하고 있다.

---

58) 井上惠行 1969, p. 482 참조.
59) 濱田源治郞 1978, p. 101.
60) 小林孝輔 1988, p. 159 참조.
61) 谷口知平 1981, pp. 13-14.

여기서는 일본 전쟁 후의 종교정책에 의해 나타난 종교단체의 분쟁 현상을 확인해 본다.

① 寺院 關係 紛爭은 住職이 住職 승계의 정통성을 놓고 다투거나 住職의 임면·해임에 관련해 일어나는 住職임면분쟁, 사원 재산 처분의 절차가 위법이었거나 하자가 있었던 경우 등에 일어나는 사원재산처분 분쟁, 住職의 임면 또는 사원 재산 처분 등에 관해 住職와 檀信徒와의 사이에서 일어나는 寺檀분쟁 등으로 분류된다. ② 本末 關係 紛爭은 敎主·門主·法主·管長 등의 임명·해임 등의 문제에 의해 일어나게 되는 지위 확립 분쟁, 교단의 구성요소인 사원, 교회 등이 교단과의 관계를 떠나 탈퇴한(宗敎法人法 제26조 종파와의 피포괄관계 폐지) 종파이탈분쟁 등으로 분류된다. ③ 本山敎團 關係 紛爭은 本末關係 紛爭의 하나로 간주할 수 있지만, 本山이 갖는 특수한 지위·本末관계에 있어서의 本山의 큰 역할로 본다면 本末관계 분쟁과는 다른 것으로 분류된다.[62]

이 중에서도 일본 종교정책에 의해 불교교단 조직이 변화하지 않을 수 없었던 것은, 분쟁이 종파 이탈에까지 이르는 경우가 빈발했기 때문이었다고 말할 수 있다. 또 이제까지 여러 차례 말한 것과 같이, 종파 이탈은 信敎自由의 원칙의 관철에 의해 정부의 간섭을 최대한으로 억제하면서 보다 두드러지게 나타난 문제라고 말할 수 있다.

여기서 "종파 이탈"이라는 것은 무엇인가 하는 것을 다시 한 번 확인해 본다. 종파 이탈이라는 것은, 교단의 구성 요소인 單位종교 단체인 사원, 교회 등이 교단과의 포괄 관계(교단 관계)를 떠나 탈퇴하는

---

62) 安武敏夫 1987, pp. 213-225; 安武敏夫 1979, pp. 60-90 참조.

것을 의미한다. 宗敎法人法 제26조에서는 이것을 종파와의 피포괄관계의 폐지로서 규정하고 있다.

> 第26条 종교 법인은 규칙을 변경하려고 할 때, 규칙으로 정하는 것에 의해 그 변경을 위한 수속을 하고, 그 규칙의 변경에 대해 관할청의 인증을 받아야 한다. 이 경우 종교 법인이 해당 종교 법인을 포괄하는 종교 단체와의 관계(이하「피포괄관계」라고 한다)를 폐지하려고 할 때, 해당 관계의 폐지에 관계되는 규칙의 변경에 관해, 해당 종교 법인의 규칙 중에 해당 종교 법인을 포괄하는 종교 단체가 일정한 권한을 갖는 취지의 규정이 있는 경우에서도, 그 권한에 관한 규칙의 규정에 의한 것을 요하지 않는 것으로 한다.
> 2 종교 법인은 피포괄관계의 설정 또는 폐지에 관계되는 변경을 하려고 할 때, 제27조의 규정에 의해 적어도 인증 신청 2달 전에 신자 그 외의 이해관계인에 대해, 해당 규칙의 변경안 요지를 나타내 그 취지를 공고해야 한다.
> 3 종교 법인은 피포괄관계의 설정 또는 폐지에 관계되는 규칙의 변경을 하려고 할 때, 해당 관계를 설정하려고 하는 경우 제27조의 규정에 의한 인증 신청 전에 해당 관계를 설정하려고 하는 종교 단체의 승인을 받고, 해당 관계를 폐지하려고 하는 경우에는 이전 항의 규정에 의한 공고와 동시에 해당 관계를 폐지하려고 하는 종교 단체에 대해 그 취지를 통지해야 한다.
> 4 종교 단체는 그 포괄하는 종교 법인이 해당 종교 단체와의 피포괄관계폐지에 관계되는 규칙의 변경 절차가 이전 3항의 규정에

위반된다고 인정했을 때, 그 취지를 포괄하는 종교 법인의 관할청 및 문부과학대신에게 통지할 수 있다.

종파 이탈은 이탈하는 사원이 이탈 후에 다른 종파와 宗敎法人法 제26조 2항, 3항의 피포괄관계를 설정하는지 아닌지에 따라 ① 單純離脫, ② 轉宗轉派, ③ 新宗派設立으로 구분할 수 있다. 單純離脫은 사원이 종파로부터 이탈해 單立寺院만 되고 타종파와의 사이에 새롭게 피포괄 관계를 설정하지 않는 경우, 한 사원만을 독립한 종교 단체에 單立寺院이 되는 것을 의미한다. 轉宗轉派는 사원이 종파로부터 이탈한 후 타종파와의 사이에서 새롭게 피포괄 관계를 설정할 경우이고, 新宗派設立은 사원이 종파로부터 이탈한 후 다른 單立寺院이나 동시에 이탈한 사원과 함께 신종파를 설립하는 경우 등이 해당한다.[63]

轉宗轉派는 明治초기에도 인정되었는데, 「종교단체법」에서는 원칙으로 사원의 轉宗轉派를 인정하지 않고, 또 사원에 대해서도 종파에 소속되지 않는 單立寺院을 전혀 인정하지 않았다.[64] 單純離脫, 新宗派설립을 인정하게 된 것은 전후 宗敎法人令 이후의 일이다. 종교 단체 본래의 목적이 敎義의 布敎, 檀信徒의 다수 획득에 있었다고 한다면, 종교 단체는 설립 이후에 증가해야 할 것이었고, 단일 사원이 종교 단체로서 계속 존속한다는 것은 본래의 모습이라고는 할 수 없다. 宗敎法理에서 생각한다면 單純離脫는 轉宗轉派 혹은 新宗派 설

---

63) 安武敏夫 1979, pp. 61-62; 1985, pp. 179-180 참조.
64) 2년간만 잠정적, 예외적으로 單立寺院, 單立敎會를 인정했던 시기가 있다. 井上惠行 1969, p. 461 참조.

립으로 가는 경과적 일단계라면 몰라도 그대로 單立寺院으로 존속하는 것은 바람직한 형태는 아니다. 宗敎法人法 제26조 1항 규정의 법률적 근거인 信敎自由의 원칙에서 생각한다면, 사원이 종파로부터 이탈하는 것의 본질적 의의는, 敎義 등 信敎의 自由의 문제에 의해 이탈한 사원이 轉宗轉派나 新宗派설립으로 이행하는 것에 있다고 할 수 있다. 따라서 單立寺院으로서 계속 존속하는 單純離脫에는 많은 문제가 있다고 할 수 있다.[65]

宗敎法人法 제26조 1항은 사원규칙(宗敎法人法 제12조, 특히 같은 조 4호)의 변경이라는 수속에 의한 종파와의 피포괄 관계의 폐지를 규정하고 있다. 宗敎法人法이 전쟁 전과 같이 관장의 승인을 필요로 하지 않고, 규칙의 변경이라는 수속 만으로 종파 이탈을 인정하게 된 것은 信敎自由의 원칙이 가장 중시되었던 것이라 이해되고 있다. 그러나 먼저 종파 이탈의 문제가 信敎自由 외의 문제에 의한 것이 많다고 지적한 다른 학자와 같이 야스타케 토시오(安武敏夫)도 "관례나 실태조사에서 볼 수 있는 구체적 사례에서는, 信敎의 自由의 문제라고 이해해야 할 종교적, 교의적 이유에서가 아니라, 종교 단체를 둘러싼 인사권(임면·선임 문제)이나 징계권 혹은 재산 처분이라는, 오히려 세속적 분쟁의 해결 수단으로 이탈이 문제가 되고 있고, 여기에는 同條의 입법취지나 교단의 원래 모습과의 사이에 대단히 본질적이라고도 할 수 있는 모순이 존재하는 것을 부정할 수 없다. 이러한 의미로 법 제26조는 현실과 이념 사이에 乖離를 나타내고 있을 뿐만 아니라, 종교 단체에 대해서도 중요한 문제를 제기하고 있는 것이라 말해야 한다."

---

[65] 安武敏夫 1979, pp. 62-63 참조. 그러나 실제로는 이런 단순 이탈이 다른 이탈보다 많다.

고 종파 이탈의 문제점을 지적하고 있다.[66]

(2) 本末寺體制의 變遷

大正時代가 되자 이제까지 사용되고 있던 宗門, 宗旨라는 용어를 대신해 敎團이라는 용어가 사용되었다고 한다. 이 경우 교단이라는 것은 "創唱宗敎에서 성숙하는 종교적 협동을 목표로 한 집단", 單位團體를 구성원으로 하는 上位團體를 의미한다.[67]

원래 일본의 전통적인 불교교단의 성립과정에서는 적어도 사원들의 성립당시부터 하나의 上位단체로서 존재해 온 것이 아니라, 해당 종파 성립의 원점이라고 해야 할 本山 자신이, 한편으로는 單位寺院으로서의 성질을 가지면서 다른 한편으로는 上位團體的 機能을 갖고 下部單位團體인 末寺를 통할해 지도하고 감독해 왔다. 이 때문에 本山도 하나의 單位寺院이면서 위로부터의 전개방식을 취한 불교단체에서는 本山이 本山라고 하는 종교적 권위를 배경으로 하위의 單位團體로서의 사원을 통할해 宗門行政의 담당자가 되어 성립되어 온 것이었다.[68]

이와 같이 사원 간에 연결되어 온 本末관계는, 특히 江戶時代의 幕藩權力에 의해 領民支配의 목적으로 이 불교교단의 本末관계를 스스로 행정기구의 일부로 편입시키게 되었다. 구체적으로는 寺請制度를 통해 민중 생활을 관리하기 위한 幕藩體制의 補完的 役割을 담당하는 말단 기구로 사원을 이용하는 本末制度로 변화해 간다. 수많은 사

---

66) 安武敏夫 1985, p. 180 참조.
67) 安武敏夫 1987, pp. 229 참조.
68) 安武敏夫 1987, pp. 229-230 참조.

원을 관리하는 것은 어렵기 때문에 불교단체에 존재하고 있던 本末관계를 제도화해 행정기구로 편입시켰던 것이다. 이렇게 本山는 末寺를 종교에 관한 것 외에도 통할하게 되었다. 이와 같은 本末關係의 本末制度로의 변화는 幕府가 새롭게 만들어낸 것이 아니라 원래 존재하고 있던 本末관계에 공적인 기능을 부여하고 행정기관으로 삼아 지배통치의 목적으로 이용하기 위한 것이었다. 그러다가 明治時代가 되어 신정부가 제정일치의 중앙집권국가를 목표로 神道세력을 국가의 중심으로 하는 정책을 펼치면서 불교교단의 이러한 구 권력과의 강한 결합을 해체하기 위해 막을 내리게 된 사실은 이미 언급했던 바이다. 따라서 본 항에서 문제가 되는 것은 종교단체의 本末관계이며, 종교지배통제의 封建制的 制度로 확립된 本末制度가 아니라는 것을 다시 한 번 확인해 두고 싶다.[69]

明治政府에 의한 管長制度의 도입은 幕藩體制의 보완적 역할을 해 온 本末制度를 근본부터 뒤엎었을 뿐만 아니라, 本末制度의 정점에 선 本山중심의 本末관계도 변질시키게 된다. 1872년 4월에 교도직장관이 임명되고 같은 해 6월에는 각 종파에 교도직장관 1명을 두어, 그 교도직장관이 末派寺院의 단속을 시행하게 되었다. 그 후 1884년에 太政官布達에 의해 교도직이 폐지되고 각 종파에 장관이 설치됨과 동시에 장관에게 宗制・寺法의 制定, 僧侶・敎師의 分限 및 稱號, 寺院住職의 任免 및 敎師等級의 進退 등을 결정하는 권한을 위임했다. 이 권한은 그때까지 本山住職의 권한으로 되어있었던 것이었다. 또 관장에는 本山住職이 취임하던 것에서 本山住職과 별

---

69) 安武敏夫 1987, p. 230 참조.

개로 종교적인 권위를 갖는 교단조직의 기관으로 상위종교단체인 교단의 법적·행정적인 통할을 행하는 최고위자로서의 관장이 등장하게 되었다. 그리고 관장제도의 도입은 관장의 사무를 처리하기 위해 宗務所라 불리는 행정기구가, 本山과는 다른 조직 원칙에 따라서 형성되었다.[70]

또 여기서 중요한 것은 관장직 설치에 의해, 법률적인 의미의 '종파'가 등장한 것이다. 이제까지도 宗派, 門流, 派流 등으로 한 종파에서 분파한 종교단체를 의미해서 사용하고는 있었지만, 교도직이나 관장제의 도입 이후부터는 종파가 국가법에 의거해 특정의미를 갖게 되었다.[71]

이것에 의해 幕藩體制까지의 本山卽上位團體(일반적으로 말하면 本山卽敎團)라는 체제는 붕괴하게 되고, 새롭게 종파라고 불리는 근대의 법령을 근거로 한 종교적 조직이 형성되었다. 이에 의해 本山은 이제까지 종파의 모든 면을 대표하는 필두로서의 지위, 상위단체인 지위로부터 단위단체 교단의 구성요소의 하나로 변화해 가게 되었다. 이렇게 교단조직은 本末관계에서 볼 수 있는 전근대적 요소를 불식하고 근대적인 團體法理에 의거해 조직화되어 그 관리운영도 근대법의 원칙에 따라 행하게 되는 기초를 확립한 것이다.[72]

「宗敎法人法」 이전에는 聖俗兩面을 법으로 규정하고 있던 이유로 관장이나 住職이라는 지위는 聖俗二面性을 갖고, 관장은 교단의 종교적 의미에서 최고 권위자로서, 즉 교단의 상징이며 교단의 體現者

---

70) 安武敏夫 1987, p. 231 참조.
71) 安武敏夫 1989, p. 107 참조.
72) 安武敏夫 1987, p. 231 참조.

로서의 지위에 근거해 宗制制定權·住職任免權·僧階決定權·異安心裁定權·懲戒權을 갖게 되고, 또 세속적 의미에 있어서도 교단의 대표자 또는 종교법인의 대표 임원으로서 교단의 법률행위를 대표하게 되었다. 한편으로, 이전에는 本末관계의 최상위에 위치하고 그 책임자로서 末寺를 통할해 온 本山住職이라는 지위는, 이제 신앙의 영장이며 승려의 근본도장이라는 종교적 의의만을 갖는 本山을 유지하는 지위로의 本山(종파·교단의 단위사원으로서의 本山)住職인 것에 지나지 않게 되고, 그때까지 本山住職인 지위가 갖고 있던 모든 권위와 권한은 관장의 지위에 양도하게 되었다. 그리고 本山와 교단과의 관계는 법률적으로 포괄·피포괄관계, 즉 일반사원(末寺)과 같은 단위사원으로서의 지위를 갖는 것에 지나지 않게 되었다.[73] 물론 이것은 법률적인 문제에 있어서이며, 근본도장으로서 本山이 갖는 종교적인 권위는 여전히 높고, 종파의 의식행사를 행하는 경우에도 또 敎義信仰의 선포에 있어서도 本山를 제외하여 시행하기는 어렵다.[74]

이와 같이 本末관계는 「宗敎團體法」, 「宗敎法人令」, 「宗敎法人法」과 그 당시 종교법에 의해 크게 그 성격을 바꾸어왔다. 특히 종교단체의 聖俗에 관해 법률이 어떻게 규정해 왔는지를 보면 그것이 잘 나타나 있다.

「종교단체법」 제3조는 교파, 종파 및 교단을 설립할 경우 敎規, 宗制 또는 敎團規則(여기서 말하는 교단이라는 것은 기독도교관계 피포괄단체를 의미한다)의 필요적 기재사항으로서, "敎義의 大要"(3호), "敎義의 선포 및 의식의 집행에 관한 사항"(4호), "관장, 敎團統理者 및 기

---

[73] 安武敏夫 1987, pp. 231-232 참조.
[74] 安武敏夫 1989, p. 109 참조.

타의 기관의 조직, 임면 및 직무 권한에 관한 사항" 등 현행「종교법인법」에 규정하고 있지 않은 사항을 게재한 후에, 제4조에서는 "관장이나 교단 통리자는 교파, 종파, 교단을 통리하고 대표한다."고 하여, 관장이나 교단 통리자가 종교상의 통리자이며, 동시에 종교법인의 대표자인 것을 명기하고 있다. 따라서「종교단체법」은 종교적 사항에 대해서도 법의 규제 아래에 두는 한편 관장인 지위에 대해 聖俗二面性을 규정하고 있다.[75]

전쟁 후, GHQ의 점령정책 중 시행된「종교법인령」에서는,「종교단체법」의 각 교단의 자치규범으로 다루어진 宗制 등에서 법에 의거해 종교법인의 근본 규칙인 지위를 주는 것에 대해 목적·명칭·소재지 등 법인에 필요한 사항(법률적 사항)만을 필요적 기재사항으로 두고(제2조, 제3조),「종교단체법」에서의 종교적 사항에 대해서는 사원 등 설립 규칙의 필요적 기재 사항 중에 氏子, 崇敬者, 檀徒, 敎徒 또는 信徒및 그 總代 에 관한 사항(제3조 4호)만 있는 정도이고 그 외에는 거의 규정하지 않는다. 이것은 聖俗分離를 꾀한 것이었다고 할 수 있다. 그러나 다른 한편으로,「종교법인령」부칙 제2항 "본령 시행의 제현에 존재하는 법인인 교파, 종파, 교단 및 사원과 교회는 종교법인이라 간주하고, 敎規·宗制·敎團規則·寺院規則·敎會規則·管長·敎團統理者·住職·敎會主管者·代務者와 總代 및 寺院財産台帳과 敎會財産台帳은 이것을 각 본령에 의한 規則·主管者·代務者와 總代 및 寺院敎會재산 등기부라고 간주한다."고 한 것에서,「종교단체법」에서 管長이나 住職이라는 종교적 지위를 겸유한 자를「종교법인

---

75) 安武敏夫 1987, p. 233 참조.

령」시행 후 자동적으로 종교법인의 주관자로 간주했음을 알 수 있다. 이와 같이 종교적인 부분을 법률로부터 배제하는 한편 主管者나 宗制에 관해서는 聖俗二面性을 인정하고 있다. 그러나 GHQ의 점령정책에 의거해 작성된 「종교법인령」은 기본적으로 聖俗分離를 지향하고 있다고 생각된다.[76]

「종교법인법」은 「종교법인령」의 主旨를 이어서 기본적으로는 聖俗分離의 입장을 취하고 있다. 또 그 규정은 「종교법인령」에 비교해 명확한 형태로 나타나고 있다. 「종교법인법」은 信敎自由의 원칙으로 각각 종교단체의 자주성과 자치에 맡기는 취지를 규정하고 있다(제1조 제1항, 제2항). 또 원칙적으로 종교적 사항은 각 종교단체 내부에서 결정해야 할 사항이고, 그 영역에서 일어난 분쟁은 종교단체 내부에서 자주적으로 해결해야 하며, 국가 기관이 개입하지 않을 것을 분명히 한 것이라 해석 되었다. 그리고 종교법인인 기관이 법인임에 걸맞게 바뀌어졌다. 한 예로써 그때까지의 管長이나 住職이라는 종교상의 지위를 겸한 명칭은 일체 없어지고, 「종교법인법」에서는 대표임원, 책임임원이라 하였다. 동법의 규정에서는 "대표임원은 규칙에 별다른 규정이 없으면 책임임원이 호선에 의해 결정한다."(제18조 제2항)라고 하여, 성직자가 아닌 세속인도 대표임원이 될 수 있는 길이 열었다. 그리고 "대표임원은 종교법인을 대표하고, 그 사무를 총리한다."(동 제3항)라고 규정되었다.[77]

이러한 규정에 따라, 종교상의 최고위와 세속적 사무의 최고 책임자가 동일인에 의해 점유되는 聖俗一體制와, 종교상의 최고위와 세

---

76) 安武敏夫 1987, pp. 233-234 참조.
77) 安武敏夫 1987, p. 234 참조.

속적 사무의 최고 책임자가 다른 사람에 의해 점유되는 聖俗分離制를 취한 종교단체가 나타났다. 현재에는 대규모 종파가 聖俗分離制를 취하고 있는 경향이 두드러진다.78) 예를 들어, 曹洞宗은 永平寺, 總持寺의 兩本山의 住職를 貫首로 하고, 貫首가 2년마다 교대로 종교적 聖의 부분을 대표하는 管長의 직무를 맞고, 俗의 부분을 대표하는 종교법인 "曹洞宗"의 대표임원은 종무총장이 행하며, 宗派와 本山은 聖俗分離制를 행하고 있다.79)

이와 같이 「종교법인법」은 보다 명확하게 종교적 사항과 세속적 사항, 종교적 지위와 법률적 지위를 분리해서 최대한 聖俗分離의 입장을 취하게 되었다. 그러나 이 엄격한 聖俗分離가 종파 이탈 사건 등 종교분쟁의 문제를 일으키는 원인이 되었고 어려움은 커져만 갔다.80)

(3) 宗派離脫의 事例 — 敎王護國寺(東寺)事件

종파 이탈 중에서도 특히 충격이 큰 것은 本山의 종파 이탈이었다. 이러한 사례로는 眞言宗東寺派本山인 敎王護國寺(東寺)사건, 眞宗大谷派本山인 東本願寺사건, 修驗宗總本山의 宗敎法人聖護院사건 등을 들 수 있다. 이와 같이 전통적인 큰 종파라도 종파(포괄단체)로부터 사원(여기서는 本山)이 이탈할 수 있게 되어버린 것이다.

여기서는 敎王護國寺(東寺)사건을 살펴본다. 敎王護國寺(東寺)는 眞言宗東寺派의 本山인데, 境內地에 洛南會館 건설 및 京都學園 (洛南高校)의 증축을 위해 자금 조달을 목적으로 행해진 東寺소유의

---

78) 安武敏夫 1989, pp. 119-120 참조.
79) 曹洞禪ネット SOTOZEN-NET 2010.
80) 安武敏夫 1987, p. 234 참조.

중요문화재나 문화재의 위법처분, 종파규칙과 사원규칙을 위반한 은행 차입, 그 채권을 담보하기 위해서 실시한 境內地에 대한 저당권 설정 행위 등을 둘러싸고 宗派와 末寺, 本山 사이에서 분쟁이 일어났다.[81]

1963년 10월 30일, 東寺 9점의 문화재 처분에 대해 末寺의 많은 절이 京都지검에 고발하였다. 고발 이유는 문화재 처분 중 중요 문화재 5점의 처분에 대해 末寺總代會의 동의, 宗會로의 보고를 정한 규칙을 준수하지 않고 부당한 염가로 매각하고, 또 그 용도 명세도 불분명하여 배임횡령죄에 해당한다고 했다. 그 고발은 결국 불기소처분되었다.[82]

그후 신문 보도로 敎王護國寺(東寺)에 의한 국보매각의 사실이 보도되고, 거듭 宗敎法人 敎王護國寺(東寺)에 의한 매각 문화재가 39건이라는 것이 발표되었다. 그러나 이들 문화재 매각에 대해서는 信徒總代會의 추인을 얻어 일단은 결론이 난 형태가 되었다. 그런데 그후 이 문화재 처분 외에도 境內地 처분이 밝혀지게 되었다. 이 境內地 처분은 1962년 9월 18일에 일부 매각, 다음 해 5월 29일부터 1965년 4월 7일에 걸쳐 일부 매각, 그리고 1966년 10월 14일에 境內地의 상당 부분에 은행을 채권자로 하는 3억엔 남짓의 채권액을 담보하기 위한 저당권이 설정되었다. 이 사건이 밝혀진 것은 1971년 4월 27일에 每日신문 조간의 보도에 의해서였다. 이 신문 기사는 「東寺 境內

---

81) 安武敏夫 1979, p. 108 참조.
82) 安武敏夫는 "宗敎法人敎王護國寺規則 제27조에 의하면 '기본재산 혹은 특별 재산의 설정이나 변경을 하려 할 때는 寺院總代會 및 信徒總代會의 각의를 들어야한다'고 되어있고 또 법18조 5항, 법23조에 의하면 … 문화재 처분이 배임횡령죄에 해당하지 않아도 위법처분의 혐의가 있음은 부정할 수 없었다"고 지적하고 있다(1979, pp. 108-109).

도 대부분 저당으로」라고 보도하고, 또 그 처분이 사원규칙을 위반해서 무단으로 담보로 한 것은 아닌가 하는 의문을 제기하였다. 더 나아가, 東寺 소유의 未指定문화재에 대해 그것이 「매각은41건, 6억엔」(1971년 4월 28일 朝日新聞), 또 「50건 5억4천만 엔」(同月 30일 京都新聞 석간)이라고 보도되는 등 東寺의 재산처분을 둘러싼 문제가 클로즈업 되었다.[83]

이러한 혼란 속에서 敎王護國寺(東寺)는 宗敎法人敎王護國寺규칙을 변경하고, 眞言宗東寺派로부터의 이탈을 결정해 1965년 3월 18일에 인증을 얻었다. 敎王護國寺(東寺)는 1973년 6월 1일에 신설된 東寺眞言宗과 피포괄관계를 설정했다.[84] 즉 眞言宗東寺派의 本山인 敎王護國寺(東寺)가 종파를 이탈하고, 東寺眞言宗라는 새로운 종파를 만들어 그것과 피포괄 관계를 맺어 本山이 되었던 것이다.[85]

물론 이와 같은 움직임에 대해 반대 운동이 일어나고, 敎王護國寺(東寺)가 1965년 3월 18일에 京都府知事의 인증을 받아 眞言宗東寺派와의 피포괄 관계를 폐지한 사건에 대해 同派의 宗會議員으로부터 「行政不服審査法」 제4조에 의해 文部大臣에게 심사청구를 실시했다.[86]

「行政不服審査法」에 의거해 불복 신청은 처분을 한 행정청이나 그 상급청등에 처분의 재고를 요구하는 절차가 있어, 처분의 위법성을 재판소에 고소하는 행정사건 소송법과는 다르다. 「行政不服審査法」

---

83) 安武敏夫 1979, p. 109 참조.
84) 安武敏夫 1979, p. 109 참조.
85) 安武敏夫 1979, p. 109 참조.
86) 井上惠行 1969, pp. 470-471 참조.

은 처분을 행하는 행정이 스스로의 판단에 대해 재고하기 때문에 위법한 처분뿐만 아니라 부당한 처분(법률에는 위반되지 않지만 적당하지 않은 처분)에 대해서도 심사할 수 있다. 또 간편하고 신속한 절차로 조급히 결론이 나오기 때문에, 이 건에 있어서는 「行政不服審査法」 제4조에 의해 심사 청구를 실시했다고 생각할 수 있다.[87] 이 심사 청구에 대해 같은 해 9월 1일에 기각의 재결이 내려졌다. 불복 신청의 이유와 기각의 이유는 다음과 같은 것이었다.

(一) 불복 신청의 이유
(イ) 이번 總本山敎王護國寺가 眞言宗東寺派와의 피포괄 관계 폐지에 관한 규칙의 변경에 대해 京都府知事에게 인증을 신청한 것은, 우리 이해관계의 명백한 敎王護國寺의 末寺전국 이 백 수십 개 절의 승속에 있어서 참으로 아닌 밤중에 홍두깨의 사태입니다. 너무나도 갑자기, 너무나도 중대한 일로 단지 어이가 없을 뿐입니다.
(ロ) 관할청은 昭和 40년 3월 16일에 右 申請을 수리하고 2일 후에 인증한다는 취지의 결정을 했습니다만, 이것은 물론 右 事案가 「宗敎法人法」 제28조 제1항 각 호에 게재한 요소를 갖추고 있는지 어

---

[87] 「行政不服審査法」 제1조 제1항 "행정청의 위법 혹은 부당한 처분 외에 공권력 행사에 해당하는 행위에 관해, 국민에 대해 넓게 행정청에 관한 불복신청의 길을 연 것에 의해, 간편하고 신속한 절차에 의한 국민의 권리 이익의 구제를 꾀함과 동시에, 행정의 적정한 운영을 확보하는 것을 목적으로 한다"; 同法 제4조 "행정청의 처분(이 법률에 의거한 처분은 제외)에 불복이 있는 자는 다음 조 및 제6조의 결정에 의해 심사청구 또는 이의신청을 할 수 있다"(総務省 e-Gov 1962 참조). 또 행정사건 소송법은 「行政不服審査法」과는 달리 재판소가 행정활동을 심사하고, 법률에 위반했는지 아닌지 만을 판단해 부당한 처분에 대해 심사할 수 없다. 그러나 그 결과는 판례로서 이후 사법 판단의 중요한 기준이 된다.

먼지를 심사한 후의 것이라 생각합니다. 그러나 피포괄 관계의 폐지에 관계되는 규칙에 관한 인증에 대해서는, 「宗敎法人法」의 문언 상에는 나타나 있지 않지만, 다시 한번 중요한 기본적 조건이 있는 것을 잊어서는 안 됩니다.

(ㅅ) 원래 舊「宗敎法人令」의 해석으로써 포괄단체로부터의 이탈을 인정한 것도, 또 현행「宗敎法人法」에 명문을 가지고 피포괄 관계의 폐지를 인정한 것도, 모두 信敎自由의 보전이라는 것이 그 근본 이유가 되어 있습니다. 즉, 어느 사원이 현재의 종파에 포괄되어 있다는 것이 그 사원에 있어서 신앙상 참기 어렵다는 경우에 대해서만, 信敎의 自由를 보장하기 위해 인정된 제도입니다. 宗敎法人法 제26조 제1항 후단, 제78조 제1항, 제2항 등 다른 인증의 경우와 달리 자유 확보를 위한 상세한 규정이 준비되어 있는 것도 그 때문입니다.

(ㄴ) …(생략)…

(ㅎ) 이와 같이「宗敎法人法」의 입법취지에 의해서도, 판례 그 외에 비추어 봐도 사원의 종파 이탈의 길은 信敎自由보전을 위해 열린 것입니다. 宗費의 賦課징수. 종교상의 反目·사유재산 처분의 자유화·住職의 세습화 등을 위해서 열린 것은 아닙니다. 그러나 이제까지 계획된 수많은 종파 이탈의 모든 것이 과연 실로 信敎의 自由를 얻기 위한 어쩔 수 없는 결과였는지요. 표면상은 信敎의 自由를 이유로, 사실상은 다른 목적을 위해 악용되지는 않았는지요.

(ㅅ) 그런데 敎王護國寺는 말할 필요도 없이 眞言密敎發祥의 根本道場이며, 法燈을 자랑하는 일종의 總本山입니다. 東寺가 있어야 東寺派가 있는 것입니다. 東寺의 교의·신앙은 그대로 東寺派의 교의·

신앙입니다. 東寺도 東寺派도 교의·신앙은 같습니다. 아니, 같지 않으면 안 됩니다. 그 東寺가 東寺派의 교의·신앙에 참기 어렵다는 이유로 東寺派로부터 이탈한다는 것은 넌센스입니다. 도저히 생각할 수 없는 일입니다. 따라서 信敎의 自由 이외의 이유에 의해 혹은, 아무런 이유도 없이 만연히 이탈했다고 의심받아도 어쩔 수 없습니다. 「信敎의 自由」가 아니라 「자금의 원조는 없으면서, 간섭만 한다」거나 末寺나 宗會의 「제약으로부터의 자유」를 가지고 이탈의 이유로 하고 있다고 비난 받아도 어쩔 수 없을 것입니다.

(ㅏ) 결국 이번에 京都府知事가 한 敎王護國寺의 眞言宗東寺派와의 피포괄관계 폐지에 관계되는 규칙의 변경에 관한 인증은, 종파 이탈이 信敎의 自由를 이유로 하지 않는다고 하는 이유로, 여기에 감히 심사청구를 하는 것입니다.

(二) 기각 이유

심사청구인은 京都府知事가 행한 종교법인 「敎王護國寺」규칙 변경에 관한 인증의 취소를 요구하는 이유로, 敎王護國寺의 종파 이탈이 信敎의 自由를 이유로 하지 않는다는 것을 들고 있다. 하지만 이 경우 관할청이 피포괄관계 폐지 이유의 適否에 관여해 信敎의 自由에 위반되는지 아닌지를 판단한 후 인증의 가부를 결정하는 것은, 해당 종교법인이 信敎의 自由를 저해할 우려가 있어 법을 실시하지 않는 부분이다.

宗敎法人法은 제28조에 종교법인의 규칙 변경에 관한 인증에 맞게, 심사해야 할 요건으로 변경하려고 하는 사항이 동법 그 외의 법령의 규정에 적합한 것 및 그 변경의 수속이 제26조의 규정에 따라 실시하는 것, 두 가지를 들어 그와 같은 요소를 갖추고 있다고 인정했을 때 관할청은 규칙 변경을 인증하는 취지의 결정을 해야 하는 것으로 하고 있다.

본건의 경우, 教王護國寺가 행한 규칙 변경의 수속에 미비가 없고, 또 그 변경하려고 하는 사항에서 법령의 규정에 적합하지 않은 점이 인정되지 않는 이상, 관할청인 京都府知事가 실시한 심사에 잘못은 없고, 앞에서 본 규정에 비추어 인증하는 취지의 결정을 한 것은 마땅하다.

따라서 해당처분의 취소를 요구하는 청구는 이유가 없고 기각을 면할 수 없다. 그러므로 주문대로 재결한다.[88]

이 불복 신청의 이유와 기각의 이유에는, 종파 이탈 문제의 핵심적인 내용이 포함되어 있다. 먼저 불복 신청의 이유를 보면, 심사청구인인 포괄 종교 단체(종파) 眞言宗東寺派도 "이제까지 계획된 수많은 종파 이탈의 모든 것이 과연, 실로 信教의 自由를 얻기 위한 어쩔 수 없는 결과였는지요. 표면상은 信教의 自由를 이유로 해도 사실상은 다른 목적을 위해 악용되지는 않았는지요."라고 서술하고 있는 것과 같이, 실제 종교계에서 행해지고 있는 종파 이탈 문제가 信教의 自由에 의한 것이 아니라 다른 목적을 위해 이용되고 있다는 현상인식에 있고(ホ), 또 본건의 總本山教王護國寺(東寺)의 종파 이탈도 信教의 自由가 아니라 다른 이유에서 행해진 것이라는 점을 주장하고 있다(ヘ). 그리고 信教의 自由에 의거한 종파 이탈은 아니기 때문에 京都府知事가 실시한 教王護國寺의 眞言宗東寺派와의 피포괄관계의 폐지에 관계되는 규칙 변경에 관한 인증의 취소를 청구한 것이었다(ト).

---

88) 井上惠行 1969, pp. 470-473.

그러나 이러한 논리에 기초한 불복 신청은 심사청구인인 포괄 종교 단체(종파) 眞言宗東寺派의 소송 기각이라는 결과로 끝났다. 기각의 이유는 "관할청이 피포괄관계 폐지 이유의 適否에 있어 信敎의 自由에 위반하는지 아닌지를 판단해, 인증의 가부를 결정하는 것은 해당 종교 법인이 信敎의 自由를 저해할 우려가 있어 법을 실시하지 않는 부분이다."라는 政敎分離의 대원칙에 의한 것이고, 절차상의 문제가 아닌 경우는 인증의 심사에 잘못이 없고 타당하다는 판단으로 "해당 처분의 취소를 요구하는 청구는 이유가 없고, 기각을 면할 수 없다."는 재결이 나타난 것이다.

東寺가 종파로부터 이탈한 시점에서 東寺와 함께 종파로부터 이탈해 單立寺院이 된 사원의 수는 아주 많았지만, 그 후 많은 사원이 東寺眞言宗으로 이동하는 일이 일어났다. 이것은 종교 단체・교단에 있어서 本山가 갖는 의의가 아주 중요하다는 것을 나타내는 것이며, 本山이 종파로부터 이탈하면, 末寺는 뒤따라가지 않을 수 없다고 하는 종교 단체 특유의 성격이 나타나 있는 것이라고 생각할 수 있다.[89]

井上惠行은 이와 같은 종파 이탈, 즉 피포괄관계의 설정・폐지의 제도에 대해 "(포괄관계의 설정・폐지의 제도는) 信敎自由의 원칙에 유래하는 것인데 …(중략)… 설령 입법의 취지가 信敎自由의 보호에 있어도, 관할청으로서는 해당 이탈이 信敎自由의 동기에서 왔는지 어떤지를 판정하는 것은 어렵고 지나친 행위이기도 할 것이다."[90]라고 하여, 종파 이탈이 信敎自由의 동기에서 온 것인지 아닌지를 행정이 판단하는 것은 곤란하며, 그와 같은 동기의 판단을 행정이 해야 하는 것

---

89) 安武敏夫 1979, pp. 109-110 참조.
90) 井上惠行 1969, p. 482.

은 아니라는 견해를 보이고 있다.

　이외의 사례에서나, 현재의 「일본국헌법」과 「종교법인법」의 운용에서 종파 이탈을 시작하려고 하는 종교 단체 내의 각종 분쟁은 행정이나 사법의 개입을 최대한 피하려고 하며, 信敎自由의 이름하에 행해지는 분쟁에 관해서는 종파의 자유성을 중시하고, 행정이나 사법이 그 판단을 피하려는 경향이 강해, 형식적으로 문제가 없는 경우 종파 이탈은 인정되는 경향이 있다.

　전쟁 후 일본의 종교정책은 信敎自由의 확립, 政敎分離, 종교계로부터의 超國家主義・軍國主義적 사상의 제거라는 三大原則에 의해 관철되어 왔다. 한편으로는 이러한 정신이 때로는 오용, 악용되고 있다고 하는 현실이 문제가 되고 있다. 이러한 문제와 무관한 일은 있을 수 없는 것이다.

　이와 같이 종교정책의 결과로 종파의 통합력이 약해지고 있는 상황이 가세하고, 도시로의 인구 이동 등에 의한 사회 구조의 변화에 의해 농촌 중심으로 발전해 오던 불교교단이 타격받고, 게다가 일본인의 약 70%가 적극적으로 종교를 갖지 않는 상황, 현재 종교의 생명선이라고도 말할 수 있는 장례식에서 조차도 무종교로 실시한다고 하는 층이 도시를 중심으로 50%를 넘는다고 하는 사회 변화가 일어나고 있는 상황에서, 종파의 통합력은 약해질 수밖에 없을 것이다. 일본 최대의 종교 집단을 이루고 있는 불교교단에 있어 종파가 통합력이 약해지고 있는 상황에서는, 사회를 통합하는 종교의 힘을 잃어가고 있는 것이 어쩔 수 없는 것일지 모른다.

(4) 平成7年(1995年)의 宗敎法人法 改正

이러한 가운데 1980년대부터 1990년대에 걸쳐 옴진리교(ォゥム眞理敎)는 종교법인을 표면상의 수단을 삼아 역사상 좀처럼 볼 수 없는 범죄 집단을 만들어내 사린(sarin)에 의한 무차별 테러를 시작으로 수많은 사건을 일으켰다. 그것을 막을 수 없었던 것에 대한 반성과 여론의 지지에 힘입어 1995년 12월 15일(시행 1996년 9월 15일)에 성립된「종교법인법의 일부를 개정한 법률」(平成 7년 법률 제134호)에 따라「종교법인법」은 시행 이후 실질적으로 커다란 제도 개정이 이루어졌다.91) 지금까지 종교법인은 공익법인제도, 행정법 등의 다른 법률의 정비, 개정에 맞게 개정되고, 또 平成 7년의「종교법인법의 일부를 개정한 법률」이후에도 개정되었지만, 제도의 발본적인 개혁은 현재까지 이 平成7년의 법률개정 뿐이며, 이는 아주 중요한 법률개정이었다는 의미를 가진다.92)

平成 7년 10월 31일 중의원본회의에서 실시된「종교법인법의 일부를 개정한 법률안의 취지 설명」에서는 다음과 같이 기술하고 있다.

> 현행 종교법인법은 종교단체에 법인격을 부여해 자유, 동시에 자주적인 활동을 하기 위한 물적 기초를 확보하는 것을 목적으로 하고, 헌법에 명시된 信敎의 自由와 정교분리의 원칙에 따라 종교법인의 자유와 자주성, 책임과 공공성이라는 두 개의 요청을 기본으로 그 체계가 구성되어 있습니다. 이러한 종교법인 제도의 기본은 유지해야 하는 것입니다.

---

91) 渡部蓊 1992, pp. 14-24, 470-476, 477-488 참조.
92) 1995년(平成 7년)의 개정은 11번째였다. 2010년 12월 현재로서 최종개정인 2006년(平成 18년) 6월 2일 법률 제50호까지 23번 개정되었다. 總務省 e-Gov 1951 참조.

그러나 종교법인법이 昭和26년에 제정된 이후 오늘에 이르기까지의 사회 상황이나 종교법인의 실태 변화를 감안해 信敎의 自由와 정교분리의 원칙을 준수하면서 이 변화에 대응하기 위한 종교법인법의 최소한의 재검토가 필요하게 되었고 종교법인법을 개정해야 한다는 여론도 높아지고 있는 상황입니다.[93]

이「종교법인법의 일부를 개정한 법률」로의 움직임은 문부대신의 자문기관인 종교법인심의회에 의해 구체적으로 추진되어왔다. 平成7년 4월 25일에 처음 소집된 종교법인심의회는 특별위원회를 만들어 문제점을 정리, 전국적인 종교 활동을 실시하는 종교법인 관할의 본연의 자세, 종교법인 설립 후의 관할청에 의한 활동 상황 파악의 본연의 자세, 종교법인 정보개시 본연의 자세 등을 심의하게 되었다.[94] 종교법인심의회에서는 都道府縣의 사무담당자, 학식경험자, 일본종교연맹에 가맹하지 않은 종교법인으로부터 의견청취 등도 실시하고 심의회를 5회, 특별 심의회를 8회 개최해「종교법인제도의 개정에 대해」(보고)를 정리, 같은 해 9월 29일 종교법인심의회장으로부터 島村宜伸 문부대신에게 보고되었다. 문부성은 이 보고를 기초로 종교법인법 개정법안의 작성 작업에 착수, 平成 7년 10월 17일 정부는「종교법인법의 일부를 개정하는 법률(안)」을 각의에서 결정하고 같은 날 국회에 제출했다. 중의원에서는 10월 31일의 본회의에서 40인의 위원으

---

93) 渡部翁 1992, p. 23.
94) 종교법인심의회 회장으로는 위원의 호선으로 三角哲生(UNESCO 아시아센터 이사장)이 선출되었다. 특별위원회에는 新堂幸司 東海大學 敎授가 선출되었다. 또한 종교법인심의회가 개최된 당초의 문부대신은 与謝野馨였다.

로 구성된 "종교법인에 관한 특별위원회" 설치를 결정, 상기 종교법인법의 일부를 개정하는 법률안의 취지 설명이 행해졌다. 종교법인에 관한 특별위원회에서는 11월 1일에 제안이유 설명이 실시, 다음 날부터 심의가 시작되어 11월 10일에는 다수 찬성으로 원안대로 가결, 11월 13일 중의원본회의에서 가결되었다. 참의원에서는 11월 10일 본회의에서 35인의 위원으로 구성된 "종교법인 등에 관한 특별위원회"의 설치를 결정, 11월 22일 본회의에서 개정안의 취지 설명이, 또 종교법인 등에 관한 특별위원회에서 제안 이유 설명이 실시, 심의가 시작되었다. 6인의 公述人95)에 대한 참고인 질의(12월 4일), 지방공청회(12월 5일), 중앙공청회(12월 6일)를 거쳐 12월 7일 종교법인 등에 관한 특별위원회에서 원안대로 가결되었다. 이때「종교에 관한 제도 개정, 사무 처리에 있어서는 종교 단체의 실정을 충분히 감안해 관계자의 의향에 유의해 적절하게 대처할 것」이라는 부대 결의가 전회 일치로 이루어졌다. 개정 법안은 다음 날 12월 8일에 참의원본회의에 상정되어 가결·성립, 12월 15일 平成 7년 법률안 134호로 공포되었다. 96)

平成7년의 이「종교법인법」의 일부를 개정한 법률의 내용은 ① 관할청의 변경, ② 사무소 비치 서류의 추가 및 관할청으로의 제출, ③ 신자외의 이해관계인의 사무소 비치 서류의 열람, ④ 종교법인심의회 위원수의 변경, ⑤ 관할청 보고징수 및 질문 등 5가지로 요약할 수 있다.

---

95) 공술인은 秋谷栄之助 創価學會 회장, 岡本健治 神社本廳 총장, 洗建 駒沢大學 교수, 北野弘久 日本大學 교수, 力久隆積 善隣會敎主, 山口広 全國靈感商法對策辯護士連絡會 사무국장 등 6명이었다.
96) 渡部蓊 1992, pp. 14-16, 483-485 참조.

① 관할청의 변경은 다른 都道府縣내의 경내 건물을 갖춘 종교법인 및 그 종교법인을 포괄하는 종교법인의 관할청을 문부대신으로 하게 되었다(5조). 이것은 단위법인이라도 광역적으로 포괄하는 종교법인이 증가했기 때문에 종래의 都道府縣지사(지방)가 관할하게 되어 있었지만, 복수 지역에 걸쳐 활동하는 경우 그 활동 내용의 파악이 어렵고, 또 종교법인 관리 운영에 문제가 있을 경우에 관할청이 아닌 都道府縣지사가 대응이 어렵다는 문제가 발생했다.[97]

② 사무소 비치 서류의 추가 및 관할청으로의 제출은 종교법인이 작성하고, 사무소에 갖추어야 하는 서류로써 수지 계산서를 첨부함과 동시에 경내 건물에 관한 서류도 준비해야하는 서류에 추가되었다. 이와 같은 갖추어야 하는 서류 중 일정의 서류인 역원명부, 재산목록, 수지계산서, 화차대조표(작성한 경우에 한정한다), 경내 건물(재산목록에 기재된 것은 제외한다)에 관한 서류, 6조의 사업에 관한 서류의 사본은 관할청에 제출하게 되었다. 또한 얼마 동안 수익사업을 하지 않는 경우 한 회계연도의 수입 액수가 아주 적고, 문부대신이 종교법인심의회의 의견을 물어 결정한 액수의 범위 내(8000만 엔 이내)에 있는 종교법인에 대해서는 수지 계산서를 작성하지 않게 되었다(부칙23항). 이것은 법인 재무회계 등 관리운영의 측면에 대해서 보다 민주적 운영 및 투명성을 높여야 한다는 사회 일반의 논리를 받아들여야 한다는 법의에 의한 것이었다.

③ 신자 외의 이해관계인의 사무소 비치 서류의 열람은, 종교법인이 신자 외의 이해관계인에 있어 사무소 비치 서류를 관람하는 것에

---

97) 渡部翁 1992, pp. 17-18, 78-79 참조.

대해 정당한 이익이 있고, 동시에 그 열람 청구가 정당한 목적에 의한 것이 아니라고 인정하는 사람으로부터 청구가 있을 때는 이것을 열람시키지 않으면 안 되게 되었다(25조). 이것은 정당한 이익이 있다고 인정하는 신자 외의 이해관계인에게 열람 청구를 인정하는 것에 의해 종교법인의 공공성에 대응하는 공정한 운영을 보다 한층 확보하는 것을 확립하기 위한 개정이다.[98]

④ 종교법인심의회 위원 수 변경은 심의회 운영의 편의, 보다 종교단체 의견을 반영하기 위해 종교법인심의회의 위원수를 이제까지의 「10인 이상 15인 이내」에서 「10인 이상 20인 이내」로 증원했다(72조). 이것은 종교법인을 둘러싼 정세의 다양화, 복잡화 중에서 종무행정의 보다 적정한 집행을 도모할 필요가 있다는 것에 더해, 종교법인제도 본연의 자세에 관한 검토가 요구되고 있는 것에서 종교법인심의회의 역할은 더욱 중요하게 되었고, 심의회위원의 구성에 대해서는 종래 종교계 중심의 구성에서 폭 넓은 범위의 학식경험자의 비율을 늘리는 것을 상정하기 위한 개정이었다.[99]

⑤ 관할청의 보고징수 및 질문은 관할청이 종교법인에 대해 다음 사유에 해당하는 혐의가 있다고 인정할 때, 종교법인에 대해 업무 등의 관리운영에 관한 사항에 관해 보고를 요구, 또는 직원에게 질문을 시킬 수 있다. 직원이 질문을 위해 종교법인 시설에 들어갈 때는 종교법인 대표자 등 관계자의 동의를 얻어야한다. 이 경우에 있어 관할청이 문부대신인 때에는 사전에 종교법인심의회에 자문해 의견을 듣고, 관할청이 都道府縣지사인 때에는 사전에 문부대신을 통해 종교법인

---

98) 渡部蓊 1992, pp. 19-22, 198-217 참조.
99) 渡部蓊 1992, pp. 22-23, 330-332 참조.

심의회의 의견을 들어야한다.「종교법인법」은 관할청에 의한 공익사업 외의 사업(수익 사업)의 정지 명령(79조), 관할청에 의한 인증 취소(80조), 관할청에 의한 해산 명령 청구(81조)에 대해 규정하고 있지만, 지금까지는 그것들을 확인하는 수단이 규정되어 있지 않았다. 그래서 그것들이 규정 사유에 해당하는 혐의가 있을 경우, 그 사유의 존부를 확인하는 수단으로써 관할청에 종교법인심의회의 의견을 물은 후에 종교법인에 대해 보고 징수, 질문하는 권한을 부여하는 것으로, 관할청의 권한을 적정하게 사용하기 위한 판단 기초가 되는 객관적인 자료를 얻을 수 있게 했다.[100]

이 다섯 가지 점이 옴진리교가 일으킨 사린(sarin)에 의한 무차별 테러사건을 시작으로 하는 일련의 사건을 방지할 수 없었던 것에 대한 반성과 여론의 후원에 힘입어 이루어진「종교법인법」의 주요한 개정점이다. 이「종교법인법」의 일부 개정에 대해서는 현재 여러 가지 논란이 있다. 平野武는 "신중론, 반대론이 있음에도 불구하고 성급하게 진행되었다는 인상은 모두 지울 수 없다. 또 정쟁 관련으로 진행된 것도 잘 알려져 있고, 그것이 정쟁 의론을 왜곡한 것도 부정할 수 없을 것이다. 종교법인심의회의 의론이 본연의 자세, 정리하는 방법 등 수속의 문제에서 의의가 있었던 것도 문제가 되었다."라고 말하면서도 "대다수의 국민은 종교법인에 대해 규제를 강화해야한다고 생각했다."고 말했다. 이러한 국민의 생각에 대해 그는 "信敎의 自由에 관한 문제에 대해서는 역시 신중한 논의가 필요"하다고 하면서, "信敎의 自由는 소수인의 인권의 문제라고 해도 좋다. 다수결원칙에 익숙하지

---

100) 渡部蓊 1992, pp. 22-23, 344-350 참조.

않은 문제가 있음에도 불구하고, 다수의 힘에 의해 한 번에 개정이 이루어진 것(물론 법률의 개정이기 때문에 국회의 다수결원칙에 의한 것은 당연하지만, 소수인의 인권에 대한 배려가 필요하다)이 장래에 화근을 남길 우려가 없는 것은 아니다."라고 지적해, 새로운「종교법인법」과 제도의 운용에 불안한 점이 있다고 주의를 환기시키고 있다. 101)

또 참의원에서 공술인에 포함되어 있던 아라이 켄(洗建)도 "종교법인심의회 자체에 대해, 본래는 종교계의 대표나 학식경험자에 의해 종무행정을 감시하고 체크하는 목적에서 설치된 위원회인데, 행정에 동조하는 위원을 증원해 종교계 대표의 비율을 하락시킴으로써, 반대로 종교계를 감시하고 행정의 표면상의 수단인 위원회"102)가 되었다고 지적하고 있다. 또 그는 종교법인심의회에 종교계대표위원의 대다수가 심의는 다하지 않고 졸속의 개정에는 반대한다고 주장하면서, 위원이 과반수에 달했음에도 불구하고 관료 출신 의장이 강력하게 개정안에 찬성하는 취지의 답신을 정리해 정부에 제출했기 때문에 법안의 과정에 문제가 있었다고 지적하고 있다. 한층 더 그는 종교법인심의회에서도 종교계 대표 위원의 대다수에 의해 심의가 충분히 이루어지지 않았다고 생각했다. 졸속 개정에 반대한다고 주장하는 사람이 위원의 과반수에 이르렀음에도 불구하고 관료 출신의 단장이 강압적으로 개정안에 찬성하는 취지의 답신을 정리하여 정부에 제출해 버렸기 때문에, 법안 과정에 문제가 있었다고 지적했다. 103)

이와 같이 이「종교법인법」의 일부 개정에 대해 종교단체에 대한

---

101) 平野武 1996, pp. 140-141 참조.
102) 洗建 2008a, p. 32.
103) 洗建 2008a, p. 33 참조.

관리가 강화가 되는 것은 아닌가 라는 염려가 높아져 종교계·학계를 불문하고 커다란 논란을 일으켰기 때문에, 平成 7년 9월 29일에 실시된 종교법인심의회보고에서는 "본 심의회는 헌법이 보장하는 信敎의 自由와 정교분리의 원칙을 최대한 존중하는 입장에서 심의 검토를 실시해왔다.", "정부가 현행법 개정의 검토를 실시할 경우 그것이 종교단체에 미치는 영향을 고려해, 신중한 배려가 있어야 할 것을 기대한다."고 보고되고 있다.

또 상기 平成 7년 10월 31일에 중의원본회의에서 실시된 「종교법인법의 일부를 개정하는 법률안의 취지 설명」에서도 "헌법에 명시된 信敎의 自由와 정교분리의 원칙에 따라 종교법인의 자유와 자주성, 책임과 공공성이라는 두 가지 요청을 기본으로 그 체계가 구성되어 있다. 이와 같은 종교법인 제도의 기본은 유지해야 한다."고 말하고 있다. 平成7년 12월 7일 참의원의 종교법인 등에 관한 특별위원회에서 "종교에 관한 제도 개정, 사무 처리에 있어서는 종교단체의 실정을 충분히 감안해 관계자의 의향에 유의해 적절하게 대처할 것"이라는 부대 결의가 전회 일치로 이루어지는 등, 「종교법인법」의 개정에 있어 信敎自由를 확립하고 정교분리를 충분히 배려하고 있다는 것을 알 수 있다.

단, 洗建은 平成 7년 「종교법인법의 일부를 개정한 법률」을 "관할청의 변경, 보고 의무, 질문권은 모두 관할행정청의 권한을 강화하는 개정이며, 종교법인법의 기본 사상을 뒤엎는 것이다."라고 지적하고 있다. 또 "본래 종교법인법은 종교 단체가 법인격을 취득하는데 있어서의 절차법이며, 관할청이 종교법인을 감독하기 위한 법률이 아니다. 이번 개정에서는 관할청의 지도·감독 권한을 명문으로 포함시킨 것은 아니었지만, 종교법인의 활동실태를 계속적으로 관할청이 파악하기 위해 개정했고, 그 관할청이 종교법인을 지도·감독하는 것이 당연하다고 하는 사상이 있는 것은 명백하다."고 이 개정을 비난하고 있다. 또 "본래 종교법인법은 종교법인이 위법한 악행을 행한 경우, 형법 그 외, 일반 국민에게 적용되고 있는 일반 법률에 의해 규제해야 하고, 그것으로 충분하며, 종교인 것을 이유로 특별한 규제를 덧붙여서는 안 된다고 하는 생각이다. 관할청에 권한을 부여하면, 세속의 상식을 기준을 가지고 관할청의 재량으로 위법이 아닌 행위에 대해서도 행정 지도 하는 것을 허용하게 된다. 그것은 세속의 상식에는 맞아도, 출세간적인 종교의 가치에 개입해 결과적으로 종교의 자유를 침해하게 되는 것이다. 관할청에의 보고 의무가 세속적 재무의 측면에 한정되어 있다고 해도, 종교단체의 조직·인사·재무가 종교적 이념을 떠나 존재하는 것이 아니라, 하나하나 관청에 신고하거나 지도를 받거나 하는 것이 의무화 되면 '자유'는 없어진다."라는 염려를 나타내고 있다.[104]

결과적으로 12월 15일「종교법인법의 일부를 개정하는 법률」(平成 7년 법률 제134호)로 종교법인법은 커다란 개정을 하게 되지만 이와 같은 상황이 발생하는 것 자체가, 信敎自由의 확립, 정교분리, 종교계로부터의 초국가주의·군국주의적 사상의 제거라는 3대 원칙이 일본인 안에 살아 숨 쉬고 있다는 것을 증명한다고도 할 수 있다. 일본 사회를 통합하는 힘을 현재 종교에서는 상실해가고 있다. 그러나 그것이 종교

---

104) 洗建 2008a, p. 31 참조. 또 洗建은 옴진리교 사건은 종교법인법의 문제, 종교법인의 관할청이 대처해야 할 문제라기보다는 형법을 소관하는 경찰의 문제로써 추궁당해야 했다고 말하고 있다(2008b, p. 161 참조).

를 보호하기 위한 信敎自由의 확립, 政敎分離, 종교계로부터의 超國家主義·軍國主義的 思想의 除去라는 3대 원칙을 관철한다고 하는 정책의 부정적 부분으로서 나타나고 있는 것은 왠지 짓궂은 일이다.

2. 韓國의 宗敎政策과 佛敎

1) 解放後 韓國의 宗敎政策

(1) 美軍政의 開始와 大韓民國의 成立

 일본은 1945년 8월 15일 연합국에 무조건 항복하면서 제2차 세계대전(태평양 전쟁)이 종결되었다. 일본의 종전은, 한반도에 대한 일본의 식민지통치의 임종을 의미하고, 그것은 광복이라는 말로 나타나듯이 일본으로부터의 독립을 완수한 것을 의미하게 된다. 그러나 현실적으로는 종전이 직접 광복을 의미하는 상황은 아니었다.

 1943년 11월 22일에는, 종전 후 조선반도의 처리방안을 논하기 위해 카이로에서 미국의 루즈벨트, 영국의 처칠, 중국의 장개석이 3국 정상회담을 열었고, 한국이 일본으로부터 해방된 후 적당한 시기에 독립시킨다는, 즉시 독립을 유보한다는 '카이로선언'(같은 해 11월 26일)이 발표되었다.[105]

 일본이 GHQ의 점령통치를 받아들인 것처럼 한반도도 카이로선언

---

105) 小学館 日本大百科全書 「カイロ会談」 참조.

을 받아들여 연합국의 통치가 시작되었다. 또 '얄타 회담'에 따라 한반도는 국토를 남북으로 나누어 38선이 설정되고 남쪽은 미국이, 북쪽은 연합군에 의해 분할 점령되었다. 이것은 한반도에 잔류하고 있던 옛 일본군의 무장해제를 하기 위해 잠정적으로 설치된 것이었지만, 이 38선은 한반도에서 사라지지 않고 현재도 여전히 정치적, 군사적 경계선으로 남아있다. 또 남한에서의 미군의 정책은 미국의 적국인 일본제국의 일부였던 한반도를 항복한 일본과 같이 피점령국으로 대우하는 점령정책이었다.

이렇게 한반도에 신탁통치의 방침이 시작되었기 때문에 조기 독립을 희망하는 한반도 국민들은 크게 실망하였다. 그러나 당시 한국에는 독자 정권을 수립할 정도의 국제적인 정치력이나 경제적인 기반이 없었던 것도 사실이었다.

1945년 9월에서 10월에 걸쳐 행해진 얄타, 포츠담 두 협정에 의거해 미·영·프·중·소, 5개국으로 구성된 外相 理事會의 제1회 회의(런던)가 정체되어, 이것을 타개하기 위해 같은 해 12월에 미·영·소 3국 외상만이 모스크바에 모인 회의에서 '모스크바 협정'이 합의되었다. 여기서 미·소 합동 위원회 및 임시조선정부 설립이 결정되고 이것에 의해 한반도의 운명이 결정되었다.[106] 미·소 양국은 한반도에 단일정부를 수립하기 위해 합동 위원회를 통해 의견 합의를 시도했지만, 양국이 서로 한반도의 정치적 지도권을 장악하려 했기 때문에 양국 사이의 정치적 이해관계에 의해 합의를 형성하지 못하면서 합동

---

106) 小学館 日本大百科全書「モスクワ協定」참조. 그 외에 이탈리아 등 구 樞軸國과의 강화 조약의 준비, 極東委員會 및 對日理事會의 설치, 중국의 국민 정부아래에서의 통일 촉진과 간섭의 배제, 유엔원자력위원회의 설치 등이 합의되었다.

위원회는 난항을 겪고 아무런 성과를 거두지 못한 채 종료되어 버렸다. 이렇게 한반도는 분열된 채, 남쪽은 미국 군정이 시작되어 군정 하에서의 단독정부 수립을 추진하는 움직임이 나타나게 되었다. 결국 남북은 각각 단독정부를 수립해 결과적으로 한반도는 남북으로 분할되었다. 1945년부터 1948년에 걸쳐 남한에 단독정부가 수립되어 대한민국이 성립되기까지 미군정은 남한을 통치하는 유일한 정치주체였다. 그러나 1910년부터 1945년까지의 일본의 식민지 통치는 인재 면에서도 큰 쐐기를 박고 있어, 미군정도 입법·사법·행정 등 통치조직에는 일본의 식민지 통치를 지탱하고 있던 인재를 그대로 이용하는 실용중시의 정책을 취하지 않을 수 없었다. 이것은 미국 군정 당국이 한반도의 독립에 대해 구체적 정책이나 점령 통치에 관한 사전 준비가 없었기 때문에 종래의 조직을 그대로 이용할 수 밖에 없었던 측면이라고 할 수 있다. 이렇게 한반도의 남반부는 일본과 같이 미국의 통치가 실시되고, 그것은 일반적으로 미군정이라고 불리게 되었다.

  미군정이 실시된 남한에서는 소련, 북한의 정치체제인 공산주의에 대항하기 위해 철저한 반공정책이 시행되었다. 미군정은 독립운동을 하고 미국에서 로비활동도 적극적으로 했던, 식민지하에서 대한민국 임시정부의 초대대통령이었던 李承晩이 주도하는 정치세력을 선택하여 지지했다. 李承晩은 미국으로 건너가 조지워싱턴 대학, 하버드 대학을 거쳐 프린스톤 대학에서 박사학위를 취득한 엘리트로, 경건한 기독교 프로테스탄트의 신앙심을 갖고 있어 미군정의 파트너로서는 아주 바람직한 인물이었다.

  또 미국군정청에 한국인 관사를 선택, 추천하는 임무를 도맡아 담당하고 있던 조지 윌리엄스(George Z. Williams) 해군대령은 한반도에서 포교활동을 하고 있는 선교사의 아들로 9월 8일에 상륙한 5000명 남짓한 미군 중에서 한국어를 구사한 유일한 인물이었다.107) 그는 인물 선정에 있어 대부분을 기독교 신자 중에서 선택했다. 당시 기독교인들이 어느 정도 교육수준에 달해있는 중산 계급이었고, 유학 경험이 있어 영어 구사가 능란한 인재가 많았다는 것도 이런 선택을 한 이유였다. 미국군정은 1946년 3월에 일본제국의 거대한 옛 관료기구의 재편성을 시행하고 종래의 "국"을 "부"로, "과"를 "처"로 승격시켜 "11부 7처"의 관료기구를 두었다. 1946년부터 1947년 사이에 군정청에 임명된 군정 각 부처의 한국인 국장은 13명이었는데, 그 중 7명이 프로테스탄트 신자이며 그들 전원이 미국 유학을 경험한 사람들이었다. 이 체제는 1948년까지 추진되었다. 이 군정 후에 성립된 정부 관료의 총수는 142명이고, 그 중 70명 이상이 총독부 시대의 관사 경력을 갖고 있다. 이와 같이 미군정은 신탁통치를 실시할 즈음에 영어가 뛰어난 인재를 찾고 있었고, 기독교도(특히 프로테스탄트)는 이른바 "통역정치"의 일원으로서 미군정에 들어갈 수 있었다. 그리고 그와 같은 기독교 신앙을 갖고 있는 정부 관료는 신탁통치가 끝나고 대한민국이 성립된 후에도 계속해서 중요한 지위에 머물게 되었던 것이다. 이와 같은 친기독교의 지도층이 형성된 것이 후에 한국 기독교의 급격한 성장을 지지하는 기반이 되었다.108)

李承晩은 친미주의, 반공산주의, 그리고 기독교 정신에 입각한 민주주의를 강하게 주장하고 전면적으로 표면에 나타냈다. 그는 독립운동가로서 국내에 정치적 기반이 없었기 때문에 미국의 후원이 필요했고,

---

107) 허명섭 2005, p. 177 참조.
108) 申昌浩 2002, p. 133 참조.

또 북한 공산주의의 정치적, 종교적인 압박이나 강압으로부터 피해온 기독교신자들과 반공산주의자들이 1949년 말까지 200만 명에 달해 이러한 세력을 끌어들이기 위해서도 기독교 정신, 반공산주의를 주장할 필요가 있었던 것이다. 이러한 李承晩의 정치적 태도는 연합국군총사령관이었던 맥아더(Douglas Mac-Arthur)에게 높게 평가받았다.[109]

이러는 가운데 1947년 9월 17일에 제2차 國連總會에서 한국의 독립안이 확정되었다. 1948년 3월 31일 이전에 國連韓國委員團의 감시 하에 인구비례 총선거를 남북에서 동시에 실시하고, 총선거가 끝나고 90일 이내에 한반도에서 미·소 양 점령군이 철수하는 것도 제안되었다. 그러나 이런 제안은 신탁, 반탁운동을 비롯한 남북의 정치적 이권 다툼에 의해 결렬되어 버리고, 1948년 5월 10일에는 남한에서만 총선거가 실행되고, 5월 31일에 최초의 국회가 열리게 되었다. 이렇게 해서 3년간에 걸친 미국군정에 의한 정치적 지배로부터 해방되게 되었다. 남한에서는 憲法起草委員會가 군정청의 조언을 받으면서 헌법을 기초했다. 그리고 1948년 7월 1일에 국호를 대한민국이라 결정하고, 같은 해 12월에 헌법을 작성해 17일에 제정, 공포되었으며, 7월 20일에 시행된 국회의 간접선거에 의해 대통령이 선출되었다. 초대대통령에는 대한민국 임시정부 대통령이었던 李承晩이 선출되었다. 8월 15일에 맥아더 총사령관이 참석한 가운데 대한민국의 성립식이 성대하게 거행되었다. 李承晩은 대통령의 취임식을 기독교식으로 하고, 국회에서 규정에도 없는 기도로 시작하는 등 기독교와의 친화성을 숨기지 않았다.

---

109) 申昌浩 2002, pp. 134-135 참조.

실제 李承晩의 제1차 관료는 일본유학을 거쳐 서양에서 근대적 학문을 익힌 사람들로 구성되어 있었고, 李承晩 정권의 정부요직을 담당하고 있던 관료의 종교적 배경을 보면, 프로테스탄트 39.2%, 가톨릭 7.4%, 불교 16.2%, 유교 17.6%, 천도교 0.3%, 기타 18.3%였다.[110]

1948년 7월 17일에 제정된「대한민국헌법」헌법 제1호 제12조에는 "모든 국민은 신앙과 양심의 자유를 갖는다."·"국교는 존재하지 아니하며 종교는 정치로부터 분리된다."라고 하는 신앙의 자유와 정교분리의 원칙이 헌법상에 명확히 규정되었다.[111] 현행 헌법 제20조에도 "① 모든 국민은 종교의 자유를 갖는다."·"② 국교는 인정되지 아니하며, 종교와 정치는 분리된다."는 내용이 그대로 있다는 점에서 신앙의 자유와 정교분리의 원칙은 현행법에서까지 일관되게 나타나 있다.[112] 그러나 당시, 현실적으로는 정치·정권의 운영이 기독교주의에 의한 미국군정과 李承晩을 중심으로 한 많은 기독교인의 활약에 의해 이루러졌다. 정권이 기독교적인 성격을 갖고 있었다는 상징적인 사례로 크리스마스를 공휴일로 정한 것을 들 수 있다. 1949년 6월 4일에 李承晩은 대통령령을 발하여 크리스마스를 공휴일로 제정했다. 이 당시 한국 기독교도의 비율은 한국인구 20,167,000명중 프로테스탄트신자 500,198명, 가톨릭 신자 157,688명의 합계 657,886명으로 인구의 3.2%에 지나지 않았다. 이와 같이 자국의 전통문화와는 전혀 관계없는 종교 행사이며, 불과 몇 %의 종교 단체의 종교 행사가 공휴일로 제정된 배경에는 기독교에 대한 친화적 분위기의 양성을 의도한

---

110) 申昌浩 2002, pp. 135-136 참조.
111) 헌법재판소 1948 참조.
112) 헌법재판소 1987 참조.

정치적 판단이 있었다고 생각할 수 있다.[113] 또 申昌浩는 이 상태를 "대한민국의 수립은 과연 기독교를 국교로 하는 국가의 모습을 보이고 있었다고 해도 과언은 아니다."라고 지적하고 있다.

실제 이승만은 1949년 11월 한국을 방문한 미국 감리교 선교본부의 브럼보(T.T. Brumbaugh) 총무가 기독교에 어떤 중요성을 부여하고 있는가라고 물었을 때, "우리는 한국의 민주적 발전에 대한 모든 희망을 기독교 운동에 기초하고 있습니다. 우리가 다른 어디에 희망을 걸 수 있겠습니까? 기독교 운동은 우리의 유일한 희망입니다."라고 대답했다고 한다. 이와 같이 이승만은 반대 여론이나 당시의 종교적 상황을 생각하지 않고, 자신의 의지에 의해 프로테스탄트를 사실상의 국가종교로 만들겠다는 의사를 명확히 갖고 있었다.[114]

이와 같이 기독교를 국가종교로 만들려는 의사의 표출로써 실제로 이승만 정권은 기독교에 여러 가지 편의를 부여하고 있다. 예를 들면 1946년 3월부터 국영 방송의 성격을 갖고 있던 서울 방송(구 경성 방송, 후의 KBS)의 매주 일요일에 방송되고 있던 "종교시간"을 통해 기독교 복음을 전국에 방송하는 것으로 특별한 편의를 도모했다.[115] 게다가 한국전쟁 중 1951년 2월 7일에는 대통령령에 의해 軍宗制度(chaplaincy)가 도입되었는데, 이 군종제도는 장로교·감리교·성결교

---

113) 申昌浩 2002, pp. 136-138 참조. 강돈구는 당시 남한의 인구를 2천만 명, 프로테스탄트 신자와 가톨릭신자를 합하여 기독교인을 45만 명으로 잡고 당시 남한 전체 인구에서 기독교인이 차지하는 비율을 2-3%라고 추측했다(강돈구 1993, p. 37 참조).
114) 이재헌 2010, p. 252 참조.
115) "종교방송"은 기독교만 방송한 것이 아니라 다른 종교단체도 각 종교단체마다 주 1회 10분씩으로 편성되었다. 하지만 다른 종교단체에서 시간을 채우지 못하거나 한달이 다섯 주간인 경우에는 기독교에서 그 시간을 사용하도록 배려했다(허명섭 2004, p. 299 참조).

등 프로테스탄트와 가톨릭만이 참여할 수 있었다. 군목 창설 당시 국군의 기독교인 비율이 5% 정도에 불과하였으나 1956년에는 13%까지 상승했다. 그리고 17만에 달하는 북한 포로에 대해 한·미 양국의 20명 목사의 활동으로 6만여 명이 개종했다. 이와 같이 군종제도가 기독교 선교에 매우 큰 역할을 한 것을 알 수 있다. 또 군대라는 아주 국가적인 조직에 있어서 기독교에게만 선교의 기회를 준 것은 국가가 기독교를 공인 종교로 인정해 그 활동을 지원하는 정책을 취한 것이라고 할 수 있는 것이다.116) 그 외에도 刑牧制度를 만들어 형무소 교화사업을 기독교에 전담시키거나 경찰 선교, YMCA 등과 같은 기독교 단체에 막대한 지원을 하는 등, 이승만 정권의 기독교 중시 종교정책의 사례는 적지 않다.117)

일본의 경우, 맥아더도 미국의 점령정책 가운데 적어도 친기독교적인 성격을 갖는 종교정책을 실시할 의사를 갖고 있었다. 실제 맥아더는 기회가 있을 때마다 기독교는 일본인의 정신적, 도덕적 공백을 채우는 유일한 종교라고 공언하였고, 1947년 2월 24일에 방송된 라디오 메시지에서는 "기독교를 제외하면 민주주의는 인류의 위대한 사상이라고 말할 수 없다고 믿는다."118)고 말했다. 그리고, 어느 선교사 앞으로 보낸 편지 중에서는 "내가 일본이 기독교화될 것이라는 희망과 신념을 갖고 있는 것은 아시는 바라고 생각합니다."119)라고 말하면

---

116) 강돈구 1993, p. 37 참조. 미군정기 당초의 기독교 신자 비율은 전인구비에서는 2%였던 것이, 1960년에는 7.5%를 차지하기까지 되었다(강돈구 1993, p. 39 참조). 또한 불교가 군종제도에 참가한 것은 베트남 전쟁이 진행되던 1968년 9월이었다(姜敦求 2002, p. 380 참조).
117) 이재헌 2010, p. 254 참조.
118) 中野毅 2003, p. 102; ウッダード 1988, p. 282 참조.

서 스스로 "그것을 향해 최대한 노력을 하고 있다."라는 말을 남기고 많은 선교사를 일본에 보내 줄 것을 희망하는 등 적극적으로 일본의 기독교화를 지지하고 추진하려고 했다.[120] 그리고 GHQ도 선교사의 활동을 배후에서 적극적으로 지원하고 있었다.

그러나 민간정보교육국종교과는 기독교를 다른 종교와 동등한 법적 입장에 둘 것을 주장했다. 또 기독교의 선포를 위해 점령군의 인원 및 자재를 이용해서는 안 된다는 내부 통달을 용의하고, 종교 문제 담당 스태프였던 바운스 대위(Lt. William Kenneth Bunce)는 맥아더에게 점령군은 기독교만을 특별히 후대하는 정책을 취하지 말고 모든 종교를 공평하게 보호하라는 취지의 성명을 내도록 진언했다.[121] 이렇게 信敎自由의 확립, 政敎分離, 宗敎界로부터의 超國家主義·軍國主義적 사상의 제거라는 三大原則을 추진하게 되고, 국가와 종교와의 관계에 있어 어떤 종교의 영향도 배제하는 엄격한 정교분리의 정책이 시행되는 등 일본에서는 기독교화의 움직임이 둔화되었다. 이것과 비교하면 한국의 종교정책은 헌법상에는 信敎의 自由, 政敎分

---

119) 原文은 "A Letter from D.MacARTHUR to Miss Elizabeth A. Whewell," October 4, 1947, GHQ/SCAP Records (CIE), Box5166, Sheet No. C-00589(國会図書館現代史資料室所藏). 中野毅 2003, pp. 101-102; ウッタード 1988, p. 283 참조.

120) 그러나 맥아더는 어느 선교단체의 간부에게 "내가 갖고 있는 권력을 행사하면 천황과 7천만 명의 일본인을 하룻밤에 기독교도로 만들 수 있겠지만, 그것은 일본에서 기독교의 종말과 다름없을 것"이라고 설명했다고 전해지고 있다. 또 맥아더가 "천황이 내 밀하게 기독교를 일본의 국교로 할 뜻이 있다고 한 적이 있지만, 나는 어떤 종교라도 국민에게 강요하는 것은 잘못이라고 생각해 그 요청을 거절했다"고 말한 적이 있다고 전해진다. 이와 같이 맥아더는 일본의 기독교화를 희망하고 그것이 바람직하다고 생각해 선교를 지지하고 있었지만 기독교화가 정치권력에 의해 강제로 도모되는 것은 바라지 않은 것 같다(ウッタード 1988, p. 284 참조).

121) 中野毅 2003, p. 102 참조.

離가 규정되어 있지만, 일본과는 전혀 다른 길을 걷게 되었다고 말할 수 있다.

(2) 1945年 以後의 宗敎政策

1945년 이후의 종교정책은 일본과 같이 미국의 통치를 받게 되었지만, 그 후 일본과 한국이 걷는 길은 크게 다르게 되었다. 우선, 일본에서는 1945년 8월 15일에 무조건 항복한 후 연합국군최고사령관총사령부(GHQ/SCAP; GHQ/Supreme Commander for the Allied Powers, 이하 GHQ 혹은 GHQ/SCAP)에 의한 점령통치가 시작되었다. 1945년 10월 4일에는 지령(SCAPIN-93)「정치적, 사회적 및 종교적 자유에 대한 제한제거의 건」(연합국군최고사령부발 일본제국정부에 관한 각서), 이른바「神道指令」으로 국가제사로서의 신사(국가신도)가 금지되고, 1945년 12월 28일에는「종교법인령」(칙령 제719호)가 GHQ로부터 발령되어「종교단체법」이 폐지되었으며 새로운 종교 관련법이 실시되었다. 또 1946년 11월 3일에「일본국헌법」(1947년 5월 3일 시행), 1951년 4월 3일에「종교법인법」이 제정되고, 이 시점에서 전쟁 전부터의 종교 관련법 및 GHQ 점령정책하에 의한 지령 등 주요한 종교에 관한 법령이 거의 현행법으로 이행되었다.

이 종교에 관한 법률은 이제까지 보아온 것처럼 GHQ의 점령통치의 기본원칙이 되는, 信敎의 自由, 政敎分離, 宗敎界로부터의 超國家主義・軍國主義的思想의 제거라는 3대 원칙을 답습한 것이었다.

한국에서는, 미국 태평양육군총사령부(GHQ/AFPAC;GHQ/U.S. Army Forces, Pacific 이하 GHQ/AFPAC)에 의해 신탁통치가 시작되었다. 1945년 9월 7일 GHQ/AFPAC의 이름으로 포고령 제1호를 발표하였다. 포고령 제1호에는 "북위 38도 이남의 조선 지역을 점령함"을 명시하고, "오랫동안 조선인이 노예화된 사실과 적당한 시기에 조선을 해방 독립시킬 결정을 고려한 결과, 조선 점령의 목적이 항복문서 조항 이행과 조선인의 인권 및 종교상의 권리를 보호함"에 있음을 천명하였다. 1945년 9월 29일에는 군정청 법령 제6호를 공포하여 "조선학교는 종족 및 종교의 차별이 없음"이라고 규정하여 학교교육에서의 인종차별과 종교간 차별을 금지시켰다(3조). 그리고 10월 9일에는 군정청 법령 제11호「일정법규 일부개정 폐기의 건」(日政法規 一部改定 廢棄의 件)을 발표하였다. 이를 통해 일본식민지 하의 반사회적 종교 활동을 통제하는 주요 근거였던「정치범처벌법」(1919. 4),「신사법」(1919. 7),「치안유지법」(1925. 5),「정치범 보호관찰령」(1936. 12),「예비검속법」(1941. 5) 가운데 한국인에 대한 차별조항을 폐지하였다. 또한 군정청은 1945년 9월과 10월에 걸쳐 군정청 조령 제5조에 의거하여 38선 이남의 모든 신궁(神宮)을 직접 해체하고 불태워버리고 11월에는 신사(神社)의 소각과 소속 서류 및 재산의 압수·보관을 각 도지사에게 명하였다. 특히 신사의 본전(本殿)을 불사를 때는 관리의 현장 입회하에 시행하도록 하였으며, 그 신사 소재지의 10마일 이내에 주둔하고 있는 미군 부대장에게 이를 보고하도록 했다.[122]

이들은 GHQ/SCAP가 일본에서 밝힌「人權指令」,「神道指令」,「宗敎法人令」등 일련의 점령정책과 같은 흐름이었다고 말할 수 있다. 1945년 10월 9일 군정청 법령 제11호는 일본에서 10월 4일에 발표한「인권지령」(SCAPIN-448)과 같이 치안유지법 등 인권, 信敎自由

---

122) 허명섭 2004, pp. 292-293; 강돈구 1993, p. 28 참조.

등에 대한 확실한 문제가 있는 부분을 즉각 정지시키고, 1945년 9월 과 10월의 군정청 조령 제5조, 1945년 12월 15일의 「신도지령」 (SCAPIN-448)과 같이 군국주의의 온상이 되고 상징이 되었던 國家神 道를 해체하도록 요구하는 것이었다고 말할 수 있다. 특히 식민지하 에 있던 한반도에서는 그것을 보다 강력하게 추진한 것이라고 이해할 수 있을 것이다.[123]

이와 같이 일본과 한국의 종교정책은 일부는 공유하지만 확실하게 다른 점이 있다. 이런 점은 미군정청이 1945년 11월 2일에 공포한 군 정청 법령 제21호(法律諸命令의 存續)에 나타난다. 미군정청 법령 제 21호는 "모든 법률 또한 조선 구정부(舊政府)가 발표하고 법률적 효력 을 유(有)한 규칙, 명령, 고시 기타 문서로서 1945년 8월 9일 실행중 인 것은 그간에 이미 폐지된 것을 제하고 조선 군정부의 특수 명령으 로 폐지할 때까지 전 효력으로 이를 존속함"이라고 규정하고 있다.[124] 즉 일본 식민지 하의 종교 관련법들도 미군정청이 직접 폐지하거나 변경하지 않는 한 그 효력이 지속된다는 것이다. 이 조항에 따라 일본 식민지 하에 이루어진 「포교규칙」이나 「사찰령」 등은 그대로 존속되 었다. 일본에서는 전쟁 전의 주요한 종교관련법안이 信敎의 自由, 政 敎分離, 宗敎界로부터의 超國家主義 · 軍國主義적 사상의 제거라는 三大原則에 의해 폐지되고 이 三大原則에 의거해 신법이 성립하는 방향으로 정책이 행해진 것에 비해, 남한에서는 GHQ/AFPAC의 준

---

123) 外務省告示 264호에 의해 官幣大社朝鮮神宮 이하 16개사(樺太 · 朝鮮 · 台灣의 官國 弊社)가 폐지된 것은 1945년 11월이었지만 조선 국내에서는 실질적으로는 그보다 빨리 신사의 해체가 시행되었다.
124) 허명섭 2004, p. 294; 강돈구 1993, p. 28; 재조선미국육군사령부 군정청 1947 참조.

비부족 때문인지 식민지 지배하의 구 법령을 그대로 존속시키는 정책을 실시하게 되었다.

　불교총무원에서는 1946년 7월 27일과 8월 22일에 군정장관에게 「사찰령」의 철폐를 신청하였다. 이 신청이 받아들여지지 않자 불교총무원장 金法麟은 元世勳의 25議員의 연서를 얻어 「寺刹令」과 「布敎規則」 등 4개 법령을 폐지할 것을 立法議院에 정식으로 제출하였다. 그리하여 1947년 8월 8일 「寺刹財産臨時保護法」이 立法議院을 통과하였다. 그 당시 立法議院을 통과한 「사찰재산임시보호법」의 내용은 아래와 같다.[125]

> 제1조 寺刹財産은 朝鮮佛敎敎憲에 定한 바에 依하여 朝鮮佛敎敎正의 許可를 受함이 아니면 此를 讓渡하거나 擔保로 提供하거나 其他 處分을 할 수 없음. 寺刹의 負債가 되는 行爲도 亦同함.
>
> 제2조 寺刹財産 處分 等에 關하여 國責, 古蹟, 名勝, 天然記念物 保存令, 森林令 其他 法令에 依한 行政官廳의 許可 또는 認可를 받고자 할 때에는 朝鮮佛敎敎正을 經由하여야 함.
>
> 제3조 本法에 違反한 行爲는 無效로함.
>
> 부칙
>
> 제1조 本法은 公布日부디 有效함
>
> 제2조 아래의 法律은 宗敎 自由의 原則에 基하여 此를 廢止함.
>
> 　　　寺刹令(1911年 6月 制令 第7號)
>
> 　　　寺刹令施行規則(1911年 7月 朝鮮總督府令 第84號)

---

125) 강돈구 1993, pp. 29-30 참조.

布教規則(1915年 8月 朝鮮總督府令 第33號)
寺院規則(1915年 8月 朝鮮總督府令 第80號)

이「사찰재산임시보호법」은 일본의 식민지하에서 정치권력이 사찰을 효율적으로 관리통제 하기 위해 만들어진「사찰령」등의 법령을 폐지하고, 사찰재산을 보호하는 제도를 만들려는 시도였다고 말할 수 있다. 그리고 사찰재산을 관리·보호하기 위한 주체를 정부로부터 그 당시 불교계의 정점에 있던 敎正으로 옮기고, 사찰재산의 처분권한을 부여할 것을 요구했다.

이 법이 立法議院을 통과하였음에도 불구하고 미군정 당국은 같은 해 10월 29일이 법의 인준을 보류하였다. 미군정 당국이 이 법의 인준을 보류한 이유는「사찰재산임시보호법」가운데 "사찰재산"이라는 것이 그 전 일본 불교 寺院의 재산도 포함된 것으로 해석할 수도 있어, 그렇게 되면 막대한 "敵國財産"이 조선불교라는 하나의 종교단체로 귀속될 우려가 있다는 것이었다. 당시 조선불교계는 총무원과 이에 대항하는 朝鮮佛敎總本部 사이에서 정치사상에 의한 내부 대립을 벌이고 있어, 1947년 11월 12일에는 總務院측과 대립 상태에 있던 朝鮮佛敎總本部와 그 산하에 있던 10여 단체에서 이 법의 철폐를 주장하는 항의문을 하지 중장, 입법의원의장, 군정장관, 민정장관, 대법원장 등 관계방면에 제출하였다. 이와 같이「사찰재산임시보호법」을 제정하여 불교의 인사권과 재정권을 되찾으려는 총무원의 노력은 미군정 당국과 불교 내부의 반발로 인해 무산되었다.[126)]

---

126) 강돈구 1993, pp. 30-31 참조.

이렇게「사찰령」은 1962년 1월 20일에「불교재산관리법」이 제정되기까지 효력을 갖게 되었다. 그리고 1950년대 이후의 불교정화운동에 의해 대처승을 사찰로부터 추방하려고 불교계의 분쟁에 정부가 개입했는데 그것은「사찰령」이 여전히 효력을 발휘하고 있었기 때문이었다. 실제로 1955년 6월 29일에 문교부와 내무부 그리고 법무부가 함께 관계관 회의를 소집하여, 1911년 6월에 제정된「사찰령」과 7월에 제정된「사찰령시행규칙」이 여전히 효력이 있음을 전제로 대처승을 부인하는 행정처분을 내렸던 것이다. 그리고 1960년 9월까지도 "「사찰령」은 구헌법의 공포실시 후에도 효력이 존속하며「사찰령」의 규정에 따라 主務長官의 허가없는 사찰재산에 대한 일반적인 양도성은 부정된다."는 대법원 판례가 나왔다.[127] 이것은 대한민국의 헌법에도 信敎自由와 政敎分離의 원칙이 일관해서 규정되어 있는데도 사찰법이 그보다 우월한 형태로 운용되고 있었다는 사실을 보여준다. 이러한 사실은 일본에서 구법은 폐지 또는 개정되고, 信敎自由와 政敎分離는 아주 엄격히 운용되어 입법, 행정, 사법, 종파내의 다툼을 비롯해 종교적 내용에 대해서는 판단을 피하게 되었던 상황과 크게 다른 것이었다.

이와 같이 미군정시기에는 통치시작 직후부터 일본의 군국주의와 식민지지배의 상징이었던 神道의 神宮과 神社를 모두 소각하고 그에 관한 법령을 폐지하였다. 또한 유교와 관련해서는, 공자묘경학원의 명칭을 성균관으로 변경을 허가(법령 제15호)하고, 1948년 5월에는「향교재산관리에 관한 건」(법령 제194호)등을 폐지하고, 1920년

---

127) 강돈구 1993, p. 31; 한국종교법학회 편 1982, p. 126 참조.

6월에는 유교의 시설 등을 감독·통제하고 있던「향교재산관리규칙」(총령 제91호)을 폐지하고, 유교교단에 향교재단의 설립을 허가해 부분적이지만 재정권의 일부를 인가하는 등 적극적인 법령 변경을 보였다.[128] 또 기독교(프로테스탄트·가톨릭)는 물론, 이제까지 사이비종교로 되어 있던 大倧敎·天道敎·甑山敎 등의 신종교·민족종교에 대해서도 자유로운 종교 활동을 할 수 있게 되었다. 그러나 불교에 대해서만은 여전히「사찰령」을 잔존시켜 불교계가 스스로 인사권과 재산권을 완전히 행사할 수 없었다. 그와 같은 불균형·불평등한 종교정책은 미군정이 종료되고 대한민국이 건국한 뒤에 이어졌다.[129]

(3) 宗敎關連財産의 處理에 관한 問題

미군정은 1945년 9월 25일 미군청 법령 2호에 의해 패전국 재산에 대해 동결 및 이전 제한 조치를 취하였다. 그리고 같은 해 10월 13일에는 일본인 공사유재산의 미군정 귀속을 지시하였고, 1948년 9월 11일 때는 한미 재정 및 재산에 관한 협정에 의해 귀속재산을 한국정부에 이관하였다. 제1공화국은 1949년 12월 19일「귀속재산처리법」[130]을 제정하고, 이어서 1950년 3월 30일「귀속자산처리법시행령」[131], 그리고 같은 해 5월 27일에는「귀속재산처리법시행세칙」[132]을 제정하였다. 귀속재산의 처리는 1963년 5월 29일 귀속재산 처리에 관한

---

128) 강돈구 1993, p. 29 참조. 美軍制法令 第194號의「鄕校財産管理에 關한 件」은 1962년 1월 鄕校財産法(法律 第958號)가 제정된 후에 폐지되었다.
129) 姜敦求 2002, pp. 367-368 참조.
130) 법제처 국가법령정보센터 2008a.
131) 법제처 국가법령정보센터 2008b.
132) 법제처 국가법령정보센터 2008c.

특별조치법으로 귀속휴면법인의 처리 및 非賣却財産의 국유화 조치가 취해졌다. 이와 같이 귀속 재산은 미군정에서 제3공화국 초기까지 장기간에 걸쳐서 처리되었다. 또 미군정으로부터 대한민국에 귀속재산 이행 후 재산의 처리정책도 미군정의 기본정책을 거의 답습하는 형태로 행해졌다.[133]

「귀속재산처리법」에 있어 귀속재산의 처리는 "제2장 국유와 공유"로 다음과 같이 규정되어 있다.

> 제5조 귀속재산 중 대한민국헌법 제85조에 열거된 천연자원에 관한 권리 및 영림재산으로 필요한 임야, 역사적 가치 있는 토지, 건물, 기념품, 미술품, 문적 기타 공공성을 유하거나 영구히 보존함을 요하는 부동산과 동산은 국유 또는 공유로 한다.
> 정부, 공공단체에서 공용, 공공용 또는 공인된 교화, 후생기관에서 공익사업에 공하기 위하여 필요한 부동산과 동산에 대하여도 전항과 같다.
> 제6조 귀속기업체중 대한민국헌법 제87조에 열거된 기업체와 중요한 광산, 제철소, 기계공장 기타 공공성을 가진 기업체는 이를 국영 또는 공영으로 한다.
> 제7조 전2조에 의하여 국유 또는 공유, 국영 또는 공영으로 되는 재산과 기업체의 지정에 관한 절차는 대통령령으로 정한다.

이 조항을 보면, 귀속재산은 국유 또는 공유화된다고 되어있다. 또 국유, 공유 외에도 "제3장 매각"에 의한 귀속재산의 매각도 규정되어

---

133) 강돈구 1993, p. 32; 姜敦求 2002, p. 369 참조.

있다.

제15조 귀속재산은 합법적이며 사상이 온건하고 운영능력이 있는 선량한 연고자, 종업원 또는 농지개혁법에 의하여 농지를 매수당한 자와 주택에 있어서는 특히 국가에 유공한 무주택자, 그 유가족, 주택 없는 빈곤한 근로자 또는 귀속주택이외의 주택을 구득하기 곤란한 자에게 우선적으로 매각한다.
공인된 교화, 후생 기타 공익에 관한 사단 또는 재단으로써 영리를 목적으로 하지 아니하는 법인이 필요로 하는 귀속재산에 대하여도 우선적으로 매각할 수 있다.

이와 같이 귀속재산은 정부, 공공단체에서 공용, 공공용 또는 공인된 교화, 후생기관에서 공익사업에 사용할 경우에 있어 국유, 공유화되는지, 무주택자 등의 빈곤층, 혹은 공인된 교화, 후생 기타 공익에 관한 사단 또는 재단으로서 영리를 목적으로 하지 아니하는 법인에 대해 우선적으로 매각하는 것이 규정되어 있다. 이것은 정부 사회정책의 일환이라고 생각할 수 있을 것이다. 또 정부 사회정책의 미비를 비영리법인 즉, 종교단체의 봉사 정신·활동에 의해 보충하게 되는 것이 기대되고 있었다고 생각할 수 있다.
이 조문에 규정되어 있는 "공인된 교화, 후생기관에서 공익사업", 혹은 "공인된 교화, 후생 기타 공익에 관한 사단 또는 재단으로서 영리를 목적으로 하지 아니하는 법인"은 주로 기독교와 불교를 상정하고 있었다고 생각할 수 있다. 실제 남한 내에 있던 기독교계와 신도계의 귀속재산은 대부분 프로테스탄트 측에 불하되고, 일본불교의 귀속재산은 불교에 위양(委讓)되는 경향이 보였다. 광복 후 10년 사이에 신설된 2,000여 곳의 프로테스탄트교회 중에서 90% 이상이 북한에서 넘어온 피난민을 위한 교회였다. 그들은 국내의 정치기반이 취약했던 李承晚 대통령의 큰 지지계층이었으며, 프로테스탄트에 불하된 귀속재산은 북한으로부터 피난해 온 프로테스탄트 신자들의 교회 활동을 지탱하는 중요한 기반이 되었다. 그리고 가톨릭은 출판사 하나를 지불받아 『경향신문』을 발행하고, 1947년 9월을 시점으로 서울의 일간지 중 61,300부라는 최대 발간부수를 자랑하는 신문이 되었으며, 가톨릭의 선교와 사회적 영향력의 향상에 크게 기여했다. 불교는 광복 후 金法麟 總務院長이 하지 중장을 만나 일본불교의 사원을 조선불교 측에서 인수하는 것으로 합의하고, 東本願寺・西本願寺・和光敎團・曹溪學院・龍谷大學 등 일본불교 모든 종파의 재산을 禪學院이 관리하게 되었다. 그러나 후에 이들 일본불교 귀속재산의 관리권을 둘러싸고 比丘僧 중심의 禪學院과 帶妻僧 중심의 總務院 사이에 분쟁이 일어나게 되었다. 또 미군정 당국은 일본불교관련 귀속재산 전부가 조선불교에 귀속되는 것을 우려해, 1947년 8월 8일에 입법의원을 통과한 「사찰재산임시보호법」의 인준을 거부했기 때문에 일본불교의 귀속재산이 그대로 조선불교에 위양되지는 않았다. 또 불교교단은 내부 대립 때문에 이미 관리 하에 있던 재산을 잃기도 했다.[134]

일본의 경우는 제2차 國有境內地處分 「社寺 등에 무상으로 대부하고 있는 국유재산의 처분에 관한 법률」(법률 제53호)에서 볼 수 있듯이, 국가에 귀속되어 있던 寺社 등 국유지처분과 관련해서 거의 종

---

134) 강돈구 1993, p. 34-36; 姜敦求 2002, pp. 369-372 참조.

교단체의 희망대로 寺社로부터의 신청이 있으면 그 국유지의 대부분은 그대로 寺社의 재산이 되었다. 이에 비해 한국의 경우는 일본의 토지가 적국재산이 되어 국유·공유되든지 혹은 매각되었다. 그러나 그 대상은 무주택자 등의 빈곤층 또는 공인된 교화, 후생 기타 공익에 관한 사단 또는 재단으로서 영리를 목적으로 하지 아니하는 법인에 대해 우선적으로 매각되는 것이 규정되어 있었다. 이것은 미군정이나 한국정부의 의도—여기서는 프로테스탄트 교단의 육성과 정치기반의 강화 등—가 크게 반영된 형태로 토지의 처분이 이루어진 것이라고 생각할 수 있다.

또 하나, 재산에 관해 중요한 것은 1949년 6월 21일에 공포된 「농지개혁법」이다. 이 농지개혁에 의해 토지수입에 의존하고 있는 한국 불교교단은 큰 타격을 받게 되었다.[135] 이 寺社의 토지 해방에 대해서는 일본 불교단체가 「자작농창설특별조치법」과 「농지조정법개정법」에 의해 큰 타격을 받은 것과 같은 것이었다.

2) 佛敎淨化運動과 佛敎關聯法의 成立

(1) 敎團內의 權力移讓 — 帶妻僧에서 比丘僧으로

1945년 8월 15일 일본의 무조건 항복에 의해 한반도는 일본의 식민지 지배로부터 해방되었다. 이 점에서 종교도 일본의 식민지 지배로부터 해방되었지만, 조선불교는 종교적 자유를 쉽게 얻지는 못했다. 그

---

135) 申昌浩 2002, p. 113 참조.

것은 앞에서 말한 바와 같이 미군정에 의해 일본 식민지하의 「사찰령」 (1911년) 등 구 법령이 그대로 유지되는 결정이 이루어진 사실에서도 확인할 수 있다. 그리고 조선불교는 일본 통치에 협력적이었다는 이유에서 "친일"이라는 이름이 붙여지게 되었다. 물론 조선불교계의 전부가 일본의 식민지 통치에 협력적이었던 것은 아니지만, 기독교 등과 비교할 경우 조선불교가 일본의 종교정책에 순종하고 협력적이었다는 것은 부정할 수 없다.

특히 문제가 되었던 것은 일본 식민지 통치 시대에 새롭게 나타난 대처승의 존재였다. 조선불교는 계율을 지켜 비구승밖에 인정하지 않았지만, 일본의 식민지 통치가 시작되자 일본에 유학했던 승려를 중심으로 대처가 증가해갔다. 한용운을 중심으로 조선총독부에 대처를 공식적으로 허가하도록 요구하는 움직임도 일어나는 가운데 일본국내에서 明治초기에 일본의 불교승에 대처를 허가한 것과 같이, 조선총독부도 조선승려의 대처를 허가했다. 1926년에 대처승도 住職이 되는 자격을 인정하게 되자, 점차로 사원이나 교단의 중추를 대처승이 차지하게 되었다. 이것은 「사찰령」에 의해 本山사원의 주지가 총독, 末寺가 각도 지사의 허가가 필요하기 때문에 실질적 인사의 최종적 결정권을 일본이 완전히 장악하고 있다는 점도 영향을 주었다. 일본으로부터 해방당시 총수 7000 남짓한 승려 중에서 비구승은 불과 10%이고, 1950년대 전반에는 불과 200명 남짓했다.[136]

해방 후 조선불교는 8월 19일에 최고종정기관인 總本寺의 敎團執行部의 퇴진을 결정했다. 8월 21일에는 在京 有志僧侶 35명이 太古

---

[136] 정병조 1987, p. 81 참조. 동국대학교 석림동문회 기획 편찬 1997의 「한국불교현대사 주요일지」(pp. 517-600)에 의하면 8월 20일에 宗團運營權을 인수했다고 한다.

寺에 모여 佛敎革新準備委員會를 조직하고, 8월 22일에 퇴진한 집행부로부터 曹溪宗總務院의 모든 업무를 인수, 그것을 성명으로써 명백히 했다. 임시집행부의 성격을 갖고 있던 이 위원회는 조선불교혁신회라는 회명을 자칭하고 그 본부를 太古寺에 두었다. 위원회 내의 실무를 담당하는 참화부에서는 8월 22일에 전국 승려 대회를 개최하기 위해 전국에 인원을 파견해 승려의 참가를 호소, 8월 23일에는 참화 위원 24명을 선정해 전국대회에 교단 개혁 등의 심의안건 연구를 시작했다. 이렇게 1945년 9월 22일, 23일, 교단 차원의 불교혁신을 추진하기 위한 '全國僧侶大會'가 개최되었다. 그러나 그 대회에는 38도선의 문제로 북한지방의 대표는 대부분 참석하지 못하고, 남한 대표 60여명만이 참가하였다.[137]

이 대회에서는 조선불교계의 방향성이 확인되었다. ① 교단의 명칭을 "朝鮮佛敎曹溪宗"에서 "朝鮮佛敎"로 변경했다. 나아가 "宗正"은 "敎正", "宗憲"은 "敎憲"으로 명칭을 변경하고 일본 식민지통치의 "잔재"를 차단하여 새로운 조선불교계 탄생의 강한 인상을 주었다. ② 일본의 식민통치의 일환으로 한국 불교계를 장악하기 위해 제정·시행한 「사찰령」을 부정하고, 그에 연결된 「朝鮮佛敎 曹溪宗總本山太古寺法」과 「31本末寺法」을 폐지시켰다. 이에 따라 조직을 개편하고 敎區制를 선택해, 각 敎區에 교무원을 설치함과 동시에 그 해당 지역 내의 사찰을 교무원이 관할하도록 하였다. 그리고 중앙에는 總務院(집행부)을 설치하여 각 교무원을 통할하게 하고 아울러 敎政 審議機關(입법부)과 敎政監察機關(감찰부)을 설치하였다.[138]

---

137) 김광식 1998, pp. 250-252 참조.
138) 김광식 1998, pp. 252-253; 정병조 1987, p. 80 참조.

1946년 3월 15일에 太古寺에서 全國敎務會議가 열렸다. 여기서는 山間·寺院중심의 불교가 도시·대중 중심의 불교로 전환할 것을 명확히 내세우고, 또 교구제의 실행 강화·재산통합·식민지시대의 세력 숙청·교도제의 실시·역경사업의 발기 수행 등이 결정되었다.[139]

그러나 總務院의 중심이 되어 종권을 장악하고 있던 것은 해방 전과 같은 대처승이었으며, 그들이 일본의 식민지 시대부터 계속해서 권력의 자리를 지키고 있었다. 1946년 11월에 이러한 기득권을 계속 유지하는 대처승에 대해 반발하는 재야 세력인 禪學院이 總務院의 새로운 敎憲制定의 움직임에 대해 반대를 표명했다. 總務院은 일본 식민지 시대의 잔재를 없애기 위해 새로운 교헌 제정을 하려고 했는데, 그 교헌이 「사찰령」에 의해 제정된 總本山法에 약간의 字句를 수정한 것일 뿐이라는 이유에서였다. 이 禪學院 외에도 재야의 불교단체가 수없이 나타났다. 대표적인 재야의 불교단체로는 佛敎靑年會·佛敎女性總同盟·革命佛敎徒聯盟·禪友婦人會·在南以北僧侶會·佛敎革新聯盟 등이 있다. 이 6개 단체와 禪學院, 모두 7개 단체가 1947년 5월 13일에 연합해 朝鮮佛敎總本部(佛敎總本山)를 자칭하고 본부를 禪學院에 두었다. 이 외에도 혁신을 추구하면서 불교의 교리 자체를 변질시킬 수 없다는 취지를 가지고 엄격한 佛敎戒律과 法階를 되찾아야 한다고 주장한 古佛會가 있었다.[140]

1946년 7월, 8월에 總務院은 「사찰령」의 폐지 등을 요구하고 이를 미군정장관에게 건의했는데 그것이 받아들여지지 않자, 1947년 3월에는 「사찰령」과 「포교규칙」 등 4개 법령의 폐지를 입법의원에 정식

---

139) 김광식 1998, pp. 252-253 참조.
140) 정병조 1987, pp. 79-80 참조.

으로 제출했다. 이것은 받아들여져서 같은 해 8월에「寺刹財産臨時保護法」이 입법의원을 통과했다. 그러나 미군정은 같은 해 10월, 이 법의 인준을 보류하는 결정을 내렸다. 이것은 불교관련적국재산이 조선불교라는 하나의 종교단체에 귀속되어 버릴 것을 우려했기 때문이었다. 이에 비해, 조선불교총본부는「寺刹財産臨時保護法」이 시행되면 사찰재산이 불교 총무원측으로 넘어갈 거라는 이유에서 이 법의 철폐를 주장하는 항의문을 미군정청장·입법의원의장·군정장관·민정장관 등에게 제출하는 등 불교교단 내의 보조도 서로 달랐다. 이렇게 총무원과 대립하는 재야 세력에는 좌익화경향이 강한 단체도 포함되어 있었고, 따라서 총무원과 이들 단체와의 대립이 좌익과 우익과의 대립으로 전개되어 갔다. 그러나 그 후 혁신사상을 갖고 있는 상당수의 승려가 월북하고, 조선불교총본부가 남북협상 및 5·10선거에서 견해의 차이로 분열하자 남한에서는 좌익적 성격을 갖는 불교세력은 쇠퇴했다. 그 후 불교계의 대립 축은 좌익과 우익과의 대립에서 대처승과 비구승의 대립으로 변화해 가게 된다.[141]

1948년에 초대 교정 박한영이 입적하자 방한암, 이어 1951년에는 송만암이 교정에 추대되었다. 송만암은 대의의 건의를 받아들여 승려의 위계를 教化僧(帶妻僧/事判)과 修行僧(比丘僧/理判)으로 나누었다. 이것은 송만암이 사찰운영을 독신수행승에게도 담당시키려는 취지에서였다. 1952년에는 禪僧(比丘僧/理判)이 수도하는 도장과 교리를 연구하는 몇 개의 사찰을 따로 정하는 것을 제의했다. 1953년 4월에는 불국사에서 열린 법규위원회에서 桐華寺(大邱)·內院寺(梁山)·直指

---

141) 姜敦求 2002, pp. 363-364 참조.

寺(金泉)·普門寺(江華)·神勒寺(驪州) 등 18개의 사찰을 기존 집행부의 관리로부터 비구승에게로 할양하는 것이 결정되었다. 그러나 1953년 5월에 太古寺에서 열린 주지회의에서 기득권을 갖고 있는 대처승이 이에 따르는 자세를 보이지 않았기 때문에 이 계획은 사실상 백지화되었다.[142]

이러한 가운데 이승만 대통령이 1945년 5월 21일에 불교에 관한 諭示(제1차)를 발표했다. 이 諭示에 의해 불교정화운동이 본격적으로 시작하게 되었다. 이승만은 이 회담에서 "일본인들이 자기의 소위 佛敎라는 것을 한국에 전파해서, 우리 불교에서 하지 않는 모든 일을 행할 적에, 소위 寺刹은 도시와 촌락에 섞여있어 승려들이 가정을 얻어 속인들과 같이 살며 불도를 행하는 것인데, 이 불교도 당초에는 우리나라에서 배워 형식은 모범되지만 생활제도는 우리나라와 정반대로 되어, 이것을 한국인들에게 시행하게 만들어서 한국의 고상한 불도를 다 말살시켜 놓으려 한 것이다. 그 결과로 지금 승도들이라는 사람들은 승려인지 속인인지 다 혼돈되고 있으므로 불교라는 것은 거의 다 유명무실로 되어 있는 것이다."[143]라고 일본 불교의 영향에 의해 한국의 승려가 가정을 갖는 등 승려인지 속인인지 알 수 없는 생활을 보내고 있는 것을 문제시하고 나아가 "일본인의 생활을 본받아서 우리나라 불도에 위반되게 행하는 자는 이후 부터 친일파로 인정받을 수밖에 없으니 가정가지고 사는 중들은 다 사찰에서 나가서 살 것이며 우리 불도를 숭상하는 중들만 정부에서 도로 내주는 전답을 개척하며

---

142) 정병조 1987, pp. 81-82; 대한불교조계종 교육원 불학연구소 편 2001b, pp. 195-196 참조.
143) 김광식 解題 1996, p. 13.

지지해 나가도록 할 것이니 이 의도를 다시 깨닫고 시행하라."[144]라고 하였다. 이것은 일본의 영향을 받은 대처승은 사찰을 떠나라는 매우 엄격한 것이었으며, 전통적인 한국 불교를 숭상하는 자(比丘僧)만이 정부로부터의 지원을 받을 수 있다고 하는 기본방침을 명확히 한 것이었다. 즉 이것은 불교계에 대한 앞으로의 정부 방침을 불교계가 잘 이해해서 행동하라는 반협박에도 가까운 것으로서, 정교분리가 규정되어 있는 헌법에 반하는 행위라고 말할 수 있는 것이었다.

이승만 대통령의 諭示는 대처승과 비구승에게 커다란 반응을 일으켰다. 교단의 주도권을 점하고 있었던 대처승들은 1954년 6월 20일 중앙교무회를 열어 교정 송만암이 지시한 내용 등의 일부를 宗憲 개정안에 포함시켰다. 그 주요한 내용은 "기존 조선불교에서 曹溪宗으로 개칭", "敎憲을 宗憲"으로, "승려의 구성을 修行團과 敎化團"으로 이원화하는 것이었다. 이러한 종헌 개정과 동시에 1953년의 비구승에게 18개의 사찰 할양의 결의내용을, 48개의 사원할양과 그 대상사찰을 증가 시키는 사찰 할양을 결정했다.[145]

이들 대처승에 의한 양보·타협은 최고권력자인 대통령에 의해 정책적인 방향성이 보였다는 것과, 대처승에게 "친일"이라는 딱지를 붙여 反대처승이라는 사회적인 분위기가 보다 명확해졌다는 것에 대한 대응이라고 생각할 수 있다. 교단의 주도권을 점하고 있었던 대처승은 큰 양보·타협을 통해 이 문제를 조기에 해결하고 수습하려 했던 의도를 갖고 있었던 것이라고 생각할 수 있다. 이것을 달리 보면, 대처승은 교단에서 나갈 생각은 없고, 여전히 정식 승려로서 집행부에

---

144) 조선닷컴 1954a.
145) 대한불교조계종 교육원 불학연구소 편 2001b, pp. 196-197 참조.

서 계속 있을 것을 확실히 표방했던 것이다.

이 대통령 諭示와 이것을 지지하는 사회적 분위기에 힘입어 비구승은 6월 21일에 禪學院에서 불교정화운동을 추진하기 위한 佛敎淨化運動發起委員會를 창설했다. 그리고 8월 25일부터 26일까지 禪學院에서 全國比丘僧代表者大會가 개최되었다. 대회에서는 정화운동을 구체적으로 하기 위해 宗憲을 개정하여 대처승으로부터 승적을 박탈할 수 있었다. 구체적으로는 "비구와 비구니 절대 동거 금지, 가정 미정리자의 가정과 단절, 승적부 작성, 스승이 퇴속한 비구의 은사승 경정(更定)" 등이 결정되었다.[146]

1954년 9월 28일에 비구승은 全國比丘僧大會를 개최하고, 대처승이 구성하는 中央總務院가 제정한「太古宗憲章」를 전면적으로 부정하는 내용의「曹溪宗憲章」를 제정했다. 그 구체적인 내용을 보면, ① 대처승을 승려라고 칭하는 것을 금지 한다, ② 대처승은 護法衆(승려에 따른 재가의 독신자)이라 한다, ③ 교단의 교권은 비구승이 점유한다, ④ 대처승은 10년 이내에 사원을 떠나야한다 등이었다. 또 9월 30일에는 임시종회가 개최되어 비구승 중심의 종단간부진이 선출되었다. 이러한 사태는 대처승이 받아들일 수 있는 것이 아니었다. 대처승은 앞서 동의한 6월 23일의 결의에 대해, 비구승의 결의가 평온한 종단을 파괴한다고 비판했다. 다른 한편으로는, 대처승이 주도권을 갖고 있는 "中央最高宗會"에 ① 비구 측에 각 도의 사찰 50곳을 분양, ② 三寶寺刹(31개본산중 3개본산인 通道寺・海印寺・松廣寺)를 비구승의 수행장으로 할양한다는 양보안을 제안했다. 그러나 대처승의 자격

---

146) 대한불교조계종 교육원 불학연구소 편 2001b, p. 198 참조.

박탈은 부당하다고 강하게 반발했다. 이러한 가운데 10월 10일에 비구승과 대처승의 대표는 태고사에서 현안사항을 놓고 대화를 시도하였다. 비구승은 새로 제정한 종헌에서 규정한 바와 같이 대처자는 승려가 될 수 없다는 것과 삼보 및 교단을 담당할 대상자는 계율을 지키는 비구임을 주장하였으며, 대처측은 기존 종헌의 내용인 수행승단과 교화승단의 공존을 주장하였다. 이후 정화운동을 지지하고 있던 교정 만암이 노선의 대립을 위해 이탈했기 때문에[147] 비구승 측에도 약간의 혼란이 생겼지만, 11월 3일에 禪學院에서 제2회 臨時宗會를 개최해 교정으로 河洞山을 추대했다. 이후에도 비구승은 정화운동을 강력하게 밀고 나가게 되었다.[148]

이러한 비구승의 행동을 후원하고 지지한 것이 열렬한 반일주의자로 알려진 이승만 대통령이었다. 대통령은 1954년 11월 4일에 佛敎徒淨化 문제에 관한 諭示(제2차)를 재차 발표했다. 여기서는 "지나간 40년 동안에는 일본이 한국인들을 일본화시키기 위하여 일본승려들이 와서 한국인들을 일본불교로 '부처'를 숭배하게 했다고 하여 일본 풍속으로 승려가 고기도 먹고 처첩도 두고 못하는 일이 없게 만들어 놓았던 것이다."라고 말해 일본화된 불교의 상징인 대처승을 비난했다. 이것은 비구승의 정화운동을 지지한다는 의사 표시이기도 했다.

이에 비구측은 11월 5일 종권 및 그에 부수된 종무일체를 양도받기 위해 禪學院을 출발하여 太古寺로 진입하였다. 그리고 비구측은 太

---

147) 曼庵은 宗祖를 普照國師로 하는 보조종조설에 대해 "환부역조"(換父易祖)라 비판하는 등 교리적인 문제들 두고 노선 대립이 표면화되었다(대한불교조계종 교육원 불학연구소 편 2001b, p. 199 참조).

148) 대한불교조계종 교육원 불학연구소 편 2001b, pp. 198-200; 岡田浩樹 2002, pp. 513-545 참조.

古寺 간판을 제거하고 "불교조계종 중앙종무원(佛敎曹溪宗 中央宗務院)"과 曹溪寺 간판을 달았다. 종단명을 "佛敎曹溪宗"이라 칭하고 總本山의 이름도 太古寺에서 曹溪寺로 바꿨다. 또 高麗의 曹溪宗祖 普照國師를 종단의 宗祖로 택하여 帶妻側이 주장하는 太古宗 祖說과 여기에 바탕을 둔 太古寺에 대한 단절의 의지를 표현했다.[149]

이와 같은 비구승의 대담한 행동은 대통령의 지지를 받았지만, 비구승과 대처승의 대립은 이 무렵부터 폭력을 수반하는 것으로 변화해 갔다. 11월 7일에는 太古寺(曹溪寺)에서 비구파가 습격당해 6명이 중경상을 입었다. 11월 25일에는 中央總務院 事務室에 50-60명의 비구파가 난입해 3명이 중상을 입었다.[150] 이렇게 정화운동이 폭력을 수반하게 되자 이 운동이 사회 문제로 주목받게 되었다. 또 여론은 "친일"이라는 낙인이 찍힌 대처승이 아니라 비구승을 지지하게 되었다.[151]

대처승은 11월 23일에 宗權을 비구승에게 위양한다는 원칙 아래 종단 집행부의 총사직을 단행했다. 또 12월 1일자로 「寺刹住持任命에 관한 緊急措置令」을 제정하고, 비구승을 요직에 앉히는 등의 조치를 취했지만, 비구승 측이 이 대응에 만족하지 않아 대립은 계속되어 갔다. 혼미를 더해가는 정화운동의 돌파구를 찾기 위해 12월 7일~13일에 曹溪寺에서 全國僧尼大會를 열었다. 전국 각지에서 온 440명 남짓한 비구승은 대회에서 정화 원칙을 재확인했다. 이러한 가운데 불교정화의 문제를 해결하려고 문교부가 개입해 비구승과 대처승 양

---

149) 대한불교조계종 교육원 불학연구소 편 2001b, p. 200 참조.
150) 岡田浩樹 2002, p. 522 참조.
151) 대한불교조계종 교육원 불학연구소 편 2001b, p. 201 참조.

측의 대화가 12월 17일에 시도되었지만, 양측 모두 종래의 주장을 반복할 뿐 진전을 보이지 않았다. 이승만 대통령은 11월 14일, 12월 18일에도 유시를 발표했다. 이번에도 대처승을 비판하고, 교단·사찰로부터 물러날 것을 요구하고 비구승을 지지하는 것이었다. 1955년 1월 6일 이른 아침에는 太古寺(曹溪寺)를 比丘尼가 점거, 이에 대해 경관대가 출동해 대처승려파와의 충돌에 대비하는 사태가 되어 긴장 상태가 계속되었다.[152]

그러나 문교부장관은 재차 비구승과 대처승 양파의 조정을 시도, 양측도 그에 대한 노력을 하고 있었다. 양파는 비구승과 대처승이 각각 자율적으로 진행하는 합의체제인 佛敎淨化對策委員會를 가동시켜 의견의 조정을 도모하려 했다. 비구승 측이 조정에 앞서 문교부에 제출한 승려의 정의는 어디까지나 독신의 계율을 지키는 것을 필두에 두고, 수도원에서 수행하고 육식과 음주, 흡연을 하지 않는 등 조선불교의 기본적 계율이었던 8계를 위수하는 것만으로 승려의 자격을 갖추어야 할 것을 요구하고 있었다. 이에 대해 대처승 측은 "몸은 비록 속인일지라도 마음이 불도를 생각하기에 이르면 '僧'의 자격을 가질 수 있다."는 승려의 정의를 마찬가지로 문교부에 제출했다. 그러나 대처승이 비구승의 주장을 받아들이는 것은 스스로 승려로서의 자격을 포기하는 것이며, 동시에 교단의 실권을 잃는 것을 의미하기 때문에 이 제안을 받아들이는 것은 불가능한 것이었다. 그러나 1955년 2월 6일에 드디어 문교부장관의 보고서라는 형식으로 總務院側(帶妻僧)과 禪學院側(比丘僧)은 "僧侶資格 八大原則"에 대해 합의에 이르렀다.

---

152) 대한불교조계종 교육원 불학연구소 편 2001b, pp. 201-202; 岡田浩樹 2002, p. 522 참조.

이것은 대처승 측이 승려자격에 대해 양보한 것을 의미한다. "僧侶資格 八大原則"은 ① 독신, ② 삭발염의, ③ 수도, ④ 이십세이상자(比丘戒受持者), ⑤ 不酒草肉(금주, 금연, 고기를 먹지 않는 자), ⑥ 不犯四波羅夷(不殺生, 不偸盜, 不邪淫, 不暴言을 지키는 자), ⑦ 非不具者(재산을 갖지 않는 자), ⑧ 3년이상 단체 수도 생활을 해야 하며, 이상의 원칙에 해당하는 자로서 25세 이상이 된 자는 住職 될 수 있다고 명기했다. 그러나 대처승 측은 일단 승려자격 원칙에 합의했다가 곧바로 이것을 바꾸었다. 이렇게 정화운동은 일시적으로 중단되고, 문교부는 양파의 재타협을 시도하게 되었다. 비구승은 재타협이 불가능하다는 것을 지적하고, 정부가 합의한 승려자격의 요건에 맞는 대상자의 조사를 조기에 실시할 것을 요구했다. 정부는 이 요구에 응해 자격조사를 진행하고 그 결과 전국 승려 중 승려자격 8대 원칙에 일치하는 승려는 1,189명이라고 발표했다. 비구승 측은 이 대상자 전원이 참가하는 전국승려대회를 통해 문제를 해결할 예정이었는데, 문교부는 다시 대처승과의 합의를 통해 승려대회를 개최할 것을 요구했다. 대처승 측은 승려자격의 합의 자체를 철회하고 대처승을 교화승으로서 인정하도록 주장해, 양파가 합의한 승려대회는 성립될 수 없었다. 이와 같은 사태에 직면한 정부는 1955년 5월 9일자로 內務·文部大臣名義에서 "대한 불교 정화에 관한 건"을 내어 정화에 대한 정부의 입장을 밝혔다. 여기에는 정화추진의 대강과 그 실시방법이 요약되어 있었고, 승려자격 八大原則의 유자격자인 승려들을 중심으로 6월 30일까지 사찰정화를 실시할 것, 구체적인 사항은 양파가 참가하는 寺刹淨化對策委員會를 통해 해결하는 것 등이 요구되고 있었다. 또 대처승은 사찰로부터 퇴거해야 한다는 원칙도 재확인되었다. 그러나 독신

비구승의 부족에 의해 주지를 임명할 수 없는 경우는 신도 및 연고 있는 속인도 임시적으로 주지라고 할 것을 인정하는 등 대처승도 배려했다.153)

이와 같이 교착상태가 계속되고 교단의 교권을 대처승이 계속 장악하는 것에 초조해진 비구승은 대규모 단식전쟁을 전개한다. 단식전쟁에 의해 여론의 지지를 확대하고 전국승려대회를 개최해 교단의 주도권을 장악, 아울러 宗憲 및 內規를 개정하는 것에 의해 대처승의 배제를 노렸던 것이다. 먼저 1955년 5월 17일에 曹溪寺에서 250명의 비구승이 단식전쟁을 시작하고, 이것이 같은 해 5월 20일 까지 계속된다. 단식전쟁은 6월 9일부터 다시 열렸고, 다음 날 2백 수십명의 단식전쟁 중인 비구파를 3백 남짓의 대처승 측이 조기에 습격하는 사태가 일어났다. 이 결과 30명이 중경상을 입고 2백 명의 경관이 출동해 진압하는 사태에 이르렀다.154)

1955년 6월 16일에 이승만 대통령은 諭示(5차)를 발표, "지나간 40년 동안에 일본인들이 병력으로 한국을 정복하고 강제로 염박해온 동시에 일본정권과 명령에 복종하지 않으려는 정신과 기분을 학정과 말살 등의 독한 수단으로 다 복종시켜가지고 우리물건을 강제로 뺏어다가 만들고 민족을 노예로 가져가 우리자손들은 倭놈말만 시키며 한국의 역사나 한국의 정신은 모두 말살시키도록"했다고 일본을 비난하고 불교도 "모든 사찰에 속한 물건과 재산을 다 친일하는 남녀를 갖다가 시켜서 우리나라의 불교를 거의 없이 만들어 놓았다."고 하여, 일본

---

153) 대한불교조계종 교육원 불학연구소 편 2001b, pp. 201-204; 岡田浩樹 2002, p. 522 참조.
154) 岡田浩樹 2002, p. 523 참조.

불교를 계승하고 있는 대처승은 배제해야 할 것을 재차 주장했다.[155]

또 6월에는 범어사의 지효(智曉)가 정화의 성취를 위해 조계사 당에서 할복·순교를 시도하는 등 정화운동은 숱한 우여곡절이 있었다. 1955년 7월 13일에는 문교부에서 제1차 사찰정화대책위원회가 개최되었다. 1차 위원회에서는 회의 운영방침을 정하였다. 이후 양측 간의 격론과 주장이 대립해 유회(流會)를 반복했다.[156] 대처승이 받아들일 수 없었던 것은 승려의 자격을 유지하기 위해서 대처승은 이혼해야한다는 비구파의 주장이었다. 실제로 급진적인 비구파가 우세한 사원에서는 대처승의 이혼강요가 행해졌다. 本山의 하나인 通度寺에서는 대처승 160명이 이혼하고 또 대처를 계속하는 僧侶에게 환속하라고 독촉하는 등의 사건이 발생하고 있었다.[157] 그러나 3일간에 걸쳐 세 차례의 회의가 계속되었고 회의규칙을 합의 결정하였다. 회의가 공전되자 비구측은 8월 1일 전국승려대회를 강행하였다. 정부는 여기에 반대의 입장이었지만, 비구측은 8월 2일부터 본격적으로 대회를 진행하여 종회의원 선출, 종헌수정, 신규 주지 임명 등을 결정하였다. 8월 5일에 이승만 대통령이 諭示(7차)를 발표, 재차 대처승을 비난하고 비구승의 지지를 표명했다. 이러한 지지 아래 제5차 사찰정화대책위원회가 개최되었다.

마침내 1955년 8월 12일~13일 역사적인 전국승려대회가 개최되고, 비구승 중심의 집행부가 선출되고 또 그 외의 중요한 포스트도 비구승이 담당하게 되었다. 또 海印寺·通度寺·松廣寺·梵魚寺·奉恩

---

155) 公報處 1956, pp. 259-261 참조.
156) 대한불교조계종 교육원 불학연구소 편 2001b, pp. 204-205 참조.
157) 岡田浩樹 2002, p. 526 참조.

寺・奉先寺・龍珠寺・傳燈寺 등 유력 사찰 19개가 비구승의 관리로 위양되었다.158) 이렇게 불교정화운동은 비구승 중심의 宗團再建・帶妻僧排除・寺刹淨化・韓國佛教 전통의 회복이라는 당초의 목표를 달성하고 일단은 결착을 보게 되었다.

 이렇게 불교정화운동의 당초 목표는 달성되었지만, 당시 90%를 차지하고 있던 주류파인 대처승이 1950년 당시 10%, 불과 200명이 채 못 되는 비구승려에게 사찰로부터 배제되게 되었다. 이재헌이 이승만의 유시를 불교정화운동의 시점이라고 간주하여 "가장 결정적인 촉발의 계기가 1954년 이승만의 유시였다는 점은 부정할 수 없다."159)고 말하고 있듯이, 이러한 큰 변혁을 초래한 중요한 계기가 된 것은 바로 이승만의 유시였다고 할 수 있다. 그리고 이재헌은 이승만의 일련의 유시를 "자유민주주의를 國是로 하는 대한민국의 대통령으로서 있을 수 없는 행동", "당시 한국이 자유민주주의의 경험이 부족하여 국민의 기본권에 대한 의식이 약했다는 점을 고려한다고 하더라도, 자유민주주의의 종주국인 미국에서 오랫동안 유학과 망명생활을 했던 이승만이 '종교의 자유'와 '정교분리'라는 헌법의 정신을 무시하고 특정 종교의 내부 문제에 대해 마치 제왕처럼 명령을 하달하는 식으로 개입했다는 것은 도저히 납득이 가지 않는 것이다."라고 비난하고 있다.160) 또 이재헌은 "더 큰 문제는 불교계 내부에 있었다고 본다. 이승만의 이러한 행태에 대해 불교는 당연히 거부의 입장을 표했어야 하지 않을까? 倭色佛教를 타파하고 傳統佛教를 회복한다는 대의명분이 아무

---

158) 대한불교조계종 교육원 불학연구소 편 2001b, pp. 205-206 참조.
159) 이재헌 2010, p. 256.
160) 이재헌 2010, p. 258 참조.

리 옳은 것이었다 하더라도, 그것을 추진함에 있어서 타율적으로 공권력에 의지했을 때, 결과적으로는 더 큰 대가를 치러야 한다는 것을 깨달았어야 했던 것이다. 그것이 진정 옳은 길이었다면 이승만의 유시를 정중히 사양하고 불교 내부의 논리로, 여법하게 추진할 수 있지 않았을까?"라고 말해 한국 불교계가 정치권력을 받아들였던 것에 의문을 나타내고 있다.161) 또 이승만의 유시, 종교정책과 그것을 받아들인 불교계 정화운동의 움직임에 대해 "극소수에 불과했던 비구승이 절대다수를 차지하는 대처승들을 종권에서 완전히 빌어내겠다는 발상 자체가 이승만 대통령과 공권력의 배경을 믿지 않고서는 도저히 있을 수 없는 일이었던 것이다."라고 이승만 정권의 불교정책과 불교 정화운동의 관계성을 지적하고 있다.162)

또 이승만이 이러한 불교계에 분열을 일으키는 불교정책을 취한 데에는 이승만이 처한 정치적인 상황이 크게 영향을 주고 있었다. 앞에서도 말했지만, 해외에서의 활동 기간이 길어 국내에 기반이 없는 이승만은 이 때문에 기독교 세력의 보호와 지지를 굳히기 위해 불교 세력을 분단하는 정책을 취한 측면이 있다. 특히 당시 정계에 진출하고 있던 대처승의 영향력에 대한 정치적인 견제가 있었다고 생각되어진다. 또 이승만의 유시, 그 후의 비구승 지원 배후에는 비구승려 측에서의 움직임이 있었다고 한다. 그리고 비구승려는 이승만의 지지에 보답한다는 듯, 1956년에는 이승만의 대통령선거 재출마요청을 하거나, 3·15부정선거에서 조계종단(비구승려 중심)이 체계적인 동원을 하는 등 이승만 대통령의 지지를 표명했다.163)

---

161) 이재헌 2010, pp. 258-259 참조.
162) 이재헌 2010, p. 259 참조.

그 외에도 정치적인 이유에 의해 정책이 크게 변경된 실례를 들 수 있다. 이승만 정권은 1948년에 국회에서 「反民族行爲處罰法」(반민특위법)을 제정해 정권의 역사적 정당성과 민족주의적 명분을 세운다고 하여 "친일"행위를 규탄할 수 있도록 체제를 정돈했다. 그러나, 1949년에는 곧바로 반민특위활동을 비판하고 경찰을 동원하여 반민특위를 강제적으로 해산시켰다. 이것은 행정기구에 파고들어 있던 일본 통치 시대의 관료 등의 "친일"파를 배제한 채 정권과 행정의 운영을 유지하는 일이 사실상 불가능하다는 현실적인 문제가 부상했기 때문이었으며, 또 일본 통치 시대에 일본의 식민지 통치에 타협한 "친일"기독교 세력이 반공을 표명해 정권을 지지하면서 새로운 지지기반으로 부상했기 때문이었다. 이렇게 해방 이후 가장 중요한 문제인 "친일"파 처벌 문제는 청산되지 않고 중단되었던 것이다. 단 불교에 있어 "친일"파=대처승은 대처승에 대한 정치적 견제, 비구승에 대한 지지 확대, "친일"파 처벌 문제는 "친일"파 청산의 중단에 대한 비판의 희생양(scapegoat)으로 이용되었던 것이다. 이재헌은 이것을 "이승만 정권의 반일주의는 오직 일본에 대한 하나의 외교상의 정략에 이용되었고, 다만 자유민주주의 체제의 수립을 표방한 반공주의만이 정권 유지의 명분으로 남게 되었다. 이승만이 불교계의 분쟁에서 왜색불교를 타파한다는 명분을 들고 나온 것은 해방 이후 친일파를 정죄하지 못하고 오히려 그들을 정권의 지지기반으로 삼아 정권의 정통성이 취약하다는 국민의 비판여론을 환기시키고 호도하기 위한 고도의 정치적 계산이 깔려 있는 것이다."[164]라고 지적하고 있다. 차차석도 이승만

---

163) 이재헌 2010, p. 259 참조.
164) 이재헌 2010, pp. 263-264.

정권의 불교정책, 불교정화운동에 대한 간섭을, "일제 통치의 잔재를 척결한다는 명분 아래 자신의 독재 체재를 구축하기 위해 불교를 이용했던 것이다."[165]라는 평가를 주고 있다.

이와 같은 경위를 겪어온 불교정화운동은 불교의 교의 문제보다는 권력전쟁의 성격이 강했다고 말하지 않을 수 없다. 비구승은 단순한 종교내부의 투쟁을 '친일의 배제를 통한 민족의 주체성 회복'이라는 형식으로 바꿔놓은 것에 의해, 또 공권력을 끌어들이는 것으로 스스로 지지를 넓혀가고 최종적으로는 대처승으로부터의 권력위양이라는 결과에 이르렀다. 그리고 거기에 이르기까지의 대립은 폭력적인 것·과격한 것이었고 큰 문제를 남기게 되었다. 또 이승만 대통령의 거듭되는 유시는 확실히 정교분리의 원칙에 반하는 것이었다고 말할 수 있다. 그러나 비구승은 최고 권력자의 영향력을 최대한 이용해 불교정화운동을 유리하게 진행시켰던 것이다.

이것은 일단의 결착이었고 최종적인 문제의 해결은 아니었다. 교단의 주도권 다툼에서 열세에 빠진 대처승은 사법을 이용하고 스스로의 입장을 밝혀간다는 새로운 대항책을 강구하게 된다. 이렇게 투쟁의 무대는 법정으로 반입되게 된다. 그러나 법정 외에서는 보다 더 과격한 폭력사건이 빈발하게 되었다.[166]

(2) 教團內의 法廷鬪爭

1956년 이후 대처승과 비구승이 일으킨 소송은 80여건에 달했다. 그것은 대처승의 資格剝奪 無效確認, 비구승의 宗憲 無效確認 등

---

165) 차차석 2010, p. 280.
166) 岡田浩樹 2002, pp. 530-531 참조.

교단내부의 투쟁에 관한 소송이었는데, 이 소송비용을 사찰재산에서 지급했기 때문에 사찰재산에 큰 부담이 생기게 되었다. 또 寺刹管理權保護 및 그 쟁탈에 막대한 재정이 투입되면서 사찰관리에 큰 혼란이 생겼기 때문에 사찰에 보존되어 있던 귀중한 문화재도 유출하는 등 寺刹環境 자체는 대단히 악화되었다. 이 과정에서 폭력사건이 자주 발생함에 따라, 비록 불교정화운동의 목표였던 비구승 중심의 宗團再建·帶妻僧排除·寺刹淨化·韓國佛敎전통의 회복이 어느 정도 성과를 얻었지만, 교단내의 혼란은 여전히 계속되어 불교교단에 대한 사회적 신뢰는 현저하게 훼손되면서 오히려 불교의 포교는 후퇴해갔다.[167]

1955년 8월의 전국승려대회를 받아들여 대처승은 1955년 10월 10일에 서울지방재판소에 대해 대처승의 資格剝奪, 比丘派 宗憲의 무효를 제소한다. 다음 해 1956년 6월 15일에 대처승은 승소를 쟁취한다. 1956년 7월 27일에는 서울지방재판소에 비구파가 점거하고 있던 太古寺의 명도 가처분이 결정되는 등 법정투쟁은 대처승이 유리하게 진행되어 간다. 또 1955년 12월에 대처승 측이 비구승 측의 승려자격 및 모든 결의무효확인에 대한 소송을 제기했다. 1957년 6월 15일 일심에서 패소했다. 대처승 측은 당일 상고해 9월 17일에 고등법원에 상소가 각하되자 거듭 대법원에 상고하고 1960년 11월 24일에 대법원은 판결하게 되었다.[168]

대처승 측은 1960년 4.19혁명에 의해, 대처승을 "친일"·반민족·반전통 불교로 비판하고 비구승을 지지하던 이승만 대통령이 하야한

---

167) 대한불교조계종 교육원 불학연구소 편 2001b, pp. 207-208 참조.
168) 岡田浩樹 2002, p. 526 참조.

정치적인 변화를 이용해 재차 宗權掌握을 시도한다. 대처승 측은 1960년 7월 15일 서울지방법원에 曹溪宗의 宗正·總務院長·3部長·曹溪寺 住持 등의 직무를 정지시키고 비구승 측의 曹溪寺 출입금지를 요청하는 가처분을 신청했다. 그러나 가처분 신청은 8월 7일 서울지방재판소에서 기각되었다. 1960년 11월 19일에 비구승 측의 승려 800여명은 曹溪寺에서 제2회 全國僧侶大會를 개최하고, 1955년 8월의 승려대회의 「결의무효 확인청구 항소 사건」에 관한 판결이 1960년 11월 24일에 대법원에서 내려진 것을 앞에 두고 재차 정화운동의 타당성을 주장했다. 이후 비구승 측 승려와 신도들은 "불법에 대처승 없다"·"재판으로 대처승 만들지 말라" 등의 현수막을 들고 서울 시내를 시가행진했다. 그리고 1960년 11월 24일에 대법원에서 내려진 판결은 원판결(비구승 승소)을 파괴하고 서울고등법원에 환송했다. 이것에 의해 비구승 측의 결의무효에 관한 대처승 측의 승소가 확정된다. 이것은 대처승을 교단의 직무, 사원의 소유, 관리로부터 배제해 온 비구승의 근거가 사법의 판단으로는 부당하다는 것이다.[169] 이 외의 소송도 대처승 측에 유리한 방향으로 향해간다.

그리고 대법원의 판결 다음 날 11월 25일에는 최고 재판소에 333명의 비구파승려와 50명 이상의 신도 등 모두 400명 이상이 난입, 경찰과 충돌하면서 그 결과 20명이 부상당하고 335명이 긴급 구속되는 사태에 이른다. 부상자 중에는 대법원의 필서관실에서 할복자살 "殉敎"를 한 비구승 6명도 포함되어 있었다.[170]

대처승의 입장은, 이승만의 유시는 정교분리의 원칙에 반하는 것이

---

169) 대한불교조계종 교육원 불학연구소 편 2001b, p. 209 참조.
170) 대한불교조계종 교육원 불학연구소 편 2001b, p. 209; 岡田浩樹 2002, p. 526 참조.

고 불법이며 이 불법 행위에 의해 행해진 정화운동 자체도 불법이라는 것이었다. 대처승 측은 1961년 6월 9일에 靑蓮寺에 모여 비구승 측의 宗團을 "官制佛敎團體"로 결정하고 모든 것을 정화운동 이전의 상태로 환원해 종권을 수복할 것을 주장했다.171) 이에 대해 비구승파는 헌법에 보증된 신앙의 자유에 관한 국가의 개입이라고 강하게 반발해 격렬한 항의운동을 펼쳤다. 비구파는 재판대법관, 재판관에 대한 항의와 재판금지를 요구, 단식투쟁을 전개했다. 또 재판을 행하면 자결한다고 협박하는 비구승까지 나타났다.172)

이제까지는 이승만 대통령의 유시의 공권력을 교묘하게 이용하면서 진행해온 비구승 측이었지만, 이제는 대처승 측이 사법의 장에서의 법정투쟁에 의해 자파의 주장을 유리하게 전개하는 상황이 발생한 것이다. 그러나 대처승 측도 비구승 측도 타협점을 찾아내지 못한 채 투쟁은 격렬함을 더해만 갔다.

5·16군사쿠데타로 등장한 군부정권은 불교정화운동을 "분규"로 인식하고 비구승·대처승을 동등하게 대하는 방침을 취했기 때문에 비구승이 주도하는 曹溪宗團은 위기에 직면했다. 양파를 동등하게 대하는 군사정권의 방침은 宗敎團體審議會의 설치와 佛敎再建委員會의 구성에 나타나있다. 그리고 군사정권은 비구승·대처승의 통합단체로 종교단체등록을 요구했다. 비구승과 대처승은 이 요구에 대항할 수는 없어, 양파가 통합한 교단으로 종교단체등록을 했다. 이것은 대처승의 존재를 인정한다는 것을 의미하는 것이었기 때문에 佛敎再建委員會에서는 더욱 대립이 높아져갔다. 그리고 비구승 측은 재차

---

171) 대한불교조계종 교육원 불학연구소 편 2001b, p. 208 참조.
172) 岡田浩樹 2002, p. 526 참조.

불교정화운동의 정당성과 대처승의 승려자격 박탈을 요구하며 정화운동을 계속했다. 박정희도 이러한 상황을 받아들여 담화를 발표, 이것으로 수습을 하려고 했지만, 혼란은 계속되었다. 1962년 1월 12일에 朴正熙 대통령은 재차 "수습책에 따르도록"173)이라는 경고 담화를 발표하고 정부가 제시한 방안이 이행되지 않으면 대응책을 취한다는 강한 태도를 보였다.174)

이렇게 해서 비구승·대처승 양자는 문교부가 제시한 佛敎再建委員會의 방침을 받아들였다. 문교부도 기존의 방침을 일부 수정하는 등 융화적인 노선을 추진했다. 1962년 1월 22일에 비구승·대처승 양자에 의한 佛敎再建委員會의 결성식이 개최되었다. 여기서는 불교를 재건하고 통일된 종단을 설립하기 위한 불교재건위원회의 활동에 전적으로 동의한다는 것이 확인되었다.175)

佛敎再建委員會議가 행한 작업을 거쳐 1962년 2월 12일 佛敎再建非常宗會가 개원하였다. 재건비상종회는 6개월 이내에 재건종단을 성립시킬 것을 목표로 했다. 非常宗會는 먼저 宗會會則, 宗憲의 제정을 서둘렀다. 이 과정에서 분과위원회(총무·교화·재무·법규·심사 등)를 만들어 세부를 검토시켰다. 1962년 2월 20일에는 종명·종지·본존·기원 등에 대한 심의를 완료하고 승려 자격문제를 검토하였다. 그러나 여기서도 이제까지와 같이 비구승과 대처승의 대립이 선명하게 나타났다. 비구승 측은 구족계와 보살계를 수지하고 수도 또는 교화에 전력하는 출가 독신자이어야 한다는 입장이었다. 그러나 대처승

---

173) 조선닷컴 1962.
174) 대한불교조계종 교육원 불학연구소 편 2001b, pp. 217-219 참조.
175) 대한불교조계종 교육원 불학연구소 편 2001b, pp. 219-220 참조.

측은 승려를 수행승과 교화승으로 나누자는 입장을 고수하고 스스로 승려자격을 지키려고 했다. 비구승 측은 독신 승려만을 승려로 인정하자는 것이었지만, 대처승 측은 이른바 대처승도 승려로 인정할 것을 강조하였던 것이다. 양측의 이러한 입장 차이는 타협의 여지가 없었다. 그러나 당시 문교부는 정부의 입장을 재차 촉구하면서 2월까지 타협을 종료시킬 것을 종용하고, 만일 타협이 이루어지지 않으면 정부가 직접 개입할 방침을 시사하고 있었기 때문에 양자 모두 서로 양보하고 宗憲制定을 완료시킬 필요가 있었다. 이에 재건비상종회는 2월 28일 제5차 전체회의를 열고, 양측의 대표가 합의하고 문교부가 확인한 종단 구성안(종헌)을 채택하였다. 그러나 이것은 승려자격의 규정을 스스로 결정하지 않고 정부당국에 일임한다는 것이었다. 당시 문교부는 대처승이었던 인물이 정상적인 승려로 활동하면 승려로 인정할 수 있으며, 이럴 경우에만 해당 인물이 누리던 기득권인 직책 및 법계를 인정한다고 하였다. 정상적인 승려로서의 활동을 못하면 준승려로서 포교사 및 주지서리에만 해당된다는 것을 의미하였다. 곧 승려로서의 선거권, 피선거권이 박탈되는 것이다. 대처승 측은 이와 같은 문교부의 입장에 반발했다. 그러나 3월 6일 대처측이 불참한 가운데 종헌은 통과되었다. 그러나 대처승의 반발에 의해 宗憲에 의한 교단운영이 어렵기 때문에 문교부는 재건비상종회를 해산하고, 인원을 재구성했다. 새로운 재건비상종회를 발족시켰다. 새롭게 구성된 종회는 종헌의 일부 내용을 수정·보완하여 통과시켰다. 그러나 대처측은 여전히 종헌을 부정하였다. 정부는 대처측에게 종헌을 인정할 것과 자율적인 타협을 강조하면서 끝내 새로운 구도에 합류하지 않으면 강제적인 법을 동원하겠다는 최후통첩을 보냈다. 이에 대처승 측은 더 이상의 반대가 불가함을 깨닫고 새로운 종헌체제를 수용하기로 하였다. 이렇게 1962년 3월 25일 마침내 수정된 종헌이 확정·공포되었다. 이 종헌에는 종단을 大韓佛敎曹溪宗으로 하는 것이 정해졌다. 그리고 1962년 4월 11일 統合宗團, 大韓佛敎曹溪宗이 정식으로 발족했다. 이렇게 大韓佛敎曹溪宗은 역사적 정통성, 행정적 절차, 국가권력 및 국민으로부터의 공인된 통합불교교단으로 성립하게 되었다.[176] 그러나 이렇게 성립한 大韓佛敎曹溪宗였지만, 역시 비구승과 대처승의 입장 차이와 교단내의 권력 다툼에 의해 대립이 표면화되어 갔다.

이러한 가운데 1962년 5월 31일 일본 식민지통치 시대부터 미군정을 거쳐도 살아남아 온「사찰령」을 바꾸고「불교재산관리법」이 제정, 8월 22일에 그 시행령을 공포하였다. 이 법의 초점은 불교의 재산관리권과 그 관리인의 등록·인정을 공권력에게 부여한 것으로서 국가는 불교계를 장악할 수 있는 합법적 기반을 마련한 것이다. 이 의미에서는「사찰령」과 거의 다르지 않은 성질의 법률이었다. 그러나 불교정화운동에 의해 교단운영이 끊임없이 분규하고 있는 상태에서 국가는 불교의 운영에 대해 직접 개입할 필요성을 느끼고 그와 같은 법규를 버릴 수는 없다고 생각하고 있었을 것이다. 대처승은 독자적으로 새로운 종교단체를 설립하려고 시도하여 종교단체로서 등록 신청을 했지만,「불교재산관리법」에 비추어 유사명칭 성격의 신청 등록은 인정할 수 없다는 이유로 인정되지 않았다. 한편으로 曹溪宗團은 이 법에 의거해 불교재산을 철저하게 관리해 統合宗團의 적법성을 지키기 위해 국가의 도움을 적극적으로 요청했다.[177]

---

176) 대한불교조계종 교육원 불학연구소 편 2001b, pp. 220-224 참조.
177) 대한불교조계종 교육원 불학연구소 편 2001b, p. 226; 종단사간행위원회 편 2006,

1962년 5월 31일에「불교재산관리법」이 제정 공포된 이래, 그해 12월 14일에 이른바 통합종단인 대한불교조계종이 법적 등록을 마쳤다. 그로부터 불교계에서는 각기 종지(宗旨)와 이념에 따라「불교재산관리법」에 의하여 종파 등록을 하게 되었다. 이에 앞서 1962년 10월 3일에 통합종단의 총무원장을 비롯한 원조계종 소속의 간부 임원이 통합종단에서 탈퇴하였으며, 이어서 서대문에 통합종단과는 별개의 독립된 "불교조계종총무원"을 설치하였고, 나중에 종단 등록을 신청하였던 것이다.[178] 1967년 3월 20일에 대처승 측 박대륜 총무원장은「朴正熙 대통령 각하께 드리는 건의서」를 내고 헌법에 보장된 信教의 自由에 기초해「불교재산관리법」에 의한 登錄・申請・受理를 거부하지 않고 현실적・합리적인 근본해결을 요구해 비구승과 대처승과의 교단분리등록을 요구했다.[179] 대처승이 중심으로 되어 등록을 시도하려고 했던 佛教曹溪宗은 1967년 4월 4일에 서울시 교육청에 불교단체등록신청서를 제출하였다. 그러나 오래지 않아 서류에 미비점이 있다 하여 반려 되었다. 우선 종명이 기존 대한불교 조계종과 비슷하기 때문에 종단 등록의 조건이 안 된다는 것이었다. 1969년 10월 10일에 두 번째로 불교단체 등록을 신청했다. 처음엔 "佛教曹溪宗"이라 했던 단체명을 이번에는 "韓國佛教曹溪宗"이라고 하여, 당국의 지시사항을 보완하여 제출하였다. 두 번째도 역시 반송되어 왔으므로 1969년 10월 13일에 다시 종명을 "韓國佛教曹溪教宗"이라 하여 신청하였다. 그러나 이번에는 반송이 아니라 거부를 당하였다. 신청 거

---

pp. 473 참조.
178) 종단사간행위원회 편 2006, p. 481 참조.
179) 종단사간행위원회 편 2006, p. 473 참조.

부 이유는 ① 宗團 기본 소속 사찰을 宗團(大韓佛敎曹溪宗)의 소속사찰인 法輪寺・普門寺 등을 本宗 사찰로 한 것, ② 명칭이 佛敎曹溪宗・韓國佛敎曹溪宗・韓國佛敎曹溪敎宗 등으로 등록된 大韓佛敎曹溪宗과 유사 동일 한 것, ③ 宗祖와 法脈系統이 大韓佛敎曹溪宗(이른바 統合宗團)과 같이 道義國師로 하였고, 기타 宗憲의 宣布文・宣布日 등이 동일하다는 것이었다. 따라서 대처승은 분종의 방법을 버리고 창종의 길을 택하여 名稱・宗祖를 변경하고 "韓國佛敎太古宗"을 새로운 교단으로 신청하고, 1970년 1월 15이에 대처승파의 독립 교단인 韓國佛敎太古宗이 탄생했다(文化公報部 접수는 2월 18일, 등록은 1970년 5월 8일). 태고종의 이번 등록은 1962년 5월 31일에 「불교재산관리법」이 제정된 후 첫 번째로 불교단체등록을 마친(1962년 12월 14일) 대한불교조계종 이래로 불교단체(종파) 등록 17번째가 된다. 이 등록 신청시에도 曹溪宗側은 이 등록 신청을 허가하지 않도록 정부에 건의서를 제출하는 등의 행동을 했지만, 韓國佛敎太古宗은 宗祖를 太古國師, 本山을 서울 시내의 奉元寺로 정해 등록이 허가받았다.180) 이렇게 겨우 불교정화운동은 종결을 맞이했다. 그리고 비구파인 曹溪宗은 최대종파, 대처파의 太古宗은 제2의 종파로서 오늘에 이르기까지 계속해서 큰 세력을 갖고 있다. 또 이 당시에 새로 불교교단으로 등록된 불교교단은 통합불교교단으로 성립한 비구승 중심으로 한 조계종, 대처승 중심으로 한 태고종의 2대 불교교단을 포함하여 18개의 교단이 등록 허가되었다. 기타는 불입종(佛入宗)・원효종(元曉宗)・화엄종(華嚴宗)・진언종(眞言宗)・진각종(眞覺宗)・한국법화종(韓

---

180) 종단사간행위원회 편 2006, pp. 482-486 참조.

國法華宗)·대한법화종(大韓法華宗)·미륵종(彌勒宗)·천화불교(天華佛敎)·천태종(天台宗)·용화종(龍華宗)·일승종(一乘宗)·정토종(淨土宗)·법상종(法相宗)·총화종(總和宗)·보문종(普門宗) 등이었다.181)

이와 같은 불교정화운동의 가장 중요한 쟁점은 무엇보다도 대처승의 배제였다는 것이 틀림없다. 그러나 대처승이 "친일"이라는 이유로 배제되게 된 것은 지극히 정치적인 이유 때문이었다는 사실은 앞에서 말한 대로이다. 한용운이『조선불교유신론』을 발표한 당시는 대다수의 승려에게 대처는 불교의 근대화·대중화로 인식되어 있어, 그 때문에 대처자가 증가했던 것이며 조선총독부에도 대처를 허가, 대처승에게도 주지자격을 부여할 것을 요구하여 식민지 통치하에서 조선 불교의 주류가 되었던 것이었다. 그리고 조선총독부에 협력을 한다고 하는 한계는 있었지만 이것은 비구승도 마찬가지였다. 대처승도 조선불교의 독자성을 유지하려고「사찰령」체제 안에서 여러 가지 운동을 해왔다. 대처라는 한 측면을 들어 모든 것을 부정하는 것은「사찰령」체제하에서의 이러한 운동의 전부를 부정하는 것은 아닐까?

이재헌도 "청정계율의 정신이 오늘날 얼마나 구현되고 있는가 하는 점에서 보면 또한 의심이 가는 부분이다. 그런데 사실 결혼 여부가 불교 수도의 유일한 기준도 아니고, 한국불교의 전통이 계율 밖에 없는 것도 아닐 것이다. 설사 그렇다 하더라도 '현실적인 다수를 점하고 있는 대처승들의 존재를 하루아침에 부정해 버리는 배타주의가 과연 불교적인 방법이었는지?', 그리고 '그들을 완전히 밀어내려고만 하지 말고 좀 더 포용해 가면서 서서히 바꾸어 갈 수 있는 여지는 없었는지?'

---

181) 김방룡 2001, p. 299 참조.

하는 의문도 든다."고 말했다. 그리고 "대처승 배제라는 대의명분도 결국은 종권 획득을 위한 하나의 명분으로 퇴색되는 것은 아닌지" 의문을 제기하고, 게다가 "불교대중화를 목표로 한다고 하면서도, 사실상 신도들을 배제하고 비구승단 중심의 불교 운영에 집착해 온 것"도 문제로 삼아, "대처승 배제라는 대의명분도 결국은 종권 획득을 위한 하나의 명분으로 퇴색되는 것은 아닌지"라고 하여 해방 후의 정화운동이 대처승 배제의 논리로 선행했던 것에 의문을 나타내고 있다.[182]

이상과 같이 불교정화운동은 한국불교 전통부흥이라는 대의명분이 있었다고 할 수 있고, 역시 대처승만을 "친일"로 설정해 그것을 규탄하고 비구승은 무고(無辜)한 것처럼 언설(discourse)을 꾸며 내어 대처승과 비구승의 대립구도를 만들어 냈다고 하는 점은 한국 근현대의 불교사를 그릴 때 그 배경을 상세히 검토해야 할 것이다. 결국 이러한 과정, 배경, 문제점을 가지고 비구승파의 조계종, 대처파의 태고종이라는 형태로 불교정화운동은 일정의 결론을 본 것이었다.

3) 佛教關連法의 變遷

해방 후 한국의 종교정책은 미군정에 의해 信教自由, 政教分離의 促進, 日本植民統治의 상징인 신사의 해체로부터 시작되었다. 불교계에서는 자유로운 종교 활동을 지향하고, 식민지시기의 불교통제의 상징적인 법령인「사찰령」 등을 폐지, 새로운 종교법인「寺刹財産臨時保

---

182) 이재헌 2010, pp. 267-278 참조.

護法」의 제정을 목표로 했다. 그러나 미군정은「사찰령」의 폐지,「寺利財産臨時保護法」의 제정을 거부하고, 식민지시기의「사찰령」등의 구법령을 그대로 존속시킨다는 정책을 실시했다. 1948년에 대한민국이 성립하여 새 헌법도 시행되었으나, 신앙의 자유와 정교분리의 원칙이 헌법상에 명확히 규정된 것에 관계없이「사찰령」은 폐지되지 않고 미군정의 종교정책이 그대로 존속되었다.

그 동안에도 정교분리의 원칙은 있었지만, 크리스마스의 공휴일화, 군종제도 등 기독교에 대한 정부의 지원, 또 불교정화운동에 대한 李承晩 대통령의 8차에 걸친 유시 등은 정교분리의 원칙에 반하는 것이었으며, 종교단체에 대한 공평한 대우라는 관점에서 보면 명백하게 공평함이 결여된 것이고, 또 종교에 대한 개입도 정교분리의 원칙에서 크게 떨어져 있다고 말할 수 있다. 또 李承晩 정권하에서는 매우 친기독교적인 종교정책이 행해지고 있었다.

박정희가 1960년에 5·16군사 쿠데타에 의해 정권을 장악하자 이전과 같은 친기독교적인 종교정책은 실시할 수 없게 되었다. 또「사찰령」이 폐지된 것도 이 시기이며「사찰령」은 1962년「불교재산관리법」183)의 성립에 의해 폐지되었다. 그러나 이 당시, 불교정화운동에 의한 내부 항쟁이 격화되고 사회문제화되는 상황 탓에「불교재산관리법」도「사찰령」과 함께 국가관리가 매우 엄격한 법률이 되었다. 또 기독교 세력은 한일회담, 군사정권에 반하는 등 큰 정치적 사회적 세력이 되었다. 이것을 견제하기 위해 정부는「사회단체등록에 관한 법률안」을 개정해 불교와 같이 기독교 등의 사회단체에 대해서도 관

---

183) 한국종교법학회 편 1982, pp. 397-399; 법제처 국가법령정보센터 1962 참조.

리감독을 강하게 하려고 시도했다. 이 법률안의 내용은 ① 종교단체를 대상으로 함, ② 정기 보고 외에도 등록청은 장부·서류 기타 자료의 제출을 요구하거나 조사를 할 수 있게 함, ③ 등록사항이 변경될 때에 그 변경등록을 하지 아니하고 활동하거나 그 단체의 설립 목적에 위배되는 활동을 하는 사회단체와 등록일로부터 1년 이내에 활동을 하지 아니하는 사회단체의 등록을 취소 할 수 있게 함, ④ 벌칙을 강화하여 대표자에 대하여 6개월 이하의 징역이나 50만원 이하의 벌금을 과할 수 있게 함 등이었다. 그러나 이 법률은 심한 반대로 성립되지 않았다. 정권은 교회와의 대립이 깊어지자 같은 종류의 법률 성립을 조금씩 견제해 1965년에 다시 개정을 하고 종교단체의 등록을 강요했다.[184] 70년대에 들어 기독교는 유신체제에 대한 비판을 다양하게 전개하면서 민주화운동에 적극 참여하였다. 그렇지만 일부 보수적 기독교계는 '국가조찬 기도회'와 대규모 부흥집회를 통해 정치권력과 유착관계를 형성하여 교세의 신장을 꾀하기도 하였다. 한 편으로 불교와 정권과의 관계는 비교적 우호적이었다. 1968년에 기독교에만 허용되었던 군종제도에 불교도 참가하게 되고, 1975년에는 석가탄신일이 祝日로 지정되는 등 종교 사이의 불평등도 개선되었다.[185] 현행 대한민국 헌법은 제20조 "① 모든 국민은 종교의 자유를 가진다."와 "② 국교는 인정되지 아니하며, 종교와 정치는 분리된다."고 명시함으로써 종교의 자유와 정교분리 원칙을 분명히 하고 있다. 이러한 정신을 바탕으로 종교단체는 사회단체로서 등록할 의무가 없음을 밝히고 있다(1963년 제정 「사회단체등록에 관한 법률」 제2조 3).[186] 이처럼 현행

---

184) 이진구 2008, pp. 12-13; 박종주 1994, pp. 204-205 참조.
185) 박종주 1994, p. 205 참조.

제도 하에서는 원칙적으로 종교단체의 설립·운영이 자유스럽지만, 실제에 있어서는「특별법인 향교재산법」(1962년 제정)[187],「불교재산 관리법」을 개정한「전통사찰보존법」(1987년 계정)[188]을 거친「전통 사찰의 보호 및 지원에 관한 법률」(2009년 제정)[189], 그리고「출입국 관리법」에 의해 특정 종교 법인들이 정부의 간섭을 받고 있다. 이 외 에도 불교계는「국립공원관리법」·「문화재보호법」·「도시계획법」· 「도시공원법」·「자연공원법」등에 의해 이중 삼중의 통제를 받아왔 다.[190] 이와 같이 한국의 종교단체를 관리하는 법률은 불교·유교·기 독교 등으로 흩어져 통일된 기본법규가 제정되지 않은 현상이 나타났 다. 여기서는 특히 불교계에 영향이 컸던「불교재산보호법」·「전통 사찰보호법」·「전통사찰의 보존 및 지원에 관한 법률」을 중심으로 그 상세함을 확인해 나가겠다.

(1) 佛教財産管理法

「불교재산관리법」[191]은 1962년 5월 31일에 國家再建最高會議에 서 법률 제1087호(전4장 19조 부칙)로 제정되어 공포된 법률이다. 이 법률은 일본 식민지 통치시기에 불교단체를 효율적으로 관리하기 위 해 만들어진「사찰령」·「사찰령 시행규칙」·「사원규칙」·「포교규칙」 등이 바뀐 법률이었다. 이들「사찰령」등의 종교관련 법률은 종교 강

---

186) 한국종교법학회 편 1982, p. 417 참조.
187) 한국종교법학회 편 1982, p. 403; 법제처 국가법령정보센터 2008d.
188) 법제처 국가법령정보센터 1988.
189) 법제처 국가법령정보센터 2009.
190) 차차석 2010, p. 281 참조.
191) 법제처 국가법령정보센터 1962 참조.

압의 상징적인 법령이었지만 그것은 해방 후 미군정하, 그리고 대한민국 성립 후에도 폐지되지 않고 계속 효력을 갖고 있었다. 이 법률은 박정희 정권하에서 차차 새로운 법률로 제정되어갔다.

「불교재산관리법」의 신규 제정이유는 "종래 불교의 홍포, 그 단체에 대한 행정상의 근거법규인 「사찰령」·「포교규칙」·「사원 규칙」 등 일본통치하의 법규에 의거하여 왔으나 5·16혁명과업의 일환인 법령제정사업으로 이들 구법은 전부 폐지되어 불교단체의 재산관리에 대한 근거법률로서 이 법을 제정하려는 것임"[192]라고 말하고 있다.

「불교재산관리법」은 비구승려와 대처승 사이의 분쟁의 격렬함이 더해가는 가운데 제정되었다. 불교재산이 경지 내에서 종교행위 이외의 영업행위 등에 의해 황폐화 되어가는 시기여서 불교재산을 보호하는 성격을 갖고 있던 이 「불교재산관리법」은 제정 당시에는 환영을 받았다. 또한 이 법률은 주지의 권한이나 총무원장의 권리를 법적으로 보호하였기 때문에 비구승려 중심의 종단인 조계종이 안정화되는 데 결정적인 기여를 하였다. 그러나 비구승려와 대처승의 통합 종단을 수립하려는 의지가 태고종의 성립에 의해 좌절되자 「불교재산관리법」은 불교를 억압하는 제도적 장치의 기능만을 하게 되었다.[193] 왜냐하면 「불교재산관리법」은 새로 제정되면서부터 정부가 일방적으로 불교의 자율성을 침해하였기 때문이다. 불교재산 관리의 주체가 불교계가 아닌 정부가 되는 등 「사찰령」과 마찬가지로 국가의 통제와 관리가 엄격하여 종교의 자유를 이루기에는 역부족이었다. 이 때문에 「불교재산관리법」은 제정 후 얼마 되지 않아 제정 당시와는 사뭇 다

---

192) 법제처 국가법령정보센터 1962 참조.
193) 차차석 2010, p. 282 참조.

른 분위기를 낳게 되었고, 결국「사찰령」과 마찬가지로 종교계로부터 비난을 받게 되었다. 또 이 법률을 만든 주체가 국민의 대의기관인 국회가 아니라 국가재건최고회의라는 변칙적 통치기구였기 때문에 입법과정도 정당성을 인정하기 어렵다고 볼 수 있다.[194]

「불교재산관리법」은 제1장 총칙(제1조-제8조), 제2장 관리(제9조-제11조), 제3장 재산 및 회계(제12조-제16조), 제4장 벌칙(제17조-제19조), 부칙[195]의 4장19조로 된 법규이다.

제1장 총칙에서는【제1조】"본법은 불교단체의 재산 및 시설의 관리운영에 관하여 필요한 사항을 규정하여 사회문화향상에 기여하게 함을 목적으로 한다."라고 규정하고 불교단체의 재산관리를 규정해 사회문화에 기여하는 것을 목적으로 하고 있는 것이 명기되어있다.【제2조】에서는 "본법에서 불교단체라 함은 불교의 전법, 포교, 법요집행 및 신자의 교화육성을 목적으로 하는 승려 또는 신도의 단체나 사찰을 말한다."라고 불교단체를 정의하고 있다.【제3조】에서는 불교단체의 종류구분을 확실히 하고 종교단체로서의 적용범위를 명확히 했다.【제4조】에서는 경내건물 및 경내지의 정의를 밝히고 있다. 계속해서【제5조】에서는 경내지의 종교의 목적을 방해하는 영업행위를 금지했다.【제6조】에서는 "불교단체는 각령의 정하는 바에 따라 문교부에 등록하여야 한다."라는 것이 명기되었고,【제7조】에서는 ① 불교단체의 관할청이 문교부장관이라 정하고, ② 문교부장관은 각령의 정하는 바에 의하여 그 권한의 일부를 서울특별시장 또는 각 도지사에게 위임할 수 있는 것이 정해져있다.【제8조】에서는 불교단체

---

194) 차차석 2010, pp. 286-287 참조.
195) 1987년 11월 28일 개정 시에는 附則은 폐지된 조문까지 포함하여 7조가 된다.

가 "불교목적의 범위 내에서 공익사업 및 부대사업을 할 수 있다."는 것이 인정되어있다.

제2장 관리에서는【제9조】"① 주지 또는 대표임원은 당해 사찰 또는 불교단체를 대표하며 사찰 또는 불교단체에 속하는 일체의 재산을 관리 한다."·"② 불교단체의 주지와 대표임원이 취임하였을 경우에는 지체 없이 문교부장관에게 등록하여야 한다."라고 대표자재산의 관리 책임과 대표자가 문교부장관에게 보고하는 것이 정해져있다.【제10조】에서는 "주지 등의 재산취득금지"를 정하고,【제11조】에서는 ① 사찰의 관리에 있어 각종 변경행사가 있는 경우 관할청의 허가를 받아야하는 것을 규정하고, ② 허가에 위배했을 경우 관할청이 그 허가를 취소할 수 있는 것이 규정되어 있다.

제3장 재산 및 회계에서는【제12조】에서 동산의 정의,【제13조】에서 부동산의 정의를 내리고,【제14조】에서 재산목록의 작성과 관할청에 대한 제출이 의무화 되어 있다. 또【제15조】에서는 중대한 재산의 증감, 수입 지출예산, 수입지출결산서를 관할청에 신고할 것, 장부를 비치하고 당해 사찰 또는 불교단체의 수입 지출을 기입해야 한다고 규정되어 있다.【제16조】에서는 불법용 건물 등의 압류금지가 규정되어 있다.

제4장 벌칙에서는【제17조】·【제18조】·【제19조】까지 상기의 규정에 위반했을 경우의 벌칙이 각각 규정되어있다.

부칙의 경우는 부칙 제2조에서 "① 사찰 또는 불교단체는 본법 시행 후 3월 이내에 본법 시행일 현재의 재산목록을 관할청에 보고하여야 한다."·"② 본법 시행 당시 제5조의 규정에 위반되는 시설은 본법 시행 후 3월 이내에 폐쇄 또는 철거하여야 한다."·"③ 본법 시행 당시의 불교단체의 주지와 대표임원은 본법 시행일로부터 4월 이내에 본법에 의하여 등록되지 아니하면 해임된 것으로 간주한다."고 정해져 있다. 부칙 제3조에서는 "① 문교부장관은 불교단체가 법령에 위반하거나 분규로 인하여 본법의 목적을 달성할 수 없다고 인정할 때에는 본법 제9조 제1항의 규정에도 불구하고 당해 불교단체의 재산관리인을 임명할 수 있다."·"② 전항의 불교단체가 본법의 목적을 달성할 수 있는 상태를 회복하였을 때에 문교부장관은 전항의 재산관리인을 지체 없이 해임하여야 한다."고 규정되어 있다. 본법에 의한 종교단체의 관리만이 아니라 부칙을 보면 종교단체에 대한 통제 관리가 매우 강한 것이었다는 사실을 알 수 있다.

또 「불교재산관리법」 자체가 헌법위반이 아닌가 하는 논란도 높아졌다. 그러나 「사찰령」을 시작으로 하는 구법령이 信敎自由, 政敎分離의 원칙을 채용한 헌법 하에서도 존속해 온 것과 같이 「불교재산관리법」도 존속하게 되었다. 1969년 12월 23일 대법원은 다음과 같이 판결하였다.

> 불교재산관리법제 7조에 불교단체의 관할청을 문교부장관으로 한다고 규정한 것은 불교단체에 관한 행정사무의 관할청을 정한 것뿐이고 이와 같은 규정이 있다고 하여 所論과 같이 사찰을 행정청화한 것이라고도 볼 수 없을 뿐만 아니라 同法 부칙 제2조 3항에 의하더라도 同法 시행 당시의 불교단체의 住持와 대표임원은 본법 시행일로부터 4월 이내에 본 법에 의하여 등록되지 아니하면 해임된 것으로 간주한다는 것일 뿐 문교부장관이 住持의 해임권을 가지고 있는 것이므로 이와 같은 불교재산관리법의 규정들이 종교의 자유를 규정한 대한민국 헌법 제16

조[196)]에 위배되어 同憲法附則 제3조에 의하여 규정된 것이라고는 볼 수 없다.[197)]

이러한 판결결과에 대해 최종고는 "佛敎財産管理法은 헌법의 종교의 자유의 보장에 위배되지 않는다는 것이 60년대 이후 오늘날까지 내려오는 판례의 태도"라고 하면서, "그래서 현재까지 佛敎界에는 佛敎財産管理法으로 財産처분 및 人事行政에 이르기까지 政府의 감독과 개입을 받고 있는 상태에 있다. 이것은 헌법의 종교자유의 보장, 政敎分離의 원칙에서 다분히 문제가 될 것이지만 佛敎界의 혼란이 자초한 立法인지라 同法이 폐지되려면 우선 佛敎界 자체의 권위와 질서가 잡혀야 한다는 것이 지배적 의견인 것 같다. 어쨌든 判例는 이것이 憲法에 위배되지 않는다고 매우 現實的인(?) 태도를 취하고 있다."[198)]고 말하고, 나아가 政敎分離의 원칙에서 보면 기독교와 불교에 대한 판례의 통일성이 의문시되고, 종교평등의 원칙이 종교 자유의 보장에 기본적인 원칙이라고 한다면 불교계에 대한 「불교재산관리법」의 合憲性은 상당히 의문시 된다고 사법판례에 의문을 나타내고 있다.[199)] 그러나 이 법률에 위헌판단이 내려지지 않고 1987년에 「전통사찰보존법」으로 바뀌기까지 효력을 유지했다.

1970년 8월 28일에는 대통령령 제5307호[200)], 1975년 대통령령 제

---

196) 1969년 당시의 헌법은 제16조 "① 모든 국민은 종교의 자유를 가진다." "② 국교는 인정되지 아니하며, 종교와 정치는 분리된다." 憲法附則 제3조 "국가재건비상조치법에 의거한 법령과 조약은 이 헌법에 위배되지 아니하는 한 그 효력을 지속한다"고 규정함.
197) 최종고 1982, p. 61.
198) 최종고 1982, pp. 21-68.
199) 최종고 1982, p. 65 참조.

7758호[201])에 개정된「불교재산관리법시행령」을 통해 정부는 불교에 대한 간섭을 더욱 심화시켜 갔다. 이러한 개정에 의해 불교 단체 제반의 권한을 지방자치단체장에게 위임할 수 있는 조항이 포함되었고, 불교단체의 등록이나 주지 및 대표 임원의 취임 등록 시 각종 서류의 제출을 요구했다. 불교계의 대표권과 관리권이 정부에 있다고 하는 것을 보다 분명하고 강력하게 시행함으로써 불교계가 보다 더 정권에 예속되는 입장에 놓이게 된 것이다.[202])

이들 법률 개정에 대한 행정부측의 대응은 1970년 9월에 문교부가 각 사찰에 전달한「사찰관리행정지침」에 명확히 나타나있다. 여기서는 문화공보부와 지방관할청이 불교계의 주요 사찰을 직접 감독하려는 것을 목적으로 사찰의 공금을 지방관이 관리하고, 승려에게 문화재보수기술을 의무적으로 습득하도록 명령했다. 즉, 출가자를 수행자로 인식하는 것이 아니라 사찰의 관리인 또는 기능인으로서 취급하려고 한 것이다. 차차석은 이것을 "자율성의 문제를 넘어 불교의 근본을 말살하려는 것"[203])이라고 비평했다.

1970년 9월 23일에는 3대 중앙 종회가 종단의 자립정책을 요구하면서 문화공보부의「사찰관리행정지침」은 종권 개입이라며 이것을 비판하는 결의를 실시했다. 또 1971년 1월 27일에 은해사에서 개최

---

200) 법제처 국가법령정보센터 1970. 불교재산관리법시행령은 [각령 제939호, 1962. 8. 22. 제정], [대통령령 제2289호, 1965. 11. 10. 일부개정], [대통령령 제5307호, 1970. 8. 28. 전부개정], [대통령령 제7758호, 1975. 8. 22. 일부개정], [대통령령 제12457호, 1988. 5. 28. 타법폐지] 등의 개정을 거쳤다.
201) 법제처 국가법령정보센터 1975.
202) 차차석 2010, p. 288 참조.
203) 차차석 2010, p. 288 참조.

된 本末寺주지회의에서는「국립공원법」시행과 관련해 사찰을 공원의 부대시설로 만들려는 의도를 내포하고 있는「불교재산관리행정지침」이 사찰 운영과 신앙 활동에 커다란 장애가 된다는 점을 지적했다. 1971년 5월 19일 25회 임시중앙종회에서 국립공원을 설치하려는 정부의「불교재산관리행정지침」의 철회와「불교재산관리법」의 철회를 위해 종단특별기구를 설치할 것을 결의했다. 이와 같은「불교재산관리법」이나 불교 관련 법률의 개정을 요구하는 운동은 1980년대까지 이어져간다. 그러나 이 과정에서, 1980년에는 10.27 법난 사건이 일어났다. 이것은, 새롭게 정권을 탈취한 盧泰愚 정권이, 정권에 비협력적이었던 조계종을 중심으로 한 불교계에 행한 종교 탄압 사건이었다. 당시 정권은 조계종의 승려 153명을 강제적으로 연행하고 전국 사찰·암자 등 5731곳을 일제히 수색하여 불교계에 큰 압력을 가했다. 또 1982년 2월에는 일부 사찰에 대해 부가가치세가 부과되는 등 군사정권에 대해 불교종단은 유효한 성과를 거둘 수 없었을 뿐만 아니라 보다 엄격한 통제와 관리를 받게 되었다.[204]

이「불교재산관리법」은 1988년 한국의 내외 정치적 상황을 배경으로 노태우 정권에 이르러서야 간신히「전통사찰보호법」으로 개정된다. 그러나 차차석이 "이 법도 명칭만 바뀌었을 뿐 전체적인 골격에서는 크게 변한 것이 없으며, 여전히 불교의 자율성과 자주성, 종교의 형평성을 저해하고 있다."[205]고 말하고 있듯이, 국가의 강력한 통제와 관리에 있어서「불교재산관리법」과 크게 성격이 다르지 않았다.

---

204) 차차석 2010, pp. 288-290; 法難에 관해서는 조선닷컴 2007 참조.
205) 차차석 2010, p. 291.

(2) 傳統寺刹保存法

「전통사찰보존법」[206]은 「불교재산관리법」을 대신해 1987년 11월 28일에 제정 1988년 5월 29일에 시행된 법률이다. 「전통사찰보존법」은 「불교재산관리법」보다 짧은 15조와 부칙으로 되어있는데, 2007년 4월 11일에 전면개정을 거쳐 21조와 부칙으로 바뀌고, 최종개정은 2008년 12월 31일에 실시되었다. 법률의 제정이유는 "불교단체에 대한 불필요한 간섭을 배제하고 민족문화의 유산으로서 역사적 의의를 가진 전통사찰을 중점적으로 보존·관리함으로써 민족문화의 향상에 이바지하려는 것임"[207]이라고 서술되어 있다. 불교단체에 대한 불필요한 간섭을 배제한다고 서술되어 있지만, 차차석이 "불교재산관리법을 대신해 입법 제정된 「전통사찰보존법」 역시 몇 가지 사항만 변경되었을 뿐 헌법에 명시된 정교분리의 원칙에 위배될 뿐만 아니라 종교의 자유를 억압하는 것이란 비판에서 자유스러울 수 없었다."[208]고 말하듯이 국가의 통제와 관리에 관해서는 구법과 큰 차이는 없어 불충분하다고 평가받고 있다. 그러나, 법률의 적용 범위가 "불교교단 전체"로부터 "전통사찰"로 「불교재산관리법」보다 완화된 것은 불교계의 「불교재산관리법」 철폐 운동의 성과, 그리고 정계에 대한 불교계의 존재감의 어필―정계의 회유책―의 결과라고 평가할 수 있다.

실제로 법률의 적용 범위가 "불교교단 전체"에서 "전통사찰"로 완화된 것은 불교계에 큰 변화를 가져왔다. 1988년에 「불교재산관리법」을 대신해 「전통사찰보존법」이 시행되고 나서 불교 단체의 등록은 증

---

206) 법제처 국가법령정보센터 1988.
207) 법제처 국가법령정보센터 1988.
208) 차차석 2010, p. 293.

가하였다. 이는 그동안 「불교재산관리법」에 의해 묶여 있던 사찰들의 매매나 양도 등이 가능하게 되었기 때문이다. 이 당시에 다수의 신생종단이 창립되어 66개 종단이 성립되었다.[209] 그리고 「2008 한국의 종교현황」에 의하면 현재 등록된 불교단체수는 103단체(파악되지 않은 65단체를 포함하면 168단체)까지 증가하고 있었다.[210]

「전통사찰보호법」의 구체적인 내용은 다음과 같은 것이었다.

【제1조】에 "이 법은 민족문화의 유산으로서 역사적 의의를 가진 전통사찰을 보존함으로써 민족문화의 향상에 이바지하게 함을 목적으로 한다."고 목적이 서술되어 있고, 【제2조】에서는 전통사찰·주지·경내지·동산·부동산의 정의가 규정되어있다. 특히 중요한 것은 새롭게 등록한 전통사찰의 정의다. 본법에서는 "'전통사찰'이라 함은 불상 등 불교신앙의 대상으로서 형상을 봉안하고 승려가 수행하며 신도를 교화하기 위하여 건립·축조된 건조물(경내지·동산 및 부동산을 포함한다. 이하 "사찰"이라 한다)로서 제3조의 규정에 의하여 등록된 것을 말한다."고 규정되어 있다. 그리고 【제3조】에서는 "① 역사적 의의를 가진 사찰로서 대통령령이 정하는 사찰은 문화공보부에 등록하여야 한다."·"② 제1항의 등록에 관하여 필요한 사항은 대통령령으로 정한다."고 규정되어 있다. 따라서 전통사찰은 역사적 의의를 가진 사찰로서 대통령령이 정하는 사찰이고 그 대상이 된 것은 文化公報部에 등록해야 한다고 규정되었다. 그러나 전통사찰은 대통령령에 의해 정해지기 때문에 그 범위는 아주 넓고, 역사를 갖는 큰 교단은 기본적으로 전통사찰에 포함되어 있기 때문에 구법과 같이 국가의 통제와 관

---

209) 김방룡 2001, p. 299 참조.
210) 문화체육관광부 2009.

리를 받게 된다. 단 등록 신청 대상은「불교재산관리법」에서는 문교부장관이었지만「전통사찰보존법」에서는 문화공보부로 변경되었다. 【제4조】에서는 전통사찰의 주지는 그 취임한 날로부터 15일 이내에 문화공보부장관에게 신고할 것이 요구되고, 【제5조】에서는 주지의 선관의무가 규정되어있다. 【제6조】에서는 허가사항이 정해져있고, 재산상황 등으로 변경이 발생할 경우 文化公報部長官의 허가를 받아야 한다는 것이 정해져있다. 【제7조】에서는 재산목록의 작성·비치, 【제8조】에서는 境內의 사업, 【제9조】에서는 경내지의 보호, 【제10조】에서는 전법용 건물 등의 압류금지, 【제11조】에서는 주지의 재산 취득 금지 등이 정해져있는데, 그 내용은「불교재산관리법」과 큰 차이는 없었다. 【제12조】에서는 "① 문화공보부장관은 전통사찰의 주지가 이 법에 위반하거나 분규로 인하여 이 법의 목적을 달성할 수 없다고 인정할 때에 당해 사찰의 재산관리인을 임명할 수 있다."·"② 문화공보부장관은 제1항의 규정에 의한 전통사찰이 이 법의 목적을 달성할 수 있는 상태로 회복하였다고 인정할 때에는 지체 없이 재산관리인을 해임하여야 한다."고 규정했다. 이것도 文敎部長官에서 文化公報部長官으로 통제·관리의 주체가 변경되었지만, 「불교재산관리법」의 부칙에 규정되어 있는 것과 거의 같은 것이다. 【제13조】에서는 "문화공보부장관은 그 권한의 일부를 대통령령이 정하는 바에 따라 서울특별시장·직할시장 또는 도지사에게 위임할 수 있다."고 되어있고, 이것도 文敎部長官에서 文化公報部長官으로 변경된 것 외에는「불교재산관리법」의 제7조 2항과 동일했다. 【제14조】에서는 새롭게 "국가 또는 지방자치단체는 전통사찰의 보존·관리를 위하여 필요한 경비의 일부를 보조할 수 있다."고 하여, 국가나 지방자치단체가 전통사찰에 대해 필요한 경비를 거출하는 것이 가능하다고 명확히 규정되어 있다. 【제15조】는 벌칙이 규정되어 있다.

이상과 같이 「불교재산관리법」과 「전통사찰보존법」은 관리 대상이 대통령령에 의해 정해지는 전통사찰(그것을 소유한 단체)이 된 것, 관리주체가 文敎部長官에서 文化公報部, 또는 文化公報部長官로 변경된 것[211], 국가나 지방자치단체가 전통사찰에 대해 필요한 경비를 거출할 수 있도록 한 것 외에 큰 차이는 없었다.

그러나 국가나 지방자치단체가 전통사찰에 대해 필요한 경비를 거출할 수 있도록 했다고 해도, 대부분의 역사적·문화적 유산으로서의 가치를 지닌 건축물은 「文化財保護法」 및 「傳統建造物保護法」에 의하여 보호되고 있어 「전통사찰보존법」이 규정하는 의미는 실제로 거의 없었다. 오히려 전통사찰의 경우 이중으로 규제받는 결과가 되었을 뿐이다. 또한 타종교의 경우 종교단체로 등록 할 의무법규는 없지만, 전통사찰로 규정된 사찰은 재산권 행사에 있어 각종 신고 및 허가의무 등 제한을 받게 된다는 점에서 공정성의 문제가 제기되고 있다.[212]

그래도 대통령령이 정한 요건을 모두 갖춘 역사적 의의를 갖는 사찰을 선별해서 전통사찰로 지정한 후, 이것을 관할행정관청에 등록(제2조, 제3조)하고 법 시행 이전에 「불교재산관리법」에 의해 이미 등록된 사찰이라도 민족문화유산으로서의 가치를 갖지 않는 사찰은 등

---

[211] 행정조직의 변경에 대응하여 문화공보부과 문화공보부장관에서, 문화부과 문화부장관 (개정 1989. 12. 30.), 문화체육부장관(개정 1997. 4. 10.), 문화관광부장관(개정 2005. 12. 14.), 문화체육관광부장관(개정 2008. 2. 29.)으로 담당부서가 변경되었다.

[212] 박종주 1994, pp. 207-208 참조.

록 대상에서 제외(부칙 제3조)함으로써 불교계에 다소나마 자유롭게 다룰 수 있는 영역이 생겨난 것은「불교재산관리법」과「전통사찰보호법」의 가장 큰 차이로 주목해야 한다.

(3) 傳統寺刹의 保存 및 支援에 관한 法律

일본식민지통치의 부정적 유산인「사찰령」등의 종교관련법안은 1962년 5·16혁명과업의 일환으로「불교재산관리법」으로 변경되고, 1987년에「전통사찰보호법」으로 다시 변경되었다.「불교재산관리법」이 모든 불교를 대상으로 하는 데 비해,「전통사찰보호법」은 전통사찰에 등록된 사찰만을 대상으로 하는 것이었다. 그러나 주요한 종교단체의 사찰은 이 대상이 되었기 때문에 실질적으로는 구법과 큰 상이점을 찾아내기가 어려웠다. 또 대부분의 전통사찰이 정부의 규제지역인 자연녹지 안에 있었고 문화유산이었기 때문에 스스로 재산권을 행사하는데 여러 가지 제약이 존재했다. 예를 들면, 사찰령의 증개축 등도 많은 내용이 정부의 허가가 필요했다. 이 때문에 불교단체는 이를 개선하기 위해 노력했다.

이러한 노력을 받아들여 2009년 3월 5일,「전통사찰보존법」을 일부 개정하여 전통사찰의 보존 및 지원에 관한 법률[213]이 제정되어 2009년 6월 6일부터 시행하게 되었다. 이「전통사찰의 보존 및 지원에 관한 법률」은 2007년 4월 11일에 전면개정을 거쳐「전통사찰보호법」의 21조와 부칙을 일부 개정한 것이고, 본법도 21조와 부칙으로부터 이루어졌다. 개정이유와 주요 내용은 다음과 같은 것이었다.

---

213) 법제처 국가법령정보센터 2009. 최종 개정은 [시행 2010.12. 1] [법률 제10331호, 2010. 5.31, 타법개정].

◇ 개정이유 및 주요내용

　현행법에는 전통사찰에 대한 등록·관리 등에 필요한 내용만 규정되어 있고, 우리 민족 고유의 소중한 문화유산인 전통사찰을 보호하고 이를 계승·발전시키기 위한 제도적 지원방안은 마련되어 있지 아니함.
　따라서 이 법 제명을 「전통사찰의 보존 및 지원에 관한 법률」로 변경하고, 전통사찰문화연구원 설립, 불교전통문화유산에 대한 데이터베이스 구축사업 지원 등을 통하여 전통사찰과 불교전통문화유산을 보호·복원하고 국가적 차원의 문화콘텐츠로 발전시키려는 것임.[214]

　또 주요 개정점은 다음과 같은 것이었다. 즉 법률명「전통사찰보존법」을「전통사찰의 보존 및 지원에 관한 법률」로 변경하고「전통사찰보존법」의 제1조 중 "전통사찰을 보존하여"를 "전통사찰과 전통사찰에 속하는 불교전통문화유산을 보존 및 지원함으로써"로 변경할 것. 또 제7조의 2, 제9조 제2항 제6호, 제9조 제5항 제6호, 제10조의 2등이 신설되었다. 신설사항은 각각 이하와 같다. 제7조의 2(전통사찰문화연구원 설립)에서는 ① 전통사찰과 전통사찰에 속하는 불교전통문화유산의 보호 및 보존방안에 대한 연구와 종합적인 대책을 수립하기 위하여 전통사찰문화연구원(이하 "연구원"이라 한다)을 설립한다. ② 연구원은 법인으로 하고, 정관으로 정하는 바에 따라 임원과 필요한 직원을 둔다. ③ 국가는 예산 및「觀光振興開發基金法」에 따른 관광진흥개발기금의 범위에서 연구원의 운영에 필요한 경비의 일부를 보조할 수 있다. ④ 연구원에 대하여 이 법에서 규정하는 것 외에는「민

---

214) 법제처 국가법령정보센터 2009.

법」중 재단법인에 관한 규정을 준용한다, ⑤ 연구원의 설립, 조사연구대상, 그 밖의 목적사업 및 운영 등에 관한 사항은 대통령령으로 정한다는 항목이 신설되었다. 제9조 제2항에 제6호를 " 6. '개발제한구역의 지정 및 관리에 관한 특별조치법' 제3조에 따른 개발제한구역에 위치한 전통사찰이 전통문화의 계승과 창달을 목적으로 불가피하게 증축이 필요하다고 문화체육관광부장관이 인정한 경우 같은 법 제13조에 따른 행위"라고 신설했다. 제9조 제5항에 제6호 " 6. '개발제한구역의 지정 및 관리에 관한 특별조치법' 제13조에 따른 행위에 대한 허가"를 신설했다. 제10조의 2를 "제10조의 2(전통사찰의 보호 및 지원) ① 문화체육관광부장관 또는 시·도지사는 전통사찰과 전통사찰에 속하는 불교전통문화유산을 효과적으로 보호·보존하기 위하여 데이터베이스 구축사업 등을 지원할 수 있다. ② 제1항에 따른 전통사찰과 전통사찰에 속하는 불교전통문화유산의 범위에는「문화재보호법」제2조 제2항에 따른 지정문화재, 같은 법 제47조 제2항에 따른 등록문화재, 그 밖에 보호·보존할 가치가 있는 경내지 안의 비지정문화재를 포함한다. ③ 제1항의 지원을 위하여 필요한 사항은 대통령령으로 정한다."라는 항목이 신설되었다.[215]

이「전통사찰의 보존 및 지원에 관한 법률」이 2009년 2월 12일 國會本會議에서 통과된 것에 대해 대한불교조계종 총무원은 다음 날 2월 13일에 다음과 같은 평론을 발표했다.

---

215) 법제처 국가법령정보센터 2009.

「전통사찰보존법」 및 「관광진흥개발기금법」 개정 논평

　우리 종단은 「전통사찰보존법」 및 「관광진흥개발기금법」이 2009년 2월 12일 국회 본회의에서 통과된 것을 환영합니다.

　「전통사찰보존법」은 그 이전 법인 1962년 5월 「불교재산관리법」이, 1987년 11월 「전통사찰보존법」으로 개정되어 그 목적이 재산관리에서 보존을 위한 것으로 바뀐 법입니다. 이번에 다시 「전통사찰의 보존 및 지원에 관한 법률」로 법명과 목적이 개정된 것은 전통사찰에 대한 법적 패러다임이 전환된 것이라고 평가합니다.

　개정된 내용을 보면, 전통사찰문화연구원의 설립을 통해 전통사찰 보존 및 지원을 위한 연구, 데이터베이스 구축사업 등을 비롯한 정책을 마련할 수 있게 되었습니다.

　하지만, 최종 법안개정과정에서 전통사찰문화연구원을 위탁 운영할 수 있는 내용이 삭제된 것에 대해서는 아쉬움을 표합니다.

　또한 불교계의 오랜 숙원인 규제해소가 만족할 만한 수준은 아니지만, 개발제한구역 내 전통문화의 계승과 창달을 목적으로 증축이 필요할 경우 허가가 가능토록 하는 등 일부가 개정된 점은 긍정적으로 평가합니다.

　아울러 「관광진흥개발기금법」의 개정을 통해 템플스테이에 지원되는 예산의 근거가 마련되어, 향후 전통문화를 세계화하는데 단초가 될 것으로 기대합니다. 본 법안이 개정될 수 있도록 노력해 주신 국회의원과 관계 공직자 여러분의 노고에 감사드립니다.

　앞으로도 '전통사찰의 보존 및 지원에 관한 법률'이 명실상부하게 실행될 수 있도록 주력해 줄 것을 당부드립니다.[216]

---

216) 불교닷컴 2009.

대한불교조계종 총무원의 이러한 평론은 「전통사찰의 보존 및 지원에 관한 법률」에 대해 대체로 환영의 뜻을 나타냈다고 말할 수 있다. 특히 "「전통사찰의 보존 및 지원에 관한 법률」로 법명과 목적이 개정된 것은 전통사찰에 대한 법적 패러다임이 전환된 것"이라고 높게 평가하는 것은 주목할 만하다. 또 새롭게 전통사찰문화연구원의 설립을 통해 전통사찰 보존 및 지원을 위한 연구, 데이터베이스 구축 사업 등을 비롯한 정책을 마련할 수 있게 된다는 것에도 높은 평가를 주고 있다. 다른 한편으로, 전통사찰문화연구원을 위탁 운영을 할 수 없게 된 것에 대해서는 아쉬움을 나타냈다. 이것은 당초에 전통사찰문화연구원을 曹溪宗에 위탁운영하는 것이 검토되었지만, 특정종교에 위탁하는 것은 문제가 있다는 것이 지적되어 그 항목이 삭제되었다는 경위가 있었기 때문이다.[217] 또 완전히 만족할 수 있을 때까지 규제의 철폐라고는 말할 수 없지만, 개발제한구역 내 전통문화의 계승과 창달을 목적으로 증축이 필요할 경우 허가가 가능하게 된 것은 높게 평가했다. 이것은 전통사찰 경내지 내에서 건축 건폐율 및 용적률이 대폭 완화된 것을 희망했기 때문이다. 또 새롭게 템플스테이 등에도 공적자금으로부터 예산이 쓰이는 등의 구체적인 지원이 명기된 점 등은 주목할 만한 내용이다.

曹溪宗은 「전통사찰보존법」・「문화재보호법」・「개발제한구역법」・「도시공원 및 녹지에 관한 법률」・「자연공원법」・「산림법」・「국토의 계획 및 이용에 관한 법률」(서울시 조례)・「군사시설보호법」 등을 불교가 종교행위를 제한하는 대표적 법안이라고 생각하고 있었다. 이를

---

217) 박명수 2010.

위해 조계종에서는 2007년 2월 "전통사찰 불사 관련 국가법령 개정 추진위원회"를 구성하고 법률 개정을 요구해 왔다. 이러한 흐름 속에서 「전통사찰의 보존 및 지원에 관한 법률」로의 개정은 완전히 충분한 것은 아니지만 크게 개선되었다고 평가했던 것이다.[218]

불교는 이제까지 정부로부터 많은 규제를 받아 온 동시에 큰 지원도 받아왔다. 「전통사찰보호법」하에서도 전통사찰보존지원 예산이 2006년에 60억 원, 2007년에 90억 원, 2008년에 92억 원, 2009년에 89억 원이었다. 2009년 3월 5일에 「전통사찰보존법」을 「전통사찰의 보존 및 지원에 관한 법률」로 개정하여 실시되자 과거의 많은 제한조치가 완화되었을 뿐만 아니라 전통사찰의 발전을 위해 보다 구체적인 지원을 할 수 있게 되었다. 예를 들면 전통사찰문화연구원의 설립에 대해서는 2009년부터 2013년까지 1,294억 원이 투자될 계획이며, 이 중 상당부분이 정부 예산이 되어있다. 또 2007년에 전통사찰관광정부 시스템 구축에 3억 원, 2009년에 전통사찰멸실 대비 복원자료구축에 3억 원이 이미 지불되었다. 이 외에도 역경(譯經) 사업지원, 불교경전 등의 불교문화전산화작업, 불교문화·사찰문화의 체험형 프로그램으로 템플스테이 등을 개발하거나 시설의 정비 등도 국가, 지방자치단체의 공적자금이 지원되고 있다. 이와 같은 공적자금은 曹溪宗 뿐만 아니라 한국불교천태종·천태종·진각종·총화종 등에도 지원되고 있고, 나아가 불교 이벤트 등도 지원의 대상이 되어있다. 예를 들면 2010년에 전통불교문화축제(연등축제, 팔관회 등) 활성화 지원으로 12억 원이 지원되었고, 고려불교문화제전 지원으로 2억 원이 지원되

---

218) 불교신문 2009.

었다.219)

이와 같이 불교단체는 규제를 받으면서도 구법의 시행 중 많은 지원을 받고 있었다. 유교나 기독교에 적용되는 법률과는 다르지만 같은 지원을 받고 있었다. 그 보다 법률적인 문제로는 종교마다 적용되는 법률이 다르다는 것이었다.

(4) 宗敎法人法의 制定에 관한 議論

불교, 유교, 기독교에 각각 다른 법률이 적용되는 것은 법 아래 평등이라는 것에 위반되는 것은 아닌가라는 논란이 지금까지도 있어왔다. 그러나「宗敎法人法」에 관한 논의의 주체는 국가권력이었다. 60년대 박정희 정권은「종교법인법」이라는 용어를 사용하지는 않았지만 사회단체등록법안 개정안을 통해 종교단체의 통제를 시도하였고, 80년대 초반 全斗煥 정권 시기에는 국보위가 YMCA 시민논단의 장을 빌려「종교법인법」제정의 필요성을 홍보하였으며, 80년대 후반의 노태우 정권은 학술단체에 의뢰하여「종교법인법」제정의 필요성을 타진하였다. 이 정부에 의한「종교법인법」제정의 움직임은 확실히 종교단체의 효율적인 관리를 의도한 것이었다.

정부에 의한 이러한「종교법인법」제정 시도에 대해 종교계는 서로 다른 입장을 취했다.「불교재산관리법」과「전통사찰보존법」등에 의해 더욱 엄격하게 규제되었던 불교계는 "종단의 난립 방지"와 "사이비 종교의 규제"를 위해「종교법인법」제정이 필요하다고 보는 반면, 비교적 규제가 완만했던 가톨릭과 프로테스탄트는 국가에 의한 종교통

---

219) 박명수 2010.

제 및 사이비종교의 합법화 가능성을 주된 이유로 내세우면서 법안 제정에 반대하였다. 신종교 특히 군소종교들의 경우에는 「종교법인법」을 '사회적 공인'의 방편으로 간주하면서 법안 제정에 긍정적 태도를 취했다. 그러나 시민사회는 이러한 논쟁의 구도에서 한발 물러나 있었다. 신문이나 방송과 같은 언론매체는 이러한 논쟁을 1회성 기사로 보도하는데 그쳤고 학계도 이 문제에 적극적으로 개입하지는 않은 것이 현실이었다.[220]

1999년 5월 29일에 교육방송 EBS에서 방송된 「종교법인법 : 문제해결의 열쇠인가?」에서 김종서 서울대학교 종교학과 교수는 「종교법인법」 제정에 관해 다음과 같이 말했다.[221]

> 우리나라 종교단체는 너무 폐쇄적인 경향을 띠고 있다. 종교법인법이 생기면 정기적으로 재정과 사업계획을 보고해야 하기 때문에 자연스럽게 감시가 가능하다. 이를 통해 종교단체의 건실화를 유도하고 국민들에게는 종교단체를 선택할 수 있는 기본정보를 제공할 수 있다. …(중략)… 수많은 종교조직의 재산은 교단, 사회, 국가의 공공자산이다. 그런데 주인도 없이 방치되고 있다. 종교단체에 법적 인격을 부여해 공공성을 확보해야 한다.[222]

---

220) 이진구 2008, p. 35 참조.
221) 또한 이때 출연했던 종교적 배경을 갖고 있는 학자는 각각의 배경의 종교단체의 입장을 대변하여 불교계는 종교법인법 제정에 적극적, 기독교계는 소극적 입장을 표명하는 경향이 보였다고 한다. 이진구 2008, pp. 32-34 참조.
222) 이진구 2008, p. 34.

이 "종교단체에 법적 인격을 부여, 공공성 확보"라는 것은 「종교법인법」의 핵심이다. 이 중에는 종교단체를 하나의 법인격, 하나의 법률에 의해 관리함으로써 종교단체 사이에서 발생하는 불평등한 대우를 해소하는 것, 종교단체의 재산투명화 등이 포함되어있다고 생각할 수 있다.

그러나 종교단체의 공공성은 매우 중요한 것이지만 각 종교단체에 다른 법률이 적용되고 있는 현재, 종교단체사이의 이해관계에 의해 「종교법인법」 제정의 논의는 정체되고 있다는 것이 현실인 것 같다. 그러한 중에도 2007년 4월 25일에는 "건강한 종교, 깨끗한 종교계"를 만들어 내기 위해, 각종 종교문제를 해결하기 위해서 「종교법인법」의 제정이 필요하다고 주장하고 그 제정을 지향하는 '종교법인법 제정추진 시민연대(종추련)'이 발족하였다. 종추련은 창립 선언문을 통해 한국 종교계는 사치스런 생활을 즐기면서도 소득세를 내지 않는 특수한 계급으로 되어있고, 종교 단체에 있어서의 성별에 따른 등용 등의 격차가 있고, 일부 종립학교는 학생들의 종교의 자유를 박탈하고 있으며, 많은 종교인들이 정치에 참여하는 등 헌법에 저촉되는 문제가 있다고 한다. 또 유지재단을 만들어 부동산실명제를 위반하고 있다고 지적하였다. 그리고 한국사회에서 유일하게 남은 성역, 절대 권력을 누리고 있는 종교계에도 견제장치가 필요하다고 하면서 그 창립 목적을 밝혔다.[223]

이와 같이 종교의 공공성을 실례에 비추어 생각해보고, 종교단체가 안고 있는 사회적 문제를 해결하기 위해 「종교법인법」을 제정하려고

---

[223] 종교법인법제정추진시민연대 2007a.

하는 움직임도 나타났다. 현재 「종교법인법」 제정의 구체적인 움직임이 나타나지 않지만, 종교단체가 하나의 통일된 법률에 의해 운영된다는 가능성을 가지고 선택사항으로서 「종교법인법」이라는 것이 한국 사회에 나타났다는 것은 주목해 둘 필요가 있을 것이다.

또한 일본에서 이와 같이 통일되게 종교단체를 관리하는 법률로 제정된 「종교단체법」의 성립은 국회에서 구체적인 논의가 거론되고 나서 40년이 필요했다는 사실도 잊어서는 안 된다. 이 40년이라는 시간은 각 종교단체의 이해조정이 매우 어려웠다는 것을 보여주고 있다. 또 1951년에 信敎自由, 政敎分離의 원칙에 의거해 제정된 현행의 「종교법인법」에도 종교법인의 탈세문제, 종파 이탈문제, 정교분리에 관한 문제, 나아가 「종교법인법」을 표면상의 수단으로 반사회적인 활동을 하는 단체가 나타나는 등 여러 가지 문제가 존재하는 것도 잊어서는 안 된다. 종교에 관한 통일법규가 성립했다고 해서 현재 한국종교계가 안고 있는 여러 가지 문제가 즉시 해결된다고 생각하는 것은 매우 낙천적인 생각이라고 말할 수 있을 것이다. 새롭게 종교법인법과 같은 법규를 제정한다고 해도, 그것은 한국 현상의 종교 상황, 종교 풍토에 맞춘 것이 아니면 안 될 것이다. 또, 그 적절한 운용과 종교 단체의 자조노력이 없으면 "건강한 종교, 깨끗한 종교계"를 만들어내는 것은 어렵다. 그리고 현행법규에도 적절한 운용과 종교단체의 자조노력이 있으면 "건강한 종교, 깨끗한 종교계"를 만들 수 있을 것이다.

이 「종교법인법」의 제정 논의를 통해 "건강한 종교, 깨끗한 종교계" 또는 법 아래 평등이라는 문제에 종교계나 시민 뿐만 아니라 입법·행정·사법의 각 기관이 신중하게 임하는 것은, 종교의 공공성의 발전에 크게 공헌하게 될 것이다.

4) 宗敎와 法의 問題

한국에서 불교, 기독교, 유교 등 각각의 종교단체에 적용된 법률이 다르다는 것은 이제까지 확인해왔다. 그 중에서도 불교는 정치의 간섭을 많이 받아왔다. 여기서는 그것을 정당화한 법률이 사법의 장에서 어떻게 영향을 끼쳐왔는지를 확인해 보고 싶다.

(1) 宗敎自由와 佛敎關連法에 대한 法解釋

한국의 불교관련 법률은 일본 식민지통치의 어두운 유산이라고도 말할 수 있다. 「사찰령」은 미군정기와 대한민국 성립기를 거치면서도 폐지되지 않았고, 1962년의 「불교재산관리법」의 성립에 의해 폐지되기까지 그대로 시행되어 왔다. 불교단체는 사찰재산의 처분에 대해 「사찰령」의 부당성을 고소해 위헌소송을 했고, 1960년 9월 15일에는 헌법시행과 「사찰령」에 관한 판결이 나왔다. "「사찰령」은 구헌법의 공포·실시 후에도 효력이 존속하며 「사찰령」의 규정에 따라 주무장관의 허가 없이는 사찰재산에 대한 일반적인 양도성은 부정한다."는 대법원 판례[1960.9.15 선고 4291 민상 제492호]가 그것이다.[224] 이 판례에 의하면 「사찰령」의 효력은 존속하고 있다는 사실이 확인된다.

「사찰령」을 폐지하고 불교단체의 통제와 관리를 이어받은 「불교재산관리법」도 불교계로부터 많은 불만이 표출되어왔다. 그러나 불교단체는 이 법률에 의해 관리되는 것이다. 大韓佛敎曹溪宗의 통합

---

224) 강돈구 1993, p. 31; 한국종교법학회 편 1982, p. 126; 대한불교조계종 1996『불교판례집』서울 : 대한불교조계종 총무원 출판사 p. 60 참조.

과정, 즉 佛敎淨化運動 과정에서 比丘僧와 帶妻僧 사이에 심한 법정투쟁이 발생했는데, 이 법정투쟁은 「불교재산관리법」하에 이루어졌다. 帶妻僧은 당초 유리하게 법정투쟁을 진행해 왔다. 그러나 교단의 내분이 과격함을 더해가고 있었기 때문에 정부의 중재에 의해 比丘僧와 帶妻僧은 통합교단의 설립에 합의했다. 그러나 승려자격에 있어 자파에 불리한 종헌을 한 번은 합의하더라도 끝내는 법정으로 넘겨버렸다. 이에 대한 판결이 比丘僧과 帶妻僧 사이의 다툼이 된 새로운 종헌에 대한 무효 확인이다. 여기서는 소송의 경위를 포함해 판결을 확인해본다.

판시사항

[1] 대한 불교조계종에 통합되어 없어진 불교를 단 조계종에게 당사자의 능력이 있을 수 없다.

[2] 불교재산관리법의 등록의무규정과 위헌 여부

전 문
1972. 3. 21, 71다1955 종헌무효확인
【전 문】
【원고, 상고인】 조계종
【피고, 피상고인】 대한불교조계종 외1명
【원심판결】 제1심 서울민사지방, 제2심 서울고등
【이 유】 논지의 하나는 불교재산관리법중 등록의무 규정(그 6조, 9조 2항, 부칙2조3항)은 우리 헌법 제16조에 위배된 위헌규정이라는 것이고, 다른 하나는 법륜사와 조계사의 양측이 불교재건위원회를 비롯하여 소

론 경과를 거쳐 마침내 대한불교조계종의 종헌을 통과시켜 단일불교종
단을 이룬 것은 실은 정교분리의 헌법원칙을 어긴 문교부장관 등이 관
권의 비호밑에 피고 종단의 전신과 합법종단인 원고종단과를 마구 억눌
러 통합시킨데 불과하니 이는 위헌위법처사라는 것이다.

그러나 소론 법중 등록의무규정은 우리헌법 제16조에 위배된 것으로
아니보는 당원의 견해(69.12.23 선고 69 다 1053 판결참조)에 따른 것으
로 인정되는 원판결 판단에 소론 위법이 있다고 할 수 없으며, 원심이
대한불교조계종(통합종단) 종헌을 만들고, 새 종단으로 나선 경위를 다
음과 같이 인정하고 있다. 즉, 우리나라의 두파로 나뉜 불교종단의 단일
화로 분규종식의 거중조정을 해오던 문교부장관이 양측의 자율적 수습
으로 불교재건을 하여보라는 권고를 하고 이에 따라 양측이 각기 종헌
에 따라 선출한 5명씩의 대표가 62.1.22 불교재건위원회를 조직하게
됨이 비롯되어, 위 위원회서 선출한 각 15명의 대표 30명으로 비상 종
회를 구성하고, 여기서 통합 발족될 대한불교조계종의 종헌, 종법의 제
정준비를 하는 과정에서 종헌초안 제9조(승려자격규정이다)를 놓고 대립
이 생겨 마침내 그 규정에 대한 해석과 문구수정을 정부에게 일임하자
는 동의가 나와 표결한 바, 30명 출석에 가표15, 부표14, 무효표 1로되
었으나 그 회의에서 이를 가결한 것으로 처리(가사 회의와 의결의 초보를
무시했더라도 상관없다)했다는 것 외의 종헌규정은 모두 가결되었으나 문
교부의 위 9조의 해석이 자기측에 불리하다고 하여 대처승 측이 무효를
주장하고 나서게 되어 분규가 재연되다가 다시 나선 당국의 조정으로
위 비상종회원 30명이 각파 5명씩과 사회인사(문교부장관 위촉) 5명의
15명으로 비상종회의원수를 줄이기로 한데 따라 비상종회가 다시 구성
을 보아 일해오다가, 62.3.22문교부 문예국장실에서 대처측 5명이 불

참한 10명의 의원만으로 원설시 대한조계종 종헌을 통과시키고 같은 달 25 이를 공포한 바, 그 종헌에 따라 발족하는 새 종단에 비구 대처측 종단은 흡수되고, 그들의 종전 종헌은 무효로 된다고 규정하고 있으며, 62.4.1 문교부차관실에서 대처측도 참석한 15명의 위원(모두가 처음 사람은 아니다)이 9차 비상종회를 문예국장 사회로 열고, 종정을 비구측에 총무원장은 대처측에서 선출하고, 이어 새 종단의 여러임원 자리를 채운 후 62.4.13 새 종단의 종정이하의 임원들이 대처측을 대표한 불교조계종 종정 국성우를 비롯한 대처측의 임원들과 비구측을 대표하는 종단의 종정 하동산과 그 임원들로부터 두 종단의 모든 권리와 사무일체를 인계받아 새종단(피고종단)이 발족하고, 옛 대처승 측이 5개월 이상 통합종단사무소에 나와 같이 일을 봤다는 취지의 판단인 것이다. 그렇다면 그 통합과정에 논지가 힘주워 주장하는 위헌 위법된 관권의 개입과 강압, 무리가 있다고는 원심이 아니 본취의임을 알 수 있고, 그 판단 역시 옳게 시인되는 바이다. 따라서 위와같이 없어진 종단에 당사자능력을 인정치 아니한 원심판단은 실로 옳다.[225]

이 판례에서는 "대한 불교조계종에 통합되어 없어진 불교는 조계종 당사자의 능력이 있을 수 없다."는 판결도 나왔다. 또 공권력과 종교 단체의 관계는 본건에 있어서 공권력의 중재는 이제까지의 양파 교섭의 경위에서 보아 공권력의 개입·강압이라고 생각할 수 없다는 입장을 취하여, 大韓佛敎曹溪宗의 정당성을 확정함과 동시에 종헌의 유

---

[225] 대한불교조계종 1996, pp. 34-35; 로앤비 1972 참조. 이 당시의 헌법 제16조는 "① 모든 국민은 종교의 자유를 가진다. ② 국교는 인정되지 아니하며, 종교와 정치는 분리된다"고 규정하고 있었다.

효도 인정하는 것이 되었다.

또 1994년 11월 4일에는 종교단체의 자치권과 내부분쟁의 사법심사 대상 여부에 대해서 판결이 나온대서울민사지방법원 1994. 11. 4. 선고 94카 합8319 【총무원장직무집행정지 등 가처분】[하집 1994(2), 415]].226) 이 판례는 종교단체 내부의 개혁과정이 사법심사의 대상이 되지 않는다고 한 사례가 되었다. 보다 자세히 살펴 보면, 종교단체 내부의 일련의 개혁과정은 그 내부의 질서를 유지하고 교리를 확립하기 위한 것으로, 과연 그 개혁 작업이 요구되는 비상사태가 있었는지, 그 방법이 적정한 것이었는지의 여부는 결국 그 종교단체 내부의 자율적인 판단에 맡겨야 할 성질의 것으로서 사법심사의 대상이 되지 않는다고 하였다. 구체적으로는 다음과 같이 말하고 있다.

> 헌법이 규정하고 있는 종교의 자유(제20조 제1항)와 정교분리의 원칙(제20조 제2항)에 비추어 볼 때 종교 활동은 헌법상 국가의 간섭으로부터의 자유가 보장되어 있으므로 원칙적으로 당해 종교단체의 자치권을 존중하여 국가의 기관인 법원이 개입하여 실체적인 심리판단을 하지 아니함으로써 종교단체의 자율권을 최대한 보장하여야 할 것이고, 가사 법률상의 쟁송으로 인정되어 그 자율적 결정의 적부를 심리하는 경우에도 종교단체의 결정이나 의사가 그 절차에 있어 현저히 정의에 어긋나거나 그 내용이 사회 관념상 현저히 타당성을 결한 것으로 인정되는 경우를 제외하고는 이를 유효한 것으로서 그대로 시인하여야 할 것이다.

---

226) 대한불교조계종 1996, pp. 36-40; 로앤비 1994 참조.

이 판례는 한국의 사법제도가 宗敎(信敎)의 自由, 政敎分離의 원칙을 "사회 관념상 분명하게 타당성을 결한 것으로 인정되는 경우를 제외하고는" 사법심사의 대상으로 하지 말아야 할 것을 명백히 하고 있다. 그러나 일본의 사법제도는 이와 같은 교단 내부의 종교적·교리적인 분쟁에 대해 철저하게 그 사법제도를 피하는 경향이 있어 실제 운용에 있어서도 그와 같은 데 비해, 한국의 사법제도는 사법심사의 대상이 될 수 있다는 것을 포기하지 않는다고 되어 있다. 또「사찰령」·「불교재산관리법」·「전통사찰보존법」·「전통사찰의 보존 및 지원에 관한 법률」과 불교를 관리하는 법률은 변화하고 많이 완만해졌지만 여전히 통제·관리가 많은 법률이라고 생각할 수 있다. 그러나 그런 법률이 위헌은 아니라는 판단이 나왔기 때문에, 현실에서도 이 법률에 의거한 입법·행정·사법의 공권력의 행사가 宗敎(信敎)의 自由, 政敎分離의 원칙에 위반되지 않는다는 입장을 취하고 있다.

다른 한편으로 2003년 1월 30일에는 헌법재판소에서 주목해야 할 판결이 내려졌으니, [헌법재판소 2003. 1. 30. 선고 2001헌 바64【구 전통사찰보존법 제6조 제1항 제2호등위헌소원】[헌공제77호]]227)가 바로 그것이다. 이것은 釜山 仙岩寺의 경내지 일부가 주택개발예정지구에 편입되어 강제수용이 최종 결정된 것에 대해 선암사가 2001년 3월에 헌법소원을 취한 소송의 판결이었다. 헌법재판소는 판결문에서 "민족문화 유산을 보호해야 한다는 헌법취지에 맞춰 입법화한 이 법 조항이 일반인인 사찰 주지의 처분 행위에 대해서만 규제하고 국가기관에 의한 공용수용으로 인한 소유권 변동에 대해서는 규제를 하지

---

227) 로앤비 2003.

않는 것은 평등권 원칙에 위배된다."고 하여 전통사찰에 대한 국가 기관의 공공 수용에 의한 소유권 변동에 대해 규제하지 않은 것은 평등권 원칙에 위반된다고 명백히 했다. 주문에서는 "구 전통사찰보존법(1997. 4. 10. 법률 제5320호로 개정되기 전의 것) 제6조 제5항 중 같은 조 제1항 제2호소정의 '동산 또는 대통령령이 정하는 부동산의 양도'에 관련된 부분은 헌법에 합치하지 아니한다. 위 규정부분은 입법자가 개정할 때까지 계속 적용된다."고 서술하고 있다. 주문에서도 알 수 있는 바와 같이, 법률 즉시 효력 정지는 시행되지 않았다. 헌법재판소가 위헌 결정, 또는 단순히 헌법에 위반 결정만을 선고할 경우, 이 사건법률조항은 헌법재판소가 결정을 선고한 때부터 그 이상 남용할 수 없게 되어 있다. 따라서, 범위 내에서 민족 문화 유산인 전통 사찰을 보존하고 있는 근거규정이 효력을 잃게 되어 상당한 법적 공백이 생기게 되는 것을 염려했기 때문에 이러한 판결이 나온 것이었다. 그러나 이 판결에 의해 지방자치체 · 주택 공사 등이 공공의 이익을 목적으로 실시해 온 전통사찰 경내지의 강제 수용을 피할 수 있게 되었다. 또 장래에 불교교단만을 대상으로 한 각종 법률이 재검토되는 가능성을 연 것이었다.

(2) 佛敎의 宗派離脫에 관한 法解釋

한국에서는 比丘僧 중심의 大韓佛敎曹溪宗이 정식으로 발족한 것이 조선불교의 정통적인 후속교단, 통합불교교단이 탄생한 것이라는 인식을 공유하게 되었다. 그러나 이 大韓佛敎曹溪宗의 발족까지 수많은 다툼 가운데서도 종파 이탈이 일어나지 않았던 것은 「사찰령」과 「불교재산관리법」에 의해 종교단체가 정부의 관리하에 있었고, 종파 이탈이라는 선택사항을 인정하지 않았다는 사실에 그 까닭이 있다. 실제 1967년 3월 20일에 대처승 측 박대륜 총무원장은 「朴正熙 대통령 각하께 드리는 건의서」를 내고 헌법에 보장된 信敎의 自由에 기인해 「불교재산관리법」에 의한 登錄申請受理를 거부하지 않고, 현실적·합리적인 근본해결을 요구해 비구승과 대처승과의 교단분리등록을 요구했다.228) 이러한 종파의 노력에 의해 1970년 1월 15일에 대처승파는 독립한 교단 "韓國佛敎太古宗"(文化公報部 접수는 2월 18일, 불교단체등록법에 위한 등록은 1970년 5월 8일)을 탄생시키고 전통의 통합교단이 분열하자 이번에는 이 상태를 유지하는 사법재단이 나타난다. 1971년 6월 29일에는 「불교재산관리법」상 별개의 불교단체의 등록에 대하여 기존 불교단체가 그 등록의 취소를 구할 법률상의 이익이 있는지에 관한 재판[서울고등법원 1971. 6. 29. 선고 70구323 【불교단체로등록한처분취소청구사건】[고집1971특, 356]]229) 결과가 나왔다. 원고 대한불교조계종, 피고 문화공보부장관이 다툰 재판의 요지는 다음과 같은 것이었다.

> 대한불교조계종이나 태고종의 두 불교단체가 그 근본교리, 경전, 보존불등에 있어서는 같다 하여도 종도, 종헌이 다를 뿐만 아니라 각각 그들이 관리 운영하는 기본사찰 등 불교재산 및 시설이 달라 「불교재산관리법」상 각각 별개의 불교단체라고 보여 지고 태고종의 불교단체의 등록으로 말미암아 원고 대한불교조계종의 불교재산관리운영이나 종교활동이 침해되었거나 침해될 것이라고는 말할 수 없으므로 원고 대한불

---

228) 종단사간행위원회 편 2006, p. 473 참조.
229) 로앤비 1971a 참조.

교조계종은 태고종이 불교단체로 등록된데 대하여 그 취소를 구할 법률상 직접적이고 구체적인 이익을 가진다고 말할 수 없다.

이상의 이유로 원고의 소를 각하하게 되었다. 즉, 불교재산관리법상 별개의 불교단체(태고종)의 등록에 대하여 기존불교단체(조계종)가 그 등록의 취소를 구할 법률상 이익이 있는지 여부는 "없음"이라는 사법판단이 나오고 공권력인 문화공보부장관이 신규 불교단체(태고종)의 등록을 인정한 것에 대한 타당성이 사법의 장에서 확인된 것이다.

1992년 2월 25일에는 조계사찰을 주지가 태고사찰로 등록한 사찰등록 무효 가부에 관한 판결[대법원 1992. 2.25. 선고 88누4058【사찰등록무효확인】[공1992.5.1.(919),1308]][230]을 내렸다. 판결의 요지를 보면 대략 다음과 같다.

> 원심판결이유[231])에 의하면 원심은 대처측 종단인 대한불교 태고종(이하 태고종이라고만 한다)이 발족된 이후인 1970. 9. 10. 이 사건 사찰을 태고종단에 소속 사찰로 등록하고 태고종단으로부터 주지임명을 받아 위 사찰을 관리 운영하여 왔다. 한편 조계종 측에서는 위의 사찰에 대한 주지 임명을 하지 않거나, 조계종으로부터 주지임명을 받은 사실이 있을 뿐 구 불교재산관리법에 의한 주지등록을 하지도 못했고 실제로 주지로 취임하여 그 직무를 수행하지 못한 조계종 측의 주지를 대표자로 내세운 원고사찰은 불교단체로서의 실체가 없어 당사자 능력이 없는 것이라 하여 이 사건 소를 각하하였다.

---

230) 로앤비 1992 참조.
231) 로앤비 1988.

원심이 확정한 바와 같은 사실관계 아래에서는 이 사건 사찰이 전래 사찰이었다거나 비구, 대처의 양 종단이 통합되었다는 점, 또는 통합종단인 조계종이 종단등록을 하면서 위 사찰을 그 소속 사찰로 등록하였다는 점만으로는 위 사찰이 조계종에 당연히 소속된 것이라 할 수 없다. 또 태고종에 의하여 관리 유지되어 오다가 관할청에 의한 요건흠결의 심사를 거쳐 원심인정과 같이 사찰등록이 됨으로써 태고종 소속 사찰로 확정되었다 할 것이며 그 등록처분에 당연 무효 사유에 해당하는 어떠한 하자도 있다고 보여 지지 아니하므로 이 사건 사찰에 관하여는 태고종 소속인 피고보조참가인 사찰의 실체만이 존재할 뿐이고 이와 별개의 불교단체인 사찰의 실체가 인정될 수 없다 할 것이다.

그러므로 상고를 기각한다.

이와 같이 太古宗의 관리운영 실태를 중시하고 曹溪宗의 상고를 기각했다.

1995년 7월 14일에는 주지가 소족 종단을 탈퇴하여 전종한 경우 사찰의 소속 종단변경여부에 관한 판결[대법원 1995. 7. 14. 선고93다60045【토지소유권이전등기말소】[공1995.8.15.(998),2766]]을 내렸다. 원고·상고인 화장사, 피고·피상고인 재단법인 한국불교태고종유지재단이 다툰 이 재판에서는 상고기각의 판결이 나왔다. 판례를 보면 대략 다음과 같은 경위였다.

원고 사찰을 한국불교태고종단에 귀속시켜 한국불교태고종 소속 사찰로 등록한 이상 그 이후 원고 사찰은 한국불교태고종 소속 사찰로 됨으로써 그 주지임면권도 위 종단에서 행사하게 되었다. 원고 사찰의 주지가 일부신도와 더불어 한국불교태고종을 탈퇴하여 대한불교조계종에 전종하는 결의를 하고 새로 대한불교조계종으로부터 원고 사찰의 주지로 임명받았다 하더라도 위 주지나 그 결의에 참여한 신도들이 대한불교조계종 소속의 승려나 신도가 되는 것은 별론이라고 한다. 이로써 그 구성원 각자를 떠나서 독립한 권리주체로서의 지위를 가진 원고 사찰이 대한불교조계종 소속 사찰로 변경된다고 단정할 수 없고, 달리 원고 사찰이 그 소속 종단을 한국불교태고종에서 대한불교조계종으로 변경하였다고 인정할 만한 자료가 없다. 원고 사찰은 여전히 한국불교태고종 소속 사찰로서 그 주지임면권도 한국불교태고종단에 귀속되어 있다고 할 수 밖에 없다.

그러므로 상고를 기각한다.

이 판결로부터 다음의 3가지 점이 밝혀졌다.

[1] 개인사찰이 구 불교재산관리법(1987.11.28. 법률 제3974호 전통사찰보존법에 의하여 폐지)에 의하여 관할 관청에 사찰등록을 함으로써 바로 독립된 권리주체가 된 것이 아니고, 관할 관청에 사찰등록을 하고 사찰부지와 사찰건물을 그 사찰 명의로 등기하는 등의 절차를 통하여 독립된 사찰로서의 실체를 갖춤으로써 비로소 권리주체로서의 사찰이 되었다고 한 원심의 판단을 수긍한 사례.

[2] 사찰이 특정 종단과의 법률관계를 맺어 그에 소속하게 되면 그 사단의 구성분자가 되는 것이고, 이러한 구성분자에 대한 사단의 자치법규인 당해종단의 종헌, 종법 등이 소속 사찰에 적용되게 됨에 따라 소속 사찰의 주지자율 임면권은 상실되고 주지 임면권은 당해 종단

에 귀속된다.

[3] 사찰이 소속 종단의 종헌에 따르지 아니하고 그 신도와 승려가 결합하여 그 소속 종단을 탈종하여 다른 종파로 개종하기로 결의하였다 하더라도, 이는 그 신도와 승려가 다른 종파의 신도가 되는 데에 그치고 그 사찰의 소속 종단이 변경되는 것은 아니다.

또 1997년 6월 13일에는 대한불교조계종의 통합교단 창설과 계쟁 사찰의 소종종단에 관한 판결[대법원 1997. 6.13. 선고 96다31468 【토지소유권보존등기말소등】[공97.8.1.[39],2144]]232)이 나왔다. 이 소송은 원고에 대한불교조계종 안정사, 피고에 대한불교법화종 안정사이며, 이것은 안정사의 관리단체에 관한 확인 소송이었다. 판결이유로부터 이 소송의 경위를 요약해 보면 대략 다음과 같다.

안정사는 曉大師로부터 법맥을 이어온 사찰이었는데, 일본 식민지시기가 되어 이 후에 帶妻僧의 住持가 된 것에서 문제가 되었다. 1962년 1월 22일 불교재건위원회와 비상종회가 구성되고 비구측과 대처측의 두 종단이 흡수되었다. 같은 해 3월 경 새로운 종단인 대한불교조계종으로 통합하고, 1962년 10월 10일 구 불교재산관리법에 의하여 당시의 관할 관청인 문교부장관에게 대한불교조계종을 불교단체로서 등록신청을 하였다. 그 신청서에 첨부된 전국 사찰대장에는 이 사건 係爭 寺刹인 안정사가 대한불교조계종 소속 제13교구 본사인 쌍계사의 말사로 편입된 것으로 기재되어 있었다. 같은 해 12월 14일 그 등록이 마쳐졌으나, 안정

---

232) 로앤비 1997a 참조.

사 자체는 대한불교조계종으로 관할 관청에 등록한 바가 없고, 당시 안정사의 주지였던 송한태와 그 재적 승려들은 안정사를 통합종단에 소속시키는 것에 반대하고, 그 재적 승려 회의에서 대한불교법화종 소속의 승려가 되기로 함과 동시에 안정사를 같은 종단 소속으로 하기로 결의함에 따라 신도 130여 명의 동의를 받아 1962년 10월 11일 안정사를 대한불교법화종 종단의 소속 사찰로서 등록 신청을 함과 아울러 그 종정인 소외 김갑열로부터 대한불교법화종 소속 안정사의 주지로 임명을 받은 다음 같은 달 31일 안정사를 대한불교법화종 소속 사찰로 하여 관할 관청인 경상남도지사에 불교단체 등록을 마쳤다. 주지 송한태는 1965년 1월 20일 안정사 명의의 소유권보존등기를 경료하였다. 한편 대한불교법화종이 1969년 4월 8일 당시 관할 관청인 문화공보부에 불교단체로서 정식 등록이 되자, 주지 송한태는 1973년 11월 12일 안정사에 대한 최초의 단체 등록을 갱신하여 다시 안정사를 대한불교법화종 소속 사찰로 등록한 다음 같은 날 자신도 그 종단 소속 사찰인 안정사의 주지로 등록하였다. 그 후 전통사찰보존법의 시행에 따라 1988년 6월 10일 위와 동일한 내용으로 사찰 등록과 주지 등록을 마치고, 안정사의 대표자인 주지로서 현재까지 포교나 법요집행을 하면서 위 사찰을 실질적으로 관리·운영하고 있다. 이에 대해 大韓佛敎曹溪宗側에서는 안정사에 관한 주지임명을 하지 않거나 실질적인 관리를 하지 않았다. 그러나 1962년에 大韓佛敎曹溪宗이 통합단체로써 창설되었기 때문에 大韓佛敎曹溪宗에 의해 안정사도 大韓佛敎曹溪宗의 사찰로서 등록신청되었다.

1심(1992년 10월 1일) 창원지방법원 충무지원에서는 大韓佛敎曹溪宗側에 유리한 판결이 나왔다. 이에 불복한 대한불교법화종는 항소하고, 2심(1996년 6월 20일) 부산고등법원[233]에서는 원심판결을 취소, 원고의 청구를 기각하여 대한불교법화종에 유리한 판결이 나왔다. 이에 불복한 대한불교조계종측은 상고했다. 그러나 대법원은 원심판결을 지지하고 상고를 기각하는 결심을 내렸다. 원심판결은 다음과 같은 것이었다.

[1] 사찰이 특정 종단과 법률관계를 맺고 나면 그 때부터는 소속 종단의 사찰이 되어 당해 소속 종단의 종헌이나 종법을 그 사찰에 대한 자치법규로 삼아 이에 따라야 하고, 사찰의 주지임면권 또한 당해 종단에 귀속되는 등 사찰 자체의 지위나 권한에 중대한 변화를 가져오게 되므로 어느 사찰이 특정 종단에 가입하거나 소속 종단을 변경하기 위하여는 적어도 그 사찰 자체의 자율적인 의사결정이 전제가 되지 않으면 안된다.

[2] 통합종단의 창설에 의하여 당시 비구, 대처 양 종단이 통합종단에 흡수되었다 하더라도, 이는 비구, 대처에 의하여 나뉘어져 있던 종단이나 종파 그 자체의 통합에 본래의 의미가 있는 것이고, 당시 존재하던 모든 전래사찰들이 통합종단에의 가입절차를 거치지 않고도 이로 말미암아 당연히 통합종단 소속의 사찰로 흡수되는 것은 아니다.

[3] 사찰이 종래부터 대처승에 의하여 운영되어 오면서 어느 특정 종단에 귀속하고 있는지 불분명하던 중 주지가 통합종단 발족 당시 재적승려 회의를 통하여 소속 승려들이 모두 갑 종단 소속 승려가 되기로 함과 동시에 사찰 또한 같은 종단에 소속시키기로 결의한 후, 사

---

233) 로앤비 1996 참조.

찰을 갑 종단 소속의 사찰로 관할 관청에 등록을 마침과 동시에 종단의 종정으로부터 주지 임명을 받아 주지 등록까지 마치고 그 이후 지금까지 계속하여 사찰을 대표하여 그 사찰을 운영한 경우, 관할 관청에 의한 요건 흠결 여부의 심사를 거쳐 당해 사찰 자체가 갑 종단 소속의 사찰로 등록된 이상, 그 때에 사찰은 갑 종단 소속의 사찰로 확정된다.

[4] 을 종단에서는 수차에 걸쳐 주지를 임명하였으나 그 취임조차 이루어지지 않았을 뿐만 아니라 그 종단 소속 승려가 사찰에 재적하거나 포교나 법요집행 등을 한 사실이 전혀 없었던 경우, 계쟁 사찰에 대하여는 갑 종단 소속인 사찰의 실체만이 존재하는 것으로 보아야 할 것이지, 이와 별개의 사찰이 존재한다고 보기는 어렵다고 한 사례.

[원심판결 부산고등법원 1996.6.20. 95나11184]

이상과 같이 종파 이탈(新 團體設立)에 관해 몇 개의 판례를 확인해 보았다. 종파 이탈에 대해서는 대처승 측이 제출한「朴正熙 대통령 각하께 드리는 건의서」에 나타난 것과 같이 종교단체의 등록신청 자체도 받아들여지지 않는 시대가 계속되었지만, 이것이 일단 인정되면 일부는 종교단체의 실태에 맞춘 사법판단이 내려지게 된다고 여겨진다.

그러나 1995년 7월 14일 대법원의 상고기각의 판결과 같이 승려와 신도가 소속단체의 변경을 바라고 실제로 변경해도 그 사찰은 변경에 영향 받지 않고 현행 소속종교단체라는 상황이 발생한다. 이러한 '사찰은 있어도 신자는 없음'이라는 이상한 상황은 불교에 대한 법률의 관심 대상이 종교단체(法人)가 아니라 전통사찰을 중심으로 성립되기 때문인 것 같다. 또 종파 이탈(包括宗敎團體로부터의 이탈) 등에 관한 규정이 이제까지의「사찰령」·「불교재산관리법」·「전통사찰보존법」·「전통사찰의 보존 및 지원에 관한 법률」에 설정되지 않기 때문이라고도 여겨진다. 이와 같은 사항에 관해서는 통할관청의 판단사항이 된 점, 또 종헌에 규정되어있는 점 등에 의해 종파 이탈이 간단히 이루어질 수는 없었다고 여겨진다.

실제로 조계종이 성립된 후에 불교교단의 등록 수가 증가하고 있는 것은 사실이다.「2008 한국의 종교현황」에 의하면 현재 등록된 불교단체수는 103단체(미파악 단체 65단체를 포함하면 168단체)까지 증가하고 있다.[234]

그러나 조계종, 태고종의 2대 교단을 제외하고, 그 외의 불교교단에 관해서는 김방룡이 "대한불교천태종, 대한불교진각종 등 몇몇 종단을 제외하고는 그 규모가 미약하기 짝이 없어 한국불교계에 있어 신생종단의 역할과 비중은 상대적으로 미약하다 할 수 있다."[235]고 말하듯이, 불교계의 일부 현상일 뿐 그 영향력은 지극히 한정적이다. 또한,「불교재산관리법」을 따르는 신규 교단 등록 이후에 조계종, 태고종이라는 주요 교단으로부터의 분파나 종파 이탈이라는 문제가 표면화되지 않는 것을 보면, 일본의 기존의 전통 종파로부터의 종파 이탈 문제와 같은 문제가 한국불교에서 일어나고 있다고 간주하는 것은 적절하지 않다고 생각된다.

박경재도 "현재 우리 판례는 형식논리로는 종단변경이나 사찰의 분열을 허용하는 것처럼 보이지만 실제로는 이를 쉽사리 허용하지 않고 있다."[236]고 말하고, "사찰의 분열에 관하여 시종일관 이를 인정하지

---

234) 문화체육관광부 2009.
235) 김방룡 2001, p. 300.

않고 있다."237)고 지적한다. 즉, 한국에서는 종단(종파)변경·이탈·분열, 또 사찰의 분열 등은 현실적으로 허용·인정하지 않는다고 봐야 한다.

박경재는 "판례의 주류적인 입장은, 사찰이 특정 종단과 법률관계를 맺어 그에 소속하게 되면 그 사단의 구성분자가 되는 것이고, 사찰이 소속 종단의 종헌, 종법에 따르지 아니하는 한, 그 사찰 소속 승려와 신도들의 일방적인 의사에 기하여서는 종단으로부터 탈퇴할 수 없다는 것이다."238)라고 말한다. 즉, 한국에서는 종파(종단) 이탈에 "종단의 종헌, 종법에 따르지 아니하는 한"이라는 조건이 있으며, 소속종단의 권한이 매우 강하다. 따라서 한국에서는 사실상, 종파(종단) 이탈이 거의 불가능한 상황이다. 또 사찰의 분열의 경우도 대법원 1997. 12. 9. 선고 94다41249【소유권이전등기】[공'98.1.15.(50), 205]239), 대법원 2000. 5.12. 선고 99다69983 판결【소유권이전등기말소 등】[공 2000.7.1.(109),1400]240) 등의 판례를 들면서 "왜 사찰의 분열이 인정되지 않는지 그 이유를 구체적으로 설시함이 없이 사찰이 일단 성립하면 분열은 인정될 수 없다는 취지의 판결을 계속하고 있다."고 하여 사찰의 분열도 불가능한 상황을 지적한다.

이러한 한국 상황과 달리, 일본의 경우「종교법인법」제4장 제26조에 의해 규칙의 변경 절차를 정해두고, 여기에 "종교 법인이 해당 종

---

236) 박경재 2007, p. 797.
237) 박경재 2007, p. 801.
238) 박경재 2007, p. 799.
239) 로앤비 1997b.
240) 로앤비 2000.

교 법인을 포괄하는 종교 단체와의 관계를 폐지하려고 할 때"에 관한 사항이 규정되어 있다. 또 包括宗敎關係의 폐지는 檀信徒의 總意, 또는 總代의 동의에 기인할 것을 요구하고 있지만, 包括宗敎團體의 주관자나 宗會 등의 승인은 필요하지 않다고 생각할 수 있고 판례도 그대로이다. 또 이를 위반할 경우는 제9장 보칙의 「被包括關係의 폐지에 관계되는 불이익처분의 금지」 등의 항목의 규정에 의해, 包括關係의 폐지를 방해하는 등의 행위가 없도록 방지하고 있다. 이는 信敎自由의 원칙을 보증하기 위한 것이지만, 그 전제로 종파 이탈이 권리로서 규정되어 있는 것이다. 그러나 현실에서는 이런 규정을 악용하여 信敎自由의 정신이라고 할 수 없는 행위에 대해서도 包括關係의 폐지, 즉 종파 이탈이 일어났던 사실은 앞에서 검토해 온 대로이다.

상술한 바와 같이 우리는 「1945년 이후의 한일 종교정책과 불교」("한일 독자적인 종교정책과 불교교단")를 개관해 왔다. 일본에서는 종전, 한국에서는 해방이라는 큰 변혁이 일어난 1945년 이후, 일본에서는 미국의 점령 통치로 信敎自由, 정교분리, 종교계로부터의 초국가주의와 군국주의적 사상의 배제라는 三大原則이 강력히 추진되었다. 이들은 「일본국헌법」에도 받아들여져 현행 「종교법인법」에도 이어지고 있다. 그러나 單立宗敎團體에서의 종교법인화도 가능하게 되어 종파를 통할하는 包括宗敎團體의 힘이 매우 약화되었기 때문에, 종파 이탈이라는 이제까지 없었던 문제로 고민하게 되었다. 그러나 이것은 信敎自由, 정교분리 등의 원칙이 준수되고 공권력이 종교 문제에 간섭하지 않게 된 것을 의미하는 것이었다.

한편 똑같이 미국의 통치를 받은 한국에서는 전개가 전혀 달랐다.

한국에서는 전쟁 전「사찰령」체제의 유지가 인정되어 미국 군정을 계승한 이승만 정권에서도 친기독교적인 정책이 실시되고, 信敎自由나 정교분리는 헌법에서는 보장되고 있었지만 실현되었다고는 말할 수 없는 상황이 계속되었다. 이러한 상황은 지극히 정치적인 배경에 의한 것이었다. 불교는 이러한 외부적 요인과 함께 불교정화운동으로 대표되는 내부적 요인에 의한 격심한 대립 상태에 놓였다. 불교교단은 이것을 해결하기 위해 공권력의 지지를 받으려고 자진해서 정치권력에 예속되었다. 이는 서서히 개선의 징조를 보이기는 했지만, 여전히 완전하게 해소되지는 않았다. 그러나 불교교단에서 종교단체로서의 허가는 종단으로서의 등록과 관할청의 재량이 많이 남아있었기 때문에 일본과 같이 종파 이탈이나 교단의 설립이 쉽지 않아, 기존 교단의 힘이 온존되는 결과가 되었다.

최근에는 일본에서 1995년「종교법인법」개정이 공권력에 의한 규제의 강화는 아닌가 하는 논의가 일어났고, 한국에서는 법의 평등을 요구하면서 모든 종교단체가 일원적인 종교법에 의해 관리되어야 한다고 하여「종교법인법」과 같은 법률의 성립을 요구하는 움직임도 나타나고 있다.

V

結論

近現代 韓日 宗敎政策 比較硏究
-佛敎敎團의 變遷을 中心으로-

우리는 지금까지 근대 한일의 종교정책을 불교와의 관계를 중심으로 살펴 보았다. 여기서 한일의 종교정책과 불교교단의 변천을 다시 한 번 정리해볼 필요가 있을 것 같다. 일본의 근대 종교정책은 불안정한 정치 기반 위에서 시작된 明治政府가 천황을 중심으로 제정일치의 정치체제를 만들었기 때문에「神佛分離令」에 의해 실질적으로는 국교의 위치에 있던 불교세력을 배제하고 神道를 국교의 위치에 두려고 시도한 것으로부터 시작된다. 그러나 종교적 기반이나 제도를 갖고 있지 않았던 신도를 중심으로 한 국민의 교화운동인 大敎宣敎運動은 곧바로 정체상태에 빠지면서 신도세력 뿐만 아니라 불교세력도 통합하여 신불합동으로 선교운동이 개시되었다. 그러나 자유롭게 포교할 수 없는 부자유함 때문에 불교단체는 信敎自由와 政敎分離를 주창하고 차례로 선교운동으로부터 이탈해가게 된다.

서구사회로부터 기독교의 공인을 요구받고 있던 일본 정부는 마침내 信敎自由와 政敎分離의 도입을 표명해 국내외로부터의 요구에 응하게 되었다. 그리고「大日本帝國憲法」을 제정해 근대국가로서의 형식을 갖추었다.「대일본제국헌법」의 제28조에는 "日本臣民은 安寧秩序를 방해하지 않고 또한 신민으로서의 의무를 위배하지 않는 한 信敎의 자유를 갖는다."고 규정되어 있어 제한적이지만 信敎의 自由는 인정되었다. 그러나 실제로 신사는 종교에 해당하지 않는다고 하여 국가의 제사로서 완전히 국가가 관리하고, 한편으로는「치안유지법」등에 의해 강압을 받는 종교단체도 나타나는 등 信敎의 自由나 政敎分離가 완전히 달성되었다고는 말할 수 없는 상황이었다. 또 이제까지 불교, 신도 등은 각종 개별 법령에 의해 관리되어 법령체계가 복잡하고 정합성이 있다고는 말하기 어려웠기 때문에, 통일된 종교법을 요구하는 운동이 일어나고 종교단체에 관한 통합적인 법률제정이 진행되게 되었다. 그러나 각 교단의 이해관계가 대립하는 등 여러 가지 이유 때문에 종교단체를 일원적으로 관리하는「종교단체법」이 성립하기까지는 의회에 최초의 종교 법안이 제출되고 나서 40년의 세월이 걸렸다.「종교단체법」은 종교단체의 보호, 육성이라는 측면과 종교단체에 대한 통제감독의 강화라는 측면을 동시에 갖고 있었다. 또, 신도 각 종파, 불교 각 종파, 기독교 그 외의 교단과 이것에 포괄되는 사원, 교회를 종교단체로 하고, 이제까지 유사종교를 종교결사로서 법의 대상으로 삼았지만, 신사는 종교가 아니기 때문에「종교단체법」의 대상은 아니었다. 이 때문에 국가신도를 정화하기 위한 수단이 되었다.

종전을 맞이하고 GHQ(General Headquarters, the Supreme Commander for the Allied Powers, GHQ/SCAP)의 점령통치가 시작되자「인권지령」의「치안유지법」,「종교단체법」등의 폐지,「신도지령」에 의한 국가신도의 해체가 결정되었다. 이제 신사는 다른 종교와 같이 한 종교단체로서 출발하게 되었다. GHQ는「종교단체법」이 폐지되기까지「종교법인령」을 발표하고 일본의 종교단체를 관리했다. 그것은 信敎自由, 政敎分離, 宗敎界로부터 超國家主義와 軍國主義的 思想의 제거라는 원칙에 의거해 실시되었다. 이 三大原則은「일본국헌법」, 그리고「종교법인령」을 받아들여 제정된「종교법인법」으로 이어졌다.

그러나 信敎自由, 政敎分離의 원칙을 철저하게 보호하기 위해「종교법인령」시기에는 종교법인의 설립 시에 준칙주의에 의거한 신고제가 실시되었다. 이것은 "神들의 러시아워"라 불리는 종교법인의 난립을 초래했다.「종교법인법」으로 종교단체의 난립을 일으킨 법인설립의 신고제를 인증제로 변경하는 사례도 더해졌다. 그러나 법률의 정신은 信敎自由, 政敎分離의 원칙을 철저하게 보호하는 쪽으로 흘렀다. 이것을 악용하고 信敎自由를 표면상의 수단으로 삼아 경제적 이익 등을 최대화하기 위해 종파 이탈의 움직임이 잇달았다. 이 법률이 신교자유를 중시했기 때문에, 입법·행정·사법도 信敎自由, 政敎分離의 원칙을 위해 종파 내에서의 신앙에 관한 문제에 대해서는 관여하지 않는 경향이 나타나고, 사법부도 그것을 피해 법규에 따르는 형식의 재판만을 행하는 경향이 나타났다.

그것은 信敎自由, 政敎分離의 관점에서 보면 최대한으로 그것을 존중하고 매우 유효하게 기능하는 것을 의미할 수 있다. 그러나 재판에서는 대다수의 경우 종파 이탈을 인정하는 판결이 나오게 되었다. 전후의「國有境內地處分」에 의해 토지처분이 실시되는 등 寺社의 토지등록이 각 寺社에서 실시할 수 있게 되고 本山의 경제적인 권한도 축소되는 등 本山의 지위는 상대적으로 저하되지 않을 수 없었다. 그리하여 종파인 本山의 권력이 저하되고, 本山과 末寺의 包括關係가 강화되는 등 일본의 불교단체가 사회를 통합하는 기능이 약화되는 결과가 빚어졌다. 또 이러한 정책으로 인해 교의적인 문제보다도 경제적인 문제에 의한 종파 이탈, 옴진리교(オウム眞理敎)의 일련의 사건, 탈세, 靈感商法 등 종교단체가 여러 가지 사건을 일으키는 등 부작용이 나타나고 종교의 신뢰는 땅에 떨어지게 되었다. 이것이 모든 원인이라고는 말할 수 없지만, 현재로서는 일본최대의 종교세력인 불교도 '葬式佛敎'라고 야유받을 정도이고, 일본인구의 70%는 특정종교를 가지고 있지 않을 정도로 종교는 일본사회를 통합하는 힘을 잃어버렸다. 또 옴진리교사건을 계기로 平成 7년(1995년)에「종교법인법」은 시행 이래 실질적인 커다란 제도개정이 실시되었다. 이 개정은 종교 단체에 대한 규제 강화가 아닌가, 信敎의 自由나 정교분리에 위반되는 것은 아닌가 하는 논의를 불러 일으켰다. 이러한 논의가 일어나는 것 자체가, 일본에 信敎의 自由와 정교분리의 정신이 정착하고 있다는 사실을 보여주고 있다고 할 수 있다.

한편, 한국의 불교는 오랜 시간 국교로서 지위를 갖고 있었지만, 조선시대의 철저한 崇儒廢佛政策에 의해 거의 숨이 끊어진 상태에 놓여있었다. 이러한 상태에 변화를 가져 온 것은 식민지통치에 한일 공통의 문화적 기반인 불교를 이용하려고 한 일본이었다. 불교는 일본 정부, 일본불교계의 후원을 얻어, 오랜 세월 시행되지 않았던 「僧侶 都城出入禁止」의 解禁을 달성하고 본격적인 포교를 개시하게 되었다. 일본 불교 각 종파도 한반도내에서의 포교활동을 시작했지만, 조선불교의 사찰을 일본 불교 각 종파가 다투어 末寺로 흡수함으로써 조선불교전체를 일본의 한 종파로 예속시키려는 사태가 발생했다. 조선총독부는 조선불교가 이처럼 분열되는 사태를 통제 관리의 관점에서 좋지 않게 생각하고 「사찰령」을 시행해 조선불교에 30本山(후에 31寺)을 정하고, 그 本山을 중심으로 다른 사찰들을 末寺로 조직하여 일본 불교 각 종파의 영향을 배제했다. 이 정책은 조선 불교 운영의 근대화라는 논리로 정당화 되었다. "근대화"라는 영향을 주었다고 하는 측면도 있었지만, 진정한 목적은 식민지통치를 효율적으로 시행하려고 하기 위한 것이었다.

또 일본, 일본불교의 '근대'적인 분위기에 접해 일본적인 것을 행하려고 하는 움직임도 나왔다. 그 중에서 가장 상징적인 것은 帶妻僧의 출현이었다. 일본불교와의 접촉에 의해 帶妻하는 승려가 증가했다. 3·1

독립운동의 일원인 백용성이 반대의 건의서를 조선총독부에 제출하고, 한용운은 대처공인을 요구하는 건의서를 제출하는 등 조선불교계에서도 큰 논쟁거리가 되었다. 조선총독부는 현실추인의 형식으로 대처승을 인정하고, 그 후 일본의 식민통치에 대처승을 적극적으로 이용했다. 해방 때에는 대처승이 80%를 차지하고 주요한 사찰의 주지는 대처승이 차지하고 있었다. 당시는 일본의 관점에서 볼 때 내지(內地)인 일본의 공인 종교를 완만하게 침투시켜 조선을 내지(일본)와 동일하게 하려고 한 "內地延長主義" 정책을 실행했다. 그리고 조선총독부는 「사찰령」외에도 「사찰령시행규칙」·「경학원규정」·「포교규칙」 등의 종교관련법령에 의해 모든 종교를 제도화하고 그 수장의 임면을 승인, 또는 허가하는 것으로 종교단체의 인사권을 장악하고, 효율적인 관리를 하려고 했다. 이와 같이 조선총독부에 의한 엄격한 종교정책은 점차로 "내지연장주의" 정책을 벗어나 내지(일본)보다 훨씬 엄격한 정책으로 이행되어 갔다. 그리고 식민지에서 실시된 이 엄격한 정책은 후에 "내지(일본)"에도 영향을 끼쳤다. 그러나 조선 불교계에서는 활동을 극단적으로 제한하는 식민지 지배라고 하는 현실 속에서도 자발적인 불교의 근대화를 추진하려는 여러 가지 움직임―조계종(대처승), 선학원(수좌), 만당(한용운), 대각교(백용성)의 흐름 등―이 있었다는 사실도 간과할 수 없다.

　해방을 맞이하고, 한반도는 분단되어 남쪽에서는 미군정이 시작되고, 후에 대한민국이 성립되었다. 信仰自由와 政敎分離가 규정된 헌법도 시행되었지만 일본식민지통치에서 종교정책의 상징이었던 「사찰령」은 그대로 존속되고, 1962년까지 불교단체를 계속 관리하게 된다. 또 기성권력층이었던 대처승과 그것을 공격하는 비구승과의 다툼이 불교정화운동으로 나타났다. 당시 최고 권력자였던 이승만 대통령도 대처승은 "친일"이며 반민족적이라는 이유로 한국불교계에서 배척하라는 諭示를 발표하는 등 대처승과 비구승의 다툼은 더욱더 과격해져갔다.

한국에서는 국가설립 당초부터 친기독교, 기독교 우선정책이 실시되어 기독교도가 급격히 증가했다. 그 사이 불교는 「사찰령」에 의한 통제 관리를 더해 불교정화운동의 격화에 의한 혼란 속으로 빠져들었다. 5·16군사 쿠데타로 정권을 장악한 박정희는 5·16혁명과업의 일환으로 「불교재산관리법」을 제정하고 「사찰령」을 폐지했다. 그러나 그 법률의 성격은 「사찰령」과 별반 차이가 없을 정도로 통제관리가 엄격한 것이었다. 이 법률 하에서 불교정화운동은 일단 종결하고 비구승 중심의 大韓佛敎曹溪宗이나 帶妻僧 중심의 韓國佛敎太古宗이 탄생했다. 또 크게 성장하고 있던 기독교는 군사독재정권에 대한 민주화운동을 주도해나가는 등 사회시민단체로서 크게 성장했지만, 통제의 대상이 되고 권력층과의 대립이 깊어져 친기독교적인 정책은 실시할 수 없게 되었다. 1987년에는 불교 전체를 관리한 「불교재산관리법」을 대신해 불교 사찰만을 관리하는 「전통사찰보존법」이 제정되었다. 그러나 법률상 주요한 사찰은 그 법령의 작용을 받는 전통사찰인 경우가 많아서 불교에 대한 통제관리는 실질적으로 변함이 없었다. 2009년에는 「전통사찰보존법」을 일부 개정하여 「전통사찰의 보존 및 지원에 관한 법률」이 제정되었다. 조금은 완만해졌지만 여전히 통제 관리는 계속되고 있다. 한국은 현재 각 종교마다 적용되는 법률이 다른 상황이다. 이에 종교단체를 일원적으로 관리하는 「종교법인법」의 제정을 요구하는 움직임도 나타나고 있다.

V. 結論

　불교단체의 변천이라는 관점에서 보면, 「불교재산관리법」 시행시기에 대한불교조계종이 탄생한 이래 한국불교태고종을 시작으로 하는 몇 개의 불교단체가 생겼지만, 통합단체로서 성립한 조계종의 존재감은 타 종을 압도하고 있는 실정이다. 이 통합단체의 성립은 정책적인 것이었다고 말할 수 있다. 종파의 이탈은 「사찰령」으로는 전혀 상정되지 않는 실정이었다. 「불교재산관리법」에 따라 새로운 불교교단의 설립이 신청되고 인가되었지만, 법규상의 설립에 관한 상세한 규정은 없고, 겨우 등록신청의 부처와 관리청이 정해져있을 뿐이다. 이것은 「전통사찰보존법」과 「전통사찰의 보존 및 지원에 관한 법률」에서도 마찬가지이며, 관할청의 판단이 크게 영향을 미치고 있다.

　이와 같이 신앙의 자유와 정교분리를 표방하고 있지만, 일원적인 종교 관련법이 정비되지 않고 일본식민지 시기의 법률이 오랜 시간 그대로 온존되면서 그 후의 법률도 舊法의 성격을 이어받아 공권력의 통제를 강하게 받아들이게 되었다. 거기에 불교정화운동이라는 종교운동이 계속되었다. 이 과정에서 신앙의 자유와 정교분리를 요구하기 보다 공권력의 지배를 얻어 통합 교단으로서 인정을 받으려고 스스로 공권력에 예속되는 결과를 낳았다. 그러나 일본과 같이 정교분리가 관철되지 않는 것은 다행으로, 공권력의 통제 하에 종파 이탈(포괄관계의 폐지)이 억제되었다. 이것은 교단 本山와 末寺사이의 관계에 있어 本山의 힘이 온존되고, 종파로부터의 이탈이 쉽다고 말할 수 없는 상황이 발생하게 된 것이다. 그리고 本山의 힘이 온존되고 있는 것이 종교단체가 사회를 통합하는 힘을 온존하는 요인의 하나가 되었다는 것을 지적할 수 있겠다.

　한국에서는 현재 국민의 수준에 따라 「종교법인법」의 제정이라는 새로운 움직임이 나타나고 있어, 앞으로 신앙의 자유와 정교분리의 원칙이 보다 중시되는 방향으로 향하고 한국 종교 관련법의 큰 변혁이 일어날 가능성, 종교정책의 전환이 일어날 가능성이 있다고 생각할 수 있다. 그것은 불교단체를 시작으로 하는 종교단체의 본연의 자세에 큰 변혁을 가져올 것이다. 따라서 이와 같은 새로운 움직임, 종교정책과 교단의 편성과정에 대해 지속적으로 주시할 필요가 있다.

지금까지 논의한 근현대 한일의 종교정책과 불교교단의 변천을 도표로 정리하면 다음과 같다.

近現代 韓日 宗教政策과 佛教教團의 変遷

한국			일본	
종교정책	불교교단		종교정책	불교교단
폐불숭유정책		近世	寺請제도 宗旨人別帳	
	・선교통합됨			・사실상의 국교
		近代	「신불분리령」(1868) 폐불훼석 운동	
				・神道 강화 ・佛教 약화
			대교선포운동(1871-1884년)	
				・협력에서 이탈로
			「대일본제국헌법」(1889) 제한적 信教자유・정교분리	
「승려도성출입금지」해제(1895)				
	・포교활동의 재개			
「종교의 선포에 관한 규칙」(1906)				

・불교의 근대화 추진 ・전통부흥 노선의 대립 식민지「사찰령」체제 「사찰령」(1911), 「포교규칙」(1915) 등 　　　・31本山체제로 의한 　　　　종단 기능의 분열 　　　・「사찰령」에 대한 　　　　저항운동 　　　・통합불교종단인 　　　　조선불교조계종의 성립 「사찰령」체제의 법령들이 「종교단체법」에 영향		「종교단체법」(1940) 종교계에 이익 부여, 관리와 통제 강화 　　　・국가신도체제의 확립 　　　・불교교단의 통합 진행
미군정 「사찰령」체제 유지 친기독교 정책 　　　・불교정화운동 　　　・"친일"배제 　　　・대처승와 비구승의 　　　　대립 현재화 이승만 대통령의 친기독교 정책 유지 이승만 대통령의 유시(1954~) 　　　・비구승 중심의 교단 　　　・대처승과 비구승의 　　　　대립격화, 법정투쟁 　　　・대한불교조계종 　　　　성립(1962)	1 9 4 5 年 以 後	GHQ(미군정) 「인권지령」(1945) 「신도지령」(1945) 「종교법인령」(1945) 「종교단체법」등의 폐지 信敎自由, 정교분리의 확립, 초국가주의와 군국주의의 배제라는 三大原則 　　　・불교교단의 분리와 　　　　독립 격증 「일본국헌법」(1947) 三大原則 정신의 입법화 「종교법인법」(1951) 법인등록은 포괄, 단립 종교단체가 가능 　　　・불교교단의 분리, 　　　　독립이 진행 　　　・종파 이탈 문제 발생

「불교재산관리법」(1962) *5·16혁명과업의 일환* *불교교단의 등록 가능으로* 　　・한국불교 태고종 성립(1970) 　　　・불교계의 「불교재산 　　　　관리법」철폐운동 「전통사찰보존법」(1987) *법의 대상이 교단에서 사찰로* 　　　・「종교법인법」의 　　　　제정 시민운동 「전통사찰의 보존 및 지원에 관한 법률」(2009) 　　・사찰에 대한 규제 완화	「종교법인법」의 근본적인 개정(1995) 　・종교 법인에 대한 규제 　　강화의 움직임(?)

〈자료: 논자 작성〉

위와 같이, 近現代 韓日 宗教政策과 佛教教團의 變遷을 「근대 이전 한일 불교사의 개략」("한일 독자적인 종교정책과 불교교단")―「근대의 한일 종교정책과 불교」("합병기의 종교정책과 불교교단")―「1945년 이후의 한일 종교정책과 불교」("한일 독자적인 종교정책과 불교교단")라고 하는 3개의 시기 구분으로 나누어 역사적 변천을 검증해 왔다. 시기 순서대로 내용을 간략하게 요약해서 다시 정리해 보고자 한다.

첫 번째로, 「근대 이전 한일 불교사의 개략」은 한일 양국이 독자적인 종교정책과 불교교단을 갖고 있던 근대 이전 시기를 전반적으로 다루고 있다. 한일 양국에서 고대·중세까지 불교는 실질적인 국교로서 역할을 하며 호국불교적인 성격을 가졌다. 근세에 들어서 일본에서는 사청제도와 같이 불교에 종교적인 영역뿐만 아니라 세속 권력의 통치 기구·행정 기구라고 하는 역할이 주어져 불교가 민중의 생활 속에 침투되어 갔다. 이에 비해 한국에서는 조선 왕조의 철저한 崇儒廢佛政策에 의하여 불교가 국교적인 입장에서 벗어나 민중과 사회로부터 배제되어 산간으로 쫓겨 들어가 명맥만을 유지하는 산림 불교로 전락하였다. 본 장에서는 이런 이유로 근대를 맞이하는 전 단계인 근세에는 한일 불교 사이에 큰 차이가 나타나게 되었다는 사실을 밝히고 있다.

두 번째로,「근대의 한일 종교정책과 불교」는 근대화된 일본에 의해 조선이 합병되어 양쪽 모두 천황중심의 국가 체제에 불교교단이 영향을 받던 시기를 다루고 있다. 일본에서는 정치적으로 불안정한 메이지 정부가 제정일치를 목적으로 신도를 국교화하기 위해서 폐불적인 정책을 실시했지만, 강대한 불교세력의 저항에 의해서 좌절되었다. 또, 당시의 서구 제국으로부터의 기독교 포교의 용인을 허락하라는 압력에 따라 신교 자유의 확립이 요구되면서「대일본제국헌법」에 제한적이지만 신교의 자유가 명기되었다. 이러한 현실에 직면한 메이지 정부는 불교교단의 힘을 배제하는 것이 아니라, 반기독교 세력 또는 국가 신도를 보조하는 세력으로서 불교교단을 이용하는 정책으로 전환을 도모했다. 조선의 식민지 통치를 실시하는 주체인 조선총독부는, 불교의 근대화라고 하는 명분 아래 조선불교에 간섭하였다. 그리고,「사찰령」체제에 의해서 조선불교를 거의 완전하게 일본의 통제 하에 두었다. 이 같은 종교정책들은 모두 일본에게 최대의 이익을 주는 것을 전제로 정책을 시행하였다. 이러한 상황에서도 조선불교계는 다양한 저항운동을 시도하였지만 실질적인 성과를 낳을 수는 없었다. 또, 식민지하의 한국에서 행해진 종교정책, 당초는 "內地"=일본의 공인 종교를 완만하게 침투시켜 조선을 "內地"와 동일하게 하려고 하는 "內地延長主義"적인 정책을 실행했지만, 점차 "內地延長主義"적인 정책과 다르게 "內地"보다 훨씬 더 강력한 정책으로 이행하였다. 그리고「사찰령」체제하에서 실시된 정책들은 뒤에「종교단체법」(1939년)에 볼 수 있듯이 "內地"=일본에도 영향을 끼친 것이었다.

이와 같이,「근대의 한일 종교정책과 불교」의 특징은 근대적인 종교정책, 즉 어느 정도 신교 자유를 인정하면서도 국가의 근대 법규로 종교를 관리·통제하는 정책에 대해, 불교교단도 거기에 대응해서 효율적인 형태로 변경될 것이 요구되었다는 점에 있다. 그리고 근대 한일의 종교정책은 최종적으로 내지(일본)와 외지(한국) 모두 일본의 국수주의적·군국주의적인 체제의 유지·강화라는 점에 수렴되었으며, 불교교단은 국가의 관리와 통제를 위해 효율적인 구단 운영이 요구됨에 따라 종파나 주지의 법적인 책임자를 명확화하였다. 또, 국가의 관리·통제가 강한 종교정책에 의해 불교교단의 성격도 皇民化政策(敎育)의 일환으로 天皇崇拜에 협력하는 皇道佛敎的 佛敎가 되었다.

세 번째로,「1945년 이후의 한일 종교정책과 불교」에서는 일본에서는 종전, 한국에서는 해방이라고 하는 큰 변혁이 일어난 1945년 이후 양국의 종교정책과 불교교단의 상호관계를 다루고 있다. 일본에서는 미국의 점령 통치로 信敎自由, 정교분리, 종교계로부터의 초국가주의와 군국주의적 사상의 배제라는 三大原則이 강력히 추진되었다. 이들은「일본국헌법」에도 받아들여져 현행「종교법인법」에도 이어지고 있다. 그러나 單立宗敎團體에서의 종교법인화도 가능하게 되어 종파를 통할하는 包括宗敎團體의 힘이 매우 약화되었기 때문에, 종파 이탈이라는 이제까지 없었던 문제로 고민하게 되었다. 그러나 이것은 信敎自由, 정교분리 등의 원칙이 준수되고 공권력이 종교 문제에 간섭하지 않게 된 것을 의미하는 것이었다.

한편, 똑같이 미국의 통치를 받은 한국에서는 전개가 전혀 달랐다. 한국에서는 일본식민지 시기의 「사찰령」 체제의 유지가 인정되어, 미국 군정과 이를 계승한 이승만 정권에서도 친기독교적인 정책이 실시되었다. 따라서, 信敎自由와 정교분리는 헌법에서는 보장되고 있었지만 실제로 실현되었다고 말할 수 없는 상황이 계속되었다. 불교는 이러한 외부적 요인과 함께 불교정화운동으로 대표되듯이 내부적 요인에 의한 격심한 대립 상태에 놓이게 되었다. 이러한 문제를 해결하기 위해 불교교단은 공권력의 지지를 받으려고 자진해서 정치권력에 예속되었다. 이러한 예속화는 서서히 개선의 징조를 보이기는 했지만, 아직도 완전히 해소되지는 않았다. 그러나 불교교단에서 종교단체로서의 허가에는 종단으로서의 등록과 관할청의 재량이 많이 남아 있었기 때문에, 일본과 같이 종파 이탈이나 교단의 설립이 쉽지 않아 기존 교단의 힘이 온존되는 결과가 생겼다.

근년에 일본에서는 1995년 「종교법인법」 개정이 공권력에 의한 규제의 강화는 아닌가 하는 논의가 일어나고, 한국에서는 법의 평등을 요구해 모든 종교단체가 일원적인 종교법에 의해 관리되어야 한다고 하면서 「종교법인법」과 같은 법률의 성립을 요구하는 움직임도 나타나고 있다.

이상과 같은 사실에서 보면, 「1945년 이후의 한일 종교정책과 불교」의 특징은, 1945년 이전의 관리 통제가 엄격한 종교정책으로부터의 이탈의 과정이었다고 말할 수 있다. 이것은 일본에서는 1945년의 GHQ 점령 통치의 강력한 권한에 의해서, 신교의 자유의 확립, 정교분리, 종교계로부터의 초국가주의·군국주의적 사상의 제거라는 三大

原則이 철저히 엄수되는 것에 의해 개시되었다. 그 이후, 현재까지 꽤 엄격하게 이 三大原則의 정신은 계승되어 왔다. 한편, 한국에 있어서는 미군정 이후도 1945년 이전의 매우 관리 통제가 엄격한 종교정책의 대표인「사찰령」체제가 계속되어 그 후의 종교정책도 그 영향을 받고 있었다. 이러한 정책에 변화의 조짐이 나타난 것은, 1980년대의 민주화 이후이나 현재도 그 과정 중에 있다고 말할 수 있다. 이와 같이 1945년 이전의 관리 통제의 엄격한 종교정책으로부터의 이탈에 의해서, 양국 공간의 자유도에는 차이가 있겠지만 새롭게 자유로운 종교공간이 생겨나고 있는 것은「1945년 이후의 한일 종교정책과 불교」가 둘러싸여 있는 환경이라고 말할 수 있다.

하지만, 한일 양국의 불교단체가 새롭게 창설된 종교적 자유 공간을 능숙하게 이용을 못하고 있는 것이 현재의 실상이다. 그것은 불교 재산 취급에 관한 논의들이나 옴진리교 사건과 같은 문제가 그 새로운 종교 자유 공간 안에서 끊임없이 일어나고 있다는 사실에 잘 나타나 있다.

이러한 근현대 한일의 종교정책과 불교교단의 변천은 각 나라가 놓인 정치적 상황에 의해, 시대에 의해 크게 변화하면서 현재까지 계속되고 있다. 또 불교교단에서도 많은 요구가 나와 그때그때의 정치적 상황에 의해 당시의 종교정책에 커다란 영향을 미치고 있다. 종교라고 하는 존재는 사회 속에서 어떠한 활동을 할 때, 그것은 세속의 여러 가지 법규에 의해 규제되기 때문에 국가와 종교의 문제는 언제나 서로 영향을 주면서 변모해 가는 법이다. 근현대의 한국과 일본이 시행한 여러 가지 종교정책, 그리고 불교교단의 변천도 국가와 종교의 복잡한 상호 관계가 빚어낸 결과라고 할 수 있다.

본 연구는 근대부터 현재까지 한일 양국의 종교정책과 불교교단의 변천을 동시에 개관함으로써, "한일의 독자 종교정책과 불교교단"―"합병기의 종교정책과 불교교단"―"한일 독자의 종교정책과 불교교단"이라고 하는 도식 속에서 양국의 종교정책과 불교교단의 역사적 변천을 밝혀 왔다. 이 과정에서 근현대의 한일 종교정책이 어떠한 정치적 배경으로 시행되어 왔는지를 분명히 할 수 있었을거라 생각한다. 그리고 그러한 한일 종교정책에 의해 각각의 불교교단이 어느 정도 많은 영향을 받아 왔는지 하는 것―일본 식민지 지배의 영향이 해방 후 한국의 자립적 발전의 저해 요인으로 어떻게 영향을 주어 왔는지 라는 문제를 포함한다―을 제시할 수 있었을 거라 생각한다.

본 연구에서 보여주고자 하는 것은 국가와 종교, 종교정책과 불교교단과의 긴장과 화해의 역사였으며, 세속 권력이 종교에 대해 행한 정책은 종교 활동을 하는 주체가 되는 불교교단의 본연의 자세를 크게 바꿀 정도의 힘을 갖고 있다고 하는 인식이었다. 따라서 우리들은 큰 권력을 갖는 국가의 종교정책과 불교교단의 변천을 앞으로도 주의 깊게 살펴 볼 필요가 있다. 그것이 종교가 국가에 의해 유린되는, 근현대의 쓰라린 역사를 되풀이하지 않기 위한 유일한 방법이기 때문이다.

본 연구는 근현대 한일의 종교정책과 불교교단 변천의 비교 연구로, 근대부터 현대까지의 한일 양국에서 실시된 종교정책과 불교교단의 변천을 법률적 논의까지 포함해 검토해 왔다. 특히 종교정책 연구에 법률적인 논의를 포함시켰다는 점에서 본 연구는 기존의 다른 논문과 크게 차별된다고 할 수 있다.

그러나 본 연구의 한계로는 종교정책에 있어, 불교교단 이외의 교단의 변천에 대해서는 많이 언급할 수 없었다는 점을 들 수 있다. 향후 연구 과제로는 불교교단에 직접 영향을 준 주요한 종교법에 대한 연구 이외에 「국립공원관리법」·「문화재보호법」·「교육기본법」 등과 같은 다양한 종교관련법과의 관계나 영향에 관한 연구가 이루어질 필요가 있다고 판단한다.

引用文獻

韓国語 文献 (가나다 順)

강돈구 1990. 「韓國 近代 宗敎運動과 民族主義의 關係에 대한 硏究」. 서울 : 서울大學校 박사학위논문.
_____ 1992. 『韓國 近代宗敎와 民族主義』. 서울 : 集文堂.
_____ 1993. 「美軍政의 宗敎政策」. 『종교학연구』 12, 서울 : 서울대학교 종교학연구회, pp. 15-42.
_____ 외 2009. 『현대 한국의 종교와 정치』. 성남 : 한국학중앙연구원.
공보처 1953. 『大統領李承晩博士談話集』. 서울 : 公報處.
_____ 1956. 『大統領李承晩博士談話集』 第2輯. 서울 : 公報處.
국사편찬위원회 2005. 『高宗實錄』. http://sillok.history.go.kr/inspection/inspection.jsp?mTree=0&id=kza (2010. 7. 23. 접속).
금장태·유동식 1986. 『韓國 宗敎 思想史 II : 儒敎·基督敎篇』. 서울 : 延世大學校 出版部.
김경재 1995. 「종교적 갈등 사회와 종교 다원주의」. 『사회 이론』 13, 서울 : 한국사회이론학회, pp. 17-33.
김경집 1998. 『韓國近代佛敎史』. 서울 : 경서원.
김광식 解題 1996. 『佛敎淨化紛爭資料』. 韓國近現代佛敎資料全集 68. 서울 : 民族社.
_____ 1998. 『韓國 近代佛敎의 現實認識』. 서울 : 民族社.
_____ 2002. 『새불교운동의 전개 : 성찰로 본 20세기 우리 불교』. 안성 : 도피안사.
_____ 2006. 『한국 현대불교사 연구』. 서울 : 불교시대사.
_____ 2007. 『민족불교의 이상과 현실』. 안성 : 도피안사.
_____ 2008. 『범어사와 불교정화운동』. 부산 : 영광도서.
_____ 2010a. 「식민지(1910~1945)시대의 불교와 국가권력」. 『大覺思想』 13, 서울 : 大覺思想硏究院, pp. 9-47.
_____ 2010b. 『한국 현대선의 지성사 탐구』. 경기도 포천도피안사.
김방룡 2001. 「해방후 한국불교의 분열과 신생종단 성립과정」. 『종교문화연구』 3, 오산 : 한신인문학연구소, pp. 287-315.

김성환 1983. 「분열된 교회 재산의 소유 관계」. 한국종교법학회 編, 『法과 宗敎』, 서울 : 弘盛社. pp. 255-269.
김순석 2003. 『일제시대 조선총독부의 불교정책과 불교계의 대응』. 고려사학회 연구총서 13. 서울 : 경인문화사.
_____ 2006. 「근대불교 종단의 성립과정」. 대한불교조계종 교육원 불학연구소 편, 『불교 근대화의 전개와 성격』, 서울 : 조계종출판사, pp. 47-91.
_____ 2008. 「이승만 정권의 불교정책」. 대한불교조계종 교육원 불학연구소 편, 『불교정화운동의 재조명』, 서울 : 조계종출판사. pp. 45-78.
_____ 2010. 「일제의 종교정책과 불교」. 대한불교조계종 교육원 불학연구소·대한불교조계종 종교평화위원회, 『불교와 국가권력, 갈등과 상생』, 서울 : 조계종출판사, pp. 213-244.
김종서 1995. 「우리 사회와 종교 : 이론적 관심의 문제」. 『사회 이론』 13, 서울 : 한국사회이론학회, pp. 35-41.
뉴스앤조이 2007. 「부패한 한국 종교계의 처방은 '종교법인법'뿐이다」(2007. 4. 25). http://www.newsnjoy.co.kr/news/quickViewArticleView.html?idxno=20891 (2009. 11. 17. 접속).
대한민국건국십년지간행회 편 1956. 『大韓民國 建國十年誌』. 서울 : 大韓民國建國十年誌刊行會.
대한불교조계종 1996. 『불교관례집』. 서울 : 대한불교조계종 총무원 출판사.
대한불교조계종 교육원 불학연구소 편 2001a. 『曹溪宗史 : 고중세편』. 서울 : 대한불교조계종 교육원.
_____ 편 2001b. 『曹溪宗史 : 근현대편』. 서울 : 대한불교조계종 교육원.
_____ 2006. 『불교 근대화의 전개와 성격』. 불교사 연구총서 1. 서울 : 조계종출판사.
_____ 2008. 『불교정화운동의 재조명』. 불교사 연구총서 2. 서울 : 조계종출판사.
_____ · 대한불교조계종 종교평화위원회 2010. 『불교와 국가권력, 갈등과 상생』. 불교사 연구총서 3. 서울 : 조계종출판사.
동국대학교 석림동문회 기획편찬 1997. 『한국불교현대사』. 서울 : 시공사.
동산혜일(東山慧日) 撰集 1941. 「龍城禪師語錄」, 『龍城大宗師全集』, 京城 : 三藏譯會, 1941.

로앤비(LawnB) 1960. 「대법원 1960. 9. 15. 선고 4291민상492 임야소유권이전등기등 [집8(1민), 136]」. http://www.lawnb.com/lawinfo/link_view.asp?cid=0AE1F78D04C24573BACD0AFC9C083FEE (2010. 9. 10. 접속).

_____ 1962. 「대법원 1962. 4. 12. 선고 294민상998 부동산소유권이전등기 [집10(2민), 84]」. http://www.lawnb.com/lawinfo/link_view.asp?cid=8CA2162DC32F45FF972EA93CAB3B03CA (2010. 9. 10 접속).

_____ 1970. 「대법원 1970. 2. 10. 선고 66누120 불교단체등록처분취소등 [행판집 29-50]」. http://www.lawnb.com/lawinfo/link_view.asp?cid=D47C3CF90B2C40B183BD9273E8DED6DE (2010. 9. 10. 접속).

_____ 1971a. 「서울고등법원 1971. 6. 29. 선고 70구323 불교단체로등록한처분취소청구사건 [고집1971특, 356]」. http://www.lawnb.com/lawinfo/link_view.asp?cid=C9FEE7CAF31E48058A8616E243410D7E (2010. 9. 10. 접속).

_____ 1971b. 「대구고등법원 1971. 12. 22. 선고 71나347 토지소유권이전등기말소청구사건 [고집1971민, 597]」. http://www.lawnb.com/lawinfo/link_view.asp?cid=0D83AC2B16434EF19CCBC9595E94F913 (2010. 9. 10. 접속).

_____ 1972. 「대법원 1972. 3. 21. 선고 71다1955 종헌무효확인 [집20(1) 민, 148]」. http://www.lawnb.com/lawinfo/link_view.asp?cid=A4BC8A4C51E649E1A29361E8BC633188 (2010. 9. 10. 접속).

_____ 1988. 「서울고등법원 1988. 2. 29. 선고 86구545 사찰등록무효확인」. http://www.lawnb.com/lawinfo/link_view.asp?cid=A032F34E0E8044E68C5351AF8EFA0E99 (2010. 9. 10. 접속).

_____ 1990. 「대법원 1990. 10. 30. 선고 90다5597 소유권보존등기말소등 [공1990. 12. 15. (886), 2403]」. http://www.lawnb.com/lawinfo/link_view.asp?cid=F1E84EF184A642DAADD14ECD295AD8B5 (2010. 9. 10. 접속).

_____ 1992. 「대법원 1992. 2. 25. 선고 88누4058 사찰등록무효확인 [공1992. 5. 1. (919), 1308]」. http://www.lawnb.com/lawinfo/link_view.asp?cid=2C0D0ACFB3164556AB81F09D963F22D5 (2010. 9. 10. 접속).

_____ 1994. 「서울민사지방법원 1994. 11. 4. 선고 94카합8319 총무원장직무집행정지등가처분 [하집1994(2), 415]」. http://www.lawnb.com/lawinfo/link_view.asp?cid=DEB31B2AF53F4DF4908A53C2B7C8262D (2010. 9. 10. 접속).

_____ 1995. 「대법원 1995. 7. 14. 선고 93다60045 토지소유권이전등기말소 [공1995.8.15.(998),2766]」. http://www.lawnb.com/lawinfo/link_view.asp?cid=4C32E8D5EBA84E51B564654354A65A03 (2010. 9. 10. 접속).

_____ 1996. 「부산고등법원 1996. 6. 20. 선고 95나11184 토지소유권보존등기말소등」. http://www.lawnb.com/lawinfo/link_view.asp?cid=1C94714CB4274133BDE1D1AB0ED0BDD6 (2010. 9. 10. 접속).

_____ 1997a. 「대법원 1997. 6. 13. 선고 96다31468 토지소유권보존등기말소등 [공97.8.1.[39],2144]」. http://www.lawnb.com/lawinfo/link_view.asp?cid=E284E6AF22A64312B08F1AF4F313BECC (2010. 9. 10. 접속).

_____ 1997b. 「대법원 1997. 12. 9. 선고 94다41249 소유권이전등기 [공98.1.15.[50],205]」. http://www.lawnb.com/case/case_history.asp?cid=A4CCDCA2C6614E7181A05C8588925708 (2011. 1. 21. 접속).

_____ 2000. 「대법원 2000. 5.12. 선고 99다69983 판결 소유권이전등기말소등 [공2000.7.1.(109),1400]」. http://www.lawnb.com/case/case_history.asp?cid=251725C604464692B2EF40928748 D7AB (2011. 1. 21. 접속).

_____ 2003. 「헌법재판소 2003. 1. 30. 선고 2001헌바64 구전통사찰보존법 제6조 제1항 제2호등 위헌소원 [헌공제77호]」. http://www.lawnb.com/lawinfo/link_view.asp?cid=178584E054FD497C8E9205890FDFEF52 (2010. 9. 20. 접속).

_____ 2008. 「대법원 2008. 5. 29. 선고 2007다14858 토지인도 [공2008하,913]」. http://www.lawnb.com/lawinfo/link_view.asp?cid=DA6F7060AD5C4C22AB3EEC5012FF07E9 (2010. 9. 10. 접속).

류승무 1995. 「한국 불교 조계종단의 정치 혁명: 원인과 사회적 조건을 중심으로」. 『사회이론』13, 서울 : 한국사회이론학회, pp. 197-225.

마성 2008. 「백용성의 승단정화 이념과 활동」. 김광식, 『범어사와 불교정화운동』, 부산 : 영광도서, pp. 540-563.

문화체육관광부 2008. 『2008 한국의 종교현황』. 서울 : 문화체육관광부.

문화체육관광부 2009. 「2008 한국의 종교현황」. http://www.mcst.go.kr/web/notifyCourt/press/mctPressView.jsp?pMenuCD=0302000000&pSeq=9726 (2009. 11. 30. 접속).

박경재 2007.「사찰의 법률관계에 관한 몇 가지 논점」. 부산대학교 법학연구소, 『法學硏究』,第48卷 第1號 第57號 부산 : 부산대학교 법학연구소, pp.785-817.

박경훈 1994.「근대불교사의 성격과 전개」. 불교신문사 편,『韓國佛敎史의 再照明』, 서울 : 불교시대사, pp.357-410.

박명수 2010.「다종교시대 정부의 종교문화정책 방향에 대한 고찰 (1)」.『목회와 신학』 2010. 9. http://www.duranno.com/moksin/detail.asp?CTS_CTG_COD=12&CTS_YER=2008&CTS_MON=4&CTS_ID=82031 (2010. 9. 20. 접속).

박승길 1998.「미군정의 종교 정책과 기독교의 헤게머니 형성」.『사회과학연구』 5, 대구 : 대구가톨릭대학교 사회과학연구소, pp. 61-90.

박종주 1994.「한국에서의 국가-종교관계 변화분석―제1-6공화국의 종교정책을 중심으로」.『韓國社會와 行政硏究』 5/1, 서울 : 서울행정학회, pp. 195-212.

법제처 국가법령정보센터 1948.「대한민국헌법 헌법 제1호」(1948. 7. 17. 제정). http://www.law.go.kr/lsInfoP.do?lsiSeq=53081#0000 (2010. 9. 10. 접속).

_____ 1962.「불교재산관리법」(법률 제1087호, 1962. 5. 31. 제정・시행). http://www.law.go.kr/LSW/lsInfoP.do?lsiSeq=4335#0000 (2010. 9. 10. 접속).

_____ 1970.「불교재산관리법시행령」(대통령령 제5307호, 1970. 8. 28. 전부개정・시행). http://www.law.go.kr/lsSc.do?menuId=0&p1=&subMenu=1&query=%EB%B6%88%EA%B5%90%EC%9E%AC%EC%82%B0%EA%B4%80%EB%A6%AC%EB%B2%95%EC%8B%9C%ED%96%89%EB%A0%B9&x=19&y=12#liBgcolor2 (2010. 9. 10. 접속).

_____ 1975.「불교재산관리법시행령」(대통령령 제7758호, 1975. 8. 22. 일부개정・시행). http://www.law.go.kr/lsSc.do?menuId=0&query=%EB%B6%88%EA%B5%90%EC%9E%AC%EC%82%B0%EA%B4%80%EB%A6%AC%EB%B2%95%EC%8B%9C%ED%96%89%EB%A0%B9#liBgcolor1 (2010. 9. 10. 접속).

_____ 1987.「대한민국헌법 헌법 제10호」(1987. 10. 29. 제정). http://www.law.go.kr/lsSc.do?menuId=0&p1=&subMenu=1&query=%ED%97%8C%EB%B2%95&x=0&y=0#liBgcolor1 (2010. 9. 10. 접속).

_____ 1988.「전통사찰보존법」(법률 제3974호, 1987. 11. 28. 제정, 1988. 5. 29. 시행). http://www.law.go.kr/LSW/lsInfoP.do?lsiSeq=58392#0000 (2010. 9. 10. 접속).

_____ 2008a. 「귀속재산처리법」. http://www.law.go.kr/lsSc.do?menuId=0&p1=&subMenu=1&query=%EA%B7%80%EC%86%8D%EC%9E%AC%EC%82%B0%EC%B2%98%EB%A6%AC%EB%B2%95&x=17&y=21#liBgcolor0 (2010. 9. 10. 접속).

_____ 2008b. 「귀속재산처리법시행령」. http://www.law.go.kr/lsSc.do?menuId=0&p1=&subMenu=1&query=%EA%B7%80%EC%86%8D%EC%9E%AC%EC%82%B0%EC%B2%98%EB%A6%AC%EB%B2%95&x=17&y=21#liBgcolor1 (2010. 9. 10. 접속).

_____ 2008c. 「귀속재산처리법시행세칙」. http://www.law.go.kr/lsSc.do?menuId=0&p1=&subMenu=1&query=%EA%B7%80%EC%86%8D%EC%9E%AC%EC%82%B0%EC%B2%98%EB%A6%AC%EB%B2%95&x=17&y=21#liBgcolor3 (2010. 9. 10. 접속).

_____ 2008d. 「향교재산법」(법률 제9215호, 2008. 12. 26. 일부개정·시행). http://www.law.go.kr/LSW/lsInfoP.do?lsiSeq=90415#0000 (2010. 9. 10. 접속).

_____ 2009. 「전통사찰의 보존 및 지원에 관한 법률」(법률 제9473호, 2009. 3. 5. 일부개정, 2009. 6. 6. 시행). http://www.law.go.kr/LSW/lsInfoP.do?lsiSeq=91876#0000 (2010. 9. 10. 접속).

불교닷컴 2009. 「전통사찰 보존·지원·템플스테이 활성 근거 마련」(2009. 2. 13). http://www.bulkyo21.com/news/articleView.html?idxno=6187 (2009. 11. 17. 접속).

불교방송 2009. 「불교계, 전통사찰보존법 개정안 환영」(2009. 2. 13). http://www.bbsi.co.kr/news/news_view.asp?nIdx=377985 (2009. 11. 23. 접속).

불교신문 2003. 「헌재 "전통사찰 공공수용 위헌"」(2003. 1. 30). http://www.ibulgyo.com/archive/21873/200608071154994633.asp (2009. 11. 17. 접속).

_____ 2009. 「전통사찰 보존 및 지원법 개정」(2009. 2. 13). http://www.taego.kr/ytboard/view.php?id=newsbulgyo&page=1&sn1=&sn=off&ss=on&sc=on&no=860 (2009. 11. 17. 접속).

불교신문사 편 1994. 『韓國佛教史의 再照明』. 서울 : 불교시대사.

불교신문사·선우도량한국불교근현대사연구회 편 2000. 『교단정화운동과 조계종의 정체성』. 서울 : 불교신문사·선우도량·한국불교근현대사연구회.

불교저널 2009. 「원숭이와 조삼모사, 그리고 자연공원법」(2009. 6. 30).
    http://www.buddhismjournal.com/news/articleView.html?idxno=787
    (2009. 11. 17. 접속).
불교평론 2007. 「대법원 육비구 할복(六比丘 割腹)사건」(2007. 12. 10).
    http://www.budreview.com/news/articleView.html?idxno=92
    (2009. 11. 17. 접속).
서울六百年史 2010. 「서울六百年史」. http://seoul600.seoul.go.kr/index.html
    (2010. 4. 16. 접속).
손성 1994. 「종교법의 의의」. 『佛敎大學院論叢』 2, 서울 : 東國大學校, pp. 135-150.
_____ 2006. 「日本의 宗敎立法의 敎訓 : 宗敎法人法을 中心으로」. 종교비판자유
    실현시민연대. http://www.gigabon.com/bbs/board.php?bo_table=cc00
    2&wr_id=198 (2009. 11. 17. 접속).
신광철 2001. "해방후 한국불교의 분열과 신생종단 성립과정"(김방룡)에 대한 논
    평」. 『종교문화연구』 3, 오산 : 한신인문학연구소, pp. 317-320.
신규탁, 「사찰 재산의 국가 관리」. 불교신문 2009. 6. 24. http://www.ibulgyo.com
    /archive2007/200906/200906201245493972.asp (2009. 11. 23. 접속).
안유림 2009. 「조선총독부의 기독교 단체 법인화(法人化) 정책—1920년대 선교회·
    교회재단법인 설립을 중심으로」. 『한국기독교와 역사』 31, 서울 : 한국기
    독교역사연구소, pp. 123-161.
안종혁 1983. 「判例를 통해 본 寺刹」. 한국종교법학회 編, 『法과 宗敎』, 서울 : 弘
    盛社, pp. 89-121.
연기영 1987a. 「佛敎財産管理法의 問題點 (1)」. 法律新聞 1987. 1. 26.
    http://www.lawtimes.co.kr/LawPnnn/Pnnyn/PnnynContent.aspx?serial
    =926&m=pnnyn (2009. 11. 17. 접속).
_____ 1987b. 「佛敎財産管理法의 問題點 (2)」. 法律新聞 1987. 2. 2.
    http://www.lawtimes.co.kr/LawPnnn/Pnnyn/PnnynContent.aspx?serial
    =927&m=pnnyn (2009. 11. 17. 접속).
_____ 1987c. 「佛敎財産管理法의 問題點 (3)」. 法律新聞 1987. 2. 9.
    http://www.lawtimes.co.kr/LawPnnn/Pnnyn/PnnynContent.aspx?serial
    =928&m=pnnyn (2009. 11. 17. 접속).

연합뉴스 2009. 「국내 종교 신도수 8천여만명(?)」(2009. 1. 19). http://media.daum. net/culture/others/view.html?cateid=1026&newsid=20090119191108578&p =yonhap (2009. 11. 30. 접속).
왕은미 2005. 「미군정기의 한국화교사회 : 미군정,중화민국정부, 한국인과의 관계를 중심으로」. 『현대중국연구』 7/1, 서울 : 현대중국학회, pp. 87-132.
우정상 1976. 金煐泰 공저. 『韓國佛敎史―附錄・年表』. 서울 : 進修堂.
유동식 1965. 『한국 종교와 기독교』. 서울 : 대한기독교서회.
윤선자 2003. 「일제하 종교단체의 경제적 기반 확보 과정」. 『한국근현대사연구』 24, 서울 : 한국근현대사학회, pp. 62-90.
윤승용 2007. 「외국의 종교법인법 시행형태 및 현황」. http://cafe.daum.net/jongby /F6Jq/35?docid=18CtL|F6Jq|35|20070303121345&q=%C7%D1%B1%B 9%20%C1%BE%B1%B3%B9%FD%C0%CE%B9%FD&srchid=CCB18CtL|F 6Jq|35|20070303121345 (2009. 11. 23. 접속).
윤이흠 1994. 조흥윤・정병조・금장태・주재용・최석우・김정위 공저. 『한국인의 종교』. 서울 : 문덕사.
윤철홍 2008. 「종교단체의 법인화」. 『比較私法』 15/4, 서울 : 韓國比較私法學會, pp. 129-168.
이능화 2002. 『朝鮮佛敎通史』. 서울 : 민속원. (1918년 初版)
이우영 1994. 『남북한 문화정책 비교에 관한 연구』. 서울 : 민족통일연구원.
이재헌 2010. 「이승만 정권의 종교정책과 불교정화」. 대한불교조계종 교육원 불학연구소・대한불교조계종 종교평화위원회, 『불교와 국가권력, 갈등과 상생』, 불교사 연구총서 3, 서울 : 조계종출판사, pp. 245-276.
이준우 1994. 연구. 한국법제연구원 편. 『종교법인법』. 서울 : 한국법제연구원.
이진구 2008. 「해방 이후 종교법인법 제정을 둘러싼 논쟁」. 『한국종교』 32, 익산 : 원광대학교 종교문제연구소, pp. 7-39.
이희수 1971. 『土着化過程에서 본 韓國佛敎』. 서울 : 佛書普及社.
장태주 1995. 「종교와 법문화」. 『사회 이론』 13, 서울 : 한국사회이론학회, pp. 135 -164.
재조선미국육군사령부 군정청 1947. 『在朝鮮美國陸軍司令部 軍政廳 法令集』. 서울 : 在朝鮮美國陸軍司令部 軍政廳.

정병조 1987. 「韓國社會의 變動과 佛敎」. 韓國精神文化硏究院, 『社會變動과 韓國의 宗敎』, 성남 : 韓國精神文化硏究院, pp. 77-167.

_____ · 이석호 1991. 『韓國 宗敎 思想史 Ⅰ : 佛敎·道敎篇』. 서울 : 延世大學校 出版部.

_____ 1994. 「불교」. 윤이흠 외, 『한국인의 종교』, 서울 : 문덕사, pp. 87-121.

_____ 1997a. 「한국에서의 불교연구, 그 현실과 과제: 해방이후 반세기를 중심으로」. 한국종교학회 편, 『해방 후 50년 한국종교 연구사』, 서울 : 窓, pp. 13-45.

_____ 1997b. 「한국에서의 불교연구, 그 현실과 과제: 해방이후 반세기를 중심으로」. 『종교연구』 13, 서울 : 한국종교학회, pp. 5-16.

조선닷컴(Chosun.com) 1954a. 「사찰소속의 토지반환. 李承晩대통령, 불교발전에 격려담화」(1954. 5. 23). http://srchdb1.chosun.com/pdf/i_archive/read_pdf.jsp?PDF=19540523003&Y=1954&M=05 (2009. 11. 14. 접속).

_____ 1954b. 「불교의 전통을 살리라. 李承晩대통령, 사찰농지반환을 강조」(1954. 11. 6). http://srchdb1.chosun.com/pdf/i_archive/read_pdf.jsp?PDF=19541106002&Y=1954&M=11 (2009. 11. 14. 접속).

_____ 1955. 「종교 불간섭 결의. 불교분쟁에 논의 않기로 낙착」(1955. 6. 17). http://srchdb1.chosun.com/pdf/i_archive/read_pdf.jsp?PDF=19550617001&Y=1955&M=06 (2009. 11. 14. 접속).

_____ 1962. 「朴正熙의장 불교분쟁에 경고담화. 수습책 따르도록」(1962. 1. 13). http://srchdb1.chosun.com/pdf/i_archive/read_pdf.jsp?PDF=19620113203&Y=1962&M=01 (2009. 11. 17. 접속).

_____ 1995. 「불교정화 "우리불교는 화엄이야"」(1995. 10. 23). http://srchdb1.chosun.com/pdf/i_archive/read_body.jsp?Y=1995&M=10&D=23&ID9510231101 (2009. 11. 14. 접속).

_____ 2007. 「1980년 법난(法難)은 신군부의 조계종 탄압」(2007. 10. 26). http://news.chosun.com/site/data/html_dir/2007/10/26/2007102600110.html (2011. 1. 20. 접속).

종교법인법제정추진시민연대 2007a. 「종교법인법 제정추진 시민연대 창립 선언문」. http://www.rnlaw.co.kr/bbs.html?Table=notice&mode=view&uid=96&page=3&section= (2009. 11. 17. 접속).

_____ 2007b. 「종교법인법이란 무엇인가?」. http://www.rnlaw.co.kr/sub_read. html?uid=94&section=sc20&section2= (2009. 11. 17. 접속).
종단사간행위원회 편 2006. 『太古宗史』. 서울 : 한국불교출판부.
차차석 2010. 「1960년부터 1980년대까지의 불교 차별과 배경」. 대한불교조계종 교육원 불학연구소·대한불교조계종 종교평화위원회, 『불교와 국가권력, 갈등과 상생』, 불교사 연구총서 3, 서울 : 조계종출판사, pp. 277-308.
최종고 1982. 「韓國 宗敎法의 歷史的 基礎」. 韓國宗敎法學會 編, 『宗敎法判例集』, 서울 : 育法社, pp. 21-68.
_____ 1995. 「한국에서의 법과 종교」, 『사회 이론』 13, 서울 : 한국사회이론학회, pp. 165-196.
통계청 2004. 「2003년 사회통계조사결과(보건, 사회참여, 소득과 소비)」. http://kostat.go.kr/(Accessed 30 Nov. 2009).
_____ 2006. 「2005 인구주택총조사 전수[인구부문] 집계 결과」. http://www.kostat.go.kr/ (2009. 11. 30. 접속).
_____ 2008. 「한국의 사회지표 : 2008년 한국의사회지표 / 13. 정부와 사회참여 / 13-5. 종교인구 분포」. http://kostat.go.kr/ (2010. 2. 21. 접속).
한국법제연구회 편 1971a. 『美軍政法令總覽 : 國文版』. 서울 : 韓國法制硏究會.
_____ 編 1971b. 『美軍政法令總覽 : 英文版』. 서울 : 韓國法制硏究會.
한국불교근현대사연구회 편 1999. 『新聞으로 본 韓國佛敎 近現代史』 上下. 서울 : 善友道場出版部.
한국불교승단정화사편찬위원회 1996. 『韓國佛敎僧團淨化史』. 慶州 : 韓國佛敎僧團淨化史編纂委員會.
한국불교신문 2009. 「종책 세미나 주제발표 1 : 근대불교사와 태고종」(2009. 6. 24). http://www.kbulgyonews.com/news.php?number=21518 (2009. 11. 17. 접속).
한국정신문화연구원 1987. 『社會變動과 韓國의 宗敎』. 성남 : 韓國精神文化研究院.
한국종교법학회 편 1982. 『宗敎法判例集』. 서울 : 育法社.
한국종교사회연구소 편 1991. 『한국의 종교와 종교법 : 종교단체의 법인체 등록』. 서울 : 민족문화사.
한국종교학회 편 1997. 『해방 후 50년 한국종교 연구사』. 서울 : 窓.
한석희 1990. 『일제의 종교침략사』. 김승태 옮김. 서울 : 기독교문사.

한용운 2007. 『조선불교유신론』. 이원섭 옮김. 서울: 운주사.
허명섭 2004. 「미군정의 종교정책과 한국교회」, 『韓國敎會史學會誌』 15, 서울: 韓國敎會史學會, pp. 283-307.
_____ 2005. 「미군정기 재한 선교사와 한국교회」, 『韓國敎會史學會誌』 16, 서울: 韓國敎會史學會, pp. 173-210.
헌법재판소 1948. 「대한민국헌법 [제정 1948. 7. 17. 헌법 제1호]」. http://www.ccourt.go.kr/home/information/low02_view.jsp?board_id=147&comm_id=B0002&pg=1&sch_sel=&sch_txt=&gubun=21 (2010. 9. 10. 접속).
_____ 1987. 「대한민국헌법 [전문개정 1987. 10. 29. 헌법 제10호]」. http://www.ccourt.go.kr/home/information/low02_view.jsp?board_id=344&comm_id=B0002&pg=1&sch_sel=&sch_txt=&gubun=21 (2010. 9. 10. 접속).

日本語 文献 (五十音 順)

青井哲人 2005. 『植民地神社と帝国日本』. 東京: 吉川弘文館.
秋枝蕭子 1971. 「森有礼とホーレス・マン: 「宗教自由論」を中心として」, 『文芸と思想』 35, 福岡: 福岡女子大学, pp. 62-76.
洗建 2008a. 「法律と宗教」, 洗建・田中滋 編, 『国家と宗教: 宗教から見る近現代日本』 上, 京都仏教会 監修, 京都: 法藏館, pp. 9-36.
_____ 2008b. 「宗教法人法改正問題」, 洗建・田中滋 編, 『国家と宗教-宗教から見る近現代日本』 下, 京都仏教会 監修, 京都: 法藏館, pp. 155-183.
有安道人 1879. 「禪僧侶妻帶論」, 明治仏教思想資料集成編集委員会, 『明治仏教思想集成』 6, 京都: 図書印刷同朋舎, pp. 171-174.
安中尚史 2003. 「近代における日韓仏教交流についての一考察」, 『印度學佛敎學研究』 51/2, 東京: 日本印度学仏教学会, pp. 712-716.
井門富二夫 編 1993. 『占領と日本宗教』. 東京: 未来社.
池田英俊 1988. 「近代仏教の形成と「肉食妻帯論」をめぐる問題」, 『印度學佛敎學研究』 37/2, 東京: 日本印度学仏教学会, pp. 774-780.
石井研士 2007. 『データブック現代日本人の宗教』. 増補改訂版. 東京: 新曜社.

井上恵行 1969.『宗教法人法の基礎的研究』. 東京 : 第一書房.
井上清 1974.『明治維新』. 日本の歴史 20. 東京 : 中公文庫.
色川大吉 1974.『近代国家の出発』. 日本の歴史 21. 東京 : 中公文庫.
上田勝美 1979.「信教の自由と政教分離の原則」.『宗教法研究』1, 京都 : 龍谷大学宗教法研究会, pp. 3-29.
_____ 1983.「信教の自由の保障 : 憲法学的にみた若干の論点」.『宗教法研究』5, 京都 : 龍谷大学宗教法研究会, pp. 81-103.
_____ 1985.「政教分離に関する憲法感覚と憲法解釈」.『宗教法研究』6, 京都 : 龍谷大学宗教法研究会, pp. 93-102.
梅田義彦 1971.『日本宗教制度史〈近代編〉』. 改訂増補. 東京 : 東宣出版.
ウッダード, ウィリアム P. 1988.『天皇と神道 : GHQの宗教政策』. 阿部美哉訳. 東京 : サイマル出版会.
_____ 1990.「日本における宗教と国家の関係」. 法性祐正 訳.『宗教法研究』12, 京都 : 龍谷大学宗教法研究会, pp. 97-170.
江口鑒次 1941.『宗教団体法論』上. 京都 : 立命館出版部.
江田俊雄 1977.『朝鮮仏教史の研究』. 東京 : 国書刊行会.
NHK放送文化研究所 編 1997.『データブック全国県民意識調査』. 東京 : 日本放送出版協会.
大家重夫 編 1986.『宗教関係判例集成6 租税・憲法第八十九条・国有社寺境内地処分法』. 東京 : 第一書房.
_____ 1991.『宗教法人所有不動産の処分行為』. 宗教関係判例集成 9. 東京 : 第一書房.
_____ 1994.『宗教法人と土地』. 宗教関係判例集成 10. 東京 : 第一書房.
大谷派本願寺朝鮮開教監督部 1927.『朝鮮開教五十年誌』. 京城 : 大谷派本願寺朝鮮開教監督部.
大峯顕 1996.「肉食妻帯の意識-無戒の思想」.『仏教』35, 京都 : 法藏館, pp. 83-92.
岡田浩樹 2002.「韓国仏教の屈折と蛇行 : 妻帯僧問題に見いだせるポスト・コロニアル状況」. 山路勝彦・田中雅一 編著,『植民地主義と人類学』, 西宮 : 関西学院大学出版会, pp. 513-545.
小畑雄治郎 1979.「いわゆる本山離脱の一考察」.『宗教法研究』1, 京都 : 龍谷大学宗教法研究会, pp. 146-153.

鎌田茂雄 1987.『朝鮮仏教史』. 東京: 東京大学出版会.

川瀬貴也 2002.「植民地朝鮮における日本仏教と宗教政策: 浄土真宗を中心に」.『國學院大学日本文化研究所紀要』89, 東京: 國學院大學日本文化研究所, pp. 51-85.

川瀬貴也 2009.『植民地朝鮮の宗教と学知: 帝国日本の眼差しの構築』. 東京: 青弓社.

姜渭祚 1976.『日本統治下朝鮮の宗教と政治』. 澤正彦・轟勇一 訳. 東京: 聖文舎.

姜敦求 2002.「光復後における韓国の社会変動と宗教」. 柳炳德・安丸良夫・鄭鎮弘・島蘭進 編,『宗教から東アジアの近代を問う: 日韓の対話を通して』, 東京: ぺりかん社, pp. 352-381.

姜東鎮 1979.『日本の朝鮮支配政策史研究: 1920年代を中心として』. 東京: 東京大学出版会.

木村幹 2000.『朝鮮/韓国のナショナリズムと「小国」意識: 朝貢国から国民国家へ』. 京都: ミネルヴァ書房.

桐ヶ谷章 1999.「宗教団体の自律性－日本の場合」.『宗教法』18, 京都: 宗教法学会, pp. 47-76.

金龍煥 2000.「韓国仏教の特色と現状」.『東洋学術研究』39/1, 東京: 東洋哲学研究所, pp. 54-75.

古賀和則 1993.「宗教制度の改編過程: 宗教行政を中心として」. 井門富二夫 編,『占領と日本宗教』, 東京: 未来社, pp. 203-237.

國學院大學 21世紀COEプログラム 2003.「日本人の宗教意識・神観に関する世論調査」. http://21coe.kokugakuin.ac.jp/modules/wfsection/article.php?articleid=96 (2010. 2. 21. 접속).

_____ 2004.「日本人の宗教団体への関与・認知・評価に関する世論調査」. http://21coe.kokugakuin.ac.jp/modules/wfsection/article.php?articleid=148 (2010. 2. 21. 접속).

国立国会図書館 1945a. "Memorandum for: Imperial Japanese Government. Through: Central Liaison Office, Tokyo. Subject: Removal of Restrictions on Political, Civil, and Religious Liberties. (SCAPIN-93)." http://www.ndl.go.jp/modern/img_t/M003/M003-001tx.html (2010. 8. 10. 접속).

_____ 1945b.「ポツダム宣言」. http://www.ndl.go.jp/constitution/etc/j06.html (2010. 8. 10. 접속).

_____ 1946.「日本国憲法」. http://www.ndl.go.jp/constitution/etc/j01.html
(2010. 8. 10. 접속).

小島和夫 1996.「宗教法人法の一部改正法をめぐる論議」,『中央学院大学法学論叢』
9/2, 我孫子 : 中央学院大学法学部, pp. 1-58.

小林孝輔 1988.「政教分離主義・考 : 宗教公法学の基本課題」, 和田英夫教授古稀記
念論集刊行会 編,『戦後憲法学の展開』, 和田英夫教授古稀記念論集, 東京 :
日本評論社, pp. 151-169.

財団法人 日本宗教連盟 2006.「新年を迎えて」. http://www.jaoro.or.jp/activity/newyear
_18.html (2010. 2. 21. 접속).

佐々木聖使 1985.「神道非宗教より神社非宗教へ : 神官・教導職の分離をめぐって」.
『日本大学精神文化研究所教育制度研究所紀要』16, 東京 : 日本大学精神文
化研究所, pp. 87-128.

ジャン, ファン ティ トゥ 2006.「日本仏教における妻帯問題 : 古代・中世・近世の実
態と歴史的変化」.『寧楽史苑』51, 奈良 : 奈良女子大学史学会. pp. 33-49.

小学館 日本大百科全書.「小学館 日本大百科全書」. http://100.yahoo.co.jp/ (2010.
8. 10. 접속).

_____「カイロ会談」. http://100.yahoo.co.jp/detail/%E3%82%AB%E3%82%A4%E3%83%
AD%E4%BC%9A%E8%AB%87/ (2010. 8. 10. 접속).

_____「モスクワ協定」. http://100.yahoo.co.jp/detal/%E3%83%A2%E3%82%B9%E3%8
2%AF%E3%83%AF%E5%8D%94%E5%AE%9A/ (2010. 8. 10. 접속).

宗教思想研究会 編 1980.『日本的宗教心の展開』. 東京 : 大明堂.

白鳥幸雄 1983.「教団組織のあり方について : 聖俗分離制についての考察」.『宗教法』
1, 京都 : 宗教法学会, pp. 51-66.

申昌浩 2002a.『韓国的民族主義の成立と宗教 : 東学・親日仏教・改新教(プロテスタ
ント)の分析を通じて』. 京都 : 国際日本文化センター.

_____ 2002b.「再生宗教としての朝鮮仏教と親日」.『日本研究』25, 京都 : 国際日本
文化センター, pp. 189-221.

末木文美士 1993a.「仏教学における日本仏教研究」.『日本仏教思想史論考』, 東京 :
大蔵出版, pp. 7-23.

_____ 1993b.「日本仏教 : 即身成仏論を中心に」.『日本仏教思想史論考』, 東京 : 大
蔵出版, pp. 50-76.

_____ 1993c.「「日本仏教」を再考する」.『日本仏教思想史論考』. 東京 : 大蔵出版, pp. 77-93.

_____ 2006.『日本宗教史』. 東京 : 岩波新書.

鈴木敬夫 1989.『朝鮮植民地統治法の研究 : 治安法下の皇民化教育』. 札幌 : 北海道大学図書刊行会.

隅谷三喜男 1974.『大日本帝国の試練』. 日本の歴史 22. 東京 : 中公文庫.

総務省 e-Gov 1951.「宗教法人法」(法律第126号, 1951. 4. 3. 제정, 最終改正 : 2006. 6. 2. 法律第50号). http://law.e-gov.go.jp/cgi-bin/idxselect.cgi?IDX_OPT=2&H_NAME=&H_NAME_YOMI=%82%b5&H_NO_GENGO=H&H_NO_YEAR=&H_NO_TYPE=2&H_NO_NO=&H_FILE_NAME=S26HO126&H_RYAKU=1&H_CTG=1&H_YOMI_GUN=1&H_CTG_GUN=1 (2010. 8. 10. 접속).

_____ 1962.「行政不服審査法」(法律第160号, 1962. 9. 15. 제정, 最終改正 : 2006. 6. 8. 法律第58号). http://law.e-gov.go.jp/htmldata/S37/S37HO160.html (2010. 8. 31. 접속)

曹洞禅ネット SOTOZEN-NET 2010.「宗門機構の詳しい説明」. http://www.sotozen-net.or.jp/sotosect/kikou_3.htm (2010. 8. 31. 접속).

高橋幸八郎 1972a.『日本近代化の研究 上 : 明治編』. 東京 : 東京大学出版会.

_____ 1972b.『日本近代化の研究 下 : 大正・昭和編』. 東京 : 東京大学出版会.

高橋亨 1973.『李朝仏教』. 東京 : 国書刊行会(初版 1929).

瀧澤信彦 1989.「政教分離の原則と「社会通念」」.『宗教法』8, 京都 : 宗教法学会, pp. 24-41.

立川武蔵 1995.『日本の仏教思想 受容と変容千五百年史』. 東京 : 講談社現代新書.

伊達光美 1948.『日本寺院法論』. 東京 : 巖松堂書店.

谷口知平 1981.「宗教団体の財産・離脱・懲戒をめぐる問題」.『宗教法研究』2, 京都 : 龍谷大学宗教法研究会, pp. 3-27.

_____ 1983.「本山・末寺と包括・被包括宗教法人寺院 : 本山と宗派一体化の問題について」.『宗教法研究』5, 京都 : 龍谷大学宗教法研究会, pp. 148-169.

朝鮮総督府 1940.『施政三十年史』. 京城 : 朝鮮総督府.

朝鮮總督府學務局社會教育課 1939.『朝鮮に於ける宗教及享祀要覧』. 京城 : 朝鮮總督府.

逵日出典 1986.『神仏習合』. 東京 : ロッコウブックス.

辻村志のぶ 2007.「雑誌『朝鮮仏教』にみる肉食妻帯問題(第九部会、〈特集〉第六十五回学術大会紀要)」.『宗教研究』80/4, 東京:日本宗教学会, pp. 1217-1218.
戸上宗賢 1993.「社寺領国有処分の意義と影響」. 井門富二夫 編,『占領と日本宗教』, 東京:未来社, pp. 239-263.
中井真孝 1994.『朝鮮と日本の古代仏教』. 大阪:東方出版.
中濃教篤 1968.『近代日本の宗教と政治』. 東京:アポロン社.
＿＿＿ 1973.「朝鮮「皇民化」政策と宗教」.『世界』327(1973年2月号), 東京:岩波書店, pp. 186-201.
中野毅 2003.『戦後日本の宗教と政治』. 東京:大明堂.
中野毅・飯田剛史 編 1997.『宗教とナショナリズム』. 京都:世界思想社.
中村生雄 2004.「肉食妻帯論続考(第五部会、〈特集〉第六十二回学術大会紀要)」.『宗教研究』77/4, 東京:日本宗教学会, pp. 1074-1076.
新田均 1997.「「神道非宗教」論の展開―浄土真宗の動きを中心として」.『近代政教関係の基礎的研究』, 東京:大明堂, pp. 67-92.
新田光子 1981.「国家と宗教の分離―日本の相対的分離主義批判」.『宗教法研究』2, 京都:龍谷大学宗教法研究会, pp. 159-183.
日本植民地研究会 編 2008.『日本植民地研究の現状と課題』. 東京:アテネ社.
忽滑谷快天 1930.「朝鮮佛教興廢の主因に就て」.『駒澤大学仏教学会年報』1, 東京:駒澤大学, pp. 10-26.
長谷山正観 1956.『宗教法概論』. 東京:有信堂.
濱田源治郎 1978.『裁判宗教法』. 上代琢禅 監修. 東京:酒井書店.
韓晳曦 1988.『日本の朝鮮支配と宗教政策』. 東京:未来社.
韓龍雲 1998.『朝鮮仏教維新論』. 金学鉉 訳. 東京:中央大学総合政策学部.
平野武 1985.「シュタインの日本政教関係」.『宗教法研究』6, 京都:龍谷大学宗教法研究会, pp. 103-134.
＿＿＿ 1996.『宗教と法と裁判』. 京都:晃洋書房.
＿＿＿ 2004.『明治憲法制定とその周辺』. 京都:晃洋書房.
平山洋 1992.「朝鮮総督府の宗教政策」. 源了円・玉懸博之 共編,『国家と宗教:日本思想史論集』, 京都:思文閣出版, pp. 491-512.
福田繁 1993.「検証GHQの宗教政策」. 井門富二夫 編,『占領と日本宗教』, 東京:未来社, pp. 521-560.

福間光超 1985.「近代仏教における本末制度」.『宗教法研究』6, 京都：龍谷大学宗教法研究会, pp. 77-92.

藤田定興 1992.『寺社組織の統制と展開』. 東京：名著出版.

文化庁 編 1983.『明治以降宗教制度百年史』. 東京：原書房.

文化庁長官官房政策課 監修 2010.『平成22年度我が国の文化行政』. 東京：文化庁長官官房政策課.

堀一郎 編 1985.『日本の宗教』. 東京：大明堂.

堀一郎・小口偉一 監修 1973.『宗教学辞典』. 東京：東京大学出版会.

前田惠學 1976.「韓国仏教の特質：日本仏教のそれとの対比において」.『愛知学院大学文学部紀要』6, 名古屋：愛知学院大学, pp. 183-177.

_____ 1982.「仏教における文化摩擦の問題：日本仏教を中心として」. 池田長三郎 編,『アジアの近代化と伝統文化』. 東京：巖南堂書店.

松波克英 2003.「被包括宗教法人からの被包括関係の廃止について：被包括関係廃止と宗教法人法78条の適用」.『宗教法』22, 京都：宗教法学会, pp. 69-93.

源了円・玉懸博之 編 1992.『国家と宗教：日本思想史論集』. 京都：思文閣出版.

箕輪顕量 2008.「現代日本仏教の特徴：妻帯の歴史的背景を考える」.『愛知学院大学文学部紀要』38, 名古屋：愛知学院大学文学会, pp. 364-345.

宮城泰年 1983.「離脱(被包括関係の廃止)いついて：特に総本山の離脱の一例」.『宗教法』1, 京都：宗教法学会, pp. 67-87.

村上重良 1988.『日本宗教事典』. 東京：講談社学術文庫.

村上専精 1926.『明治維新神仏分離史料』中. 東京：東方書院.

_____ 1927.『明治維新神仏分離史料』下. 東京：東方書院.

村上専精 他 1926.『明治維新神仏分離史料』上. 東京：東方書院.

明治仏教思想資料集成編集委員会 編 1982.『明治仏教思想資料集成』6. 京都：同朋舎.

百地章 1989.「政教分離解釈の方法をめぐって」.『宗教法』8, 京都：宗教法学会, pp. 42-64.

森有礼 1872.「英文 日本宗教自由論」. 編輯擔當代表者 吉野作造,『明治文化全集』11(1928), 東京：日本評論社, pp. 532-546.

文部科学省 1945a.「国家神道,神社神道ニ対スル政府ノ保証,支援,保全,監督並ニ弘布ノ廃止ニ関スル件」(1945. 12. 15. 連合国軍最高司令官総司令部参謀副官発第三号(民間情報教育部)終戦連絡中央事務局経由日本政府ニ対スル覚書).

　　　　　http://www.mext.go.jp/b_menu/hakusho/html/hpbz198102/hpbz198102_2_033.
　　　　　html (2010. 8. 10. 접속).
_____ 1945b. 「宗教法人令(抄)」(1945. 12. 28. 勅令第719号). http://www.mext.go.jp
　　　　　/b_menu/hakusho/html/hpbz198102/hpbz198102_2_172.html (2010. 8. 10. 접
　　　　　속).
_____ 2008. 「宗教統計調査」. http://www.mext.go.jp/b_menu/toukei/001/index39.htm
　　　　　(2010. 2. 21. 접속).
文部省宗教局 編纂 1922. 『宗教法規』. 東京 : 文部省宗教局.
安武敏夫 1979. 「宗派離脱に関する類型的考察(一)」. 『宗教法研究』1, 京都 : 龍谷大
　　　　　学宗教法研究会, pp. 60-118.
_____ 1981. 「宗派離脱に関する類型的考察(二)」. 『宗教法研究』2, 京都 : 龍谷大学
　　　　　宗教法研究会, pp. 106-158.
_____ 1983. 「宗派離脱に関する類型的考察(三・完)」. 『宗教法研究』5, 京都 : 龍谷
　　　　　大学宗教法研究会, pp. 170-211.
_____ 1985. 「宗派離脱問題」. 『宗教法研究』6, 京都 : 龍谷大学宗教法研究会,
　　　　　pp. 179-193.
_____ 1987. 「教団組織研究の課題」. 『宗教法研究』8, 京都 : 龍谷大学宗教法研究会,
　　　　　pp. 213-236.
_____ 1989. 「宗派と本山の法的諸関係の概観 : 明治期から宗教法人法に至る法制
　　　　　度の変遷との関連において」. 『宗教法』8, 京都 : 宗教法学会, pp. 105-123.
八木公生 2001a. 『天皇と日本の近代 上 : 憲法と現人神』. 東京 : 講談社現代新書.
_____ 2001b. 『天皇と日本の近代 下 : 「教育勅語」の思想』. 東京 : 講談社現代新書.
矢吹輝夫 2003. 「包括宗教団体からの包括関係の廃止について」. 『宗教法』22, 京都 :
　　　　　宗教法学会, pp. 95-113.
山路勝彦・田中雅一 編著 2002. 『植民地主義と人類学』. 西宮 : 関西学院大学出版会.
山辺健太郎 1971. 『日本統治下の朝鮮』. 東京 : 岩波新書.
柳聖旻 2002. 「日帝強占期の韓国宗教と民族主義 : 日帝の植民地宗教政策に対する
　　　　　韓国宗教の対応を中心として」. 柳炳徳・安丸良夫・鄭鎮弘・島薗進 編, 『宗
　　　　　教から東アジアの近代を問う : 日韓の対話を通して』, 東京 : ぺりかん社, pp. 3
　　　　　52-381.
柳東植 1975. 『韓国の宗教とキリスト教』. 金忠一 訳. 東京 : 洋々社.

柳炳德·安丸良夫·鄭鎮弘·島薗進 編 2002. 『宗教から東アジアの近代を問う：日韓の対話を通して』. 東京：ぺりかん社.

吉野作造 代表編輯 1928. 『明治文化全集』 11. 東京：日本評論社.

延基榮 2005. 「韓国仏教の歴史と現状」. 尹龍澤訳. 国際宗教研究所, 『現代宗教』, 東京：東京堂出版, pp. 250-271.

渡辺一雄 1982. 『宗教法人法例解』. 東京：第一法規出版.

渡部蓊 1992. 『新訂 逐条解説宗教法人法』. 東京：ぎょうせい.

英語 文献 (알파벳 順)

Kim, Hwansoo 2007. "Strategic Alliances: The Complex Relationship Between Japanese and Korean Buddhism, 1877-1912." Harvard University PhD dissertation.

_____ 2010. "The Future of Korean Buddhism Lies in My Hands: Takeda Hanshi as a Soto Missionary." Japanese Journal of Religious Studies 37/1, Tokyo: Nanzan Institute for Religion and Culture, pp. 99-135.

近現代 韓日 宗敎政策 比較硏究
- 佛敎敎團의 變遷을 中心으로 -

參考文獻

韓国語 文献　(가나다 順)

【韓国語 單行本】

姜敦求
　1990 『韓國 近代 宗敎運動과 民族主義의 關係에 대한 硏究』서울:서울大學校 大學院 학위논문(박사).
　1992 『韓國 近代宗敎와 民族主義』서울:集文堂.

강돈구 등 지음
　2009 『현대 한국의 종교와 정치』성남:한국학중앙연구원.

公報處
　1953 『大統領李承晚博士談話集』서울:公報處.
　1956 『大統領李承晚博士談話集 第2輯』서울:公報處.

琴章泰・柳東植
　1986 『韓國 宗敎 思想史 II 儒敎・基督敎篇』서울:延世大學校 出版部.

김광식
　1998 『韓國 近代佛敎의 現實認識』서울:民族社.
　2002 『새불교운동의 전개―성찰로 본 20세기 우리 불교―』경기:도피안사.
　2006 『한국 현대불교사 연구』서울:불교시대사.
　2007 『민족불교의 이상과 현실』안성:도피안사.
　2008 『범어사와 불교정화운동』부산:영광도서.
　2010 『한국 현대선의 지성사 탐구』경기:도피안사.

金光植 解題
1996 『韓國近現代佛敎資料全集 68 佛敎淨化紛爭資料』서울:民族社.

金敬執
1998 『韓國近代佛敎史』서울:경서원.

김순석
  2003 『고려사학회연구총서-13 일제시대 조선총독부의 불교정책과 불교계의 대응』서울 : 경인문화사.

大韓民國建國十年誌刊行會 編
  1956 『大韓民國 建國十年誌』서울 : 大韓民國建國十年誌刊行會.

대한불교조계종
  1996 『불교판례집』서울 : 대한불교조계종 총무원 출판사.

대한불교조계종 교육원 불학연구소 편
  2001 『曹溪宗史 : 고중세편』서울 : 대한불교조계종 교육원.
  2001 『曹溪宗史 : 근현대편』서울 : 대한불교조계종 교육원.
  2006 『불교사 연구총서① 불교 근대화의 전개와 성격』서울 : 조계종출판사.
  2008 『불교사 연구총서② 불교정화운동의 재조명』서울 : 조계종출판사.

대한불교조계종 교육원 불학연구소·대한불교조계종 종교평화위원회 공저
  2010 『불교사 연구총서③ 불교와 국가권력, 갈등과 상생』서울 : 조계종출판사.

동국대학교 석림동문회 기획 편찬
  1997 『한국불교현대사』서울 : 시공사.

문화체육관광부
  2008 『2008 한국의 종교현황』서울 : 문화체육관광부.

불교신문사 편
  1994 『韓國佛敎史의 再照明』서울 : 불교시대사.

불교신문사 선우도량한국불교근현대사연구회 [공]편
  2000 『교단정화운동과 조계종의 정체성』서울 : 불교신문사선우도량한국불교근현대사연구회.

禹貞相 金煐泰
  1976 『韓國佛敎史―附錄·年表』서울 : 進修堂.

유동식
　　1965 『한국 종교와 기독교』 서울 : 대한기독교서회.

윤이흠·조흥윤·정병조·금장태·주재용·최석우·김정위
　　1994 『한국인의 종교』 서울 : 문덕사.

李能和
2002 『朝鮮佛敎通史』 서울 : 민속원.(1918년 初版)

李喜秀
　　1971 『土着化過程에서 본 韓國佛敎』 서울 : 佛書普及社.

이우영
　　1994 『남북한 문화정책 비교에 관한 연구』 서울 : 민족통일연구원.

이준우 연구 ; 한국법제연구원 [편]
　　1994 『종교법인법』 서울 : 한국법제연구원.

在朝鮮美國陸軍司令部 軍政廳
　　1947 『在朝鮮美國陸軍司令部 軍政廳 法令集』 서울 : 在朝鮮美國陸軍司令部
　　　　 軍政廳.

鄭柄朝·李錫浩
　　1991 『韓國 宗敎 思想史 Ⅰ 佛敎·道敎篇』 서울 : 延世大學校 出版部.

宗團史刊行委員會 편
　　2006 『太古宗史』 서울 : 한국불교출판부.

韓國法制研究會 編
　　1971 『美軍政法令總覽 : 國文版』 서울 : 韓國法制研究會.
　　1971 『美軍政法令總覽 : 英文版』 서울 : 韓國法制研究會.

韓國佛敎近現代史研究會 編
　　1999 『新聞으로 본 韓國佛敎 近現代史 上』 서울 : 善友道場出版部.
　　1999 『新聞으로 본 韓國佛敎 近現代史 下』 서울 : 善友道場出版部.

韓國佛教僧團淨化史編纂委員會
　　1996 『韓國佛教僧團淨化史』慶州 : 韓國佛教僧團淨化史編纂委員會.

韓國精神文化硏究院
　　1987 『社會變動과 韓國의 宗敎』성남 : 韓國精神文化硏究院.

한국종교사회연구소 편
　　1991 『한국의 종교와 종교법 : 종교단체의 법인체 등록』서울 : 민족문화사.

韓國宗敎法學會 編
　　1982 『宗敎法判例集』서울 : 育法社.

한국종교학회 편
　　1997 『해방후 50년 한국종교 연구사』서울 : 窓.

韓晳曦 김승태 옮김
　　1990 『일제의 종교침략사』서울 : 기독교문사.

한용운 이원섭 옮김
　　2007 『조선불교유신론』서울 : 운주사.

【韓国語 論文】

강돈구
　　1993 「美軍政의 宗敎政策」『종교학연구』Vol.12 No.0 서울 : 서울대학교 종교학연구회 pp.15-42.

김광식
　　2002 「일제하의 불교」『새불교운동의 전개—성찰로 본 20세기 우리 불교—』경기 : 도피안사 pp.14-38.
　　2002 「일제하의 불교계 통일운동과 조계사」『새불교운동의 전개—성찰로 본 20세기 우리 불교—』경기 : 도피안사 pp.39-66.
　　2002 「조선불교조계종의 성립과 역사적 의의」『새불교운동의 전개—성찰로 본 20세기 우리 불교—』경기 : 도피안사 pp.67-102.

2007 「사찰령의 불교계 수용과 대응」『민족불교의 이상과 현실』안성 : 도피안사 pp.360-393.
2010 「조선불교 선종과 수좌대회」『한국 현대선의 지성사 탐구』경기 : 도피안사 pp.158-193.
2010 「조선불교 신종의 선회에 나타난 수좌의 동향」『한국 현대선의 지성사 탐구』경기 : 도피안사 pp.194-233.
2010 「조선불교선종과 수좌대회」『한국 현대선의 지성사 탐구』경기 : 도피안사 pp.158-193.
2010 「조선불교선종의 선회에 나타난 수좌의 동향」『한국 현대선의 지성사 탐구』경기 : 도피안사 pp.194-233.
2010 「식민지(1910~1945)시대의 불교와 국가권력」大覺思想硏究院『大覺思想』第13輯 서울 : 大覺思想硏究院 pp.9-47.

김경재
1995 「종교적 갈등 사회와 종교 다원주의」『사회 이론』Vol.13, No.0 서울 : 한국사회이론학회 pp.17-33.

김방룡
2001 「해방후 한국불교의 분열과 신생종단 성립과정」『종교문화연구』Vol.3 No.0 오산 : 한신인문학연구소 pp.287-315.

金聖煥
1983 「분열된 교회 재산의 소유 관계」한국종교법학회 編『法과 宗敎』서울 : 弘盛社 pp.255-269.

김순석
2006 「근대불교 종단의 성립과정」대한불교조계종 교육원 불학연구소 편 2006 『불교 근대화의 전개와 성격』서울 : 조계종출판사 pp.47-91.
2008 「이승만 정권의 불교정책」대한불교조계종 교육원 불학연구소 편『불교 정화운동의 재조명』서울 : 조계종출판사 pp.45-78.
2010 「일제의 종교정책과 불교」대한불교조계종 교육원 불학연구소·대한불교조계종 종교평화위원회공저『불교와 국가권력, 갈등과 상생』서울 : 조계종출판사 pp.213-244.

김종서
  1995 「우리 사회와 종교―이론적 관심의 문제―」『사회 이론』Vol.13, No.0 서울 : 한국사회이론학회 pp.35-41.

류승무
  1995 「한국 불교 조계종단의 정치 혁명―원인과 사회적 조건을 중심으로―」『사회이론』Vol.13, No.0 서울 : 한국사회이론학회 pp.197-225.

마성
  2008 「백용성의 승단정화 이념과 활동」김광식 지음『범어사와 불교정화운동』부산 : 영광도서 pp.540-563.

朴敬勛
  1994 「근대불교사의 성격과 전개」불교신문사 편『韓國佛敎史의 再照明』서울 : 불교시대사 pp.357-410.

박승길
  1998 「미군정의 종교 정책과 기독교의 헤게머니 형성」『사회과학연구』Vol.5 No.0 대구 : 대구가톨릭대학교 사회과학연구소 pp.61-90.

박종주
  1994 「한국에서의 국가-종교관계 변화분석―제1-6공화국의 종교정책을 중심으로」『韓國社會와 行政硏究』제5권 제1호 서울 : 서울행정학회 pp.195-212.

손성
  1994 「종교법의 의의」『佛敎大學院論叢』第二輯 서울 : 東國大學校 pp.135-150.

신광철
  2001 "해방후 한국불교의 분열과 신생종단 성립과정" (김방룡)에 대한 논평」『종교문화연구』Vol.3, No.0 오산 : 한신인문학연구소 pp.317-320.

안유림
  2009 「조선총독부의 기독교 단체 법인화(法人化) 정책 - 1920년대 선교회·교회재단법인 설립을 중심으로」『한국기독교와 역사』제31호 서울 : 한국기독교역사연구소 pp.123-161.

안종혁
    1983 「判例를 통해 본 寺刹」 한국종교법학회 編 『法과 宗敎』 서울 : 弘盛社 pp.89-121.

왕은미
    2005 「미군정기의 한국화교사회: 미군정, 중화민국정부, 한국인과의 관계를 중심으로」 『현대중국연구』 Vol.7, No.1 서울 : 현대중국학회 pp.87-132.

윤선자
    2003 「일제하 종교단체의 경제적 기반 확보 과정」 『한국근현대사연구』 제24집 서울 : 한국근현대사 학회 pp.62-90.

윤철홍
    2008 「종교단체의 법인화」 『比較私法』 제15권 4호 서울 : 韓國比較私法學會 pp.129-168.

이진구
    2008 「해방 이후 종교법인법 제정을 둘러싼 논쟁」 『한국종교』 제32집 전북 : 원광대학교 종교문제연구소 pp.7-39.

이재헌
    2010 「이승만 정권의 종교정책과 불교정화」 대한불교조계종 교육원 불학연구소·대한불교조계종 종교평화위원회 공저 『불교사 연구총서③ 불교와 국가권력, 갈등과 상생』 서울 : 조계종출판사 pp.245-276.

장태주
    1995 「종교와 법문화」 『사회 이론』 Vol.13, No.0 서울 : 한국사회이론학회 pp.135-164.

鄭柄朝
    1987 「韓國社會의 變動과 佛敎」 韓國精神文化硏究院 『社會變動과 韓國의 宗敎』 성남 : 韓國精神文化硏究院 pp.77-167.
    1994 「불교」 윤이흠 등 『한국인의 종교』 서울 : 문덕사 pp.87-121.
    1997 「한국에서의 불교연구, 그 현실과 과제―해방이후 반세기를 중심으로―」 『宗敎硏究』 제13卷 서울 : 韓國宗敎學會 pp.5-16.

1997 「한국에서의 불교연구, 그현실과 과제―해방이후 ¼세기를 중심으로―」
한국종교학회 편『해방후 50년 한국종교 연구사』서울 : 窓 pp. 13-45.

차차석
2010 「1960년부터 1980년대까지의 불교 차별과 배경」대한불교조계종 교육원 불학연구소 · 대한불교 조계종 종교평화위원회 공저『불교사 연구총서 ③ 불교와 국가권력, 갈등과 상생』서울 : 조계종출판사 pp. 277-308.

崔鐘庫
1982 「韓國 宗敎法의 歷史的 基礎」韓國宗敎法學會 編『宗敎法判例集』서울 : 育法社 pp. 21-68.
1995 「한국에서의 법과 종교」『사회 이론』Vol. 13, No. 0 서울 : 한국사회이론학회 pp. 165-196.

허명섭
2004 「미군정의 종교정책과 한국교회」『韓國敎會史學會誌』第15輯 서울 : 韓國敎會史學會 pp. 283-307.
2005 「미군정기 재한 선교사와 한국교회」『韓國敎會史學會誌』第16輯 서울 : 韓國敎會史學會 pp. 173-210.

【韓国語 Web】

chosun.com
2009 「1954.05.23 사찰소속의 토지반환. 李承晚대통령, 불교발전에 격려담화」 〈http://srchdb1.chosun.com/pdf/i_archive/read_pdf.jsp?PDF=19540523003&Y=1954&M=05〉(Accessed 14 Nov. 2009)
2009 「1954.11.06 불교의 전통을 살리라. 李承晚대통령, 사찰농지반환을 강조」 〈http://srchdb1.chosun.com/pdf/i_archive/read_pdf.jsp?PDF=19541106002&Y=1954&M=11〉(Accessed 14 Nov. 2009)
2009 「1955.06.17 종교 불간섭 결의. 불교분쟁에 논의 않기로 낙착」〈http://srchdb1.chosun.com/pdf/i_archive/read_pdf.jsp?PDF=19550617001&Y=1955&M=06〉(Accessed 14Nov. 2009)
2009 「1995.10.23 불교정화 "우리불교는 화엄이야"」〈http://srchdb1.chosun.com/pdf/i_archive/read_body.jsp?Y=1995&M=10&D=23&ID=9510231101〉(Accessed 14 Nov. 2009)

2009 「1962.01.13. 朴正熙의장 불교분쟁에 경고담화. 수습책 따르도록」 〈http://srchdb1.chosun.com/pdf/i_archive/read_pdf.jsp?PDF=19620113203&Y=1962&M=01〉 (Accessed 17 Nov. 2009)

2011 「2007.10.26 1980년 법난(法難)은 신군부의 조계종 탄압」 〈http://news.chosun.com/site/data/html_dir/2007/10/26/2007102600110.html〉 (Accessed 20 Jan. 2011).

LawnB

2010 「대법원 1960. 9.15. 선고 4291민상492 【임야소유권이전등기등】 [집8(1민),136]」 〈http://www.lawnb.com/lawinfo/link_view.asp?cid=0AE1F78D04C24573BACD0AFC9C083FEE〉 (Accessed 10 Sept. 2010).

2010 「대법원 1962. 4.12. 선고 294민상998 【부동산소유권이전등기】 [집10(2민),84]」 〈http://www.lawnb.com/lawinfo/link_view.asp?cid=8CA2162DC32F45FF972EA93CAB3B03CA〉 (Accessed 10 Sept. 2010).

2010 「대법원 1970. 2.10. 선고 66누120 【불교단체등록처분취소등】 [행판집 29-50]」 〈http://www.lawnb.com/lawinfo/link_view.asp?cid=D47C3CF90B2C40B183BD9273E8DED6DE〉 (Accessed 10 Sept. 2010).

2010 「서울고등법원 1971. 6. 29. 선고 70구323 【불교단체로등록한처분취소청구사건】 [고집1971특,356]」 〈http://www.lawnb.com/lawinfo/link_view.asp?cid=C9FEE7CAF31E48058A8616E243410D7E〉 (Accessed 10 Sept. 2010).

2010 「대구고등법원 1971.12.22. 선고 71나347 【토지소유권이전등기말소청구사건】 [고집1971민,597]」 〈http://www.lawnb.com/lawinfo/link_view.asp?cid=0D83AC2B16434EF19CCBC9595E94F913〉 (Accessed 10 Sept. 2010).

2010 「대법원 1972. 3.21. 선고 71다1955 【종헌무효확인】 [집20(1)민,148]」 〈http://www.lawnb.com/lawinfo/link_view.asp?cid=A4BC8A4C51E649E1A29361E8BC633188〉 (Accessed 10 Sept. 2010).

2010 「서울고등법원 1988. 2.29. 선고 86구545 【사찰등록무효확인】 」 〈http://www.lawnb.com/lawinfo/link_view.asp?cid=A032F34E0E8044E68C5351AF8EFA0E99〉 (Accessed 10 Sept. 2010).

2010 「대법원 1990.10.30. 선고 90다5597 【소유권보존등기말소등】 [공1990.12.15.(886),2403]」 〈http://www.lawnb.com/lawinfo/link_view.asp?cid=F1E84EF184A642DAADD14ECD295AD8B5〉 (Accessed 10 Sept. 2010).

2010 「대법원 1992. 2.25. 선고 88누4058【사찰등록무효확인】[공1992.5.1. (919),1308]」⟨http://www.lawnb.com/lawinfo/link_view.asp?cid=2C0D0ACFB3164556AB81F09D963F22D5⟩(Accessed 10 Sept. 2010).

2010 「서울민사지방법원 1994. 11. 4. 선고 94카합8319【총무원장직무집행정지등가처분】[하집1994(2),415]」⟨http://www.lawnb.com/lawinfo/link_view.asp?cid=DEB31B2AF53F4DF4908A53C2B7C8262D⟩(Accessed 10 Sept. 2010).

2010 「대법원 1995. 7.14. 선고93다60045【토지소유권이전등기말소】[공1995.8.15.(998),2766]」⟨http://www.lawnb.com/lawinfo/link_view.asp?cid=4C32E8D5EBA84E51B564654354A65A03⟩(Accessed 10 Sept. 2010).

2010 「부산고등법원 1996. 6.20. 선고 95나11184【토지소유권보존등기말소등】」⟨http://www.lawnb.com/lawinfo/link_view.asp?cid=1C94714CB4274133BDE1D1AB0ED0BDD6⟩(Accessed 10 Sept. 2010).

2010 「대법원 1997. 6.13. 선고 96다31468【토지소유권보존등기말소등】[공97.8.1.[39],2144]」⟨http://www.lawnb.com/lawinfo/link_view.asp?cid=E284E6AF22A64312B08F1AF4F313B ECC⟩(Accessed 10 Sept. 2010).

2010 「헌법재판소 2003. 1.30. 선고 2001헌바64【구전통사찰보존법제6조 제1항 제2호 등위헌소원】[헌공제77호]」⟨http://www.lawnb.com/lawinfo/link_view.asp?cid=178584E054FD497C8E9205890FDFEF52⟩(Accessed 10 Sept. 2010).

2010 「대법원 2008. 5.29. 선고 2007다14858【토지인도】[공2008하,913]」⟨http://www.lawnb.com/lawinfo/link_view.asp?cid=DA6F7060AD5C4C22AB3EEC5012FF07E9⟩(Accessed 10 Sept. 2010).

국사편찬위원회

2005 『高宗實錄』⟨http://sillok.history.go.kr/inspection/inspection.jsp?mTree=0&id=kza⟩(Accessed 23 July 2010).

뉴스앤조이

2007 「부패한 한국 종교계의 처방은 '종교법인법'뿐이다 2007.4.25」⟨http://www.newsnjoy.co.kr/news/quickViewArticleView.html?idxno=20891⟩(Accessed 17 Nov. 2009).

두란노

2010 박명수「다종교시대 정부의 종교문화정책 방향에 대한 고찰 (1)」『목회와

신학』2010.9 〈http://www.duranno.com/moksin/detail.asp?CTS_CTG_COD=12&CTS_YER=2008&CTS_MON=4&CTS_ID=82031〉(Accessed 20 Sept. 2010).

문화체육관광부
2009 「2008 한국의 종교현황」〈http://www.mcst.go.kr/web/notifyCourt/press/mctPressView.jsp?pMenuCD=0302000000&pSeq=9726〉(Accessed 30 Nov. 2009).

法律新聞
2009 「延基榮 - 佛敎財産管理法의 問題點(1) 1987.01.26」〈http://www.lawtimes.co.kr/Law Pnnn/Pnnyn/PnnynContent.aspx?serial=926&m=pnnyn〉(Accessed 17 Nov. 2009).
2009 「延基榮 - 佛敎財産管理法의 問題點(2) 1987.02.02」〈http://www.lawtimes.co.kr/LawPnnn/Pnnyn/PnnynContent.aspx?serial=927&m=pnnyn〉(Accessed 17 Nov. 2009).
2009 「延基榮 - 佛敎財産管理法의 問題點(3) 1987.02.09」〈http://www.lawtimes.co.kr/LawPnnn/Pnnyn/PnnynContent.aspx?serial=928&m=pnnyn〉(Accessed 17 Nov. 2009).

법제처 국가법령정보센터
2010 「귀속재산처리법」〈http://www.law.go.kr/lsSc.do?menuId=0&p1=&subMenu=1&query=%EA%B7%80%EC%86%8D%EC%9E%AC%EC%82%B0%EC%B2%98%EB%A6%AC%EB%B2%95&x=17&y=21#liBgcolor0〉(Accessed 10 Sept. 2010).
2010 「귀속재산처리법시행령」〈http://www.law.go.kr/lsSc.do?menuId=0&p1=&subMenu=1&query=%EA%B7%80%EC%86%8D%EC%9E%AC%EC%82%B0%EC%B2%98%EB%A6%AC%EB%B2%95&x=17&y=21#liBgcolor1〉(Accessed 10 Sept. 2010).
2010 「귀속재산처리법시행세칙」〈http://www.law.go.kr/lsSc.do?menuId=0&p1=&subMenu=1&query=%EA%B7%80%EC%86%8D%EC%9E%AC%EC%82%B0%EC%B2%98%EB%A6%AC%EB%B2%95&x=17&y=21#liBgcolor3〉(Accessed 10 Sept. 2010).
2010 「대한민국헌법 헌법 제1호, 1948. 7.17, 제정」〈http://www.law.go.kr/lsInfoP.do?lsiSeq=53081#0000〉(Accessed 10 Sept. 2010).

2010 「대한민국헌법 헌법 제10호, 1987.10.29,제정」〈http://www.law.go.kr/lsSc.do?menuId=0&p1=&subMenu=1&query=%ED%97%8C%EB%B2%95&x=0&y=0#liBgcolor1〉(Accessed 10 Sept. 2010).

2010 「불교재산관리법 [시행 1962. 5.31] [법률 제1087호, 1962. 5.31, 제정]」〈http://www.law.go.kr/LSW/lsInfoP.do?lsiSeq=4335#0000〉(Accessed 10 Sept. 2010).

2010 「불교재산관리법시행령 [시행 1970. 8.28] [대통령령 제5307호, 1970. 8.28, 전부개정]」〈http://www.law.go.kr/lsSc.do?menuId=0&p1=&subMenu=1&query=%EB%B6%88%EA%B5%90%EC%9E%AC%EC%82%B0%EA%B4%80 %EB%A6%AC%EB%B2%95%EC%8B%9C%ED%96%89%EB%A0%B9&x=19&y=12#liBgcolor2〉(Accessed 10 Sept. 2010).

2010 「불교재산관리법시행령 [시행 1975. 8.22] [대통령령 제7758호, 1975. 8.22,일부개정]」〈http://www.law.go.kr/lsSc.do?menuId=0&query=%EB%B6%88%EA%B5%90%EC%9E%AC%EC%82%B0%EA%B4%80%EB%A6%AC%EB%B2%95%EC%8B%9C%ED%96%89%EB%A0%B9#liBgcolor1〉(Accessed 10 Sept. 2010).

2010 「전통사찰보존법 [시행 1988. 5.29] [법률 제3974호, 1987.11.28, 제정]」〈http://www.law.go.kr/LSW/lsInfoP.do?lsiSeq=58392#0000〉(Accessed 10 Sept. 2010).

2010 「전통사찰의 보존 및 지원에 관한 법률 [시행 2009. 6. 6] [법률 제9473호, 2009. 3. 5, 일부개정]」〈http://www.law.go.kr/LSW/lsInfoP.do?lsiSeq=91876#0000〉(Accessed 10 Sept. 2010).

2010 「향교재산법 [시행 2008.12.26] [법률 제9215호, 2008.12.26, 일부개정]」〈http://www.law.go.kr/LSW/lsInfoP.do?lsiSeq=90415#0000〉(Accessed 10 Sept. 2010).

불교닷컴

2009 「전통사찰 보존·지원·템플스테이 활성 근거 마련 2009.02.13」〈http://www.bulkyo21.com/news/articleView.html?idxno=6187〉(Accessed 17 Nov. 2009).

仏教放送

2009 「불교계, 전통사찰보존법 개정안 환영 2009.02.13」〈http://www.bbsi.co.kr/news/news_view.asp?nIdx=377985〉(Accessed 23 Nov. 2009).

불교신문
    2009 「헌재 "전통사찰 공공수용 위헌" 2003.01.30」 〈http://www.ibulgyo.com
          /archive/21873/2006080711154994633.asp〉(Accessed 17 Nov. 2009).
    2009 「전통사찰 보존 및 지원법 개정 2009.02.13」〈http://www.taego.kr/ytboar
          d/view.php?id=newsbulgyo&page=1&sn1=&sn=off&ss=on&sc=on&no=
          860〉(Accessed 17 Nov. 2009).
    2009 「신규탁 - 사찰 재산의 국가 관리 2009.06.24」〈http://www.ibulgyo.com/
          archive2007/200906/200906201245493972.asp〉(Accessed 23 Nov. 2009).

불교저널
    2009 「원숭이와 조삼모사, 그리고 자연공원법 2009.06.30」
          〈http://www.buddhismjournal.com/news/articleView.html?idxno=787〉
          (Accessed 17 Nov. 2009).

불교평론
    2007 「대법원 육비구 할복(六比丘 割腹)사건 2007.12.10」
          〈http://www.budreview.com/news/articleView.html?idxno=92〉
          (Accessed 17 Nov. 2009).

서울六百年史
    2010 「서울六百年史」〈http://seoul600.seoul.go.kr/index.html〉
          (Accessed 16 April 2010).

연합뉴스
    2009 「국내 종교 신도수 8천여만명(?) 2009.01.19」〈http://media.daum.net/
          culture/others/view.html?cateid=1026&newsid=20090119191108578&p
          =yonhap〉(Accessed 30 Nov. 2009).

尹承容
    2007 「외국의 종교법인법 시행형태 및 현황」〈http://cafe.daum.net/jongby/F
          6Jq/35?docid=18CtL|F6Jq|35|20070303121345&q=%C7%D1%B1%B
          9%20%C1%BE%B1%B3%B9%FD%C0%CE%B9%FD&srchid=CCB18CtL
          |F6Jq|35|20070303121345〉(Accessed 23 Nov. 2009).

종교비판자유실현시민연대
 2006 孫晟「日本의 宗教立法의 教訓 - 宗教法人法을 中心으로 -」
   〈http://www.gigabon.com/bbs/board.php?bo_table=cc002&wr_id=198〉
   (Accessed 17 Nov. 2009).

종교법인법제정추진시민연대
 2007 「종교법인법 제정추진 시민연대 창립 선언문」〈http://www.rnlaw.co.kr
   /bbs.html?Table=notice&mode=view&uid=96&page=3&section=〉(Ac
   cessed 17 Nov. 2009).
 2007 「종교법인법이란 무엇인가?」〈http://www.rnlaw.co.kr/sub_read.html?
   uid=94&section=sc20&section2=〉(Accessed 17 Nov. 2009).

통계청
 2004 「2003년 사회통계조사결과(보건, 사회참여, 소득과 소비)」〈http://kostat.
   go.kr /〉(Accessed 30 Nov. 2009).
 2006 「2005 인구주택총조사 전수인구부문」집계 결과」〈http://www.kostat.
   go.kr/ 〉(Accessed 30 Nov. 2009).
 2008 「한국의 사회지표 : 2008년 한국의사회지표 / 2008년 한국의사회지표(온라
   인) / 13. 정부와 사회참여 / 13-5. 종교인구 분포」〈http://kostat.go.kr/〉
   (Accessed 21 Feb. 2010).

한국불교신문
 2009 「종책 세미나 주제발표 1 = 근대불교사와 태고종 2009.06.24 」
   〈http://www.kbulgyonews.com/news.php?number=21518〉(Accessed
   17 Nov. 2009).

헌법재판소
 2010 「대한민국헌법 [제정 1948. 7. 17. 헌법 제1호]」〈http://www.ccourt.go.
   kr/home/informaton/low02_view.jsp?board_id=147&comm_id=B000
   2&pg=1&sch_sel=&sch_txt=&gubun=21〉(Accessed 10 Sept. 2010).
 2010 「대한민국헌법 [전문개정 1987. 10. 29. 헌법 제10호]」〈http://www.cco
   urt.go.kr/home/information/low02_view.jsp?board_id=344&comm_id
   =B0002&pg=1&sch_sel=&sch_txt=&gubun=21〉(Accessed 10 Sept. 2010).

日本語 文献　（五十音 順）

【日本語 單行本】

NHK放送文化研究所編
　　1997『データブック全国県民意識調査』東京：日本放送出版協会.

青井哲人
　　2005『植民地神社と帝国日本』東京：吉川弘文館.

洗建・田中滋 編 京都仏教会 監修
　　2008『国家と宗教 -宗教から見る近現代日本 上』京都：法蔵館.
　　2008『国家と宗教 -宗教から見る近現代日本 下』京都：法蔵館.

石井研士
　　2007『データブック 現代日本人の宗教 増補改訂版』東京：新曜社.

井上恵行
　　1969『宗教法人法の基礎的研究』東京：第一書房.

井上清
　　1974『日本の歴史 20 明治維新』東京：中公文庫.

井門富二夫 編
　　1993『占領と日本宗教』東京：未来社.

ウィリアム・P・ウッダード
　　1988『天皇と神道：GHQの宗教政策』阿部美哉訳 東京：サイマル出版会.

上代琢禅 監修 濱田源治郎 著
　　1978『裁判宗教法』東京：酒井書店.

梅田義彦
　　1971『改訂増補 日本宗教制度史〈近代編〉』東京：東宣出版.

江口堅次
　　1941『宗教団体法論 上巻』京都：立命館出版部.

江田俊雄
　　1977『朝鮮仏教史の研究』東京：国書刊行会.

大家重夫 編
　　1986『宗教関係判例集成6 租税・憲法第八十九条・国有社寺境内地処分法』東京：第一書房.
　　1991『宗教関係判例集成9 宗教法人所有不動産の処分行為』東京：第一書房.
　　1994『宗教関係判例集成10 宗教法人と土地』東京：第一書房.

大谷派本願寺朝鮮開教監督部
　　1927『朝鮮開教五十年誌』京城：大谷派本願寺朝鮮開教監督部.

鎌田茂雄
　　1987『朝鮮仏教史』東京：東京大学出版会.

川瀬貴也
　　2009『植民地朝鮮の宗教と学知：帝国日本の眼差しの構築』東京：青弓社.

姜渭祚
　　1976『日本統治下 朝鮮の宗教と政治』澤正彦 轟勇一 訳 東京：聖文舎.

姜東鎮
　　1979『日本の朝鮮支配政策史研究：1920年代を中心として』東京：東京大学出版会.

木村幹
　　2000『朝鮮/韓国のナショナリズムと「小国」意識-朝貢国から国民国家へ』京都：ミネルヴァ書房.

色川大吉
　　1974『日本の歴史 21 近代国家の出発』東京：中公文庫.

宗教思想研究会編
　　1980『日本的宗教心の展開』東京：大明堂．

申昌浩
　　2002『韓国的民族主義の成立と宗教-東学・親日仏教・改新教(プロテスタント)
　　　　　の分析を通じて-』京都：国際日本文化センター．

末木文美士
　　1993『日本仏教思想史論考』東京：大蔵出版．
　　2006『日本宗教史』東京：岩波新書．

鈴木敬夫
　　1989『朝鮮植民地統治法の研究：治安法下の皇民化教育』札幌：北海道大学図
　　　　　書刊行会．

隅谷三喜男
　　1974『日本の歴史 22 大日本帝国の試練』東京：中公文庫．

高橋亨
　　1973『李朝仏教』東京：国書刊行会(初版 1929)．

高橋幸八郎
　　1972『日本近代化の研究 上 - 明治編 -』東京：東京大学出版会．
　　1972『日本近代化の研究 下 - 大正・昭和編 -』東京：東京大学出版会．

立川武蔵
　　1995『日本の仏教思想 受容と変容千五百年史』東京：講談社現代新書．

伊達光美
　　1948『日本寺院法論』東京：巌松堂書店．

朝鮮総督府
　　1940『施政三十年史』京城：朝鮮総督府．

朝鮮總督府學務局社會教育課
　　1939『朝鮮に於ける宗教及享祀要覧』京城：朝鮮總督府.

逵日出典
　　1986『神仏習合』東京：ロッコウブックス.

中井真孝
1994『朝鮮と日本の古代仏教』大阪：東方出版.

中濃教篤
　　1968『近代日本の宗教と政治』東京：アポロン社.

中野毅 飯田剛史 編
　　1997『宗教とナショナリズム』京都：世界思想社.

中野毅
　　2003『戦後日本の宗教と政治』東京：大明堂.

新田均
　　1997『近代政教関係の基礎的研究』東京：大明堂.

日本植民地研究会編
　　2008『日本植民地研究の現状と課題』東京：アテネ社.

長谷山正観
　　1956『宗教法概論』東京：有信堂.

韓龍雲
　　1998『朝鮮仏教維新論』金学鉉訳 東京：中央大学総合政策学部.

韓晳曦
　　1988『日本の朝鮮支配と宗教政策』東京：未来社.

平野武
　　1996『宗教と法と裁判』京都：晃洋書房.

2004『明治憲法制定とその周辺』京都:晃洋書房.

藤田定興
　1992『寺社組織の統制と展開』東京:名著出版.

文化庁編
　1983『明治以降宗教制度百年史』東京：原書房.

文化庁長官官房政策課 監修
　2010『平成22年度 我が国の文化行政』東京：文化庁長官官房政策課.

堀 一郎・小口偉一監修
　1793『宗教学辞典』東京：東京大学出版会.

堀一郎 編
　1985『日本の宗教』東京：大明堂.

源了円 玉懸博之共編
　1992『国家と宗教：日本思想史論集』京都：思文閣出版.

村上重良
　1988『日本宗教事典』東京：講談社学術文庫.

村上専精 他
　1926『明治維新神仏分離史料 上』東京：東方書院.
　1926『明治維新神仏分離史料 中』東京：東方書院.
　1927『明治維新神仏分離史料 下』東京：東方書院.

明治仏教思想資料集成編集委員会編
　1982『明治仏教思想資料集成 第六巻』京都：同朋舎.

文部省宗教局編纂
　1922『宗教法規』東京：文部省宗教局.

八木公生
　　2001『天皇と日本の近代 上 憲法と現人神』東京：講談社現代新書.
　　2001『天皇と日本の近代 下「教育勅語」の思想』東京：講談社現代新書.

山辺健太郎
　　1971『日本統治下の朝鮮』東京：岩波新書.

山路勝彦 田中雅一 編著
　　2002『植民地主義と人類学』西宮：関西学院大学出版会.

柳東植
　　1975『韓国の宗教とキリスト教』金忠一訳 東京：洋々社.

柳炳徳 安丸良夫 鄭鎮弘 島薗進 編
　　2002『宗教から東アジアの近代を問う：日韓の対話を通して』東京：ぺりかん社.

吉野作造 編輯擔當代表者
　　1928『明治文化全集 第十一巻』東京：日本評論社.

龍谷大学宗教法研究会 編
　　1979『宗教法研究 第1輯』京都：龍谷大学宗教法研究会.
　　1981『宗教法研究 第2輯』京都：龍谷大学宗教法研究会.
　　1982『宗教法研究 第3輯』京都：龍谷大学宗教法研究会.
　　1983『宗教法研究 第4輯』京都：龍谷大学宗教法研究会.
　　1983『宗教法研究 第5輯』京都：龍谷大学宗教法研究会.
　　1985『宗教法研究 第6輯』京都：龍谷大学宗教法研究会.
　　1987『宗教法研究 第7輯』京都：龍谷大学宗教法研究会.
　　1987『宗教法研究 第8輯』京都：龍谷大学宗教法研究会.
　　1988『宗教法研究 第9輯』京都：龍谷大学宗教法研究会.
　　1990『宗教法研究 第10輯』京都：龍谷大学宗教法研究会.
　　1990『宗教法研究 第11輯』京都：龍谷大学宗教法研究会.
　　1990『宗教法研究 第12輯』京都：龍谷大学宗教法研究会.

渡部蓊
　　1992『新訂 逐条解説宗教法人法』東京：ぎょうせい.

渡辺一雄
 1982『宗教法人法例解』東京：第一法規出版.

【日本語 論文】

秋枝蕭子
 1971 「森有礼とホーレス・マン：「宗教自由論」を中心として」『文芸と思想』第35巻 福岡：福岡女子大学 pp.62-76.

洗建
 2008 「法律と宗教」洗建・田中滋 編 京都仏教会 監修『国家と宗教-宗教から見る近現代日本 上』京都：法藏館 pp.9-36.
 2008 「宗教法人法改正問題」洗建・田中滋 編 京都仏教会 監修『国家と宗教-宗教から見る近現代日本 下』京都：法藏館 pp.155-183.

有安道人
 1879 「禪僧侶妻帶論」明治仏教思想資料集成編集委員会『明治仏教思想集成第六巻』京都：図書印刷同朋舎 pp.171-174.

池田英俊
 1988 「近代仏教の形成と「肉食妻帯論」をめぐる問題」『印度學佛敎學研究』第37巻 第2号 東京：日本印度学仏教学会 pp.774-780.

ウィリアム・P・ウッダード
 1990 「日本における宗教と国家の関係」法性祐正訳 龍谷大学宗教法研究会 編『宗教法研究 第12輯』京都：龍谷大学宗教法研究会 pp.97-170.

上田勝美
 1979 「信教の自由と政教分離の原則」龍谷大学宗教法研究会 編『宗教法研究 第1輯』京都：龍谷大学宗教法研究会 pp.3-29.
 1983 「信教の自由の保障―憲法学的にみた若干の論点」 龍谷大学宗教法研究会 編『宗教法研究 第5輯』京都：龍谷大学宗教法研究会 pp81-103.
 1985 「政教分離に関する憲法感覚と憲法解釈」龍谷大学宗教法研究会 編『宗教法研究 第6輯』京都：龍谷大学宗教法研究会 pp.93-102.

江田俊雄
　　1977「朝鮮仏教考序説」江田俊雄『朝鮮仏教史の研究』東京：国書刊行会 pp.463-481.

大峯顕
　　1996「肉食妻帯の意識-無戒の思想」『仏教』No.35 京都：法藏館 pp.83-92.

岡田浩樹
　　2002「韓国仏教の屈折と蛇行-妻帯僧問題に見いだせるポスト・コロニアル状況」
　　　　山路勝彦田中雅一　編著『植民地主義と人類学』西宮：関西学院大学出版
　　　　会 pp.513-545.

川瀬貴也
　　2002　「植民地朝鮮における日本仏教と宗教政策-浄土真宗を中心に」『國學院大学
　　　　日本文化研究所紀要』第89輯　東京：國學院大學日本文化研究所 pp. 51-85.

姜敦求
　　2002「光復後における韓国の社会変動と宗教」柳炳徳 安丸良夫 鄭鎮弘 島薗進 編
　　　　『宗教から東アジアの近代を問う：日韓の対話を通して』東京：ぺりかん社
　　　　pp.352-381.

金龍煥
　　2000「韓国仏教の特色と現状」『東洋学術研究』第39巻　第1号　東京：東洋哲学研
　　　　究所 pp.54-75.

桐ヶ谷章
　　1999「宗教団体の自律性―日本の場合」宗教法学会『宗教法』第18号
　　　　京都：宗教法学会 pp.47-76.

古賀和則
　　1993「宗教制度の改編過程―宗教行政を中心として―」井門富二夫 編
　　　　『占領と日本宗教』東京：未来社 pp.203-237.

小島和夫
　　1996「宗教法人法の一部改正法をめぐる論議」中央学院大学法学部
　　　　『中央学院大学法学論叢』9(2) 我孫子：中央学院大学法学部 pp.1-58

小畑雄治郎
　　1979「いわゆる本山離脱の一考察」龍谷大学宗教法研究会 編
　　　　『宗教法研究 第1輯』京都：龍谷大学宗教法研究会 pp.146-153.

小林孝輔
　　1988「政教分離主義・考―宗教公法学の基本課題」 和田英夫教授古稀記念論集
　　　　刊行会編『戦後憲法学の展開：和田英夫教授古稀記念論集』東京：日本
　　　　評論社 pp.151-169.

佐々木聖使
　　1985「神道非宗教より神社非宗教へ―神官・教導職の分離をめぐって―」日本大学
　　　　精神文化研究所日本大学教育制度研究所『日本大学精神文化研究所教育
　　　　制度研究所紀要』第16集 東京：日本大学精神文化研究所 pp.87-128.

白鳥幸雄
　　1983「教団組織のあり方について―聖俗分離制についての考察―」宗教法学会
　　　　『宗教法』創刊号 京都：宗教法学会 pp.51-66.

申昌浩
　　2002「再生宗教としての朝鮮仏教と親日」『日本研究』第25集
　　　　京都：国際日本文化センター pp.189-221.

末木文美士
　　1993「仏教学における日本仏教研究」末木文美士『日本仏教思想史論考』
　　　　東京：大蔵出版 pp.7-23.
　　1993「日本仏教―即身成仏論を中心に」末木文美士『日本仏教思想史論考』
　　　　東京：大蔵出版 pp.50-76.
　　1993「「日本仏教」を再考する」末木文美士『日本仏教思想史論考』
　　　　東京：大蔵出版 pp.77-93.

瀧澤信彦
　　1989「政教分離の原則と「社会通念」」宗教法学会『宗教法』第8号
　　　　京都：宗教法学会 pp.24-41.

谷口知平
    1981 「宗教団体の財産・離脱・懲戒をめぐる問題」龍谷大学宗教法研究会 編
        『宗教法研究 第2輯』京都：龍谷大学宗教法研究会 pp.3-27.
    1983 「本山・末寺と包括・被包括宗教法人寺院―本山と宗派一体化の問題につい
        て―」龍谷大学宗教法研究会 編『宗教法研究 第5輯』京都：龍谷大学宗
        教法研究会 pp.148-169.

辻村志のぶ
    2007 「雑誌『朝鮮仏教』にみる肉食妻帯問題(第九部会、〈特集〉第六十五回学術大
        会紀要」日本宗教学会『宗教研究』第80巻 第4号 pp.1217-1218.

戸上宗賢
    1993 「社寺領国有処分の意義と影響」井門富二夫 編『占領と日本宗教』
        東京：未来社 pp.239-263.

中濃教篤
    1973 「朝鮮「皇民化」政策と宗教」『世界』1973年2月号(327号) 東京：岩波書店
        pp.186-201.

中村生雄
    2004 「肉食妻帯論続考(第五部会、〈特集〉第六十二回学術大会紀要)」『宗教研究』
        第77巻 第4号 東京：日本宗教学会 pp.1074-1076.

忽滑谷快天
    1930 「朝鮮佛教興廢の主因に就て」『駒澤大学仏教学会年報』第1輯
        東京：駒澤大学 pp.10-26.

新田均
    1997 「「神道非宗教」論の展開―浄土真宗の動きを中心として―」
        『近代政教関係の基礎的研究』東京：大明堂 pp.67-92.

新田光子
    1981 「国家と宗教の分離―日本の相対的分離主義批判―」龍谷大学宗教法研究
        会 編『宗教法研究 第2輯』京都：龍谷大学宗教法研究会 pp.159-183.

ファン・テイ・トゥ・ジャン
 2006「日本仏教における妻帯問題 - 古代・中世・近世の実態と歴史的変化 -」
  『寧楽史苑』第51号 奈良：奈良女子大学史学会 pp.33-49.

平野武
 1985「シュタインの日本政教関係」龍谷大学宗教法研究会 編『宗教法研究 第6輯』
  京都：龍谷大学宗教法研究会 pp.103-134.

平山洋
 1992「朝鮮総督府の宗教政策」源了円 玉懸博之 共編『国家と宗教：
  日本思想史論集』京都：思文閣出版 pp.491-512.

福田繁
 1993「検証 GHQの宗教政策」井門富二夫 編『占領と日本宗教』東京：未来社
  pp.521-560.

福間光超
 1985「近代仏教における本末制度」龍谷大学宗教法研究会 編『宗教法研究 第6輯』
  京都：龍谷大学宗教法研究会 pp.77-92.

前田恵學
 1976「韓国仏教の特質：日本仏教のそれとの対比において」
  『愛知学院大学文学部紀要』第6号 名古屋：愛知学院大学 pp.183-177.

前田恵學
 1982「仏教における文化摩擦の問題 ― 日本仏教を中心として」
  『アジアの近代化と伝統文化』池田長三郎 編 東京：巌南堂書店.

松波克英
 2003「被包括宗教法人からの被包括関係の廃止について－被包括関係廃止と宗教
  法人法78条の適用－」宗教法学会『宗教法』第22号 京都：宗教法学会 pp.69-93.

箕輪顕量
 2008「現代日本仏教の特徴-妻帯の歴史的背景を考える」
  『愛知学院大学文学部紀要』第38号 名古屋：愛知学院大学文学会 pp.364-345.

宮城泰年
　1983「離脱(被包括関係の廃止)いついて―特に総本山の離脱の一例―」
　　　宗教法学会『宗教法』創刊号 京都：宗教法学会 pp.67-87.

百地章
　1989「政教分離解釈の方法をめぐって」宗教法学会『宗教法』第8号
　　　京都：宗教法学会 pp.42-64.

森有礼
　1872「英文 日本宗教自由論」編輯擔當代表者 吉野作造 1928
　　　『明治文化全集 第十一巻』東京：日本評論社 pp.532-546.

安武敏夫
　1979「宗派離脱に関する類型的考察(一)」龍谷大学宗教法研究会 編
　　　『宗教法研究 第1輯』京都：龍谷大学宗教法研究会 pp.60-118.
　1981「宗派離脱に関する類型的考察(二)」龍谷大学宗教法研究会 編
　　　『宗教法研究 第2輯』京都：龍谷大学宗教法研究会 pp.106-158.
　1983「宗派離脱に関する類型的考察(三・完)」龍谷大学宗教法研究会 編
　　　『宗教法研究 第5輯』京都：龍谷大学宗教法研究会 pp.170-211.
　1985「宗派離脱問題」龍谷大学宗教法研究会 編
　　　『宗教法研究 第6輯』京都：龍谷大学宗教法研究会 pp.179-193.
　1987「教団組織研究の課題」龍谷大学宗教法研究会 編
　　　『宗教法研究 第8輯』京都：龍谷大学宗教法研究会 pp.213-236.
　1989「宗派と本山の法的諸関係の概観―明治期から宗教法人法に至る法制度の
　　　変遷との関連において―」宗教法学会『宗教法』第8号 京都：宗教法学会
　　　pp.105-123.

安中尚史
　2003「近代における日韓仏教交流についての一考察」『印度學佛教學研究』
　　　第51巻 第2号 東京：日本印度学 仏教学会 pp.712-716.

矢吹輝夫
　2003「包括宗教団体からの包括関係の廃止について」宗教法学会『宗教法』
　　　第22号 京都：宗教法学会 pp.95-113.

参考文献 437

柳聖旻
 2002 「日帝強占期の韓国宗教と民族主義-日帝の植民地宗教政策に対する韓国宗教の対応を中心として-」柳炳徳 安丸良夫 鄭鎮弘 島薗進 編『宗教から東アジアの近代を問う:日韓の対話を通して』東京:ぺりかん社 pp. 352-381.

延基榮
 2005 「韓国仏教の歴史と現状」国際宗教研究所『現代宗教』尹龍澤訳
  東京:東京堂出版 pp. 250-271.

【日本語 Web】

國學院大學 21世紀COEプログラム
 2003 「日本人の宗教意識・神観に関する世論調査」〈http://21coe.kokugakuin.ac.jp/modules/wfsection/article.php?articleid=96〉(Accessed 21 Feb. 2010).
 2004 「日本人の宗教団体への関与・認知・評価に関する世論調査」〈http://21coe.kokugakuin.ac.jp/modules/wfsection/article.php?articleid=148〉(Accessed 21 Feb. 2010).

国立国会図書館
2010 「日本国憲法」〈http://www.ndl.go.jp/constitution/etc/j01.html〉
 (Accessed 10 Aug., 2010).
2010 「ポツダム宣言」〈http://www.ndl.go.jp/constitution/etc/j06.html〉
 (Accessed 10 Aug., 2010).
2010 「Memorandum for: Imperial Japanese Government. Through: Central Liaison Office, Tokyo. Subject: Removal of Restrictions on Political, Civil, and Religious Liberties. (SCAPIN-93)」〈http://www.ndl.go.jp/modern/img_t/M003/M003-001tx.html〉
 (Accessed 10 August, 2010).

財団法人 日本宗教連盟
 2006 〈http://www.jaoro.or.jp/activity/newyear_18.html〉(Accessed 21 Feb. 2010).

曹洞禅ネット SOTOZEN-NET
 2010 「宗門機構の詳しい説明」〈http://www.sotozen-net.or.jp/sotosect/kikou_3.htm〉
  (Accessed 31 August, 2010).

総務省 e-Gov
2010 「宗教法人法」〈http://law.e-gov.go.jp/cgi-bin/idxselect.cgi?IDX_OPT=2&H_NAME=&H_NAME_YOMI=%82%b5&H_NO_GENGO=H&H_NO_YEAR=&H_NO_TYPE=2&H_NO_NO=&H_FILE_NAME=S26HO126&H_RYAKU=1&H_CTG=1&H_YOMI_GUN=1&H_CTG_GUN=1〉(accessed 10 August, 2010).

文部科学省
2008 「宗教統計調査」〈http://www.mext.go.jp/b_menu/toukei/001/index39.htm〉(Accessed 21 Feb. 2010).
2010 「国家神道、神社神道ニ対スル政府ノ保証、支援、保全、監督並ニ弘布ノ廃止ニ関スル件」〈http://www.mext.go.jp/b_menu/hakusho/html/hpbz198102/hpbz198102_2_033.html〉(Accessed 10 August, 2010).
2010 「宗教法人令(抄)(昭和二十年十二月二十八日勅令第七百十九号)」〈http://www.mext.go.jp/b_menu/hakusho/html/hpbz198102/hpbz198102_2_172.html〉(Accessed 10 Aug.,2010).

Yahoo!百科事典
2010 「小学館 日本大百科全書」〈http://100.yahoo.co.jp/〉(Accessed 10 August, 2010).

【英語 文献】

KIM, Hwansoo
2007 Strategic Alliances : The Complex Relationship Between Japanese and Korean Buddhism, 1877-1912. HARVARD UNIVERSITY Ph.D DISSERTATION, Cambridge, MA [US].

KIM, Hwansoo
2010 The Future of Korean Buddhism Lies in My Hands :Takeda Hanshi as a Soto Missionary. Japanese journal of religious studies / Nanzan Institute for Religion and Culture, 37/1 Summer Tokyo : International Institute for the Study of Religion pp.99-135.

索引

■ 인명색인

廣開土王 55
金東宣 157
金法麟 295, 301
김윤식 149, 151, 184
김현암 154

盧泰愚 339

道詵 57
島地默雷 77

맥아더(Douglas Mac-Arthur) 287, 290, 291
明治天皇 67
모리 아리노리(森有禮) 84, 85
모토오리 노리나가(本居宣長) 53
미노베 타쓰키치(美濃部達吉) 99

바운스(Lt. William Kenneth Bunce) 247, 291

박정희(朴正熙) 42, 323, 326, 330, 333, 350, 361, 368, 380
박한영(朴漢永) 161, 163, 173, 306
방한암 306
백용성(白龍城) 173, 177, 183, 187, 188, 189, 190, 191, 204, 205, 379
普愚 60

사노 젠레이(佐野前勵) 42, 146, 147, 148, 150, 151, 164
사이고 죠도(西鄕從道) 110
사이초(最澄) 49, 50
산죠 사네토미(三條實美) 84
西山大師休靜 62
쇼우토쿠 타이시(聖德太子) 47
聖王 55
世祖 61
小獸林王 54
송만암 306, 308
宋秉畯 162
송병산 158
시마지 모쿠라이(島地默雷) 77, 82, 83, 84, 86, 87, 88, 103
시부야 붕에이(澁谷文英) 147

ㅇ

야마가타 아리토모(山縣有朋)　110
야마자키 안사이(山崎闇齊)　53
燕山君　62
英祖　62
오쿠무라 엔싱(奧村圓心)　139, 140, 141
와코우 코쿠에이(若生國榮)　162
와타나베 니치웅(渡辺日運)　146
와타나베 아키라(渡辺彰)　169
우치다 료헤이(內田良平)　158, 159
원광(圓光)　56
圓測　57
元曉　56
義湘　56
義天　59
이노우에 겐신(井上玄眞)　156
이노우에 카오루(井上馨)　137
이능화　32, 151, 157
이승만(李承晩)　16, 33, 36, 40, 42, 285, 286, 287, 288, 289, 290, 301, 307, 308, 310, 312, 314, 315, 316, 317, 318, 319, 320, 321, 322, 330, 372, 380, 383, 387
이시카와 소도우(石川素童)　160
이와쿠라 토모미(岩倉具視)　79
이용구　158, 159
이용조(李龍祚)　186, 187
異次頓　55
이토 히로부미(伊藤博文)　91

이회광　154, 155, 159, 161, 169
臨濟宗　50, 130, 131, 132, 133

ㅈ

全斗煥　350
조지 윌리엄스(George Z. Williams)　285
知訥　60
眞興王　55

ㅊ

枕流王　54

ㅋ

케네스 W. 다이크(Kenneth W. Dyke)　225
쿠로다 키요타카(黑田淸隆)　137
쿠우카이(空海)　49, 50

ㅌ

타카하시 토오루(高橋亨)　32, 145, 183
타케다 한시(武田範之)　156, 157, 158, 159, 162
太祖　58, 60
테라우치 마사타케(寺內正毅)　184

ㅎ

하세가와 요시미치(長谷川好道)　157

한용운(韓龍雲)　161, 163, 173, 174, 177, 183, 184, 191, 194, 196, 197, 199, 200, 201, 202, 203, 204, 205, 303, 328, 379
顯宗　62
호리 니치옹(堀日溫)　147
洪月初　157
히라노 에수이(平野惠粹)　139, 140
히라타 아쓰타네(平田篤胤)　53, 88

■ 서명& 법률명 색인

ㄱ

「경학원 규정」 179
「국유재산법」 241, 242, 243
「귀속자산처리법시행령」 298
「귀속재산처리법」 298, 299
「귀속재산처리법시행세칙」 298

ㄴ

「농지개혁법」 300, 302
「농지조정법개정법」 244, 302

ㄷ

「대일본제국헌법」 제28조 102, 181
「대일본제국헌법」(大日本帝國憲法) 15, 31, 38, 39, 42, 67, 91, 92, 93, 96, 100, 102, 109, 114, 181, 207, 211, 234, 237, 243, 375, 382, 385
『大藏經』 59
「대한민국헌법」 288, 299

ㅁ

「文化財保護法」 343

ㅂ

「反民族行爲處罰法」 318
「보안법」 159, 165, 179
「불교재산관리법」 40, 42, 297, 325, 326, 327, 330, 332, 333, 334, 336, 337, 338, 339, 340, 341, 342, 343, 344, 347, 350, 354, 355, 359, 360, 361, 362, 364, 365, 369, 380, 381, 384
「불교재산관리행정지침」 339

ㅅ

「社寺領上知令」 140, 239, 240, 241
「사찰관리행정지침」 338
「寺刹令施行規則」 165, 166, 167, 205, 379
「사찰령」(寺刹令) 15, 16, 39, 40, 42, 75, 146, 152, 154, 162, 164, 165, 166, 169, 170, 171, 172, 173, 174, 175, 176, 177, 179, 180, 185, 191, 203, 204, 205, 206, 207, 208, 294, 295, 296, 297, 298, 303, 304, 305, 325, 328, 330, 332, 334, 336, 344, 354, 359, 360, 369, 372, 378, 379, 380, 381, 383, 385, 386, 387, 388
「사찰령」 체제 163, 207, 383
「寺刹財産臨時保護法」(사찰재산임시보호법) 295, 296, 301, 306, 329, 330
「31本末寺法」 304
「上知令」 211
「승려 도성출입금지」(僧侶 都城出

入禁止) 42, 146, 147, 148, 149, 150, 164, 378
「시모노세키조약」(下關條約) 142
「神道指令」 213, 214, 216, 229, 234, 238, 242, 245, 292, 293
「神佛分離令」(神佛判然令) 31, 67, 68, 69, 70, 71, 87, 103, 130, 375
「신사법」 293

「연합조약 7조」 160, 161
「예비검속법」 293
『李朝佛教』 148, 183
「人權指令」 213, 214, 234, 238, 293
「일본국헌법」(日本國憲法) 16, 42, 114, 214, 234, 235, 237, 238, 239, 253, 273, 292, 371, 376, 383, 386
『日本書紀』 47, 56
「日本宗教自由論」 84
「일정법규 일부개정 폐기의 건」 293

「자작농창설특별조치법」 244, 302
「傳統建造物保護法」 343
「전통사찰보존법」 42, 332, 337, 340, 342, 343, 344, 345, 347, 348, 349, 350, 359, 360, 364, 366, 369, 380, 381, 384

「전통사찰보호법」 40, 332, 339, 341, 344, 349
「전통사찰의 보존 및 지원에 관한 법률」 40, 332, 344, 345, 346, 347, 348, 349, 359, 369, 380, 381
「정치범 보호관찰형」 293
「정치범처벌법」 293
「제1차 한일협약」 143, 164
「제2차 한일협약」(을미보호조약) 143, 164
「제3차 한일협약」(정미칠조약) 142, 143, 164
『朝鮮佛敎維新論』 184, 191, 192
「朝鮮佛敎 曹溪宗總本山太古寺法」 178, 304
「조일수호조약」(강화도조약) (「朝日修好條約」(江華島條約)) 137, 164
「종교 선포에 관한 규칙」 159, 165
「종교단체법」(宗教團體法) 15, 30, 31, 38, 42, 68, 109, 110, 116, 117, 118, 120, 121, 122, 126, 127, 128, 130, 132, 134, 135, 181, 182, 208, 211, 212, 215, 223, 224, 225, 226, 227, 228, 229, 231, 232, 233, 239, 241, 242, 245, 248, 249, 250, 251, 253, 257, 262, 263, 292, 353, 376, 383, 386
「종교법인령」(宗教法人令) 39,

42, 215, 222, 223, 225, 226, 227, 229, 230, 231, 232, 233, 234, 245, 246, 247, 248, 249, 250, 251, 253, 257, 262, 263, 264, 269, 292, 293, 376, 383
「종교법인법」 개정　16, 372, 387
「종교법인법」　14, 16, 27, 30, 31, 32, 36, 42, 233, 238, 246, 247, 248, 249, 250, 251, 252, 253, 263, 264, 265, 273, 274, 275, 276, 279, 280, 281, 282, 292, 350, 351, 352, 353, 370, 371, 372, 376, 377, 380, 381, 384, 386, 387
「종교법인법의 일부를 개정한 법률」
　　　　　　274, 275, 281
「宗敎의 宣布에 관한 規則」　143, 157
「집회 단속에 관한 건」　179

ㅊ

「치안유지법」　182, 215, 223, 245, 293, 375, 376

ㅌ

「太古宗憲章」　309

ㅍ

「布敎規則」　179, 180, 295

ㅎ

「향교재산관리규칙」　298
「향교재산관리에 관한 건」　297

■ 일반색인

가내(내당·내방)불교　　　136
갑오농민전쟁　　　158
開教　　　135
鎌倉佛教　　　51
届出制　　　227, 231
古佛會　　　305
光武 6年의 寺利令　　　152
광무6년「사찰령」　　　164
교단　　　27, 29, 32, 34, 39, 40, 41, 50, 54, 63, 115, 124, 126, 127, 129, 134, 135, 146, 152, 159, 170, 172, 180, 184, 190, 206, 207, 208, 212, 224, 225, 228, 229, 231, 232, 233, 253, 254, 255, 258, 259, 261, 262, 263, 272, 302, 303, 304, 308, 309, 310, 312, 314, 319, 320, 321, 322, 324, 325, 326, 327, 341, 355, 359, 361, 369, 372, 376, 381, 382, 387
교무원(教導職)　　　67, 89, 130, 175, 176, 304
教部省　　　67, 74, 83, 87, 190
교선겸수(教禪兼修)　　　62, 136
교파신도(教派神道)　　　54, 82, 104, 129, 213, 216, 220, 233
國家再建最高會議　　　332
군국주의　　　15, 16, 177, 178, 208, 216, 217, 218, 219, 220, 234, 239, 282, 294, 297, 371, 383, 386, 387
軍宗制度(chaplaincy)　　　289
근대국가　　　26, 67, 84, 93, 109, 136, 211, 375
金武順道　　　156

南都六宗　　　48
南都佛教　　　50
奈良佛教(나라 불교)　　　48, 49, 50
內務省　　　70, 89, 105, 106, 226
내선일체(內鮮一體)　　　177
내심(內心)의 자유　　　28, 96, 98, 99
內地　　　15, 207, 379, 385, 386
內地延長主義　　　180, 181, 208, 379, 385

다종교 상황　　　21
檀家　　　53
單立團體　　　231, 233, 246
단식전쟁　　　314
담화　　　42, 323
大覺教　　　177, 190
大教宣布運動(皇道宣布運動)　　　67, 76, 211
大教院分離建白書　　　82
大教宣布　　　79, 81
大教宣布運動　　　77, 81, 84, 86, 103

大東亞戰爭　　　　　　218, 242
대정봉환(大政奉還)　　　67, 240
대처승(帶妻僧)　　34, 171, 172, 175,
　　183, 184, 185, 186, 188, 187,
　　189, 190, 204, 297, 302, 303,
　　305, 306, 307, 308, 309, 310,
　　311, 312, 313, 314, 315, 316,
　　317, 318, 319, 320, 321, 322,
　　323, 324, 325, 326, 327, 328,
　　329, 333, 355, 356, 357, 361,
　　365, 367, 368, 378, 379, 380,
　　383
대처식육(帶妻食肉)　　　172, 187,
　　188, 190, 191
대처육식(帶妻肉食)　184, 188, 189
大韓佛敎曹溪宗　　325, 327, 354,
　　357, 360, 366, 380
大和朝廷(야마토 조정)　　　47
道元　　　　　　　　　　　50
度牒制　　　　　　　　　　61

ㅁ

幕藩體制　　　38, 259, 260, 261
卍黨　　　　　　　　　　177
말사　　　　　　52, 146, 157
明進學校　　　　　　　　155
明治維新　　67, 70, 77, 103, 105
明治憲法　　　　　　　38, 101
文敎部長官　　　　　　342, 343
文部省　　105, 121, 224, 225,
　　232, 246, 247, 251, 252
文化公報部　　327, 341, 343, 361

文化公報部長官　　　　342, 343
문화청　　　　　　　21, 22, 31
문화체육관광부　　　24, 25, 341,
　　344, 369
문화체육관광부장관　　　　346
미·소 합동 위원회　　　　　284
미국 태평양육군총사령부
　(GHQ/AFPAC;GHQ/U.S. Army
　　Forces, Pacific)　　　　　292
미군정 36, 38, 285, 286, 290, 294,
　　296, 297, 298, 299, 301, 302,
　　305, 306, 325, 329, 330, 333,
　　354, 379, 383, 388
彌勒信仰　　　　　　　　　55
민간정보교육국　　31, 223, 224,
　　225, 247, 291
民間情報敎育局宗敎課　　　225

ㅂ

梵魚寺　　　　　145, 157, 315
법난 사건　　　　　　　　339
法然　　　　　　　　　29, 50
法王寺　　　　　　　　　　58
普照國師　　　　　　　60, 311
본말 제도　　　　　　　52, 63
本末寺住持會議　　　　　　339
본사　　　　52, 79, 165, 365
본산말사제도(本山末寺制度)　152
本願寺　51, 76, 79, 82, 84, 130, 138,
　　139, 141, 149, 156, 224, 247,
　　265, 301
奉先寺　　　　　　　　　316

奉恩寺 315
불교교단 13, 14, 15, 16, 17,
　23, 29, 30, 34, 37, 38, 40, 42,
　43, 61, 63, 64, 75, 132, 165,
　191, 207, 208, 241, 255, 259,
　260, 273, 301, 302, 306, 320,
　325, 327, 340, 360, 369, 371,
　372, 375, 381, 382, 383, 384,
　385, 386, 387, 388, 389, 390
佛教再建非常宗會 323
佛教再建委員會 322, 323
佛教淨化對策委員會 312
불교정화운동 16, 297, 307,
　309, 316, 317, 319, 320, 322,
　325, 327, 328, 329, 330, 372,
　379, 381, 383, 387
불교조계종 중앙종무원
(佛教曹溪宗 中央宗務院) 311
佛教曹溪宗 311, 326, 327
佛教革新準備委員會 304
비구승 166, 172, 190, 191, 303,
　306, 308, 309, 310, 311, 312,
　313, 314, 315, 316, 317, 318,
　319, 320, 321, 322, 323, 324,
　325, 326, 327, 328, 329, 333,
　361, 379, 380, 383
比叡山 51, 71

社寺農地開放 244
社寺領上知 75, 76, 140, 243
사쓰마번(薩摩藩)

사청제도(寺請制度; 檀家制度,
　寺檀制度) 14, 24, 52, 53, 63, 68,
　75, 259, 384
산림 불교 14, 62, 63, 136, 385
三大原則 16, 214, 253, 273,
　291, 294, 371, 376, 383, 386,
　387, 388
三十本山 163, 166, 169, 172, 174
三十本山주지총회 174
三隅田持門 156
3·1독립선언 73, 184, 187, 204,
　378
三條教則 80, 81, 82, 86
서룡선사(瑞龍禪寺) 159
西本願寺 84, 156, 247, 301
禪理參究院 191
鮮于共濟會 176
禪學院 301
世俗五戒 56
松廣寺 309, 315
水戸學(미토학) 53, 68, 73
숭유억불(崇儒抑佛) 136
崇儒廢佛政策 14, 63, 378, 385
僧科 59, 62, 153
승려의 還俗令 62
僧侶資格 八大原則 312, 313
시·도지사 346
信教의 自由 27, 28, 31, 38, 93,
　94, 96, 98, 108, 110, 111, 181,
　211, 214, 226, 228, 230, 231,
　234, 235, 237, 239, 245, 248,
　253, 258, 269, 270, 271, 272,

274, 275, 279, 281, 291, 292, 294, 326, 361, 375, 378
信教自由　　16, 76, 91, 95, 252, 254, 255, 258, 264, 269, 272, 273, 281, 282, 291, 293, 297, 329, 353, 371, 372, 375, 376, 377, 383, 386, 387
神祇官　　67, 74, 84, 103, 107, 108
神祇省　　74
神祇信仰　　47, 49
神祇制度　　74
神道 國敎化 政策　　67
神道　　15, 84, 90, 105, 106, 113, 114, 116, 117, 118, 128, 129, 138, 143, 179, 180, 211, 212, 213, 214, 217, 218, 240, 260, 297, 375, 382
神道國敎化　　84
神들의 러시아워(rush hour)　　31, 39, 135, 232, 246, 253, 376
신민으로서의 의무　　38, 96, 100, 101, 102, 103, 125, 126, 375
신불분리(神佛分離)　　30, 42, 52, 67, 70, 71, 83, 86, 140, 211
神佛合同布敎　　81, 83, 130
神社局　　108, 109
「神社非宗敎論」　　103, 104, 105, 106, 107, 109
신사의 非宗敎論　　88
신지관(神祇官)　　140
心田開發運動　　177

◯

安寧秩序　　38, 93, 94, 96, 98, 99, 101, 102, 211, 375
野上海運　　156
얄타 회담　　284
嚴常円　　156
燃燈會　　58
연합국군최고사령관총사령부 (GHQ/SCAP; GHQ/Supreme Commander for the Allied Powers)　　31, 292
榮西　　50
5·16군사쿠데타　　322
옴진리교　　252, 274, 279, 282, 377, 388
王輪寺　　58
왕정복고　　67, 84
외지　　40, 207, 208, 386
龍珠寺　　149, 316
원종종무원(圓宗宗務院) 152, 154, 157, 159, 160, 162, 164, 165
元興寺　　48, 56, 152
위로부터의 근대화　　92
유시(諭示)　　40, 42, 307, 308, 310, 312, 314, 315, 316, 317, 319, 321, 322, 330, 380, 383
율령 국가(律令 國家)　　47
은둔 불교　　62, 136
을미 보호 조약　　38
認可主義　　227, 231, 245
日蓮　　23, 29, 50, 130
일련종(日蓮宗)　　50, 75, 76, 130, 131, 132, 133, 146, 147, 148,

150, 151, 156, 247
일진회　　　　　　　　158, 159
임시조선정부　　　　　　　284
임오군란　　　　　　　　　142
임제종운동　　　162, 173, 191

葬式佛敎　　　　23, 26, 53, 377
全國敎務會議　　　　　　　305
全國比丘僧代表者大會　　　309
全國比丘僧大會　　　　　　309
全國僧尼大會　　　　　　　311
全國僧侶大會　　　　　304, 321
傳燈寺　　　　　　　　　　316
전선수좌대회　　　　　　　176
切支丹禁制의 高札　　　　78, 79
정교분리(政敎分離)　　16, 28, 31,
　　42, 82, 84, 86, 88, 91, 104, 109,
　　128, 216, 219, 222, 225, 274,
　　275, 281, 282, 288, 291, 308,
　　316, 319, 321, 330, 331, 340,
　　353, 356, 358, 371, 372, 378,
　　381, 382, 383, 386, 387
政敎分離　　　28, 76, 84, 88, 103,
　　214, 226, 230, 231, 234, 238,
　　239, 243, 244, 245, 248, 252,
　　272, 273, 283, 291, 292, 294,
　　297, 329, 336, 337, 353, 359,
　　375, 376, 377, 379
政敎相依　　　　　　　　87, 88
淨土宗　50, 131, 133, 155, 162, 328
淨土眞宗　　　　　　　　　50, 51

제1차 국유경내지처분(國有境內地
　　處分)　　　　　42, 239, 242
제2차 국유경내지처분(國有境內地
　　處分)　　　42, 239, 243, 301
제2차 한일협약　　　38, 143, 164
제정일치(祭政一致)　　15, 42, 67,
　　68, 74, 79, 84, 86, 88, 140, 207,
　　211, 240, 260, 375, 385
曹溪宗總務院　　　　　　　304
曹洞宗　　　50, 75, 76, 131, 132,
　　133, 156, 160, 265
조선개교(朝鮮佛敎)　　　42, 138,
　　139, 140, 141, 146, 156, 163,
　　164, 175, 183, 190, 304
조선불교선교양종 종무원　　177
조선불교선교양종(朝鮮佛敎禪敎兩宗)
　　　　　　163, 175, 177, 178, 203
朝鮮佛敎禪理參究院　　　　176
朝鮮佛敎禪宗(禪學院)　　175, 176,
　　190, 301, 305, 309, 310, 312
조선불교선종　　　　　　173, 176
조선불교선종포교단　　　　173
조선불교유신회　　　　　　174
조선불교조계종(朝鮮佛敎曹溪宗)
　　　　　　　　178, 179, 304, 383
조선불교조계종총본산제도　178
조선불교중앙교무원　　　　174
조선불교청년회　　　　　　174
朝鮮佛敎總本部(佛敎總本山)　296,
　　305
조선총독부　　　15, 30, 32, 33, 34,
　　42, 146, 154, 162, 164, 165,

170, 172, 174, 175, 176, 177,
178, 179, 180, 186, 187, 188,
189, 190, 203, 205, 207, 303,
328, 378, 379, 385
조슈번(長州藩) 68
존황양이(尊皇攘夷) 53, 68, 139
종교개종사청제(宗門改め寺請制)
 140
宗教局 108, 109, 121
宗教團體審議會 322
宗教文化資源課 225
종교법인법 제정추진 시민연대
(종추련) 352
종교시간 289
종교의 자유 24, 39, 40, 42, 67,
82, 83, 85, 93, 95, 96, 97, 98,
99, 100, 101, 102, 103, 104,
107, 113, 118, 213, 215, 235,
282, 288, 316, 331, 333, 336,
337, 340, 352, 357, 358
종교정책   13, 14, 15, 16, 17, 26,
27, 28, 29, 30, 31, 32, 33, 36,
37, 38, 39, 40, 41, 42, 43, 63,
64, 67, 69, 83, 84, 87, 96, 103,
115, 128, 130, 140, 165, 170,
171, 180, 181, 182, 204, 207,
211, 212, 214, 234, 239, 241,
246, 252, 253, 255, 273, 290,
292, 294, 298, 303, 317, 329,
371, 375, 379, 382, 384, 385,
386, 387, 388, 389
宗旨人別帳(宗門改帳) 53, 382

종파 이탈   31, 32, 39, 254, 255,
257, 258, 259, 265, 269, 270,
271, 272, 273, 353, 360, 368,
369, 371, 372, 377, 381, 383,
386, 387
準則主義 227, 231
中山唯然 156
中央總務院 309, 311
中央最高宗會 309
지령(SCAPIN-448) 215
지령(SCAPIN-93) 214, 215
진언종 49, 80, 156, 327
眞宗大谷派 132, 133, 135, 138,
139, 140, 142, 145, 146, 156,
157, 184, 265
鎭護國家 48, 49, 50
GHQ   31, 39, 42, 211, 212, 214,
234, 242, 243, 245, 247, 263,
264, 283, 291, 292, 293, 294,
376, 383, 387

ㅊ

책봉체재(册封體制) 142
天賦人權 사상 28
천우협(天佑俠) 158
천태종 23, 49, 59, 328, 349, 369
天皇崇拜 15, 208, 212, 386
청일전쟁 141, 142, 147, 156
초국가주의 16, 208, 232, 234,
239, 282, 371, 383, 386, 387
총무원(總務院) 174, 175, 296,
301, 304, 305, 306, 326, 346,

ㅊ

	348
親鸞	29, 50
친일	34, 35, 40, 149, 179, 191, 204, 206, 303, 307, 308, 311, 314, 318, 319, 320, 328, 329, 380, 383
친일불교	33, 34, 204, 206

ㅋ

카이로선언	283
크리스마스의 공휴일화	288, 330

ㅌ

太古國師	327
태고사(太古寺)	178, 303, 304, 307, 310, 311, 312, 320
太政官 布達19號	89
通度寺	315
통역정치	286

ㅍ

八紘一宇	218
八賤民	62, 136
廢藩置縣	67, 73, 74, 77, 78
「廢佛毀釋」	67, 70, 71, 72, 73, 74, 76, 130, 211
包括團體	231, 233, 234, 246, 254
포괄종교단체	14, 27, 31, 39

ㅎ

鶴田機雲	156
韓國佛敎太古宗	327, 361, 380
한일병합	142, 158, 159, 165
한일합방조약	38
항일	35, 145, 179, 191, 204
海印寺	145, 157, 309, 315
刑牧制度	290
화랑(花郞)	55
華嚴寺	145, 157, 172
皇道佛敎	128, 178
皇道佛敎的 佛敎	15, 208, 386
皇道宣布	79
皇龍寺	55, 58
皇龍寺九層塔	58
皇民化政策	15, 128, 208, 386
황민화정책	178, 182
訓要十條	58
黑龍會	158
興德寺	61
興輪寺	55
興天寺	61

저자소개

上別府 正信(카미벳부 마사노부)

中央大學(CHUO UNIVERSITY) 法學部 政治學科 [법학사]
中央大學(CHUO UNIVERSITY) 大學院 總合政策硏究科
　　　　　　　　　　　　　總合政策專攻 [총합정책석사]
中央大學(CHUO UNIVERSITY) 大學院 總合政策硏究科
　　　　　　　　　　　　　總合政策專攻 [박사(학술)]
서울대학교 국제지역원(現 국제대학원) 한국학 전공 [문학석사]
서울대학교 인문대학 종교학과 [철학박사]

• 현직 : 서울여자대학교 인문대학 일어일문학과 전임강사

近現代 韓日 宗教政策 比較研究

초판 인쇄 | 2011년 10월 19일
초판 발행 | 2011년 10월 28일

저　　자　카미벳부 마사노부

책임편집　윤예미

발 행 처　도서출판 지식과교양
등록번호　제 2010-19호
주　　소　서울시 도봉구 창5동 320번지 행정지원센터 B104
전　　화　(02) 900-4520 (대표)/ 편집부 (02) 900-4521
팩　　스　(02) 900-1541
전자우편　knebook@hanmail.net

ⓒ 카미벳부 마사노부 2011 All rights reserved. Printed in KOREA

ISBN 978-89-94955-48-3 93210　　　　　　　　　　**정가** 32,000원

저자와 협의하여 인지는 생략합니다. 잘못된 책은 바꾸어 드립니다.
이 책의 무단 전재나 복제 행위는 저작권법 제98조에 따라 처벌받게 됩니다.

이 도서의 국립중앙도서관 출판도서목록(CIP)은 e-CIP홈페이지(http://www.nl.go.kr/ecip)에서 이용하실
수 있습니다. (CIP제어번호: CIP2011004432)